长篇女性励志小说

哪儿

孟庆华◎著（下）

目 录

第二十九章

众多的蓝色仍然单调地铺满了天空,洁白的云朵从远方悠然地飘过来,从容而慵懒。云朵有着千奇百怪的形状,大团大团的云彩互相交织在一起,挤满了那一处的天空。

小水滴望着天空,她想不通为什么自己好多次被风儿吹升到非常高的高处,应该可以触碰到天空了,可是天空好像故意跟她开着玩笑,不管飞得多高,天空都在遥远的高处看着她,好像在嘲弄她,又好像在等待她。她好多次对天空说,你别再躲着我了,如果风儿的力量再大一些,我一定能够碰到天空的。

不知何时,远处的那片天空中,堆积在一起的大片的云彩起了变化,云彩的上端呈现出亮丽的白色,炫目而美丽,下端则是更多呈现出暗灰色甚至黑色,上下端之间是或白或灰或黑的颜色,构成一幅并不美丽的图案。小水滴想,如果云朵总是洁白美丽的色彩该有多好呀!

看着浩瀚的天空,不知怎么,她想起了遥远的过去,她想起了自己在悬崖峭壁之间的峡谷中的情景。在斧劈刀削般的红色岩石间,在河水与岩石撞击的巨大轰鸣声中,蓝色的天空在高高的山尖露出窄窄的一段,奇妙极了。

与那时相比,现在的自己可以拥有整个天空,还有天空中的蓝色、白色、灰色和黑色,自己是不是应该高兴呢?应该高兴。可自己为什么高兴不起来呢?

第三十章

过了二月二，天气暖和了许多，大地显出春的生机，绿油油的麦苗预示着今年是一个好年景。春风吹过，树枝吐出了新绿，花苞也从绿叶丛中挺出娇嫩的身躯，向人们宣告着它们的存在。

村口的大槐树也冒出了绿绿的嫩芽，引得经过的村民驻足观看。许多女人在树下相遇，笑着打着招呼，说着家长里短，感受着难得的好心情。

小兰在大槐树下看到了小姣娘，热情地叫她婶子，和她说了一会儿话。感觉天色已晚，与小姣娘告别，向家里走去，天黑前灿丽就要到了，她要回家准备饭菜。

灿丽是茴香在婆家周家村给小兰物色的卖布的帮手。在此之前，小兰到天津卖布时都是小来临时顶替的。

茴香出嫁后，天津卖布的活计就少了一个帮手，小兰在村子联系了几个姑娘，可都这样那样的原因定不下来，无奈之下，只好让茴香的弟弟小来先救急。小来虽然年龄小，还不到十六岁，但经过几个月卖布的锻炼，已经是小兰的好帮手了。当然，小来的收入不是按照茴香的收入支付的，这样说起来，同样的卖布倒是增加了小兰的收入。好在小来不计较收入多少，整天笑呵呵的，干起活来还很舍得出力，他说，娘告诉他做人要懂得知足，他很知足。

小来是个善良的孩子，他和小兰在寒冷刺骨的冬天卖布时，动情地说："以前每次姐姐来天津卖布，俺一直以为她是来天津赶集的，是来享福的。想不到，她竟然在这么冷的地方卖布，如果不跺跺脚，人都要被冻成冰凌棍子了。你们真不容易呀，兰姐，真不知道这些年你和姐姐是怎么挺过来的。"说着话，小来竟然大哭了起来。

说句心里话,就是因为自己和茴香家的地少,只好想办法找挣钱的门路,卖布就是一个很好的门路。要想挣点钱,就只能多吃苦、多受罪,冬天要忍受天寒地冻,夏天要忍受骄阳似火,虽然艰难,好在挺过来了。小兰经常想,钱咋这么神奇呢?想到能挣钱,好像吃苦受罪就都不怕了。

小来虽然还小,但已经是家里的劳力了,有许多活要做。而且,小来娘在村里找了一个木匠师傅,让小来跟着学一门木匠手艺,将来可以做一个有本事的手艺人,所以小兰须要赶紧找一个帮手。

今年年初二,小兰看到了带着男人和小财回娘家的茴香,明显地能看出茴香像换了一个人,变得漂亮大方、自信柔美,这是自从茴香四年前回到清水后不曾有过的动人的神态。看来,美满的婚姻能够使一个女人光彩照人。

"小兰姐,俺可想你了。"茴香见到小兰,闪动着明亮的眼睛,高兴得张开双臂,拥抱着小兰。

小兰拥抱着茴香,又装作生气地说:"去去去,有家了,哪还会想起俺呀。"

与茴香说话时,小兰说到了天津卖布缺少帮手的烦恼,茴香说她可以帮忙找。她在周家村认识了她男人的一个本家的妹妹叫灿丽,聪明伶俐的,应该适合做卖布的事儿,而且灿丽家境不富裕,她爹娘希望她能挣钱帮家,应该会同意灿丽做小兰的帮手的。

前天,茴香托人捎信过来,已经与灿丽还有她爹娘说好了,灿丽今天下午天黑前来旺财村。

终于找到了帮手,小兰非常高兴,走路都觉得轻快了不少。

回到家,小兰洗脸洗手后,稍微休息了一下,就进了厨房。平时,小兰只吃一个菜,大多是水煮,今天一来是给灿丽接风,二来自己心里高兴,就准备了四个菜、一个汤。说是四个菜,其实就是土豆、白菜、腌胡萝卜、腌鸡蛋,不算是好菜,甚至严格说来在清水的宴席上都算不上菜,却也是平时舍不得吃的。小兰麻利地将菜洗好后,放到案板上,开始忙活了起来。

茴香捎来的消息中也包含着和灿丽谈好的具体内容,因为每次去码头都是凌晨寅时出发,所以灿丽在出发前一天的天黑前来旺财村与小兰汇合,晚上就住在小兰家里,早晨一起出发。去卖布的车船费、伙食费都是小兰出,每次给灿丽五角大洋作为酬劳,卖布返回清水后,灿丽在码头与小兰分手回家。

对这些条件,小兰是愿意接受的,只要灿丽真的像茴香说的那么好,麻利勤快,聪明伶俐,这些工钱是合适的。

心里的高兴劲慢慢地退去了,心情反而开始沉重起来。她觉得头痛,过了一会儿,转动眼珠时眼珠也疼起来,即使如此,小兰并没有惊慌,她知道自己没病,这都是自己心事太重引起的。要说造成小兰心里沉重的原因也很明了,那就是日本兵又挑起了战事。

时间过得很快,现在已经是民国二十二年(1933年)了,距离"一·二八"淞沪抗战已经过去了一年,可是那次国军英勇抗战给人们留下的印象太深刻了,觉得好像就是昨天的事情。那时国军与日军真刀真枪地打仗,上海没有失守,日军的侵略阴谋没有得逞。

如果日军真的打胜了,占领了上海,会怎样呢? 上海会不会变成第二个东北呢? 有可能……那样中国就要被日本分割得四分五裂了,多么可怕呀!

春节前,日本兵在榆关向国军开战了。又是榆关,又是石门寨,那个遥远的与小兰应该丝毫搭不上边的战略要地,却因为晓东曾经在那里躲过奉军的地雷,使她永远也忘不了那个地方了,确切地说,是忘不了那个地名了。小兰记得很清楚,当她说出交战地点是榆关的石门寨时,小来的眼睛瞪得像牛眼一样,他怎么也想不到,兰姐这样只会在家种地出外卖布的女人竟然知道榆关,知道石门寨。小来哪知道,那是小兰牵挂的亲人经历过的地方呀。

春节期间,日本关东军攻打榆关的战事就没停,好在榆关的国军东北军顶住了日本兵的攻势,没有使榆关失守。不过,虽然榆关那边挡住了日军的攻击,可是正月还没过,日本关东军就联合伪满洲所谓的"讨伐热河作战军"向热河进攻了,于是热河战打响了。

这日本人真是一定要占领中国呀。前年占领了东北,去年向上海进攻,今年又进攻榆关和热河,他们是一定要找到进攻中国的突破口呀。

其实,如果不是打仗,小兰根本就不知道热河在哪儿,她甚至都没听说过热河。一开始她以为热河是一条河,可能河水是热的,所以叫热河,后来她以为热河是一个城市,再后来小兰才知道,热河是一个省的名字,就像河北省通常叫河北一样,热河省通常叫热河。还有明白人告诉小兰说,热河就在东北三省的西边。

热河距清水的距离和上海距清水的距离差不多,如果日本兵攻占了热河,肯定是很危险的。好在去年上海的淞沪抗战说明国军的实力是很强的,榆关能抵挡住日军,热河那边,应该也是不会有太大问题的。

对于日军进攻热河,政府说国军至少可以抵抗日军三个月。对了,三个月,这正好就是"一·二八"淞沪抗战中从十九路军与日军开战到政府与日本签署停战协定的时间,只要热河也像淞沪抗战一样挡住日军,中国就是安全的。

虽然在想着事情,小兰手里的活计并没有受到影响,很快要炒的菜都准备好了,葱花也切好了,小兰心事重重地停下手,解开围裙放到一边。她转身走出门,出了胡同来到街上,向西面看看,除了几个村民,没有年轻女孩的身影。

几个妇女看到小兰,热情地与小兰打着招呼。小兰也与她们说笑了几句,看到西面仍然没有灿丽的身影,只好回了家。

在家里坐了一会儿,天快黑了,小兰就开始做饭了。土豆、白菜用油炒,喷香的,再做一盆疙瘩汤,主食是窝头红薯。不大工夫,四个菜一个汤做好了,小兰把菜一一摆上了桌,窝头也在蒸屉中散发着香味。

外边传来了脚步声,只听见邻居大婶笑着说:"……就是这家,进去吧……"接着就听见门口传出清脆的声音:"是兰姐家吧?俺是灿丽。"

灿丽是一个俊秀的女孩,小兰见她第一眼就喜欢上了。

因为长时间赶路,在这乍暖还寒的季节里,灿丽已然满头是汗。原来临出门时,灿丽的奶奶舍不得孙女这么小就出去奔波,哭了起来。灿丽劝说了一阵,等到奶奶止住了哭,才赶忙出门,一路加快脚步,还是来晚了。

小兰也为灿丽的奶奶对孙女的感情感叹着。灿丽今年十六岁了,当年小兰第一次去天津卖布时也是这个年龄,看着眼前的灿丽,她仿佛看到了当年的自己。

等到灿丽坐下来吃饭时,却发生了一件尴尬的事,那盆疙瘩汤太咸,根本无法下咽。灿丽喝了一口,就皱起了眉头,可能是第一次到小兰家,不好明说疙瘩汤太咸,可又无法下咽,就在嘴里含着。小兰发现灿丽的神色不对,担心疙瘩汤有问题,尝了一口就吐了,也赶紧让灿丽吐了。

估计是往疙瘩汤里放盐时,自己一直想着热河打仗的事,忘记放过盐,又多放了一次或几次盐。

第一次见面就闹出这样的笑话,小兰不停地埋怨着自己。

晚上,收拾了院子,小兰带灿丽出了门,准备先去茴香家,再去大妮儿家,最后还想去哥哥家。她有几天没见到小秋和宾宾了。

想起宾宾，小兰就觉得从内心生出了爱意，她喜欢宾宾。宾宾已经一岁多了，长得胖胖的，非常可爱，还有，宾宾每次见了小兰，都会大声叫着“姑姑，姑姑”，伸出双手让小兰抱。

小兰曾经笑着问嫂子菊花，小秋三岁的时候还经常将“姑姑”叫成“嘟嘟”，怎么宾宾这么小，就能清清楚楚地叫“姑姑”。菊花笑着说她也不知道。

看来，每个孩子之间，是有着很大的不同呢。

小兰带灿丽来到茴香家，家里没人，两人出来拐了两个胡同，走进大妮儿姐家。大妮儿姐见到灿丽，笑呵呵地拉住灿丽的手，说了一会儿话，又拉着灿丽见了爹娘。大妮儿爹娘说了些灿丽爹娘身体可好之类的客套话，还让灿丽跟着小兰好好学本事，灿丽笑着答应了。

“小兰，你找到帮手，就不用着急了。”大妮儿笑着说。

“大妮儿姐，有了帮手，俺心里也踏实了。”小兰也笑着说。

小兰带着灿丽走进哥哥的院子里时，听见正屋传来了嫂子菊花在逗宾宾玩的声音：“小兔子，耳朵长，抱着萝卜送给娘，兔子的娘笑着说，俺的耳朵也很长……”宾宾马上笑个不停。

小兰在门外笑着说：“大老远就听见宾宾笑了。”

宾宾听到小兰的声音，大声叫着：“姑姑，姑姑……”

嫂子菊花说：“小兰来了，快进来。”

小兰掀开门帘，推开门，看到宾宾站在床上，亮亮的眼珠忽闪着，期待地看着门口。当他看到小兰后，高兴地伸着双手，叫着：“姑姑，姑姑，抱抱。”小兰快走几步，将宾宾抱起来，亲了亲宾宾那粉嫩的小脸，问道：“宾宾，想姑姑了没有？”宾宾看着小兰，认真地点点头。小兰说：“噢？宾宾想姑姑了，那你告诉姑姑，哪儿想姑姑了？”宾宾想了想，然后右手摸着胸口。小兰说：“噢，是心里想姑姑了，真是好宝贝。”听到姑姑夸奖自己，宾宾高兴地抱住小兰的脖子。

“这个闺女是谁呀？长得可真俊。”菊花看到跟着小兰进来的灿丽，笑着问道。

小兰转过身，笑着说：“嫂子，她就是茴香从周家村找来的跟俺到天津卖布的帮手，叫灿丽，是茴香男人家的一个本家妹妹。灿丽，这是俺的嫂子，你也叫嫂子吧。”

灿丽走上前笑着拉住菊花的手说：“嫂子，俺叫灿丽，今年十六了。”

菊花亲热地说:“灿丽,你是茴香找来的?茴香过得还好吧,说起茴香,俺都想她了。”

灿丽笑着说:“嫂子,茴香嫂子可好了,村里人都喜欢她。”

菊花笑着说:“茴香走到哪儿,人缘都很好。”

“小秋开学了?”小兰没看到小秋,问道。小秋虚岁八岁了,已经到村里学校上学了。宾宾看到姑姑和娘说话,就挣脱了小兰的怀抱,到一边玩去了。

“开学了,这么冷的天,多受罪呀。”嫂子菊花说。

小兰问:“给孩子穿得够不够?可别冻着孩子。”

菊花说:“衣服是穿够了,就是孩子的手皴了,一直说痒。”

小兰说:“手皴要多用热水洗手。”

菊花说:“一直在洗,不过等完全好,也还要一段时间。”

这时,宾宾走过来,伸出握成了拳头的右手,嘴里叫着姑姑。

小兰知道,宾宾要和自己玩游戏,让自己猜猜他手里握着什么。这是宾宾最喜欢的游戏,如果小兰猜对了,宾宾就不高兴;当小兰猜错时,宾宾就笑个不停。

小兰看着宾宾的脸,那是期待着小兰猜错时大笑的脸,生动到了极致。

“俺猜猜是啥,俺猜——是——”小兰故意拖着长腔,看着宾宾,宾宾的脸愈发显得高兴,甚至已经快要笑出来了。

“——小兔子。”小兰说到“小兔子”三个字时,是快速说出的,这样的效果最好。

“哈哈——”宾宾大笑起来,他将右手摊开,是一个石子儿。

宾宾把双手背到身后,很快伸出握住的右手,没留意左手放下来,手里空空的。他将握住石子儿的右手伸出,又让小兰猜。小兰看着宾宾,装出认真的样子说:“俺猜是——小花狗。”

宾宾又大笑起来,他将右手摊开,让小兰看着石子儿。他以为小兰不知道手里握的是什么,仍然饶有兴趣地玩着这样的把戏。

小兰和宾宾玩了一会儿,宾宾自己到一边去了,灿丽走过去和宾宾玩起来。小兰拿起床边笸箩里的针线,帮菊花缝小秋的衣服。

“小秋大了,不像其他女孩文文静静的,总是又是蹦又是跳的,衣服经常要缝。”菊花嘴上说着像是烦恼,其实是高兴的话,因为孩子长大了。

小兰当然能听得出菊花的话,她笑了笑说:“嫂子,等再过几年,小秋能给你做些家务，你就轻松了。”

菊花说：“几年？还要很长时间呢，俺觉得时间过得咋这么慢呀！”

小兰说：“嫂子，你带孩子很累，所以觉得时间过得慢，等到过几年小秋长大了，你能享福了，就觉得时间过得快了。”

菊花笑着说：“不过，真到了能享福的时候，俺可就成老婆婆了。”

小兰说：“嫂子，你还年轻着呢，别总说老呀老的了。”

两人说笑着，好像忘记了生活的烦恼。

“小兰，有件事，俺不想说，可还是忍不住，想问问你。”菊花转移话题问道。

“嫂子，啥事儿呀？”小兰问。

“小兰，你觉得热河能守住不？”

菊花一下子将话题引到热河来，小兰倒是没想到。

“热河咋会守不住呢？去年上海的战事日本兵又是航空母舰，又是飞机大炮，可最后不也是守住了吗？现在打热河的是日本关东军和溥仪的满洲军队，装备比去年上海的日本兵还差，国军应该能守住。还有，政府说热河至少能守三个月，这三个月就是去年淞沪抗战的时间呀，估计三个月后，日本也要像去年一样，和咱们签停战协议了。”小兰说。

“可俺还是担心。”

“嫂子，你担心啥？”

菊花说：“小兰，俺虽然不懂打仗，可俺看打仗的戏可不少，像《桃园三结义》《杨家将》《大刀刘金定》，以前看完戏就不想啥了。可这两年俺再想这些戏的时候，琢磨出了一些事儿，越琢磨越觉得是事儿，俺就一直担惊受怕了。”

小兰不解地问：“嫂子，这些戏俺也都看了，也没啥呀？你能琢磨出啥？让你担惊受怕的？”

菊花说：“小兰，俺觉得，这部队也不是都能打仗的，啥时候都有能打仗的部队，也有不能打仗的部队。”

菊花说着话，认真地看着小兰的反应。小兰听着菊花的话，好像越听越糊涂，脸上一片茫然。

菊花接着说：“你比如《桃园三结义》里面，部队里有了关二爷，关二爷带领的部队就能打胜仗，但换了其他部队，没有了关二爷，也没了张飞、赵子龙，这部队就很难打胜。可部队很多，关二爷、张飞、赵子龙却只有三个人，这三个人的部队能打胜仗,可其他部队就很难说了。”

小兰还是没听明白,但是觉得菊花说的是自己没考虑过的,但又好像有些道理,她定了定神说:“嫂子,你再说一遍,俺好像越听越糊涂。”

这时宾宾走过来,要让菊花抱,看得出来,宾宾困了。

菊花抱着宾宾,哄了一会儿,宾宾就睡着了。菊花将宾宾放到床上,把宾宾的小枕头挪动一下,让宾宾睡得更舒服,然后给宾宾盖上了小被子,戴上了虎头帽,接着,示意小兰、灿丽出去说话。

小兰和灿丽跟着菊花出来,到了西屋,坐下后菊花对小兰说:“俺的意思是说,假如刘备有二十支部队,关二爷、张飞、赵子龙各带一支部队,那么也就只有他们三支部队是总打胜仗的,其余十七支部队就不一定能打胜仗,甚至常打败仗。”

这次小兰听懂了,她觉得菊花说得好像有些道理。

“还有杨家将的部队,也常常打胜仗,可杨家将能带多少部队呀?如果不是杨家将带的部队是不是也要常打败仗呀?”菊花耐心地对小兰说。

小兰边听边思考着。

菊花说:“咱再说现今,去年在上海打仗的十九路军就像是关二爷带的部队一样,总打胜仗,可东北军就打败战了呀。”

小兰说:“嫂子,东北军打败战不是打不过日本关东军,是政府通知不抵抗,让国联来协调呀。前两个月,在榆关跟日本兵打仗的也是东北军,打仗可勇敢呢。”

菊花严肃地说:“协调?为啥非要让人家把咱们赶出去才能协调?如果东北军把日本关东军打出东北,也可以让国联协调呀。俺觉得,在东北咱就是打败了,再说,国联协调的结果是啥?国联协调就是和稀泥!现在全国不是都反对国联的协调结果吗?”

小兰说:“嫂子,俺明白你要说啥了,你是不是想说热河的部队就像三国里那些不是关二爷带的部队,能不能打胜还不知道?”

菊花说:“对呀。俺现在就担心这一点,热河的部队如果不是关二爷、张飞、赵子龙的部队,就不一定能打胜仗。如果是十九路军,就不用担心打不胜,可如果不是十九路军,就很难说了。”

小兰想了想说:“嫂子,十九路军在上海打仗时,咱也不知道他是不是关二爷的部队,也打胜了呀,这说明咱不知道的部队也可能打胜仗呀。”

菊花说:“俺是觉得能打胜仗的部队少,所以担心呀!”

听了嫂子的话,小兰觉得说得有道理。她真的要对嫂子刮目相看了。一个整天干农活带孩子的农村妇女,一个没出过清水的不识字的女人,竟然凭借看过的几出戏,对天下的局势给了个说法,而且这个说法还挺有道理的。

小兰一直将菊花当成自己的亲人,当作可以交心、可以依赖的人,但说句心里话,小兰并没有将菊花当作可以和自己谈论国家大事的人。可没想到,菊花也能和自己谈论国家大事了,而且谈论得头头是道。

是什么让菊花能把国家大事想得那么有深度?不管菊花说得对不对,她的话说明她至少不是一个糊里糊涂过日子的人,而且还说明她是一个不简单的人。

菊花的话还说明一件事,如果日本兵到处开战,如果遇到战斗力不强的部队,就有可能成为突破口,中国的安全将难以保证。

这不是不可能的事。

想到这里,小兰有些着急了,她明白了为什么去年上海开战的时候,菊花会忧心忡忡,或许那时菊花已经想到了这一点,所以她很紧张。小兰忽然明白了菊花为什么费力想这个问题,那不就是为了她的孩子吗?是她作为一个母亲对子女的爱!

一瞬间,小兰体会到了一个普通的农村妇女的母爱,更体会到了母爱的伟大。这个有着伟大母爱的人就是自己再熟悉不过的人——自己的嫂子。

清水有句古话——怕啥来啥,小兰怕的事情来了,而且来得那么快。

自从和嫂子谈论了部队打仗的事儿后,自己原来对国军的信心变得不那么强了,对日军侵犯榆关和热河的战事变得不那么乐观了,转而担心起来。

守热河的部队是像十九路军一样,能常打胜仗吗?还是……

小兰不敢想下去了。

可战事的消息还是传来了:守卫热河的国军竟然不堪一击,热河很快就被日本兵攻占了,而且日本兵从开始攻击热河到占领热河的省会承德,只用了半个月时间!

政府宣布能够坚持至少三个月,可是真正打起仗来,却是……

嫂子的担心成了现实。

小兰有些焦躁不安起来,因为有消息说热河不保,北平和天津就要受到威胁了。

攻占了热河后，日本兵开始进攻长城的重要关口喜峰口和古北口，战局已经对国军非常不利了。

小兰又开始过提心吊胆的日子，她甚至觉得相比起现在，当年的军阀混战不算多么可怕，现在的情况使她更害怕了。

怕什么？她说不清楚，她觉得好像有一种东西，虽然是看不见摸不着，但是她能感觉到这东西的存在，而且无时无刻不在包围着她，这样的感觉让她经常觉得寒冷。后来，小兰经常梦到有风从月亮上刮来了白雾一样的寒气，让她冷得哆嗦。

小兰终于病倒了。

好在灿丽找小兰去天津卖布时，拍小兰的门，无人答应，灿丽赶忙去告诉了菊花。菊花让小甫找梯子，跳进院子里，打开大门后，又撞开屋门，才发现病得无法起床的小兰。

菊花让小甫请来了医生。医生给小兰号脉后说小兰没太大问题，只是身体受凉、虚弱，开了几剂中药，让小兰按时服药就可以了。

“嫂子，俺都觉得俺死了，还梦见晓东冲着俺笑呢。”小兰哭着对菊花说。

菊花安慰着小兰说：“小兰，看来你这是心病。身体没大事儿就行，要安心养病才是。”

小兰喝了几剂中药，发了汗，身体也就逐渐地恢复了。

其实这次得病，小兰知道，真的是心病。

是什么心病呢？

首先，是热河失守后，小兰觉得对国军失望，她觉得按照热河的失守速度，用不了几个月，日本兵就能打到清水，她为无法面对的可能而担心，这是她的第一个心病。

还有，就是今年来到天津卖布，她从未错过一个集，她累了，想歇歇，但没明确理由就无法歇下来，每次要给大妮儿姐交40块大洋，让她有些喘不过气来，这次病了，就可以找到歇着的理由了。说来也怪，小兰觉得自己有病，自己就真的病了。

还有一个原因，是小兰觉得如果这次去天津，或许日本兵可能会打到天津。如果日本兵打天津，加上天津有日本驻军，那就很危险了。

有了心病，就真的病了。心病变成了真病。

大妮儿听说小兰病了，过来看望她，还说既然没去天津卖布，就不用交这次的40块大洋了。小兰听到大妮儿姐的话，高兴得抱着大妮儿姐笑起来。

心病没有了，身体的病也就很快好了。对于错过了一次天津的集市，小兰觉得挺有愧的，她要做好准备，下一次的集可不能再错过了。

茴香娘病了，一开始是闹肚子，茴香娘到地里挖了些马齿苋，用水煮过后，喝了两碗煮马齿苋的汤，这是治疗闹肚子的偏方，往常是很见效的，可是这次却不顶事儿。茴香从周家村赶来，为她娘请医生看病，又为她娘煎汤熬药，忙活了几天，等到她娘的病好转了不少，茴香才回了周家村。

这天晚上，小兰要去看望茴香娘，灿丽也一起去了。小兰听茴香说过，茴香娘的病其实是心病引起的，因为听说日本兵占领了很多地方，担心有一天日本兵可能会打到清水，以致担惊受怕，病倒了。茴香娘看到小兰和灿丽，动情地拉着她们的手，红着眼圈劝她们到了天津卖布时，别光顾着卖布收钱，千万要小心，要眼观六路，耳听八方，如果万一看到日本兵在天津杀人，就赶紧跑，别舍不得没卖完的布，逃命要紧。小兰苦笑着答应了。

在天津的集市，灿丽已经成了卖布的好手。小兰觉得茴香真的有眼光，给自己找了一个好帮手。

除了卖布，小兰觉得天津有了很大变化，百姓们都在谈论着长城抗战，都在关心和支持着勇敢抗敌的国军。受到抗战情绪感染的小兰也不再恐惧了，她更多的是为战士们的勇敢而感动。

天津果然是大城市，长城抗战的消息很快就能听到，尤其是二十九军部队在喜峰口有很多感人的战斗事迹。他们的大刀队夜袭日军阵地，与日军肉搏，还有他们攻下日军炮兵阵地，卸毁日军大炮，烧毁日军粮草，剿杀日本兵。

这是中华民族的热血男儿的英勇表现。

可是，战争是残酷的，在随后的日子里，又有令人不安的消息传来：随着战事的进行，喜峰口还是失陷了，接着日本兵占领了秦皇岛、滦阳，威胁到了北平和天津。随后一个多月，日本又占领了丰润、遵化、唐山，接下来，又占领了密云、蓟县、三河、平谷、怀柔，日本大军压境之下，北平和天津已经不安全了。

端午节过后的一天中午，按照小兰的安排，灿丽先去集市外的饭馆吃饭，然后再换小兰吃饭。灿丽刚刚出去不久就小跑着赶回来，满面笑容地大声对小兰说："兰姐，俺刚进饭馆，就听见很多天津人在说南京国民政府与日本在天津签了协定，日本兵停战了，北平和天津不打仗了，和平了。"

"真的？和平了？"小兰高兴起来。

临近摊位的人听到了小兰与灿丽的对话，纷纷围过来询问。灿丽告诉大家，刚才她刚进饭馆，就听到有人大声说签协定的事，中国和日本停战了，她就赶紧跑回来告诉这个好消息。大家听到要和平了，都高兴起来，一个个眉开眼笑地诉说着之前自己的担心，现在和平了，就可以继续做生意了，多让人高兴呀。

大家说了一会儿话，小兰笑着让灿丽去吃饭，灿丽笑呵呵地走了。

看着灿丽远去的背影，一直担心日军会乘胜打进北平和天津的小兰松了一口气。她一直希望国军能够像淞沪抗战一样，逼着日本签订停战协议。现在她知道，这个停战协议已经签署了，这个协议是在日军大军压境的情况下签订的，不知道日本怎么会那么好心，同意与中国停战。不过，既然签订了协定，应该就不会有战事了，对于老百姓来说，总归是一件好事儿。

有了好心情，小兰觉得集市里的人都显得那么亲切，一切都那么美好。她希望能一直和平下去，她在天津卖布的生意也一直做下去，这样的生活多好。

小兰正在愉快地想心事，眼睛随意向集市的那端瞥去，忽然间，竟然看到了灿丽的身影，不大时间，灿丽神色慌张地小跑着来到布摊前，吓了小兰一跳。

"灿丽，咋啦，出事啦？"小兰紧张地问。虽然天津的集市周围是自己非常熟悉的地方，但小兰和灿丽毕竟是外地人，内心中一直有一种紧张的感觉，像是如果出了什么事，自己可能无法处理的无助感觉。看到慌慌张张的灿丽，无助的感觉包围着小兰。

"兰姐，俺刚进饭馆，就听见那些天津人说南京国民政府和日本在天津签的协定里的内容，他们说南京国民政府不要东北了，河北有二十几个县也不管了。"灿丽说着话，眼睛瞪得大大的，一脸受惊吓的模样。

"啊？东北那么大，政府不要了？河北有二十几个县不管了？"小兰有些不敢相信，她看着灿丽，有些怀疑地说，"灿丽，可不能乱说，你是不是听不懂天津话，听错了？"

灿丽着急地说："兰姐，俺能听懂天津话，一点没错，他们就是这么说的。"

"你说的是刚才那个和平的协定？"小兰不放心地问。

"是呀，俺第一次听到和平的消息就跑来了，没听到后面的事，刚才回到饭馆，听到说和平的原因就是不要东北了，河北有二十几个县不管了。”灿丽说。

依着小兰对灿丽的了解，她不会听错话，可是政府不要东北，这是无论如何都难以想象的，也是难以接受的。小兰不明白政府怎么会签这样的协定，这可是屈辱的协定呀。

临近摊位的人听到了小兰与灿丽的对话，纷纷围过来询问，大家刚刚经历过欣喜又听到这样糟糕的消息，一时有些难以接受。大家都对这样的协定内容半信半疑，满是担心的神色。

那么大的东北，日本人刚刚占了不到两年，就不要了？不可能吧。河北有二十几个县不管了？好像也不可能吧。

灿丽口中说的那个协定就是震惊中外的《塘沽协定》。1933年5月31日，中日双方在天津塘沽进行停战谈判，日方拿出一份停战方案，不允许中方更改一字，并限定中方在上午十一点前签署，中方在离最后期限还有十分钟的时候，在那份一字不容修改的日方提案上签了字，认可了日方的所有要求。

《塘沽协定》是一份完全不平等条约。简单说来，条约内容就是中国军队南撤到延庆、昌平、高丽营、顺义、通州、香河、宝坻、林亭口、宁河、芦台所连线以西以南地区，并不得越过该线。在该线与东北之间的大片区域设定为非武装区，中国军队不得进入。

设定了非武装区，中国军队不得进入，就无法接近东北，更无法将日本关东军从东北赶出去，相当于政府认可了日本对东北的占领。而且非武装区的设立，使得中国无法在非武装区行使主权。以后日本在非武装区大肆走私，扶植汉奸政权，使得中国的华北的安全无法得到保障。

《塘沽协定》签订后，南京国民政府不敢公开，但消息还是被中国百姓知道了。这个不平等协议被广泛抨击，许多国军将领通电反对，中国共产党更是发表宣言，认为《塘沽协定》是国民党出卖平津和华北的协定。

中国的华北将一步步走向危急，走向危难；中国也一步步走向危急，走向危难。

夏季到了，地里的麦子熟了。原本绿油油的大地上满是一望无际的金色麦浪，一阵风儿刮来，将麦穗吹得弯下了腰。田边的树上，知了不知疲倦地鸣叫着，这是夏天的曲调。

麦收是农民最紧张忙碌的时节，收割、脱穗，一个个忙得不亦乐乎。等到将麦子收到了家里，农民们才能长长地舒一口气。

麦收之后，紧接着就是玉米播种的季节。农民们来不及品尝收获的喜悦，又一刻不闲地忙碌起来。

在旺财村忙碌的气氛中，谁都没注意，一个小小的身影走在村里的街道上。她穿着短袖夏衣，扎着两个朝天鬏，水灵灵的眼睛忽闪着，像是在想着什么事，撅着小嘴，一脸委屈的神色。因天气热，她的头发有些凌乱，满头是汗，左肩斜挎着一个小书包，向西走去。这个女孩儿是小秋，她是去找姑姑小兰的。

小兰准备好了玉米种子，装好袋子后，欲出门时，小秋走进门来。

“姑姑。”看到小兰，小秋不再噘嘴了，她笑着走进来。

小兰答应一声，放下玉米种子，让小秋进到屋里，扯过毛巾，给小秋擦着汗。

“姑姑，你要去哪儿呀？”小秋问。

小兰说：“姑姑选好了玉米种子，要到地里种上，不过不要紧，姑姑只有一亩地，晚点种也来得及。”

小秋笑着说：“姑姑，俺去帮你种吧。”小兰笑着说：“看看小秋，真懂事儿，都能想到帮姑姑干活了。不过，姑姑能干得了，你还是念书识字吧。”

听到姑姑夸奖她，小秋高兴地晃了晃脑袋，两个小鬏鬏俏皮地颤动着。

小兰注意到小秋的粉色辫绳有两个挽成了花瓣形状垂下来，很漂亮，就笑着问：“小秋，你的辫绳这么漂亮，是你娘给你买的吧。”小秋说：“不是，是俺娘自己做的，她还给了三菊和娟娟呢。”小兰知道小秋说的“三菊和娟娟”是嫂子邻居的女孩，经常和小秋一起玩儿，接着说：“你娘真不简单，没有她拿不下的活儿。”

小秋笑了笑，小兰看到了小秋的书包说道：“小秋，把书包放下吧，到家就别背着了。”说着话，把小秋的书包取下来，放到屋里。

“小秋，你饿了吧，俺给你做点吃的。”

小秋说：“俺饿了，姑姑，俺娘不给俺吃粽子，俺要在你这儿吃粽子。”

小兰听了一愣，惊讶地说：“又不是端午节，哪有粽子呀？再说，上个月过端午节已经吃过粽子了呀？还给你过了生日呐，你上个月就八岁了，咋这么快就忘了？”

小秋委屈地撅起了小嘴说：“姑姑，今天也是端午节呀，也应该做粽子吃呀。”

小兰笑了笑说:“小秋,端午节一年只有一次,就是上个月的端午节,再过端午节就要等明年了。”

小秋有些着急地说:“不对,今年就有两个端午节,上个月是第一个,今天是第二个。”

小兰觉得奇怪,她看着小秋那认真的样子,想了想,忽然恍然大悟地说:“小秋,你是不是说今天是五月初五,就是端午节呀?”

小秋觉得这么简单的事,一向精明的姑姑怎么就不明白呢?看到姑姑现在明白了,她笑着点点头。

“哈哈哈……”小兰大笑起来,笑得前仰后合的。

“姑姑,你笑啥呀?”小秋不解地问。

小兰想说话,看了看小秋,小秋仍然是一副认真的模样,显得很俏皮,又忍不住哈哈大笑起来。

小秋有些心里没底,她抓住小兰的手,摇晃着说:“姑姑,你想起啥事儿了,这么好笑?”

小兰笑够了,用手指轻轻地刮了一下小秋的鼻子说:“小秋,虽然端午节是五月初五,但不是所有的五月初五都是端午节呀。”

小秋不解地说:“姑姑,俺娘可是说过五月初五是端午节的。”

小兰拉着小秋的手,耐心地说:“小秋,姑姑告诉你,平时,每年只有一个五月,也就只有一天是五月初五,这一天就是端午节。今年很特别,有两个五月,两个五月是连在一起的。前面的五月是正常的五月,这个五月的初五就是端午节,接着的五月是闰月,叫闰五月。”

小秋问:“啥是闰月呀?”

小兰说:“闰月就是多出来的月。”

小秋追问道:“为啥有多出来的月呀?”

小兰想了想说:“小秋,你还小,为啥有多出来的月等你长大了就知道了。这个多出来的闰五月,也有五月初五,但这个五月初五可就不是端午节了。”

小秋委屈得眼里噙着泪花说:“那为啥就不能有两个端午节?每个五月初五都是端午节多好呀,俺就能吃两次粽子了。”

小兰看着小秋的样子,赶紧说:“小秋,这样吧,姑姑给你做好吃的,就做蒸花卷吧。”

小秋难过地说:“俺不吃了,俺要回家了。”

说着,小秋跑了出去。小兰没拉住,小秋已经跑远了。

小兰看着小秋的背影,又可气又好笑,她无奈地摇摇头,回过身来。还没走几步,又听到了脚步声,小兰转过头,只见小秋又像哭又像笑地走进来。

“小秋,咋又回来了?”小兰问。

小秋扑哧一声笑出了声说:“俺忘拿书包了。”

小兰笑着说:“小秋,你别跑了,在姑姑这儿吃饭吧,姑姑给你做花卷儿,可好吃了。”

小秋笑着点点头。

小兰总是在家里放着不多的一些面粉,说起来,是只为小秋和宾宾准备的。在村里,面粉是奢侈东西,即使很有钱的人家也不是天天吃。小兰每月都买一点面粉,自己舍不得吃,都给小秋和宾宾做了吃的。自从小春被卖掉后,小兰把对侄女小春的爱,全部放在了小秋和宾宾身上。她知道小秋平时吃得不好,希望在自己这里能为小秋做点好吃的,让小秋的童年不那么艰难。

当然,小兰做这些事都是嫂子不在的时候做的,以免嫂子心里不安。

小兰让小秋在屋里写字,自己忙着蒸花卷。做这些活对小兰来说并不费事,和面、揉面、发面、再揉面,做成花卷,放到笼屉蒸上。等都收拾完了,蒸锅里开始散发出花卷的香气。

小兰出了厨房,来到屋里,小秋正在认真地写字。小秋看到小兰进来,冲小兰笑了笑,又埋头写字了。

看着小秋低着头,一笔一划认真写字的神态,小兰想起了小秋咿呀学语的样子。她眼看着小秋慢慢地长大了,这一刻,她觉得很幸福,看到这个侄女,好像也看到了小春,为此,她愿意对小秋倾注双倍的爱。几年来,小兰保持着在地下埋藏两缸粮食的习惯,就是为了灾荒年时留给小秋和宾宾的,有了这两缸粮食,即使灾荒年也能留住小秋和宾宾的命。为此,她每年都用两缸新粮替换地下的陈粮,虽然陈粮的口味不够新鲜,可想到这样可以帮助小秋和宾宾渡过难关,也是值得的。现在,看着小秋,她一时竟然觉得这个孩子好像也是自己的孩子,与自己的孩子在一起,这是多么温馨的时刻呀。算起来,自己已经结婚九年了,如果晓东不被抓走,自己的孩子也该像小秋这么大了。如果自己也有了孩子,现在如果自己的孩子和小秋一起写字,那该多好呀。

想到这里，小兰有些伤感起来。

如果没有军阀混战，她的男人晓东就不会被抓丁，自己就会有一个其乐融融的家庭，也会有孩子。如果没有灾荒年，没有战乱，小春不会被卖掉。如果小春也在，今天小春、小秋和自己的孩子坐在一起写字，那生活该多幸福呀！

虽然自己没孩子，但小兰却曾经不止一次地想过自己有孩子，她甚至都想到了给自己的孩子起名字。前几年，她想到给自己的孩子起名字叫兰花，可觉得名字中的“兰”字和自己的名字相同，“花”字与嫂子的名字相同，不能用。后来又想到了叫桂琴，但又觉得和村里的二琴的“琴”字相同，会让人想起二琴的笑话，又不能用。

这些年，小兰仍然给自己的孩子起着名字，她还想到，既然算命的说自己命里有一儿一女，就起一个男孩的名字，再起一个女孩的名字。想了多次，小兰想到男孩起名叫喜章，就是喜好写文章的意思，因为小兰希望男孩能像晓东一样，有文化，能做文章，男孩的小名就叫宝宝。女孩起名叫桂柳，桂花很香，柳枝苗条，用在女孩身上很好，女孩的小名就叫贝贝，很好听，而且两个孩子的小名连起来就是宝宝贝贝，多好呀！

小兰的脸上满是幸福温馨的神色！

正想着心事，忽然听到小秋说：“姑姑，花卷真香呀。”

小兰听了，猛然想起了厨房中的花卷，已经熟了，她站起身笑着对小秋说：“赶紧写字，别净想着吃。”

小秋笑着说：“姑姑，俺正忙着写字呢，顾不上吃花卷。”

小兰听了哈哈大笑说：“你可真够会说话的，既然你顾不上吃花卷，那姑姑就把花卷全吃了。”

小秋赶忙站起来笑着说：“姑姑，你一个人哪能吃得完呀？俺帮你一起吃吧。”

小兰笑着摸摸小秋的头，把她搂了过来。

民国二十二年，注定是一个不安定的年份。日军对中国的疯狂侵略，虽然逼迫政府签订了屈辱的《塘沽协定》，但将中国人民的抗日意愿被激发了，百姓们谈论的都是坚持抗战，将日本赶出东北。

不过，打仗与激情还是有不同的。真正要把侵略者赶出中国，除了有激情的百姓，还要有满怀百姓意愿、充满抗战激情的军队，军队的战斗力是体现国家实力的一个方面。

可是，代表国家的政府与侵略者签订了丧权辱国的条约，政府还会派出军队与日军交战吗？不知道，可以知道的是国军并没有与日军交战的行动，甚至连国军可能与日军交战的消息都没有。

国军迟迟没有动静，但民间勇敢的人已经开始行动了。一个小省份吸引了全国人民关注的目光，那就是察哈尔省。

虽然小兰知道河北的西边是山西省，山西省的北边就是察哈尔省，有时来买布的顾客中也有察哈尔省的人，但她对察哈尔的了解很少，甚至连察哈尔省的省会在哪儿都不知道。

察哈尔省出现了一只愿意抗日的队伍，叫察哈尔民众抗日同盟军。当小兰听到这个消息的时候很振奋，她以为是政府觉得《塘沽协定》招致全国百姓不满，要派军队与日军开战了。她满心欢喜地让灿丽去集市里打听一下察哈尔民众抗日同盟军是中央军还是东北军，部队番号是什么军什么师。灿丽走了半天才回来，说没打听到，也没问明白，只知道这支部队叫察哈尔民众抗日同盟军，这支部队的总司令是大名鼎鼎的冯玉祥。

集市周边已经有人为同盟军募捐了，小兰和灿丽都捐了款。兵马未动粮草先行，这句话小兰太熟悉了，她希望同盟军能够有钱买武器买粮食，让士兵吃得饱饱的，好有力气与日军作战。

同盟军与日军的战事在遥远的地方展开了，陆陆续续的战事全是在小兰并不熟悉的地方进行的。有人在集市上向商户和顾客通报着战事的消息，每次到天津卖布，小兰和灿丽都能听到激动人心的消息。

康保收复了……

沽源收复了……

宝昌收复了……

年初的几个月，听到的都是国军被打败、日军攻城略地的糟糕消息。现在能听到中国人打败日军的消息，百姓们都欢呼雀跃起来。

虽然这些同盟军打退日军后收复的地名很陌生，但这是抗日的胜利消息，大家还是高兴的。集市尽头的路边有一个卖煎饼果子的脸色黝黑的妇女兴奋地宣布，因为同盟军收复了宝昌，她愿意在每个煎饼果子里免费多加一个鸡蛋。许多顾客都高兴地排队买煎饼果子,互相还诉说着赞扬同盟军的话,心里要多高兴就有多高兴。

“姐姐,谢谢你。”许多人拿到煎饼果子后,嘴里道着谢的同时还是付了那多出的一个鸡蛋的钱,卖煎饼果子的妇女推辞着不收,顾客还是坚持着放到摊位上,你推我让的情景充满了温情。

过了几天,传来的消息更加让人兴奋,同盟军的北路军总指挥吉鸿昌率部队收复了多伦。天津的报纸上都刊登了这胜利的消息,许多报童卖报时,即使背着厚厚的沉重的报纸兜,但仍然跳着脚高声通报着胜利的消息。

据说多伦是一个重要的地方,同盟军收复多伦,让百姓们看到了收复东北四省的希望。

虽然胜利消息不断,但嫂子菊花却并未表现出高兴来。每次小兰兴高采烈地从天津回来,嫂子就要说一些没激情的丧气话,就像兜头浇了一盆冷水,这让小兰有些不满。

“嫂子,同盟军一连打了几个胜仗,天津的老百姓个个都高兴得像过年一样,你为啥就没个高兴样?还长吁短叹的?”在哥哥家里,哥哥带着宾宾出去了,嫂子、小秋和小兰在一起说话时,小兰不解地问菊花。

坐在一旁的小秋也有些怨气,撅着嘴说:“姑姑,俺娘就是这样,没有爱国心,每次俺告诉她同盟军打胜仗,她笑一下就开始叹气,真是的。”

菊花装作生气地说:“大人说话,小孩儿别插嘴。”

小秋涨红着脸大声说:“俺不是小孩儿了,俺都八岁了,老师还说爱国不分大小,不分老幼,每个中国人都有责任。”

菊花看着这个说着大人话的女儿,哭笑不得地说:“谁说俺不爱国,俺种地交税费也是爱国,把你养大也是爱国。”

小秋显然不能认同娘的话,她站起身,哼了一声,出去了。

菊花看着小秋的背影,摇摇头,苦笑着说:“小兰,俺明明不高兴,为啥非要装作高兴呀?”

小兰也有些生气地说:“嫂子,小秋说你没有爱国心是有些言重了,她还小,你别跟她计较。不过,日军被打败了,咱中国的城市被同盟军收复了,该高兴的时候你都没高兴,俺真没看出来你的爱国心在哪儿?”

菊花委屈地说:“你刚才还说小秋说俺没有爱国心是有些言重了,可是你的话不也是在说俺没有爱国心呀,你们姑侄俩的话是一样的。"

"嫂子,你为爱国做了啥呀? 你说说。"小兰有些较真了。

菊花说:"俺是没做啥,可俺费心了。"

"费啥心了?"

"俺想事儿费心呀。"

"想啥事儿了?"

菊花有些神秘地凑近小兰,压低声音说:"俺觉得同盟军打日本的事不长久。"

看来嫂子对同盟军的胜利又要说丧气话,小兰真的生气了,她放大声音说:"咋不长久呀? 你啥事儿都知道,你是何应钦呀?"

小兰话中说的何应钦是今年春天热河失守后,接替张学良担任南京国民政府军事委员会北平分会委员长的人,华北的大事儿都由何应钦管,华北的事儿何应钦都知道。百姓们近些日子的口头语中,讽刺什么都知道的人时,就常用"你啥事儿都知道,你是何应钦呀?"这句话。

菊花感觉到了小兰的讽刺语气,脸上有些挂不住,不过她心里想的事儿总是埋在心里,挺难受的,她需要将这些事儿倾诉出来,而她能想到的倾诉对象只有小兰一个人。想到这里,她不再跟这个小姑子计较了,张口就说:"小兰,同盟军不是政府的部队,政府也不支持,就算同盟军在偏远的地方与日军交战能打几场胜仗,可是如果真要把东北四省打下来,还是要靠政府的正规部队。"

小兰不爱听,撇撇嘴,哼了一声,不再言语了。

"俺最先听到抗日同盟军这个名字的时候,就觉得不对劲,因为这不像以前经常听到的第一集团军,第十九路军的名字。问了你哥,才知道同盟就是咱农村经常说的搭帮合伙的意思,应该不是正规部队。日军有飞机、有大炮、有坦克还有航空母舰……"菊花说出的日军装备全是去年淞沪抗战时期的。

"嫂子,你不知道别瞎说。航空母舰是在海上跑的,察哈尔可没有海,日本的航空母舰咋能过来? 能拱着爬过来呀?"小兰没好气地说。

"好好好,俺说错了,是没有航空母舰,"菊花赶紧认错,"可是,日军的武器就是厉害呀,咱的部队这些年一直在吃亏呀。"

"咱中国的武器不行,可是军队作战勇敢呀,几个月前二十九军的大刀队在喜峰口可是杀了不少日军呀。"小兰说。

“可是，最后喜峰口还是没能守住呀。”菊花也毫不示弱地说。

“因为喜峰口没守住，你就觉得同盟军也守不住阵地？”小兰真的生气了。

菊花觉得话题越扯越远，她想说的话一直没有说出来，就将话题收回来说：“小兰，同盟军不是政府的正规部队，政府不支持，钱不够咋办？粮食不够咋办？部队打仗时队伍不够咋办？百姓能支持的钱、粮食能不能送到同盟军手里可能都有问题，咋能持久呀？按说，同盟军打胜仗，俺应该高兴，俺也确确实实高兴了，只是小秋没看出来。可是，就因为觉得同盟军可能不长久，俺才不觉得高兴。”

听了嫂子的话，小兰觉得好像有些道理，她想反驳，但许多事情她并不完全了解，也无法说出更加有力的话。沉默了一会儿，小兰问：“嫂子，同盟军要持久下去，该咋办呀？”

“咱全中国的政府和百姓一起抗战才能把日军打败。”菊花大声说。

立秋过后，晓东的姑姑从观城托人捎来了口信，大女儿桂竹在立秋的第二天出嫁了。男方也是观城的一户农家的孩子，学得一手编织柳条筐的手艺，她和桂竹的爹很满意这门亲事，喜事也办得很热闹。桂竹出嫁三天后的六月二十一，是女儿回门的日子，桂竹坐着大车回家了，家里一切都好，以后有机会让桂竹小两口来旺财村拜见舅舅和妗子，也看望姐姐小姣、嫂子小兰。

捎信的人就是晓东姑姑婆家村里的一个中年人。在农村，因为信息传递不便，亲戚间需要传递一些消息时就犯了难。有些头脑灵活腿脚勤快的人就看中了其中的机会，在空闲的时候在几里或几十里的范围内为人们传递消息，村民们称之为捎口信，并收取一些费用，补贴家用。捎信并不是简单的事，因为信息都是口口相传，捎信的人要记性好，不能将口信忘记或者记错，那样可就耽误事了。还有，捎信的人长相要和善，性格要温和，这样才能得到人们的好感，人们才愿意经常委托其捎信。今天来捎信的人很健谈，先笑才说话，他将口信告诉了小姣爹娘，也就是桂竹的舅舅和妗子。小姣的爹娘热情地招待着捎信的人，还让村里人把小兰叫到家里，由捎信的人将消息告诉了小兰。小兰只是在自己的婚礼上见过桂竹和桂菊，那时她们姐妹俩还是小女孩，没想到现在桂竹都结婚了。小姣爹娘和小兰向捎信的人道了谢，赠送了谢礼，又分别都备了给桂竹的礼，托捎信的人带回。

捎信的人走后，小兰陪着小姣爹娘说了一会儿话。小姣爹娘说小姣一直没有孩子，他们很担心，说着话，一直不停地长吁短叹的。小兰赶紧说了不少宽慰的话，两位老人的情绪才慢慢地有些好转了。

虽然有许多烦恼，但生活还是要继续。只能希望生活能逐渐地好起来，烦恼少一些。

新近传来的消息让小兰的心情好了起来：南京国民政府开始向察哈尔派兵了，是政府的正规部队！小兰觉得，政府肯定是看到同盟军与日本兵作战的兵力不够，派出正规部队了。如果国军与同盟军联合起来，打退日本兵就有了更多希望。当小兰笑呵呵地把这个消息告诉嫂子菊花的时候，想象着嫂子脸上应该是红一阵白一阵的，那时自己的心里一定很受用，没想到嫂子听到这个消息后，也非常高兴，她拉着小兰的手说："小兰，俺也想俺说的话错了，现在看起来，俺真的说错了，国军出动了，打日本的事儿有希望了。"

小兰觉得嫂子真好，说话真中听，她满怀希望地说："咱等着听好消息吧。"

接下来的日子里，没听到国军与日军作战的消息，反而有消息说同盟军总司令冯玉祥抱怨在与日军交战时，南京国民政府不予接济，甚至还要派国军压迫同盟军。

这是怎么回事儿？同盟军响应百姓意愿，奋起与日军作战，政府派出正规部队竟然不是进攻日军，而是要进攻同盟军？这怎么可能呢？政府为什么要做违背百姓意愿、迎合日本的事呢？

小兰百思不得其解。

后来事情的发展远远超出小兰的预料。南京国民政府竟然派了十几万国军进攻抗日有功的同盟军，日伪军也派兵与同盟军作战，同盟军四面受敌，处于困难境地。后来有消息说同盟军第五路军总指挥竟然被暗杀。再后来，冯玉祥辞去了同盟军总司令的职务……

形势急转直下，百姓们都从不解到愤怒，同时也为爱国抗日的同盟军的命运担忧着。

作为一个中国人，在中国被日本欺负了那么多年的情况下奋起反击日军，不仅得不到政府的嘉许和支持，甚至还要受到政府的打压，还要承担风险，甚至付出生命，这无论如何都是一场悲剧。

这并不是最后的结局，悲剧仍然在不停地上演着。在随后的时间里，有两位同盟军的将领通电宣布,只有打倒蒋介石才能进行抗日工作。为啥要打到蒋介石才能抗日呢？蒋介石可是南京国民政府军事委员会的委员长,国军的总首领,哪能打倒呀？可是这两位将领这么说,是不是他们对蒋介石知道得更多呀？

天气越来越冷了,小兰的心里也像这转冷的天气一样,越来越凉了。她对同盟军和国军共同与日军作战的希望逐渐变成了失望。

同盟军在国军和日伪军的围剿下,处境越来越艰难,兵力也越来越少。最后有几千名同盟军军人竟然被国军缴械。

再后来接替冯玉祥担任同盟军代理总司令的人竟然流亡国外。那位率部队收复多伦的同盟军北路军总指挥吉鸿昌竟然被抓,而且,被抓的地点竟然就在小兰卖布的天津。

一切都来得那么快,快得有些让人无法相信,但是,一切都是真的。被全国百姓寄予厚望的曾经在与日军的作战中不断取得胜利的察哈尔民众抗日同盟军,在国军和日伪军逼迫下,迅速失败了。

"热河战败被她说中了,同盟军的下场也被她说中了,"无法排遣心中怒气的小兰想起了嫂子菊花,不由得内心涌起一股怨恨,"她把抗日的失败结局说得那么准,这个嫂子真可气。"

第三十一章

和煦的春风吹向了广袤的大地，带来了温暖的气息，这春风像是有神奇的魔力，所及之处，吹绿了原野，吹绿了树木。青草萋萋之间，掩映着五颜六色的小花，小花们欣喜地看着周围美丽的景色，将淡淡的花香散播出来，透露出春天的馨香，不经意间，小花美丽的面庞羞涩地展现出来。

小水滴已经被冻在地面上一个冬天了。在寒冷难耐的地面上一动不动的感觉真是太痛苦了，她希望能尽早挣脱束缚，体会自由自在的美好。

坚冰已经溶化了，成了一个小水洼。虽然水洼不能流动，但小水滴已经可以转动身体在水洼中游动了。她时而到达水面，仰望天空，时而进入水中，探入水底，这种久违的快乐感觉真是太好了。

并不清澈的水洼也开始有了变化。小水滴看到，水中仿佛多了什么东西，似有若无的，慢慢地，小水滴看到，原来水洼中有了非常微小的鱼儿在游动，时而向上，时而向下，惬意而快乐……

鱼儿逐渐地在长大，虽然长大的过程很缓慢，但是小水滴还是清晰地感觉到了鱼儿在长大，一条，两条，……竟然有十几条小小的鱼儿在水洼中游动。

小水滴看着鱼儿在自己身边游来游去，觉得有趣极了……

不知过了多少日子，水洼里的水越来越少了。鱼儿的身体慢慢地长大了，感觉到了水洼的拥挤……

小水滴的身体轻盈起来，她知道，自己要飘向空中了，在身体挣脱了接近干涸的水面时，她看着水洼中的小小鱼儿，不知它们的命运将会怎样……

第三十二章

民国二十四年(1935年)春天,黄河在河北长垣县的贯台决了口。泛滥的河水顺着金堤流到了河北的濮阳和山东的范县、寿阳、阳谷等地,洪水流经的地方都成了一片汪洋。

小兰听说濮阳遭洪水了,有些担心二妮儿,就让小秋找大妮儿打听二妮儿家的情况。没想到,大妮儿竟然领着小秋来找小兰了。

“大妮儿姐,俺让小秋去问问二妮儿的情况,咋让你跑来了?要知道你来俺这儿,俺就直接去找你问了。”小兰赶紧给大妮儿让座,让小秋给大妮儿倒水。

大妮儿笑着说:“小兰,你看,你一直关心二妮儿,有点消息就来问,俺也该来趟。”

小兰说:“二妮儿运气好,虽然嫁到濮阳,但每次黄河决口,水都到不了二妮儿那儿。不过俺还是想问问,知道没事就放心了。”

大妮儿说:“小兰,你放心吧,她让人捎来了信,她那儿没事儿,不过谢家濮阳的亲戚有些就被水淹了,死了人。”

小兰叹了口气说:“真是不幸。”

大妮儿也叹息着。

这时,小秋倒了水,端到大妮儿前面说:“大姑,你喝水吧。”

大妮儿看着小秋说:“看看小秋,都这么大了,个子也高了,时间过得真快呀。”

小兰笑着说:“孩子长得可快了,别说小秋,你们虎子也快六岁了吧。”

大妮儿说:“可不是?五岁多了,整天在外面疯跑,没有停的时候。”

两人说了一会儿话,小秋觉得插不上话,就跟大妮儿和小兰打了个招呼后回家了。

看着只有自己和小兰两个人了，大妮儿探了探身子，对小兰说："小兰，俺今天来，还有一件事儿。"

小兰问道："大妮儿姐，啥事儿？"

大妮儿问："小兰，你在天津卖布的时候，在集市上有没有看到有人用满洲币呀？"

小兰说："天津集市上倒没有，满洲币是汉奸币，谁用呀。不过，俺在天津听说在山海关、唐山那边，满洲中央银行在当地的支行用满洲币130块换100块大洋，把当地的大洋都要换光了。"

大妮儿提高声音说："小兰，不管到啥时候，咱都不能用满洲币这种汉奸币，咱用咱中国的钱多硬气呀。"

小兰说："大妮儿姐，你放心，俺才不用汉奸币呢，现在不用，以后也不用。"

大妮儿笑着说："小兰，俺就喜欢你这种明明白白、利利索索的人。好了，俺回去了。"

小兰笑着说："大妮儿姐慢走。"

大妮儿站起身，走到门口，忽然慢下了脚步，好像想起了什么，回过身来，嘴里嘟囔一句，又转身要出门，犹豫了一下，又停下脚步。小兰看着大妮儿姐的奇怪举动，非常不解地问："大妮儿姐，你咋了？有啥东西找不着了？"

大妮儿也意识到自己来来去去的举动很好笑，就尴尬地说："小兰，俺心里有件事儿，揣了有一阵子了，找不着人说，俺想跟你说说。"

"大妮儿姐，啥事儿呀？"小兰疑惑地问。

大妮儿返回身，又坐下来，压低声音说："小兰，最近村里的学生们都在唱一首歌，你听见了没？"

"啥歌呀？"小兰问。

"小兰，俺以前一直带虎子，没时间管其他的，现在虎子大了，俺清闲些了，有闲工夫琢磨事儿了，你猜咋着？俺琢磨出一件可怕的事儿。"大妮儿神色凝重地说。

"大妮儿姐，你刚才说着歌，现在又说事儿，到底是啥事儿？"小兰不解地问。

大妮儿说："俺就在说歌的事儿，学生们唱的歌叫《毕业歌》。"

"俺听说过。"小兰回答说。

“这首歌可把俺吓得不轻。”大妮儿认真地说。

“一首歌,咋能把你吓着了?”小兰疑惑地问。

“小兰,歌里面有一句话,就是那句话把俺吓坏了,俺想想是咋说的,噢,想起来了,‘咱要确定是战还是降’,就是说和日本是打仗还是投降。”大妮儿说。

“这有啥害怕的?”小兰问道。

“这还不害怕?”大妮儿的嗓音因为压低显得有些沙哑:“歌词里边说了,和日本要么打仗,要么投降,这两种情况都可怕呀。”

“啊? 以前俺可没想歌词的事,今天你这么说想想是挺可怕的。”小兰也有些紧张了。

“打仗可是可怕的事,让咱中国投降没人愿意,看来中国和日本真的要打仗。”大妮儿有些担心地说。

小兰也担心起来。

临近端午节的时候,听说天津市面一连三天有事情发生。第一天,一二百名日本兵全副武装携带钢炮在天津河北区沿街游行,下午还有日本兵乘装甲车、军车游行。第二天又有两百多名日本兵在河北省政府、省公安局附近游行,期间日军还鸣炮示威。第三天,日本兵继续在河北省政府、市公安局附近游行,甚至有一百多名日本兵还闯入天津市公安局闹事。

接着,天津有传言说河北省政府要从天津迁往保定,听说是日本人逼迫的。后来,驻守平津的东北军五十一军调离,据说也是日本人逼迫的。端午节后,河北省政府主席于学忠被免,消息说还是日本人逼迫的。

局势的变化让人心里七上八下的,甚至开始恐慌起来。

日本人为何有那么大的权力,竟然能要求政府免掉不迎合日本人的河北省主席? 为何能把河北省政府从天津赶出去? 天津作为河北省的省会,已经很多很多年了,日本人说搬就搬? 为什么日本人竟然能逼迫政府将驻守平津的驻军调离?

平津的安全怎么办?

平津安全吗?

小兰对未来的局势充满了担心。

除了对时局的担心,小兰还有件烦心事,这事与自己的切身利益相关,甚至与自己的人生愿望相关，那就是卖布在亏钱了。

自从茴香出嫁后，在天津卖布的利润都是小兰独享，而帮手小来和灿丽都是拿工钱的，从这点来说，小兰每次卖布赚的钱比原来多了不少，对这件事，小兰觉得茴香很大气。这样的生活也确实持续了半年多，小兰很高兴。可是好景不长，这样的好日子那么快就过去了，随后的日子里，赚钱竟然越来越难了。

最初的几个月，小兰没留意，毕竟卖布的生意做得熟悉了，生意也稳定了，利润也稳定了，她不再每次卖布后精打细算了，而是把钞票和大洋放进布兜里。当然，还有一个原因就是民国二十二年的抗战局势吸引了她的注意力，使得她没有太多心情计较盈利多少。直到去年春天，清朝的末代皇帝溥仪在东北成立了满洲国，后来又宣布在满洲国使用满洲币后，有消息说满洲国竭力想把满洲币推到关内，有些商家已经见到过满洲币了。"咱用谁的钱，就是支持谁"，这是大妮儿姐的话，自己不会用满洲币的。当小兰在家里检查自己的钱币里有没有满洲币的时候，才发现虽然没有满洲币，但布兜里的钞票和大洋比自己计算出来的应有的数量少了不少。

钞票大洋怎么会少呢？小兰想来想去都不知道为什么，直到有一次，天津集市上相邻摊位的人提醒后，小兰才意识到，出大事儿了！

自从民国十七年后，国家对钞票进行了统一的管控，百姓信不过的奉票、晋票、冀钞越来越少，而由国家控制的中央银行、中国银行、交通银行开始发行钞票，使得市面上流通的货币主要是大洋、铜圆和中央银行、中国银行、交通银行的钞票。最初，经过了多年的战乱，农村的百姓们意识到只有大洋和铜圆等金属货币是最靠得住的，对钞票并无兴趣。但随着社会稳定，钞票币值的稳定，钞票也慢慢地进入农家，成为主要的流通货币。

可是，最近两年来，市面上出现了奇怪的现象，买布的市民使用钞票的越来越多，使用大洋的越来越少。因为这种变化是缓慢的，不易察觉的，小兰并未在意。反正在天津卖布的钱还要用于买花布，只要将给大妮儿交的40块大洋准备好就可以了。可是，大洋越来越少，钞票越来越多，竟然对小兰造成了很大影响。

小兰了解到的情况是这样的。很长时间以来，白银一直在涨价，因为每块一元大洋中有七钱多的白银，导致大洋也一直随着白银的价格上涨而上涨。相对于白银涨价，其他物品都在跌价，包括黄金。小兰在集市上卖的棉布的价格也相对于大洋下降了。按说棉布的卖价下跌，可是收购价格也在下跌，销售毛利率不变，应该没有影响。可是，小兰经过用心计算后发现，虽然卖布的毛利率不变，但是利润竟然被挤没了！

小兰很快找到了造成利润损失的原因。虽然棉布价格下跌，可是因为所有物品相对于大洋都在下跌，棉布价格下跌并未增加棉布的销售量，这样在同样的毛利率下获得的利润主要是钞票币值的利润，可是向大妮儿姐每次上交的四十块大洋中不少是用钞票兑换的，钞票与大洋相比已经不等值了，而是有些贬值，所以造成了利润减少。按说应该向大妮儿姐说明情况，毕竟现在四十块大洋的购买力较几年前增加了不少，应该减少交纳的大洋数量。可是，小兰犹豫了很长时间，都没能向大妮儿姐张口，当年每次卖布交四十块大洋虽然是口头一说，毕竟没有假定任何条件，自己赚得多时大妮儿姐没说让多交，现在赚得少了就要求少交钱，好像有些理由不充足。

可是，现在不是赚得少了，而是在赔钱了。随着白银的价格不断上升，大洋越来越值钱，棉布越来越便宜，毛利率虽然不变，但毛利不断降低，导致纯利下降直到赔钱。

小兰记得很清楚，第一次赔钱是去年夏天，那次就在她听说国民政府统一盐税的两天后，在向大妮儿交完40块大洋后赔了一块大洋。从那时起，每次卖布都赔钱，而且随着大洋的价值不断上升，现在每次卖布都要赔三五块大洋了。她不知道这种赔钱到何时能够结束，如果一直这么赔下去，虽然卖布的前两年有了些积蓄，可毕竟不能长久呀，如果把积蓄赔光，将是多么可怕呀。

大洋为什么要涨价呢？有消息说是美国那边在拼命买白银，可是美国离中国那么远，他们真的会到中国来买白银吗？他们买白银干什么？为什么以前不买现在买呢？她想得头疼也搞不清为什么。

坐在布摊前的小兰实在是太痛苦了，她想大哭一场。现在灿丽去吃饭了，她看看四周没人注意自己，就把头伏在布摊上，任由眼泪流了下来。她委屈地想，你们不让我赚钱还能不让我哭呀？这个“你们”是谁，她没想那么多。

就在小兰眼泪汪汪地发愁的时候，一个身影蹑手蹑脚靠近了小兰，然后猛然用双手蒙住了小兰的眼睛。

“谁呀？”小兰吓了一跳，她觉得可能是灿丽跟自己开玩笑，这就有些没大没小了，她生气地说，“灿丽，把手放下，别胡闹。”

可是蒙住小兰双眼的手并未放下，看来不是灿丽，何况灿丽刚刚走出集市去吃饭，不会这么快回来。不是灿丽，还能是谁呢？小兰想不出来。她忽然激灵了一下，想到集市上曾传言有小偷偷窃时就要这种把戏，趁一个人蒙住店员眼睛让店员猜猜是谁的时候，另外的人趁机把商家的钱偷走了，而蒙住眼睛的人随后说认错人了，迅速离开。想到这里，小兰断定是小偷，应该是几个小偷要偷自己的钱，小兰正为每次卖布赔钱窝火呢，现在又被偷钱，这怎么行呀？她用力抓住蒙住自己双眼的手，拧了过去。

“哎哟哟，真疼呀。”一个熟悉的女声有些撒娇地叫着，小兰定睛一看，竟然是二妮儿。

“二妮儿，你咋来了？”小兰想不到在远离清水、远离濮阳的天津，竟然能见到二妮儿，她们已经有两年多没见面了。看来小兰真的将二妮儿抓疼了，二妮儿不住地甩着手，有水滴顺着手指甩出的方向飞出去。

“没想到吧，”二妮儿笑着说，她看到甩出的水滴，有些惊讶地问，“小兰姐，你咋一脸水呀，是刚洗过脸没擦？还是……你该不会是在哭吧？”

小兰顾不上回答二妮儿，笑着反问道：“二妮儿，你啥时候来天津的？也来卖布？”

二妮儿坐到小兰旁边的凳子上，笑着说：“现在卖布能挣几个钱呀？谁还愿意卖布呀？”

小兰不解地问：“二妮儿，你男人家一直在天津两个集市上卖布，咋不愿意了？”

二妮儿笑着说：“小兰姐，你也是卖布的，知道每次能赚多少，你现在每次能纯赚两块大洋不？”

小兰犹豫了一下说：“毛利少了不少。”

“俺姐现在一次收多少钱呀？”二妮儿随口问道。

“四十块大洋。”小兰据实回答。

“四十块大洋？”二妮儿立刻瞪圆了眼睛，生气地说，“还收四十块大洋？她咋那么黑心呀？”

看来二妮儿对卖布的行情非常了解，小兰的话让她知道小兰在赔钱了。

“二妮儿，不怪大妮儿姐，”好像担心二妮儿的话被大妮儿听见似的，小兰赶忙阻止二妮儿，“这是几年前说好的，每次交四十块大洋。”

“你这次回去就找她，跟她说，至少减到三十块大洋，你觉得磨不开面，俺找人给她捎信。”二妮儿愤愤不平地说。

小兰很感激二妮儿的仗义,但又觉得让二妮儿去说会让大妮儿不高兴,就连忙说:“二妮儿,俺回去找大妮儿姐说。”

看到小兰同意去找大妮儿,二妮儿觉得自己伸张正义的行为达到了目的,就又笑嘻嘻地与小兰天南地北地聊了起来。

灿丽回来了,小兰给两人做了介绍,二妮儿与灿丽说了几句话,然后灿丽守着布摊,小兰和二妮儿走出集市,到大街上找了一个饭馆吃饭。

“二妮儿,你来天津办啥事儿呀?”吃饭时,小兰随口问起了二妮儿,好像刚才二妮儿还没回答自己呢。

二妮儿笑着说:“小兰姐,现在谁都知道大洋一直涨价,俺就做大洋生意。”

“大洋咋能是生意,是啥生意?”小兰不解地问。

二妮儿看看四周,没有人注意她们,就凑到小兰耳边说:“小兰姐,一年前,美国纽约银价一盎司美元五角,现在快八角了,长得多猛呀,这时候就能赚钱。”

二妮儿的一句话里有着很多的小兰听不懂的东西,小兰有些茫然地说:“二妮儿,你说的又是纽约又是盎司的,俺咋听不懂呀?不过,俺倒是听说美国把咱中国的大洋都买走了,到底是咋回事儿呀?”

二妮儿笑着说:“好像是美国有个啥危机,哦,对了,叫经济危机。有了经济危机,美国就有大麻烦了……”

“为啥有了啥危机,美国就有麻烦呀?”小兰不解地问。

“小兰姐,俺可不是啥都知道呀,”二妮儿笑着说,“反正俺就知道,美国有了这个危机就不行,美国人就想招,就满世界买白银,白银就涨价。大洋里有白银,白银涨价大洋就涨价,现在外国银行对外只花钞票,大洋都偷偷地运到美国了。俺男人专门雇了几个人,在大名、南乐、清水、濮阳一带收大洋,卖给钞票换大洋的,再拿钞票换大洋,再换钞票,这里面的利润可不小呀,嘻嘻嘻……”

“钞票和大洋换来换去,咋能赚钱?”小兰追问道。

二妮儿笑着说:“小兰姐,你如果站在街上一手拿钞票,一手拿大洋,换来换去是不赚钱。可是如果在天津拿大洋换溢价后的钞票,到清水、濮阳拿钞票少加点价换大洋,就有赚,如果大洋多,就赚得更多。”

“可是去年秋天,听说政府开征两种税,叫啥、啥,俺好像忘了……”小兰怎么也想不起那两种税的名字了。

“白银出口税和平衡税。”二妮儿说。

“对呀,听说有了这两种税,好像白银就出不去了。”小兰说。

“海关出口要收税,当然没利润了,但走私可厉害了。你知道前年签订的《塘沽协定》划定了一大片非武装区不?”二妮儿满是神秘地问。

“知道呀。”小兰答道。

“现在日本人在那边拼命走私,把大洋运出去,把日货运进来,政府在那些区域根本管不了。要么为啥大洋越来越紧缺,一直涨价呀?”二妮儿睁大眼睛说。

小兰听了二妮儿的话,心里很不是滋味。因为她说到了一个关键处,就是日本人在中国胡作非为政府却无法管理,她总担心长此以往不知会不会出大事儿,可会出什么大事儿,她无法判断。

二妮儿看到小兰若有所思,想起来刚才自己蒙着小兰眼睛时,手上满是水滴的事儿,关心地问:“小兰姐,你是不是遇到了啥困难?俺觉得刚才在集市上,你好像在哭呢。”

小兰不愿让二妮儿看出自己的心事,就赶紧挤出点笑容说:“哪儿呀,俺啥事儿没有。”

从天津回到旺财村,小兰心情复杂地来到大妮儿家。这次天津卖布,亏了六块多,她大致算了一下,这近一年已经亏损了110多块大洋了,如果按照以前的正常利润时期计算,已经少赚了二百多块大洋了。她觉得无论如何要向大妮儿提出减少上交的大洋数目,希望能减少到三十块大洋。当小兰向大妮儿交了四十块大洋后,大妮儿像平常一样收了大洋,夸了小兰两句,问小兰有啥困难没有,小兰看着大妮儿,那句话几次到嘴边了,可就是没能说出来。等到小兰与大妮儿告别,在回家的路上,她又庆幸自己没说出口,因为如果自己说出来,大妮儿姐说四十块大洋是说好的,不能减少,那自己脸上多挂不住呀?

虽然在赔钱,还是再等等吧,等到实在不行的时候再说。

这天,小兰在家里正忙活着,听到外面有清脆的声音叫道:“姑姑,姑姑。”是小秋。听到侄女的声音,小兰高兴地向外走。

“姑姑,姑姑。”这是个稚嫩的声音,是宾宾那让人心醉的童声。

小秋和宾宾都来了,又是侄女又是侄子,小兰笑着答应着,走出了屋子。

“姑姑,姑姑,俺和姐姐想你了。”看到小兰,宾宾高兴地伸出双手,让小兰抱。小兰笑着一把抱过宾宾说:“看宾宾的小嘴多会说话,姑姑也想你们呀,快进屋,姑姑给你们拿桃吃。”

小秋笑着说:“姑姑,是俺在路上跟宾宾说俺想你了,他就记住俺的话了,看见你就赶紧先说了。”

两个孩子的话逗得小兰哈哈大笑起来:“俺知道了,你们都想姑姑了,你们都是好孩子。”

小兰边说话边抱着宾宾向屋里走去。进屋后,小兰把宾宾放下说:“等等,姑姑给你们洗桃。”

小秋连忙说:“姑姑,俺去洗桃吧,俺是大孩子了。”

小兰说:“乖乖,真不简单,几天不见,真像是大孩子了。”

小秋说:“老师说了,俺是大孩子了,很快就成大人了。”

小兰笑着说:“好,那你去洗吧,桃在院子的笸箩里,你挑两个大的。”

小秋答应着出去了,宾宾在旁边说:“姑姑,等俺像姐姐这么大的时候,俺也是大孩子。”

小兰笑着看着宾宾说:“好好,你们都成了大孩子,姑姑就更高兴了。”

看着姑姑高兴的样子,宾宾兴奋得跳着脚,嘴里还在说着小兰听不懂的话,看样子宾宾陶醉在自己的快乐里。

“姑姑,这是啥?”宾宾用右手食指从上到下比画了一下。

“姑姑不知道。”小兰看着宾宾的动作,不知道在干什么,有些不解地说。

“这是一,”宾宾脸上满是自豪地说,“是姐姐在路上教俺的,俺已经识字了。”

小兰高兴地笑起来,她又抱起宾宾说:“宾宾不简单,已经识字了,真聪明。”

这时,小秋捧着三个桃走了进来。今年的桃又大又甜,小兰买了一些。小秋的手小,三个桃太多了,只好捧着,还担心捧不住,身子歪斜着。

“小秋,洗两个桃就够了,你咋洗了三个呀?”小兰从小秋手中拿过三个桃,说道。

小秋喘了一口气,活动了一下有些发僵的身体,笑着说道:“姑姑,咱们三个人,一人一个桃,当然要拿三个呀。”

小兰感动地说:“真是懂事的孩子,洗桃还想着姑姑。”

听到小兰夸奖自己,小秋高兴得笑起来。

小秋怀中的桃大小差不多,但小兰还是拿了较大的给了宾宾,自己又拿了最小的,将中等大小的留给了小秋。

"小秋,你和宾宾饿了没? 姑姑给你们蒸花卷吃。"小兰问道。

小秋想起了什么,赶紧说:"姑姑,俺娘叫你回家吃饭。"

小兰有些惊讶地问:"这不过节不办事的,为啥你娘让你们叫姑姑去吃饭呀?"

小秋说:"俺娘说了,今天是姑姑的生日,俺娘说要给你过生日。"

"俺生日? 今天? ……"小兰一时有些发蒙,因为"生日"这个词离自己太遥远了,她都快忘了世界上还有"生日"了。

"姑姑,俺娘在包饺子,姑姑,你知道不,饺子可好吃了,俺最想吃饺子了。"宾宾说。

小兰听了宾宾的话,笑着逗宾宾说:"谁说饺子好吃呀? 姑姑咋不知道呀?"

宾宾以为小兰真的不知道饺子好吃,就对小兰说:"姑姑,饺子真的可好吃了,俺不骗你,俺娘说只有过年才能吃得上呢。"

看着宾宾认真的样子,小兰觉得好笑,可她心里却想哭。

出嫁前,每到生日,爹娘就给小兰做好吃的。自从出嫁后,晓东被抓丁,家里的生活就变得一团糟。从那时起,小兰就忘记了生活中还有"生日"这回事儿,不是她不过,是她彻底忘记了。

今天是生日? 小兰想了一下,是的,自己是七月初十的生日,自己多大了? 还要想一想,想起来了,自己是光绪三十一年出生的,今年是民国二十四年。小兰算了一下,离现在三十年,那就是说,自己三十一岁了。

自己二十岁出嫁,现在自己三十一岁。那就是说,自己已经出嫁十一年了? 有这么长时间吗? 好像很久了,可又好像是不久前的事。

自己的生活实在是过得糊里糊涂的。

"姑姑,你咋不吃桃呀?"小秋好像看出什么,问道。

小兰正在想着心事,听到小秋的问话,怔了一下,敷衍着说:"在吃呢。"

小秋问道:"姑姑,咱啥时候走呀?"

小兰想了想说:"那咱现在就走吧。"

小秋说:"宾宾,咱们跟姑姑回家了。"

宾宾正咬着桃,嘴上全是桃渣,小兰看见,赶紧给宾宾擦干净了。

小兰带着小秋和宾宾往娘家走。路上,小兰问起学校里的事,小秋说听到老师说国家要推行简体字,以后她们学过的一些字还要再学简体字。宾宾看到姑姑和姐姐光顾得说话,觉得自己被冷落了,就停住脚说累了,小兰背起了宾宾,宾宾才高兴了起来,嘴里又说着小兰听不懂的话。不过小兰听出虽然自己听不懂,但这些话和宾宾在自己家里说的话是一样的。

"宾宾,你说的是啥呀?姑姑咋听不懂呀。"小兰问。

宾宾说:"姑姑,啥是听不懂呀?"

小兰觉得好笑,不是吗,自己和宾宾都说着对方听不懂的话。

小秋在旁边说:"姑姑,宾宾经常说这些话,俺娘说没人知道是啥。"

小兰问宾宾:"宾宾,你知道你说的是啥不?"

宾宾笑着摇摇头说:"不知道。"

小兰对宾宾说:"宾宾,你娘教你唱歌了没,你给姑姑唱歌吧。"

宾宾笑着摇摇头说:"不唱不唱。"

小兰有些哭笑不得。

这时,小秋在旁边说:"姑姑,俺新学了一首歌,给你唱吧。"

小兰笑着说:"小秋学新歌了?好呀,给姑姑唱一段吧。"

小秋清了清嗓子,先哼了两声,觉得找着调了,就唱起来:"起来,不愿做奴隶的人们,把我们的血肉筑成我们新的长城,中华民族到了最危急的时候,每个人都被迫发出最后的吼声,起来,起来,起来,我们万众一心冒着敌人的炮火前进前进前进进。"

虽然小秋是用清脆的嗓音唱着,但小兰听出了这不是一首普通的歌。她从歌声里听出了中国人昂扬的斗志,不屈的精神,催人奋进,让人热血沸腾。

"小秋,这是啥歌?谁教你的?"小兰睁大眼睛问。

小秋说:"姑姑,这首歌叫《义勇军进行曲》,是老师教给俺的,俺学了三遍就会了,老师还夸俺聪明呢。"

小兰说:"这首歌真好听,小秋,你教姑姑唱吧。"

小秋答应一声,开始唱起来。小秋唱一句,小兰学一句,宾宾看姑姑和姐姐在唱歌,也跟着学起来。

一路上,小兰学唱着这首歌。从这首歌的歌词里她知道了中国有着众多和自己一样,对敌人痛恨,愿意保家卫国的人,她从歌声中受到了很大的鼓舞。

快到家了,小兰学得也差不多了,她问小秋:"小秋,老师教这首歌的时候说啥了没有?”

小秋说:“老师让俺快点长大,保家卫国。”

小兰感动地说:“你们的老师真是好样的。”

说着话,已经到家门口了,小兰蹲下来,把背上的宾宾放到地上,然后站起身来,活动了一下腰。背了宾宾一路,她感觉还是挺累的。

院子里,哥哥小甫正在劈柴,见到小兰,看了小兰一眼。小兰没看小甫,直接向正屋走去。

嫂子菊花正在屋里摆着碗筷,满头的白发格外醒目。她看到小兰,笑着说:“小兰,你可真难等呀,不用出门看,就知道太阳都到屋顶了。”

小兰笑着说:“嫂子,俺都多大了还过生日?让村里人听说了还不笑掉大牙?”

菊花也笑着说:“你再大,在俺面前也是个小孩儿。”

菊花的话让小兰心里暖洋洋的。她忽然想起来当年嫂子嫁到家里来的样子,多漂亮呀,那一幕小兰永远都忘不掉。可看看现在的嫂子,年纪也不算大,却满头白发,一脸憔悴。小兰觉得心里酸酸的。

看来都准准备好就等小兰了。很快,桌上放了两碗饺子,两碗菜,还有几个玉米面窝头。

大家就座了,菊花开始说话了:“小秋,宾宾,今天是你姑姑的生日,这两碗饺子一碗姑姑吃,一碗小秋和宾宾吃,菜大家随便吃。”然后示意让大家吃饭。

小秋在一旁说:“娘,你接着说呀!”

菊花笑着说:“小秋,娘该说的都说完了,现在就吃饭呀。”

小秋说:“娘,你刚才只说了饺子和菜由谁吃,可你还没说窝头谁吃呢。”

菊花笑着说:“这还用说?当然是爹娘吃了。”

小兰连忙说:“嫂子,俺吃两个饺子就行了,大家一起吃饺子吧。”

菊花说:“小兰,今天不比往常,是你过生日,按说应该给你下碗长寿面,可孩子们都说要吃饺子。俺想,反正都是好吃的,就让孩子高兴一回,就包了红薯面饺子。”

宾宾在旁边说:“娘,姑姑不知道饺子好吃,是俺告诉姑姑的。”

宾宾的话把大家都逗笑了。

吃完饭,小甫到地里干活了,小秋找同伴玩去了,宾宾困了在床上睡着了。

小兰边帮着菊花缝缝补补,边和她小声说着话。

两人说了一会儿话,菊花问小兰:“小兰,你出嫁多长时间了?”

小兰说:“临出门的时候俺算了一下,快十一年了。”

菊花看了小兰一眼,顿了一下说:“也就是说晓东被抓丁已经快十一年了?”

小兰看了一眼菊花,垂下眼帘,叹了一口气说:“是呀,快十一年了,真快呀。”

菊花说:“晓东被抓走后,也没来过信,也没捎个口信,一点儿消息都没有。”

小兰停住手,扭头看向一边。

菊花留意了一下小兰的表情,感觉还算正常,就说:“小兰,你觉得晓东能有回来的那一天不?”

小兰低下头,顿了一下,有些慌乱地说:“不知道。”

菊花说:“小兰,俺说句话,你别觉得难听。”

小兰能猜出菊花会说什么,她想拒绝,但拒绝的话没能说出口。

菊花说:“小兰,晓东这么多年都没音信,说不定他可能有事儿了。”

小兰身体颤了一下,没说话。

菊花看小兰没打断自己,说明至少自己能说下去,她下决心要把话说完。这些话她憋了好几年了,今天机会难得,自己一定要说出来。

菊花说:“小兰,你想过没有?可能晓东已经不在了。”

小兰猛地睁大了眼睛,吃惊地看着菊花,自己心中最敏感的部分被猛地触动了,好疼好疼。菊花也紧张地看着小兰,她知道自己刚才的话深深地刺伤了小兰,小兰很痛苦,可她今天一定要和小兰把话说明白。她知道,这个世界上能跟小兰说这些话的只有自己,她一定要借着这个机会把想说的话说完,她知道,这是为小兰好。

小兰大口喘着气,额头上满是汗珠,忽然,小兰转身向外冲出去。

菊花追出去,在院子里拦住了小兰:“小兰,站住,你今天一定要听俺把话说完。”

小兰看到菊花拦住了自己,想把菊花推开,可她感觉自己一点力气都没有。她走向一边,菊花也走向一边,继续拦着她。小兰左右尝试了几次,都没能走开,她觉得有些体力不支,瘫坐到地上。

“嫂子,你好狠心呀,你听听,你都在说啥?”小兰哭着说。

菊花没说话,仍然挡着小兰的去路,她今天一定要把话挑明,即使这个小姑子以后恨自己,自己也要把要说的话说完。她知道,如果今天不说,可能这辈子都没机会了。

菊花看着小兰在哭,虽然声音不大,但能看出来,小兰非常伤心,也非常痛苦,这是伤心到了极处才有的哭声,是人间最痛楚的哭声。虽然小兰平时一副乐观、坚强的样子,可菊花知道,小兰的痛苦是被埋在了内心的最深处。因为这痛苦埋得太深,平时难以触及,好像消失了一样,其实那是最恐怖最可怕的痛苦,一旦触及,就比平时痛苦许多倍。这埋在最深处的痛苦如果一直不触及,是否就可以永远平安无事呢?不是的!这最深处的痛苦即使不触及,也会随着时间的延长,慢慢地变大,变得最深处放不下,最后将是可怕的爆发,一旦爆发,将会是难以想象的。如果将最深处的痛苦在适宜的机会下,使其宣泄出来,可能就能将痛苦用较小的代价化解,这样就可以避免出现可怕的爆发。菊花今天下决心要将小兰的痛苦化解一些,她知道自己没能力将小兰的痛苦完全化解,甚至将小兰的痛苦部分化解的把握都没有,但她一定要努力尝试,或许今天是最后的机会。

菊花侧身看着小兰在极度痛苦中啜泣着,她没说话,观察着小兰的一举一动。她希望能有机会把小兰内心最深处的痛苦挖出来,扔得远远的,让小兰摆脱痛苦的折磨。

小兰的哭声越来越小了,身体的震颤也越来越弱了,人好像要睡着了。菊花看到机会来临,就狠着心对小兰说:“小兰,你别自己骗自己了,你要看清你以后的路。”

小兰抬起满是泪水的脸,哭着说:“嫂子,俺多年来,不敢想这件事,俺怕呀,俺怕,俺该咋办呀?”

菊花抱着小兰的头,靠到自己肩膀上,对小兰说:“小兰,家里人都支持你,你挺过这一关吧,你能挺过去的。”

小兰没说话,只是不停地哭。

看着小兰能听进去自己的话,菊花继续说:“小兰,你还算年轻,你应该再找个人家,这一个人过算啥事呀?民国政府条文里说一方三年没有音讯,另一方找政府批准办离婚,就能再嫁了,你赶紧想想吧。说句不好听的话,你要一直这样,等你老了,连个养老送终的都没有。”

小兰抱着菊花,哭得停不下来。

两人就这样坐在地上,哭着,过了很长时间。

那天听了嫂子菊花的一番话，小兰想了很多，她开始直面人生，开始思考晓东的命运了，这是她尘封在内心深处的不敢触动的问题。晓东，自己的丈夫，这个虽然看不见，但在自己的生活中无处不在的人，她要认真地面对了。

小兰承认，如果没有对晓东回来的希望，这些年，自己是挺不过来的。痛苦对于小兰来说，好像已经不是痛苦的感觉了，而是仿佛经常看到的某一种难以说出的颜色。对了，不是看到的颜色，而是感觉到的颜色，具体是什么颜色说不清楚，但是自己能感觉到。她感觉到这种颜色就会痛苦，但她又很依赖这种颜色带来的痛苦，她无法想象，如果没有了这种痛苦，自己可能就没有了活下去的勇气。

是的，她是靠某种难以名状的痛苦活着。

自从晓东被抓丁后，将近十一年了，一直杳无音信，小兰一直不敢想晓东会是经历了怎样的命运。她所知道的确切的消息是民国十三年直奉战争后晓东还好好的，这是村里一同被抓丁的乐金说的。可既然好好的，为什么晓东不来信呢？他后来是怎么生活的？

从将近十一年来晓东一直杳无音信来分析，晓东遭遇了意外的可能性很大。那他现在怎么样？他、他还在世吗？

其实，从公公婆婆离开人世的举动，小兰就知道，公公婆婆肯定是认为晓东已经不在人世了，否则他们不会毅然地走向绝路。虽然卖掉祖辈传下来的土地直接导致了公公婆婆的离世，但是如果他们知道自己的儿子还活着，他们无论如何都会等着儿子的。

嫂子菊花劝自己改嫁的话好像还在耳边，她确实没想过改嫁，连这样的念头也没有。如果晓东确定不回来，自己会不会改嫁呢？这时，不知为什么，她突然想："公公婆婆离世是不是还有一个原因，就是不愿意看到自己改嫁呢？"想到这里，她的身子禁不住颤动了一下。自己脑海里怎么会突然闪出这个念头呢？这是自己从来不曾想到的，可能是嫂子提到改嫁的事，才使自己会往这方面去想。既然嫂子能想到这个问题，公公婆婆有这样的想法也是有可能的，或许公公婆婆早已经预料到儿子离世，儿媳会改嫁，这样的现实他们无法面对。

这刚刚想起的有可能造成公公婆婆自杀的原因使得小兰愈发痛苦，她越想越觉得这种可能性很大。可是，公公婆婆为何不问自己呢？如果他们问，自己肯定会告诉他们自己不改嫁，那样会不会公公婆婆就不会走绝路呢？他们为什么不给自己一个表达的机会呢?

或许公公婆婆想到这个问题了,觉得自己肯定改嫁,所以他们没有问。他们可能不愿多承受一次打击。可是自己愿意向公公婆婆承诺一直等晓东呀……

这时,小兰又想起了公公婆婆让自己当家的事。虽然当时自己没有多想,只是觉得公公婆婆的身体状况不佳,才让自己当家的,可现在想起这件事,好像有些奇怪。那次让自己当家的对话,公公婆婆说了很多话,现在想起来,多像是公公婆婆在向自己交代后事呀。难道从那时起,公公婆婆就下决心离开人世了?

小兰不停地埋怨着自己的粗心。那么多的大事,自己竟然一直都没有警觉,而且一直到了公公婆婆去世七年后的现在。她哭起来,为经过了七年才明白了公公婆婆的用心而痛苦伤心着。

痛苦的小兰又想到了晓东,他在哪儿?他啥时候能回来呀?他、他能有回来的那一天吗?

其实自己也不止一次地想到过晓东可能已经不在人世了。不是吗?当年公公婆婆离世时,自己也想跟着公公婆婆一起离开人世的时候,有一个原因就是觉得到了另一个世界就能见到晓东呀!虽然鬼使神差地没能走到那一步,但至少当时是觉得晓东已经不在人世了。

如果假定晓东已经不在人世了,自己怎么面对这个世界呢?

去自杀吗?小兰早已打消了这个念头,虽然她认为她没有自杀是因为在等晓东,但是她承认,那是表面上的理由。自己内心的想法是她不愿屈从命运的摆布,她要依靠自己的力量活下去,还要活得更好。

是的,是自己不屈的精神给了自己活下去的勇气和动力!

可是,生活的道路很艰难。走过的几年已经非常艰辛了,以后的生活之路会轻松吗?

其实,这正是小兰难以面对的。如果以后的社会仍然像前几年这样还算稳定,自己是有信心生活下去的,还可能生活得很好。可是,以后的社会会稳定吗?大洋的升值已经使自己连连亏损,希望不知道在哪儿。还有,日本兵会不会打过清水这边来呀?这好像已经不是问题了,问题是日本兵哪一年会打过来呢?三年还是五年?不知道,但那样可怕的一天迟早会来到的。前些天,大家都在传说阎锡山在报纸上曾说过日本人将在二十年内征服全中国,这会是真的吗?如果是真的,自己怎么面对呢?

自己再嫁?

这个问题今天摆到了面前。她知道,如果有个男人依靠,自己可以轻松很多,茴香就是一个很好的例子。可如果自己再嫁了,万一、万一晓东真的回来了怎么办?还有,晓东已经成了自己生活的精神支柱,自己能撇下晓东,另嫁他人吗?

小兰想不下去了。

想到过两天才到天津卖布,小兰来到厨房,想把给晓东的信收起来,可到了厨房,才想起来已经收起来了。每次从天津卖布回来,她都会到厨房把给晓东的信收起来,避免厨房烟熏火燎地把信熏黑了。

小兰回到屋里,把给晓东的信拿出来,信纸里还包着那块大洋。小兰展开信,上面的字小兰早已经全认识了,她看了一遍又一遍,泪水掉落在信纸上,把信纸的一角都弄湿了。

等到小兰出门去天津卖布的那天,小兰还是把给晓东的那封信放到了厨房,上面照旧压着那一块大洋。

秋收过后不久,有很多使人不安的消息传来,让人紧张的神经绷得更紧了。

自从夏天何应钦与日本那个叫梅什么的签订了一个协定后,驻扎在平津的南京国民政府中央军和于学忠的五十一军部队就被调离了,替换中央军和五十一军的是原来驻守察哈尔一带的二十九军。守卫平津的兵力单薄,引起了许多百姓的担忧。

为什么南京国民政府总是被日本欺压呢?为什么南京国民政府总是顺从日本的意愿呢?有消息说日本第一步占领东北,在河北东部设立非武装区后,第二步的目标就要继续向南了。

向南就是平津和河北呀!听到这样的消息,小兰有些不安起来,甚至已经非常害怕了。难道日本想把平津和河北也变成东北?

消息越传越多,也越来越具体。消息的核心内容是日本下一步的目标确实是向南了,而且给出了具体的范围,就是华北!

原来,日本把华北区域具体划定为五省二市,五省就是河北省、山西省、绥远省、察哈尔省和山东省,二市就是北平市和天津市。日本要求南京国民政府同意在华北实行高度自治,脱离南京国民政府,由什么委员会管理,委员会里还有日本人。日本还要在高度自治的区域内设立统一货币等等，如果南京国民政府不同意，日本兵就要攻打河北和山东。

对于日本要求华北实行高度自治，脱离南京国民政府，按说南京国民政府是不会同意的，可南京国民政府也并没有明确反对。这明眼人都觉得不能接受的东西，政府为什么不敢反对呢？今年日本在天津干了多少坏事呀，赶走省主席于学忠，把省会赶到保定，把驻守天津的驻军赶走，现在又要占华北，这怎么行呀？

没多少文化的小兰也能看出来，这和东北的满洲国开始的时候差不多，照这样下去，日本还不得把华北变成第二个满洲呀？如果日本的企图得逞，利用华北实行高度自治占领华北，建立一个啥国，比如叫华北国，那就是说日本在民国二十年占领东北，四年后的今年占领华北，占领五省二市，以后再向南、向西，日本就会一步步地占领更多的地方。按照这样的速度，或许真像阎锡山所说，二十年就会占领全中国呀！

既然南京国民政府签了《塘沽协定》，把东北四省放弃了，无论如何不能再放弃华北了，如果华北被日本占了，那全中国可就危险了！

小兰想到了前几天在天津卖布时，一位戴眼镜的像个文化人的顾客在买布时说过的成语——与虎谋皮，就是说有人找老虎商量让老虎把虎皮给自己，老虎当然不答应，那个人成为被人笑话的人。可是，如果把日本要占领华北，而南京国民政府不敢明确反对来看，就是一个新的与虎谋皮的故事。虎就是南京国民政府，虎皮就是华北五省二市，与虎谋皮的人就是日本。可现在老虎明知道对方要自己的虎皮，却不敢说不给，这是多可怕的事呀。

小兰心里乱糟糟的，她不知道以后的生活会怎样，不过可以知道的是，情况很难好起来。如果在日本的逼迫下，华北真的脱离了南京国民政府，将会是多么可怕的一幕呀，到那时，自己未来的命运将会怎样呢？小秋和宾宾的命运将会怎样呢？这时，她觉得每次卖布亏损几块大洋已经不是大事了，甚至觉得能卖布就是很幸福的事了。

小兰盼望着大家一起反对，共同发声，让南京国民政府警醒起来，反对日本占领华北。事实上，不论是天津卖布的集市上，还是旺财村里，广大的百姓都纷纷表示反对，要求南京国民政府对日本强硬一些。

在心烦意乱的时候，有一个不可思议的消息传来，发生了一件大事，大洋不准流通了。

大洋也就是银圆，是从清朝就开始使用的流通货币，使用的历史估计有上百年了。每一元大洋中有七钱多的白银，所以在以往的年份中，不管局势再乱，大洋票屡屡贬值，但大洋的币值始终坚挺，如果大洋都不准流通，那用什么做让人放心的货币呢？百姓们的心里都充满了担心。

随后有了比较全面的消息。原来南京国民政府财政部颁布了《币值改革紧急令》，从公历1935年11月4日起，实行新货币政策，以中央银行、中国银行、交通银行所发钞票为法币，收付将只能使用法币，其他货币如银类、大洋、地方钞票、铜圆及铜圆票要按照相应比价到银行兑换成法币。

按照这种操作方法，以后市面上将只有法币流通了，中国实行多年的繁杂的各种各样的货币将退出流通。

小兰明白了政府令的内容后，觉得这或许是一种好办法。市面上只有政府控制的一种货币——法币，就不会存在大洋票经常贬值，不同货币间兑换的麻烦了。还有，以后向大妮儿姐交钱时，不用因将钞票换成大洋，而蒙受损失了。

没过几天，大妮儿来找小兰了，她是为法币的事情来的。

大妮儿说："小兰，俺想你以后去天津卖布，就不要用大洋收布了，就用法币吧。你把三百大洋给俺，俺给你三百块法币，以后，这三百块法币就是俺的本钱了。"

小兰答应一声，告诉大妮儿姐她没有那么多大洋，等下次到天津卖布后换三百块大洋再交给大妮儿姐。大妮儿笑着同意了。

下次到天津卖布，小兰带了一些自己家里的钞票，再加上卖布的收益，以1.2∶1的汇价，以408块钞票换了340块大洋。虽然这次小兰一次就损失了60多块钱，但想到以后不用交大洋了，小兰心里还是高兴的。

回到旺财村，小兰将340块沉甸甸的大洋交给大妮儿，大妮儿数了一遍，然后笑盈盈地从旁边的布袋中点出300元钞票，递给小兰。

小兰接过钞票，笑着说："看这票子，新新的。"

大妮儿说："小兰，以后你每次赶集就给俺也交40块法币就行，中央银行、中国银行和交通银行的钞票都行。"

小兰点点头说："好。"

财政部的币值改革的初期，物价普遍上涨，小兰卖布很快有了不错的利润，一向愁眉苦脸的小兰终于有了久违的笑容。灿丽笑着说："兰姐，很长时间都没见过你笑了，看着你笑，俺的心里可算是能放轻松了。"

小兰高兴地说："灿丽，今天卖完布了，还没天黑，咱去馆子里吃顿好的。"

天津卖布的生意好了，小兰着实高兴了一阵子，每次卖布数钱成了非常快乐的事。可是，有许多坏消息破坏了她的好心情。虽然全国百姓一致反对南京国民政府对日本的软弱态度，可是南京国民政府并没有改变态度，反而向日本提出的华北实行高度自治的要求实行妥协政策。入冬的时候，听说要在北平成立"冀察政务委员会"，而"冀察政务委员会"就是要实行华北高度自治的。

随后，传来一个可怕的消息，非武装区内的冀东二十多个县成立了冀东政务委员会，该委员会宣布自治，脱离南京国民政府。据说，冀察政务委员会成立后，或许华北也要自治，也要脱离南京国民政府了。

谁都能看出来，所谓的自治，就是从中国分离投靠日本之前的步骤。看来局势真的一步步向日本占领华北的方向发展了。如果华北实行了高度自治，再接下去要发生的肯定就是成立日本在华北控制的政府。如果这样，华北真的就要被日本占领了。

形势真的危急了，华北危急，全中国危急！

百姓的心都被揪紧了，大家对南京国民政府由失望到愤恨，一致反对南京国民政府对日本无休止的忍让。百姓们反对的声音越来越大，直到有一天，有人开始行动了，北平的大中学生走上街头，举行游行。学生们示威游行的口号就是反对设立"冀察政务委员会"，反对华北自治运动，反对日本侵略华北。而北平的军警竟然使用木棍、皮鞭、水龙、大刀攻击游行示威的学生，还有许多学生被军警逮捕了！

北平的学生运动很快传遍了全国，激起了全国人民的抗日热潮，被称为"一二·九抗日救亡运动"。

北平学生们游行的目的是为了保卫华北，这有什么错？为什么南京国民政府要镇压学生？难道就应该乖乖地眼看着华北被日本占领吗？两年前在喜峰口砍杀日军的二十九军大刀队竟然将大刀指向了北平学生。小兰对南京国民政府的所作所为愤怒不已。

两年前南京国民政府就围剿抗日的察哈尔同盟军，现在又镇压保卫华北的学生，南京国民政府到底在做什么？

为了反对华北自治，几天后，北平学生举行了更大规模的游行示威。军警继续野蛮镇压,有许多学生重伤,还有许多学生被捕。

全国百姓都在声援北平的学生运动。天津的学生也大规模罢课,支援北平学生,南京、上海、桂林、武汉、开封、太原、保定等地学生也纷纷游行示威。连清水的学生也在县城游行,声援北平学生,反对华北自治。

集市外有学生向市民宣传抗日救国,小兰和灿丽轮换着到街上听着学生们的宣传。她们知道了有这么多中国人愿意保卫华北,保卫中国,中国是有希望的。

小兰也为学生们捏把汗,她知道天津有那么多日本驻军,担心他们的安全。

在全国人民的反对浪潮中,冀察政务委员会还是成立了,刚刚接替商震担任河北省府主席的宋哲元担任冀察政务委员会委员长,事态的发展仍然按照日本的意愿进行着。华北将向何处去,中国将向何处去,真让人担心呀。

炎炎的夏日,骄阳似火,一条弯弯曲曲的乡村小道,走来一个人,这是一个美丽的姑娘。这个有着苗条的身材和俊秀的面庞的姑娘正是灿丽。

脚下的土路被太阳晒得有些烫脚,像是在脚下燃起了火。

按说,已经进入夏季,灿丽应该在傍晚的时候去旺财村,这样可以避免午后烈日的灼烤。可是,因为有事,她顾不得酷热,提早出发了。

这件事灿丽已经想了很长时间了,虽然几经犹豫,几次话到嘴边,都未能说出口。但是,今天她打定主意要向小兰姐诉说,她不去天津卖布了。

现在已经是民国二十五年(1936年)了,灿丽帮助小兰姐到天津卖布,已经三年多了。平心而论,小兰姐对自己不错,给自己的待遇也不错。到天津卖布的工钱原来说好的是每次五角大洋,半年多前国家实行法币政策后,小兰姐给自己的工钱增加到一元法币。一切都是非常让灿丽满意的。这三年多来,小兰姐对自己也非常照顾,在大洋增值的一年多时间里,卖布已经亏损了,灿丽不止一次地看到小兰姐在集市上偷偷流泪,可是给自己的工钱从来没有拖欠过,也没有减少过。灿丽与小兰姐的关系已经不是简单的雇佣关系,而是成了要好的朋友了。虽然两人年龄相差十几岁,但这并没有成为两人要好的障碍。

可是,有句俗话说"人无百日好,花无百日红",现在真的出现问题了。问题的核心是灿丽害怕了,已经害怕了很长时间了,她不想再忍受这种恐惧的生活了。

首先是命运不定。自从日本提出华北自治后,遭到全中国人的反对,学生不断以生命和鲜血抗争。但日本欲吞并华北的野心已经公开化了,日本已经不隐瞒了,如果日本要武力进攻,华北是不是也要打仗呀。每次在天津,都能感受到国家危亡的气氛,这种气氛太真切、太紧张。

还有,就是华北走私猖獗。日本人利用秦皇岛等地属于《塘沽协定》中的非武装区,中国不能驻军的机会,把那发展成为疯狂走私的区域,导致政府关税税收减少三分之一。政府关税减少,对国家影响很大,这灿丽是知道的。可是,在天津经常能够听到日本人走私过程中,携带武器、殴打中国海关人员的事。每次听到这些消息,灿丽的心情都会很沉重、很难过。

眼看着快到端午节了,却有更紧张的消息传来。日本在华北不断增兵,已经有大批的日军士兵被派驻到天津,还有传言说为了躲避国军的注意,许多日本兵穿便衣伪装成中国百姓从山海关潜入天津。这些消息使得灿丽的心悬到了嗓子眼,难道、难道日本人真的要动武吗?日本真的要对华北开战吗?

日军除了向天津不断增兵,还向天津加派了大量飞机,局势越来越紧张了。许多人都说,看来日本真的要准备向中国动手了。

除了这些事,还有一件恐怖的事传遍了天津,让灿丽毛骨悚然。

那是过完闰三月后,天津的海河上经常发现有死尸漂浮,基本上每天都有,数量非常多,有消息说在海河里发现的死尸达到了六百多具。市民们都人心惶惶的,不知发生了什么事情。

海河是流经天津市市区的河流,由子牙河、南运河、北运河、金钟河在天津市区交汇后汇入海河,据说海河流经的区域有意大利、日本、法国、英国等国的租界区及特一区、特二区、特三区、特四区,然后流入渤海。死尸并不是由子牙河、南运河、北运河、金钟河流进海河的,而是在海河发现的,这说明抛尸的地点就在海河,就在天津市区内!

什么人竟然这么惨无人道地杀人抛尸呢?

不久,报纸上揭露出来了事情的真相,这抛尸的事情竟然是日本人干的。

原来,日本在天津的驻军为了准备打仗,雇用了一千多名中国人在天津市区和塘沽秘密修建通往天津重要地区的地道。工程竣工后,日军担心这些中国工人将挖地道的秘密泄露出去,就将工人秘密杀害后,将尸体扔到海河里,任由河水把尸体冲进大海。

对日军如此灭绝人性的做法,南京国民政府竟然没有采取进一步的行动,百姓们非常失望。

这么多可怕的事情,灿丽有些承受不住了。她不想去大城市了,不想担惊受怕了。她只想在清水的家里与爹娘安安稳稳地过日子,挣钱虽然少点,可是安全呀。

"怎样向小兰姐说出这些话呢?如果自己突然提出不去天津卖布,小兰姐到哪儿找帮手呀?"灿丽犹豫着。

灿丽在一棵杨树下的阴凉处停住脚,从布袋中拿出手巾擦擦汗。前方的小路在阳光下亮得晃眼,她微微地眯起了眼睛。

忽然,她的脑海里浮现出一个人影,满头的白发,友善的笑容。她就是小兰姐的嫂子菊花,也是自己经常称为嫂子的善良女人。

"俺去找菊花嫂子,让她帮俺说话吧。"灿丽兴奋地想。

有了目标,灿丽仿佛顾不上酷热了,她快步走向旺财村,去往菊花家。

灿丽来到菊花的家里,看到菊花正在院子里忙着归拢收回家中的麦子。菊花看到灿丽,赶紧把灿丽让到屋里,给灿丽倒了水,还笑盈盈地问灿丽"今天怎么来得这么早。"

灿丽看到方便说话,就将天津的情况一五一十地告诉了菊花。菊花听着灿丽的述说,脸色越来越难看,在屋里来回走动起来,还没等到灿丽说想辞工的事,她就赶忙向屋外走去。灿丽也慌慌张张地跟在菊花后面,不知道菊花嫂子的反应为什么这么异常。

菊花在前,灿丽在后,出了胡同,拐到大街上,向村西的小兰家快步走去。灿丽怎么也想不到,菊花的小脚竟然走得这么快,自己都有些赶不上了。

来到小兰家里,只见小兰正在院子里和小来说话,而且应该是已经要说完了。

"小兰,你光想着赚钱,还要不要命了?"菊花不顾小来、灿丽在旁边,生气地说道。

"嫂子,咋啦?"小兰被菊花没来由地进门就数落,有些吃惊,眼睛瞪得大大的。

"天津出了那么大的事儿,你回来咋啥都不说?"菊花继续数落着。

小兰看看灿丽,猜出可能灿丽给嫂子说了什么,可是从嫂子话语中猜不出嫂子为什么生气。

“嫂子,你别生气,慢慢说,啥大事儿俺没说呀?”小兰不解地问。

“小兰,天津那么乱,日本往天津又是增兵又是派飞机的,河里还有那么多死人,多吓人呀?你就别去天津卖布了。”菊花说。

“兰姐,俺刚才说了海河经常有死尸,可能是日本人干的。”灿丽赶紧解释。小来听了灿丽的话,非常吃惊,他想听听到底出了什么事。

“天津卖布这事儿咱别干了,别哪天出了事,可就麻烦了。”菊花大声说。

小兰终于听明白了嫂子的话,原来嫂子是为了自己的安全着想。小兰赶紧给嫂子搬来凳子,让嫂子坐下,然后说:“嫂子,这些事不是俺有意瞒你,回到家就说家里的事儿,天津的事儿不是话说到了,谁能想着说呀。”

或许小兰不是有意隐瞒,但是也可能在无意识间确实隐瞒了。

“那你别去天津卖布了,你不好说,俺找大妮儿说去。”菊花继续说。

听了嫂子的话,小兰有些焦虑起来。其实,她也不是大胆的人,天津的事她也害怕,可是,自己为了赚钱没办法呀,不去天津卖布,怎么赚钱?赚不了钱,怎么买那两亩地?自己以后的生活怎么办?还有,大妮儿姐那么信任自己,几年来一直让自己去天津卖布,自己如果不去了,怎么向大妮儿姐交代呀?自己的苦处又能向谁述说呢?谁能拯救自己呢?今天小来和灿丽都在场,自己怎么好说这些呢?她只好劝菊花说:“嫂子,海河飘死尸的河段离俺卖布的地方还远着呢,不会有事的。再说,天津的警察正在破案,很快就要抓走凶手了,不信你问问灿丽?”

听了小兰的话,灿丽只好硬着头皮说:“嫂子,兰姐的话是真的,卖布的集市很安全。”

菊花看看灿丽,又看看小兰,还扫了一眼小来,想了想说:“那好吧,不过你们千万注意,有啥风吹草动就赶紧跑。”

院子里的气氛一下子缓和下来。小兰笑着说:“嫂子,小来学木匠已经三年了,要出师了。他的师父说了,要想出师,小来就必须自己找到打家具的人家,还特意叮嘱不能找自己家,一定要找其他人家,打一套家具,按照木匠的价码收钱,能做到才能出师呢。小来找到俺,俺想让小来打一套樟木柜子,你看,柜子漆成啥颜色,你给参谋参谋吧。”

小来也赶紧笑呵呵地说:“嫂子,兰姐特别好说话,俺一提出来这事儿,兰姐就同意了。”

小兰说：“小来要出师了，咱要支持他。”

大家说着话，灿丽没机会提出辞工的事了，说说笑笑之间，好像对天津的恐惧减少了许多。灿丽决定继续在天津卖布，如果情况更加紧急了，再提出辞工。

过了半个多月，小来把樟木柜子做好了，是立式双开门式样，漆成农村常见的暗红色。柜子分成上下两部分，上部为双开门式柜门，开合严丝合缝，门上刻着百鸟朝凤的图案，非常漂亮；下部是上下两个抽屉，也刻着牡丹花。按照师傅的要求，小来找了几个旺财村要好的伙伴，把柜子抬到村口的大槐树下，供村民评判。

小来娘来了，小来的师傅来了，许多村民也围过来观看。有人去找小兰，让她来大槐树下验收。

村民们七嘴八舌对柜子评论着：

“这是小来的手艺？油漆刷得匀，挺不错的。”

“咱村里又出了一个小木匠……”

“俗话说严师出高徒，你不想想小来的师傅是谁？杨死心眼儿，小来跟着这样的师傅哪能学不好呀？”

小来的师傅姓杨，对木匠活精益求精，甚至近乎苛刻，会为了一点小瑕疵耗费精力，直至完美。许多村民的木匠活因此经常被耽搁，村民给其送了一个外号：杨死心眼儿。

杨死心眼儿对小来做出的柜子很满意，听到村民都是夸奖的话，觉得很受用。他笑呵呵地对前来收货的小兰抱拳说道：“小兰，你是货主，俺感谢你信任俺的徒弟，给了他出师的机会。俺的徒弟手笨脚笨，做出来的这个柜子叫你见笑了，你只要有一丁点儿觉得不满意的地方，尽管当着全村人的面说出来，俺就叫他重做。”

小兰看着柜子，确实做得不错，就笑着说：“三叔，小来的活儿俺满意，这都是你调教得好呀。”

听了小兰的话，杨死心眼儿高兴得眼睛眯成了一条缝，转头对小来说：“小来，货主满意，明天就办出师礼。”

小来高兴地说：“多谢师傅，多谢兰姐。”

看到儿子几年来的学徒终成正果，自己的愿望终于实现了，小来娘笑得合不拢嘴。她拉住小兰的手，高兴地说："俺小来命好，遇到了好师傅，也遇到了小兰这样的好姐姐。"

小兰笑着说："婶子，小来有你这样的娘，他才有这一天呀。"

小来娘听了小兰的话，眼圈一下就红了。

在忐忑不安的气氛中，秋收的季节来到了，小兰盘算了今年的收成，今年粮食收入不错，卖布的收益也不错，这让小兰非常高兴。她已经攒够了向大妮儿姐买一亩地的钱，准备找大妮儿姐谈买地了。

天刚刚黑，小兰将自己全部的钱整理了一下，数了几遍，共计是法币255元，这是个原来想都不敢想的数字。有了钱，就能把多年前卖出的晓东家祖传的土地买回来，那是多幸福的事儿呀。她笑呵呵地把钱放好，找出了给大妮儿姐的儿子虎子做的一件棉袄，出门向大妮儿姐家走去。

其实，临近中秋节的时候，小兰已经向大妮儿姐说了想买回晓东家祖传的两亩地中的一亩。大妮儿知道这两亩地对小兰意味着什么，她笑着对小兰说："两亩地都给小兰留着，够买一亩地的钱就先卖给小兰一亩地。"而且说好了价格是按照当时市面的土地价格交易，一亩法币215元。

想到这里，小兰对大妮儿姐充满了感激之情。对于小兰来说，她的人生有两个愿望，第一个愿望就是晓东和小春能够回家，第二个愿望就是将晓东家祖传的两亩地买回来。这两亩地是自己卖出去的，为此公公婆婆搭上了性命，如果凭自己的辛苦劳作能将这两亩地买回来，小兰就能达成公公婆婆的夙愿，算是对公公婆婆有了很好的交代。

天气冷了，小兰心里却是热乎乎的，她知道自己的努力有了实实在在的回报。

当大妮儿看到小兰给儿子做的棉衣，很高兴，她里里外外地翻看着，直夸小兰的针线活做得好，每一针都细致均匀，然后高兴地让儿子穿上。虎子子却不领情，躲闪着跑了出去。

"这小子就不像闺女，闺女看见新衣服早就想穿了，可儿子呢，就愿意疯跑，穿新衣服担心弄脏了挨数落，就总是不喜欢穿新衣服。"大妮儿笑着说。

小兰知道大妮儿姐特别心疼儿子，笑着说："大妮儿姐，男孩儿天性就是喜欢跑跳的,现在正是爱玩的年龄,就让孩子尽情玩吧。"

大妮儿说:"俺也这么想,就这一个孩子,就让他高高兴兴地长大吧。"

两人又聊了一会儿话,大妮儿说:"小兰,咱明天就去县里把地契办了吧,你可以赶紧把麦子种上。"

小兰高兴地说:"大妮儿姐,谢谢你。"

大妮儿笑着说:"小兰,你放心吧,就冲你这么勤劳辛苦的,这两亩地早晚都是你的。"

小兰高兴地跳着抱住了大妮儿,大妮儿也笑着与小兰拥抱着。

回到家,小兰把麦种倒出来,一粒一粒地选出了最大最饱满的种子,然后,将选出的麦种倒进早已缝好的漂亮的布袋里。这个布袋是小兰自己织的布袋,上面还绣了两朵漂亮的玫瑰花。她要把最好的麦种种在自己的土地上,她想,那时收获的麦穗肯定颗粒饱满,用这种麦粒磨出的面肯定特别香甜。

夜深了,兴奋的小兰将麦种从绣有玫瑰花的布袋中倒出来,一粒一粒数起来。第一次数了5326颗,第二次数了5351颗,第三次没数完已经鸡叫了。

当小兰与大妮儿办完了土地买卖手续,揣着地契回到村里,正是夕阳西下的时候。

在村口,大妮儿先回了家,小兰走到刚刚属于自己的地里,她闻到了土地散发的清香。这是任何香气都无法相比的,能够渗进人的五脏六腑,让人陶醉。

已经八年了,从自己手中流失的土地又回到了自己手里,仿佛就像一场梦一样。这场梦却牵动着自己的灵魂,让自己经历了痛彻心扉的历程。

"俺,小兰,一个小脚女人,完全靠自己的辛苦努力,买回了一亩祖传的土地。虽然没能完成自己的愿望将两亩地都买回来,但至少让祖传的土地回归了一半。那一半大妮儿姐说了,迟早也会属于俺的。俺多高兴呀。"

"如果公公婆婆还活着该多好呀,他们肯定会非常高兴的。如果爹娘也活着,他们也会为俺高兴的。如果晓东能回来……"

想到晓东,小兰低下头来,她沉默了一下,然后用力摆了一下头,努力让自己不想他。随后,她在地里从这头走到那头,往返走了很多遍,直到自己累得实在走不动了,才喘着气,在田埂上坐下来。

天已经完全黑了,月亮露出了笑脸,给大地披上了一层朦朦胧胧的月光。小兰看着眼前的土地,想象着远处夜幕中的部分,总也看不够。天空中,月亮又圆又大,她看着月亮,想起了公公婆婆曾经在一个夜晚看着月亮想晓东的情景。她觉得晓东好像也在某个地方,也在凝望着月亮。或许天上的月亮能明白人的心情,或许月亮看一眼晓东,再看一眼自己,如果月亮能明白人的心意,把互相思念的两个人连到一起,该有多好呀!

小兰在地里坐了一夜,等到公鸡打鸣的时候,小兰抓了一捧土,用布裹了,拿回了家。进了家门,小兰把一把土放到公公婆婆的牌位前,流着眼泪向公公婆婆说了一会儿话。然后小兰又把余下的土放到布袋内,放到自己的床上,她要时时刻刻与自己的土地在一起。

当然,买地这样的事,对于任何一个农民来说都是大事,何况买回的是八年前晓东家族卖出的祖传的土地,更是意义重大。因此,不仅对于小兰,更是对晓东家族来说,都需要有一次纪念活动。小姣爹娘代表晓东家族的长辈,带小兰到家族祖辈牌位前行礼,小姣爹恭恭敬敬地向祖辈叙述了小兰买地的情况,夸奖小兰是王家的好媳妇。礼毕,小兰将小姣爹娘请到家里,炒了四个菜,还打开了一瓶烧刀酒,小姣爹娘都高兴地喝了酒。席间,小兰流着泪说:“再有两年,俺一定要把另一亩地买回来。”小姣爹娘笑得合不拢嘴。

麦子种下后不久,小兰心里正高兴的时候,传来消息说日军又开始向中国进攻了。

虽然北平成立了冀察政务委员会,但因为去年的学生运动,还有全国人民的反对,日本侵占华北的军事行动还是被拖延了。冀察政务委员会委员长宋哲元巧妙地与日本周旋,迟滞了日本的计划。

日军这次进攻的地点不在平津,不在上海,而是在西边遥远的绥远。日本人为什么要攻打绥远呢?小兰赶紧找人打听。据说,如果日本占领了绥远,可向西占领宁夏、甘肃、青海、新疆,并与热河、辽宁形成一条战线,可以切断苏联与中国的联系;向北可以进攻苏联;向南可以继续进攻中国其他地方。如果日本将这条战线占领,对中国来说将会非常危险。

看来日本人可是够恶毒的。

日本的进攻并未取得胜利,绥远抗战的好消息不断传来。绥远省主席傅作义指挥国军在一个月的时间里在红格尔图、百灵庙、大庙等地与日伪军激战,大败敌军。他们像第十九路军在民国二十一年淞沪抗战时守卫上海一样,保卫着中国的国土。

“国军在红格尔图与日伪军激战四天,把敌人打败……”

“国军三十五军占领百灵庙,日伪军伤亡七百多人……”

“日军四架飞机轰炸百灵庙,被绥远国军击落三架。”

“国军消灭了大庙的伪军,收复了大庙。”

小兰被这些勇敢的将士感动着。旺财村全村人在田间地头也都在谈论着这些激动人心的抗战,对抗日有了极大的信心。

百姓们正在关注着绥远战事的时候,一个爆炸性消息传来:东北军和西北军在西安将蒋委员长扣留了。还有人说蒋委员长和他的卫队人员已经被张学良的部队枪毙了。

“到底出啥事了?张学良竟然要打死蒋委员长?恐怕要天下大乱了吧?会不会又要打内战呀?日本如果趁乱进攻中国,那以后会出啥事呀?”小兰刚刚为绥远抗战的好消息高兴了几天,就听到了西安事变的消息,她的心又提到了嗓子眼。

西安这个地方小兰听说过。几个月前小秋来找自己,两人聊天时小兰随口说起中国有东南西北四京,小秋问哪四京,小兰说:“北京北平,南京金陵,东京汴梁,西京长安。”

长安就是西安,现在西京出的事可是不得了的事。

是呀,如果把蒋委员长都打死了,那可是天大的事情,天要塌下来了呀。她担心国家又要大乱,又要打大规模内战,这以后的社会会怎么样啊?会不会又出现军阀割据的局面啊?如果再军阀割据,那还不是要被日本一个个吃掉?这可是小兰想想都觉得头皮发麻的事。如果社会真的乱了,自己的地可能又留不住了,还有小秋和宾宾,将会面对怎样的生活呀?如果小秋又留不住……小兰不敢想下去了。

心乱如麻的小兰决定回娘家看看小秋和宾宾,她想他们了。

小兰蒸了几个花卷,特意多放了些葱花和油,香得不得了。从锅里拿出来,用包食物的布裹好,用篮子扤着花卷出门了。

天气已经很冷了,街上的人并不多,一切都是那么熟悉,但一切又都显得那么肃杀,那么冷清。

来到娘家,门开着,小兰径直向哥嫂住的屋里走去。

屋里有说话声,有说有笑的,是小秋和宾宾的声音,让人心里温暖了许多。

“宾宾。”小兰在门口叫了一声。

“姑姑。”听到姑姑的声音，宾宾跑过来开了门，掀开了门帘。小兰看到了宾宾的笑脸，后面是小秋。

小兰答应一声，走进屋里，把篮子放下，抱起宾宾来。

“姑姑，你猜猜，家里有啥？”宾宾笑着看着小兰说。

小兰看到小秋也在看着自己笑，看样子也是希望自己猜猜。

嫂子菊花在一边说：“宾宾，这小东西还让姑姑猜？”

小秋笑着说：“娘，你别说出来，就要让姑姑猜。”

“宾宾，小秋，你们要让俺猜啥？是猜谜语还是？”小兰也饶有兴趣地问。

宾宾摇着头说：“不是不是。”

小兰笑着说：“那俺就猜猜。”

小秋和宾宾笑着说：“姑姑，快猜吧。”

菊花在一旁说：“宾宾，别让姑姑抱着了，下来吧。”

宾宾说：“没事儿，姑姑不累。”

菊花笑着说：“这孩子，一点儿都不知道心疼姑姑。”

小兰对菊花说：“嫂子，没事儿，俺喜欢抱宾宾。”

小秋着急地催促说：“姑姑，你快猜呀。”

小兰说：“俺猜你娘给你们做好吃的了。”

“不对。”小秋和宾宾齐声说，然后大笑起来。

宾宾说：“姐，你给姑姑看看，让姑姑再猜。”

小秋伸出右手，这时小兰才发现小秋的手上托着一个红红的小动物。小动物很小，老老实实地趴在小秋的手掌上，好像在睡觉。

“这是啥？好像是小猪呀。”小兰看了看，没有把握地说。

小秋和宾宾都得意地笑起来。

“姑姑，你猜错了……”小秋说。

“俺说俺说，”宾宾打断了小秋，然后得意地说，“姑姑，这是一只小狗呀。”

“是小狗？”小兰仔细看着小动物，真看不出是小狗。

小秋说：“姑姑，这真的是一只小狗。”

小兰笑着问：“是谁给你们的？”

小秋说：“是三红送给俺的。”

小兰又问:“三红是谁呀?”

小秋说:“三红是俺的同学,她家在村口大槐树旁边。”

小兰不知道小秋说的是哪一家,就没再问。

看着小秋和宾宾可爱的模样,小兰不想破坏融洽的气氛,就没再提西安的事。小兰与他们嘻嘻哈哈地玩着笑着,慢慢地,好像忘记了担心。

随后传来的关于西安事变的消息是蒋委员长还活着,还被张学良送到了洛阳,西安事变和平解决了。原来这是以张学良为首的东北军和以杨虎城为首的西北军为了逼蒋抗日才发动的政变。张学良先是被判处十年有期徒刑,很快又被赦免了。

西安事变和平解决让旺财村的村民们都松了一口气,小兰悬着的心也放了下来。她不用为小秋和宾宾的命运担心了,也不用为自己的土地担心了,生活又可以继续了。

好事仍然有,这次轮到小姣了。

那是民国二十六年(1937年)春节的年初二,伙伴们又来到小兰家聚会。二妮儿带着儿子文喜、武喜回来了,茴香也带着大儿子小财、二儿子墩墩回来了。大家发现,小姣怀孕了!

“小姣,你结婚都十年了,总算怀上了。”二妮儿笑着说。

茴香也高兴地说:“小姣,俺都替你担心呢。”

小兰也笑着说:“小姣,你以后有了孩子,你的家终于是完整的家了。”

小姣害羞地说:“以前总以为是俺俩谁有问题,不能生,后来才知道是生活太苦了,俺一直营养不够。这两年家境好了一些,婆婆特意给俺做了半年多的小灶,这才算好了。”

二妮儿问:“小姣,算日子了吗,啥时候生呀?”

小姣笑着说:“应该是在中秋前后吧。”

茴香说:“孩子生下来,该属牛了。”

几个人又说着话,笑声使屋子里暖洋洋的。

过了正月,天气逐渐地暖和起来了。

小秋手上的那只小狗身上开始长出了短短的绒毛,是只白色的小狗。小狗的眼睛亮亮的,整天围着小秋和宾宾转,在他们身边跳来跳去,可爱极了。

有一天,小秋提出要给小狗起名字,叫"乖乖",宾宾不愿意,小秋让宾宾起名字,宾宾想不出来,但就是不愿意叫"乖乖"。后来,小秋说让娘评判,菊花说就起名叫"白狗",小秋和宾宾都不愿意。

宾宾提出去找姑姑,让姑姑评判小狗应叫什么名字。小秋笑宾宾说是不是想姑姑家的花卷了,宾宾说不是,其实宾宾确实想吃花卷了。理由很简单,姑姑做的花卷是最好吃的。

小秋也想去看姑姑,她想姑姑了。

小秋和宾宾跟菊花说了一声,带着小白狗,向小兰家走去。

来到姑姑家门口,小秋对小白狗说:"乖乖,快叫两声,让姑姑知道咱们来了。"

小白狗很听话,汪汪地叫起来。

宾宾说:"姐姐,你让它叫就行了,不要叫它'乖乖',它的名字还没起好呢。"

小秋笑着说:"起好了,就叫'乖乖'。"

宾宾听了,撅起了嘴,板起了脸,跺着脚进了姑姑的院子。

小兰听到小白狗的叫声,走出屋门,看到小秋和宾宾,高兴地说:"俺听到小狗的叫声就知道你们来了,冷不冷,快进屋暖和暖和。"

说着,小兰拉着宾宾,又抚着小秋的背,一起进了屋。

"姑姑,俺不喜欢'乖乖'这个名字。"宾宾刚进屋,就对小兰说。

小兰说:"宾宾,'乖乖'不是你的名字,是爹娘和姑姑喜欢你,才这么叫你的。"

小秋知道姑姑没听明白宾宾说话的意思,以为"乖乖"是宾宾的名字,就乐得哈哈大笑起来。宾宾也知道姑姑没听明白,看见小秋大笑,就气愤地对小秋说:"有啥好笑的? 不许笑,再笑下巴颏就笑掉了。"

听完宾宾的话,看着宾宾生气的样子,小秋又笑起来。

小兰听出来是自己弄错了,赶紧说:"宾宾,要叫谁'乖乖'呀?"

宾宾委屈得眼泪在眼眶里打着转说:"姑姑,姐姐要给小白狗起名叫'乖乖',多难听呀,俺不想让小白狗叫'乖乖'。"

小兰明白了,原来是给小白狗起名叫"乖乖",看来自己真的错了。

小兰对小秋使了个眼色,然后对宾宾说:"宾宾,那你想给小白狗起啥名字呀?"

宾宾想了想说:“姑姑,就叫它‘花卷’吧。”

小秋听了,更是笑出了声:“看来。你总是想着姑姑做的花卷,就知道花卷这个词,谁听说过小狗的名字叫‘花卷’的?”

宾宾有些难为情地一语不发。

小兰知道宾宾还小,知道的词还少,不知道小狗应该叫什么。她想让宾宾从窘迫中摆脱出来,就说:“给小狗起名字也不是简单的,这样吧,咱们三个人每人都给小狗起个名字,然后看谁起的名字好听就叫啥。”

小秋说好,宾宾想了想,点头同意了。

小兰说:“俺先起名字,俺看小狗总是围着你们转,就叫‘转转’吧。不过,你们也要给小狗起名字呀。”

“俺给小狗已经起了名字叫‘乖乖’了,俺再起一个名字叫‘雪花’,因为她是小白狗呀。”小秋说完,看到宾宾在看着自己,就说,“宾宾,你别光看,俺已经给小狗起了两个名字了,你还没起名字呢。”

宾宾不高兴地说:“谁说俺没起名字,刚才俺不是给小狗起名叫‘花卷’了。”

小秋说:“‘花卷’也能算是名字?”

宾宾没说话,他想了一下忽然说:“姑姑,俺看小狗每天围着俺转,还蹦蹦跳跳的,俺就给它起两个名字‘蹦蹦’和‘跳跳’,这样俺就起了三个名字,俺起得最多。”

说着,宾宾兴奋地跳起来。

小兰笑着说:“好了,现在咱们总共给小狗起了六个名字,宾宾起的名字是‘蹦蹦’‘跳跳’‘花卷’,小秋起的名字是‘雪花’‘乖乖’,俺起的名字是‘转转’。”

宾宾说:“姑姑,俺娘还给小狗起了名字叫‘白狗’呢。”

小兰笑着说:“好,把你娘给小狗起的名字也算上,总共有七个名字,这七个名字里哪个最好听呀?”

小秋和宾宾开始思考起来,小兰趁热打铁地说:“俺觉得‘蹦蹦’这个名字最好听,小狗蹦蹦的,听起来多可爱呀。”

宾宾听了,高兴地说:“姑姑,‘蹦蹦’好听,姐姐,‘蹦蹦’好听,就叫‘蹦蹦’吧。”

小秋也大度地说:“好,就叫‘蹦蹦’吧。”

大家都笑起来。

看着小秋和宾宾,小兰打心眼里爱他们,他们高兴了,自己也就没有烦恼了。

“小秋,宾宾。你们玩吧,姑姑给你们做花卷,还有茄夹子。”小兰说。

这可是最好吃的，小秋和宾宾都高兴地点着头。

当春风徐徐吹来的时候，也夹杂着冷酷的信息。

先是有消息说有七十多艘日本军舰从日本驶到青岛，在青岛海面以中国为假想敌进行大规模军事演习。接着，日本华北驻屯军又以中国军队为假想敌，在北平和天津进行演习。

百姓们的心又开始紧张起来。

日本人是不是真的要全面攻打中国？

清明过后，天津的海河上又频繁地出现了漂浮的尸体，有的尸体不全，像是被利刃分尸的，非常恐怖。市民们议论纷纷，恐惧着、担心着，都希望尽快查清浮尸来源，尽快破案。天津市政府也抓紧了破案的工作，在全市范围内清查户口，了解失踪人员信息，在城市街道上公布打捞上来的浮尸的照片，希望市民提供线索，并宣布对提供有效线索的市民悬赏奖励，还出动警察驱赶流落到天津街头的苦工、流浪人员。过了一段时间，传来的消息是调查有了结果，对海河浮尸的来源进行调查后，查出浮尸是由日本租界运出的，进一步的调查得知这些浮尸竟然是日军在华北冀东地区秘密雇佣的从事挖掘日军军事工事的中国工人。在工程完工后，日本人因为担心工人泄密，竟然将这些中国工人杀害灭口，将尸体抛入河中。虽然破了案，但警察局并不敢抓获凶手，日本人仍然逍遥法外。

天津的气氛越来越紧张了。日本人在天津周边开始了越来越频繁的军事演习。从普通演习发展到步兵持枪实弹演习，后来又发展到携带机枪实弹演习，再后来又携带钢炮演习，演习的规模不断升级，再后来，发展到日本坦克也加入到演习阵营中。

除了发生在天津的演习，有消息说日军在北平的周围也发动了规模不断升级的演习，甚至演习的日军经常与国军二十九军发生摩擦。

军事上日军不断地大规模军事演习，经济上日本人还大规模地走私。日本走私者越来越猖狂，发展到经常殴打中国海关人员，抢夺被查扣的走私物资。不仅如此，日本人在天津还开设了众多的大烟白面馆和烟馆土庄，导致天津吸毒人员数量不断增多。

随着时间的推移，百姓们已经不怀疑日本要与中国进行战争，只是不知战争会在何时爆发。

这一天，小兰和灿丽要动身去天津时，在清水的苏堤码头听到消息，驻北平的国军二十九军与日本兵在北平的宛平县城交火了。

“兰姐，北平打起来了，咱去不去天津卖布了？”灿丽在登船时问小兰。

是呀，现在没上船，如果不去还来得及。

小兰在犹豫着。

如果不去，交给大妮儿姐的钱怎么办？如实向大妮儿姐说明情况，征得大妮儿姐谅解，让大妮儿姐不收本次应交的钱？以大妮儿姐的为人，估计大妮儿姐能谅解。可小兰觉得难以开口。大妮儿姐对自己已经很好了，尤其是让自己买回了祖传的那一亩地，使小兰觉得自己欠大妮儿姐的人情太多，自己一辈子都还不了了。可如果不向大妮儿姐张口，自己也确实无法补上这亏空。想来想去，小兰觉得还是要冒险去天津，她没有更好的办法了。

小兰问灿丽：“灿丽，天津离北平很近，这战争日本准备了几年了，打起来阵仗小不了，你怕不怕？”

灿丽有些担心地说：“兰姐，俺有些怕。”

小兰说：“咱在天津卖完布就回来，估计只要日本不在天津打，咱就能回来。”

灿丽点点头说：“那就走吧。”

小兰看到灿丽镇定的样子，觉得好像给自己壮了胆。她觉得灿丽很了不起。

到了天津通济集集市上，看到很多摊位都空着，只有一半的商家在卖货，不过大家都没心思做生意，人心惶惶地互相交换着信息。

“听说了吗？卢沟桥事件是日本部队借口士兵丢失了，半夜非要进已经戒严的宛平城搜查，这是有意向二十九军挑衅呀。”

“那丢失的士兵已经回到部队了，日本军队仍然要进宛平城。”

“还有呢，驻天津的日本军队已经开往北平了，这仗越打越大了。”

大家都忧心忡忡的。

“大哥，你说，咱打得过日本吗？日本的飞机大炮坦克军车可是不老少哇。”

“不管打得过还是打不过，是一定要打的，不打就只有投降，那就是做亡国奴。咱可不能干投降的事，我可不愿做亡国奴。”

“大爷，日本打过来，咱就跟他拼了吧，总不能看着他们杀中国人呀。”

“年轻人，你这话说得好，咱就得和小日本拼了，不这样哪有咱的活路呀。”

听着大家的谈话，小兰也是满脸愁云，不知道国家的命运会怎样，也不知道自己的命运会怎样。

从天津回来,小兰查看了屋里的地面,一切正常。埋在屋子里地下的粮食有两缸,有二百多斤,她心里有了些底。这两缸粮食中,有一缸是从属于自己的那一亩地里打下的麦子磨出的面粉,她舍不得卖掉,将全部麦子磨成面粉,一部分包了饺子,邀请嫂子、小秋和宾宾来家里吃了一顿,剩下的就埋到地下了。

村里人都在关心着北平的战事,对前途都非常担心。

接下来的几天里,有消息说日本要向中国增兵,也有消息说北平方面冀察政务委员会代表宋哲元正在和日本人谈判,有可能签订停战协定。还有消息说停战谈判是日本人要的手段,借谈判争取时间,以调动更多的军队到中国。

接下来的集市日期又到了,小兰又遇到了上次去天津前的问题,去吧,危险,不去吧,无法承受亏空。思前想后,小兰最后下了决心,既然天津没开战,就去卖布。即使被打死也不能被吓死。

小兰担心灿丽不来,可灿丽还是如约到来了,她说她曾经想过不去天津了,可她的爹说既然没与兰姐说好不去天津,就应该照常去,做人要讲信誉。小兰告诉灿丽可以自行选择去不去天津卖布,灿丽犹豫了一下,还是答应了。

通济集上商家很少,买布的倒没减少多少。卖货的和买货的边谈论货色和价钱,也免不了谈论北平的战事,都说情况紧张,个个都忧心忡忡的。

下午,小兰看到布卖得差不多了,就招呼灿丽,准备收拾离开,忽然听到旁边有人说话:"我真猜对了,你们真在这儿呢。"

小兰顺着声音抬头看去,只见一个四十多岁的男人站在前面,满脸憔悴,头上有不少白发。这人看起来好像有些面熟,但一时间想不起来是谁了。

"小兰,你不认识我了吗? 我是大林呀。"来人笑着说。

"啊? 大林哥。"小兰想起来了,这是曾经与大妮儿姐好过的大林哥,还带自己和大妮儿姐、二妮儿坐过公交车呢,有十几年不见了,大林哥老了许多。

"我就担心你们不知道局势危险,就过来看看你们是不是还在卖布。我算错日子了,昨天来了一趟,这儿没开张。"大林说。

"俺也觉得不安全,想着不来了,可还是来了。"小兰说。

大林看了一眼灿丽说:"这个和你一起卖布的女孩儿是谁呀?"

小兰回道:"她不是旺财村的,叫灿丽。灿丽,这是大林哥。"

灿丽懂事地叫道:"大林哥。"

大林笑着答应了一声，然后说："小兰，赶紧回家吧，可别来天津了，战争要打起来了，这可不是小事儿。"

小兰说："大林哥，俺听说正在谈判呀。"

大林干脆地说："别信谈判的事，现在日本在大量向中国调兵，有从东北调来的，有从高丽调来的，还有从日本调来的。不仅有士兵，还有飞机大炮，前几天，一次就调到天津轰炸机十二架。还有，听说昨天日本飞机好几次从空中用机枪扫射平汉线火车，伤亡好几十人呢。"

大林的话说得小兰紧张起来，她觉得自己真是够莽撞的，这个时候还想着卖布，还把灿丽也带到这么危险的地方。

"小兰，你们卖完布就赶紧回家吧，别再来了。"大林说。

小兰感激地说："大林哥，谢谢你，都十多年没联系了，还想着俺的安全。"

大林笑着说："应该的，你们是外地人，可能很多消息都不知道，我在天津知道的消息多一些，就过来告诉你们。"

小兰问："大林哥，你有几个孩子，多大了？"

大林笑着说："有两个女孩，大的十二岁了，小的八岁了。"

小兰笑着说："多好呀。"

大林也问道："小兰，你的孩子也不小了吧？"

小兰听了，想说什么，张了张口，没说出来。

大林觉得奇怪，但没再问，转了话题说："大妮儿有几个孩子，多大了？"

小兰回答："大妮儿姐有一个男孩儿，按清水的虚岁计算，快七岁了。"

大林问："大妮儿过得好吗？"

小兰说："过得很好。"

两人又说了一会儿话，大林要走，小兰问："大林哥，战争马上就要打起来了，你们家在天津有躲避的地方没有？"

大林叹了一口气说："听天由命吧。"

看着大林离去的背影，小兰满是感激。按说大林与大妮儿姐已经分手很多年了，或许他是担心大妮儿姐的安全吧。

不管怎么说，大林哥是一个好心肠的人。

在天津码头，坐在回清水的船上，小兰看着离自己越来越远的天津，心里默默地说："天津，再见了，等仗打完了，俺再回来。"

第三十三章

小水滴在夏日里尽情地享受着风吹的感觉，她的心情好极了。她看着广袤的大地忽而越来越远，又忽而越来越近，大地上的景物也忽大忽小，非常有趣。

蔚蓝色的天空中，洁白的云彩一团一团靠在一起，在空中缓缓掠过，就像放慢了飞行动作的大雁，美不胜收。

大地还是那么肃静，放眼看去，黄色的沙地、绿色的植被构成色彩鲜明的一块块，美丽极了。色块中间穿插着那条大河，河面反射着来自天空的蓝与白，构成一幅摄人魂魄的壮观图案。

还可以极目远望，那是天际与大地交织的地方，仿佛天空和大地原本就是在一起的。天空的蓝色模糊了，有了些许绿色；大地绿色隐去了，有了些许蓝色；蓝色和绿色融合到一起，呈现出难以形容的美丽的景象。

渐渐地，美丽的景色越来越模糊，越来越黯淡……

夜幕覆盖了大地，遮挡了天空……

第三十四章

太阳懒懒地挂在天上，好像是睡着了，忘记了移动，可没忘记把刺眼的阳光和源源不断的热量投向大地。大地像是要被烤焦了，世间好像变成了蒸笼，使百姓们找不到凉快的地方。大家希望能有云彩遮挡一下阳光，可是天空中竟然只有几缕像纱一样的白云，在远离太阳的地方飘浮着。百姓们叹着气，虽不情愿却无奈地忍受着酷热的煎熬。

扇子扇出的风也是热的，不仅不凉快，还耗费了体力，显得更加热了。村口的大槐树下坐了一些男人，借着巨大的树冠遮蔽下的树荫，有一搭无一搭地说着话。即使酷热，知了仍然不知疲倦地叫着，让人心烦。

这里没有了往日的嬉闹。并不是因为天热赶走了大家的兴致，而是内心深处埋藏的不安，偶尔的强颜欢笑正是为了掩饰内心的不安，这都是因为北平的战事。

村民们为可能发生的战争担忧着，回到家里的小兰，也因为北平的战事已经郁闷了几天了。

注明日期是七年前的那封写给晓东的信已经被小兰收了起来。信纸对折了两次，用一块布包好，她包得很小心，以避免折叠后的信纸的边边角角被折了，因为这封信是小兰最珍惜的。她放到了柜子里的最底层。她知道，以后的一段时间自己天天在家，这信已经派不上用场了。

留给晓东的那块大洋小兰也想收起来，可后来她改变了主意，放到了正屋的桌上。她觉得这块大洋好像连着自己和晓东，大洋在正屋里，就好像晓东在正屋里一样。公婆走了这么多年，如果晓东在家，自己和晓东也该住正屋了。

从了解到的时局情况来看，几个月内去天津卖布已经是不可能了。她没能力承担向大妮儿姐上缴的每次四十元的费用。那么，自己能做的就是去找大妮儿姐，向大妮儿姐明说自己不能去天津卖布的原因，把大妮儿姐的钱退给她，相信大妮儿姐会理解的。

可如果大妮儿姐真的不高兴呢？小兰知道，这么做也等于是断了大妮儿姐的一项收入来源，大妮儿姐少了收入，会不会埋怨自己胆小怕事呢？毕竟天津那紧张的战争气氛到了清水就减弱了很多。连自己都没有了在天津的紧张，何况是一直在清水的大妮儿姐呢？

小兰有时觉得自己可能多虑了，因为所有的中国人都知道日本兵肯定要攻打天津，在天津卖布的生意肯定没法做了，凭自己对大妮儿姐多年的了解，她不会不通情达理的。可即使如此，小兰还是下不了决心去找大妮儿姐。

其实，小兰迟迟没有去找大妮儿，还有一个原因，就是一旦向大妮儿姐提出无法去天津卖布，就意味着与大妮儿姐谈妥的在天津卖布的口头契约终止，自己或许再也没有机会到天津卖布了，自己的一项最大的收入就没有了。如果这样，自己以后的收入将大幅下降，买第二亩地的愿望可能要落空了。

要交给大妮儿姐的钱已经包好了，一直放在柜子里。如果按照以往，过两天就要在村里和周围村子的农家收布了，现在，这些钱已经派不上用场了。

就在小兰正左右为难的时候，大妮儿却找上门了。

这天晚上，小兰正在整理家里的莙荙菜时，大妮儿进门了。

“小兰，在捆菜呢？”大妮儿站在门口，笑盈盈地问。

小兰听到是大妮儿的声音，转过头来，有些不好意思地说：“大妮儿姐，你来了？俺还说去找你呢。”

大妮儿笑着说：“你去俺来都一样，俺有些日子没来了，就想过来坐坐。”

小兰赶紧让大妮儿姐在院子里坐下：“大妮儿姐，坐院子里吧，有风，比屋里凉快些。”

大妮儿姐爽快地说：“好，大夏天的，哪儿凉快上哪儿。”

小兰让大妮儿姐坐下，又递给大妮儿姐一把扇子，然后急忙到厨房洗了两个甜瓜，切成小块，放到盘子里，端过来。

“大妮儿姐，吃甜瓜吧。”小兰热情地招呼着。

大妮儿笑着答应一声，拿起一块递给小兰，自己也拿了一块吃起来。

“小兰，这甜瓜真甜。”大妮儿笑着说。

小兰说："今年的年景好，麦子好，瓜果甜。"

两人说了一会儿种庄稼的话，大妮儿笑着说："小兰，你的胆子不小呀，国军和日本兵在北平都打起仗来了，你还敢连着两次到天津卖布。"

听了大妮儿姐的话，小兰知道她没有生自己的气，就放下心来。她高兴地笑着说："北平在打，天津没打，俺就继续卖布呗。"

大妮儿说："前两天，卢沟桥一开战，俺就知道天津平静不了，没法卖布了，就等着你上门找俺呢，可没想到你仍然去天津卖布了，可把俺着急得够呛。"

小兰笑着说："布都已经收好了，如果不卖钱，放在家里就不能周转了。"

大妮儿说："你考虑得也是，现在都换成钱，就方便多了。"

小兰问："大妮儿姐，现在暂时不能去天津卖布了，还不知道啥时候才能打完仗，那咋办呀？"

大妮儿爽快地说："卖布的事先不考虑了，以后的事情等等看看再说。"

小兰说："大妮儿姐，那俺把钱给你吧。"

大妮儿说："好吧。"

小兰打开一个小柜子，从里面拿出一个布包，打开布包，是一沓钞票，小兰数了数，然后交给大妮儿："大妮儿姐，这是380元法币，其中300元是本钱，80元是这两次卖布的收益。"

大妮儿接过钱，数了一下说："正好。"然后把钱揣进口袋里。

小兰说："大妮儿姐，俺这些年一直在天津卖布，已经习惯去天津卖布的生活了，现在暂时不去天津了，还真舍不得。"

大妮儿叹了一口气说："是呀，别说你舍不得，俺也舍不得。打从俺爹开始在通济集卖布，到现在已经二十多年了，卖布成了俺全家生活中很重要的事，比种地还重要。现在俺还要盘算一下以后咋生活呢。还有，小兰，你也要考虑你以后都干些啥。"

小兰说："还能干些啥，就是农家的这些事儿。好在俺的地多了一亩，俺种地加织布，也够忙活了。对了，大妮儿姐，说起你卖给俺的那一亩地，俺还要谢谢你呢。"

大妮儿笑着说："小兰，别说见外的话了，卖给谁不是卖呀？再说，卖给你的价格也是市面正常价，俺还赚钱了呢，所以呀，你就别再说谢不谢的话了。对了，小兰，除了忙家里这些事儿，你也留意到村公所听听外边打仗的事儿。这两天，村里每天派人到县里了解北平打仗的新情况,快天黑的时候,回到村里给大家报信儿。"

小兰听了高兴地说:"那太好了,这样咱天天都能知道北平打仗的消息了。"

在大妮儿要离开的时候,小兰忽然想起了什么,拽住大妮儿。大妮儿回身看着欲言又止的小兰,不解地问:"小兰,还有啥事儿?"

小兰犹犹豫豫地说:"大妮儿姐,在天津卖布那天,大林哥去集市了。"

"大林?"大妮儿听到这个名字,好像回到了许多年前,她转过身,柔声问道,"他去买布了?"

"不是,他到集市是给咱捎信的,"小兰尽量让自己说得更清楚一些,"大林哥说日本在调动部队,还调动飞机大炮到中国,肯定要打大仗,让咱别去天津了。"

"看来这场仗要打起来了。"大妮儿说。

"大妮儿姐,"小兰感觉到大妮儿姐没明白自己的意思,就说道,"俺觉得大林哥到集市,可能就是给你捎信的,他可能不知道你不在集市卖布了,担心你的安全,才到集市去的。"

大妮儿有些惊讶地说:"俺很多年不去天津卖布了,他能不知道?"

"大林哥可能真的不知道呢。"小兰猜测着说。

"看来他真是一个好人呀。"大妮儿有些哽咽地说。

"大妮儿姐,你想不想知道大林哥家里的事儿呀?"小兰问。

"你说说吧。"大妮儿说。

"大林哥有两个闺女,大的十二岁,小的八岁了。"小兰说。

大妮儿沉默了一会儿,低声说:"真好。"

旺财村的村公所在村东面,大槐树的旁边,其实也只是几间破旧的房子,多年来是旺财村的村长等几个管事的人议事的地方。房子前面有一个很大的空地,自小兰记事以来,那里有时会召集村民开会,但更多的时候是村民们聚集在一起谈天说地的地方。当然,聚集的人主要是村里的男人,晚饭后,劳累了一天的庄稼汉光着膀子,肩上搭着一块擦汗的手巾,三三两两地聚集在一起,或交流耕种的技艺,或是讲古说今。总之,是个热闹的去处。

这个地方平时是男人的聚集之处,也少不了有众多的孩子互相追逐游戏,女人是很少去那里的。

现在,北平的战事牵动着村民的心,后晌下地回来的人们就在村公所听听村里派人到县里打探到的消息。小兰也在探听消息的人群中,她想在人群中寻找哥哥一家人,可没有找到,正在猜测时,看到了人群有些骚动起来。

“县里打听消息的人回来了?”小兰四下张望着。

这时,听到有人喊道:“运昌叔,咋把老奶奶背来了?”

听到运昌的声音说:“不放心,非要来听听消息。”

小兰睁大了眼睛,看到村里的运昌背着村里的老寿星五老奶奶过来了。夜色中,矮小瘦弱的五老奶奶与周围的人拉着手,笑着算是打招呼。五老奶奶已经九十多岁了,虽然年事已高,但耳不聋,眼不花,笑起来脸上满是皱纹,慈祥极了。

“老奶奶,你不在家享福,来这儿听啥呀?这儿可没唱戏的。”有一个年轻妇女笑着问道。

运昌是五老奶奶的小孙子,五十多岁了,他笑着说:“俺也说,你都九十多岁了,管这些干啥?可她说,打仗可是大事儿,她一定要来听听。”

众人自觉地闪出一条路,运昌背着老寿星来到大槐树下。五老奶奶让运昌把她放到大槐树下,示意要坐到一处高出地面的树根上。

“老奶奶,你坐到椅子上吧?”有人搬来椅子。

五老奶奶笑着摆了摆手说:“不用,自从嫁到旺财村,在大槐树下坐了很多年头了,在这儿坐着舒服。”

小兰走过去,拉住五老奶奶的手,笑着说:“五奶奶,大家都围着你,你唱一段大高调吧。”

五老奶奶爱说爱笑爱唱戏,在旺财村是出了名的。她拉紧小兰的手,装作生气,笑着说:“小兰,俺可不是佘太君,哪还唱得动呀?”

大伙儿都哈哈大笑起来。

有村民笑着问:“老奶奶,日本要是打到清水,咱可咋办呀?”

五老奶奶有些凝重地说:“咋办?跑呗。你要是不想被狼吃喽,就要比狼跑得快。”

大家听了,一下子沉默下来,一种忐忑不安的情绪在人群中蔓延开来,接着大家开始互相说着什么。在交头接耳的过程中,村里派到县里打听消息的人回来了。

“贵卿，打听到啥消息了？快说说。”人群中有人对村里派到县里打听消息的人说。

小兰认识这个叫贵卿的人，他叫李贵卿，二十多岁，个子不高，但很壮实，他与小兰还是同族，因识文断字，在村公所做一些对外联系的事儿。李贵卿说话有个特点，话语中有很多“咱”字，村民们总拿此事开他的玩笑。

李贵卿站到一处破土堆上，没站好，晃了一下，有人赶紧过去扶住他。他冲扶住自己的人笑了一下，在破土堆上站稳了，大家马上安静下来。他对大家说：“俺给大家说说今天了解的咱的最新消息。现在，日本军队已经在调动部队包围北平和天津，想一口气把咱的国军二十九军消灭。”

人们马上开始互相交谈起来，声音非常嘈杂。

李贵卿说：“安静，安静，听俺接着说。”

大家逐渐安静下来。

李贵卿说：“俺刚从县里打听了情况回来，一口水都没顾得上喝，就是为了最快地告诉大家情况。现在最新的消息是这样的，昨天上午，日军向北平的宛平县城和长辛店的咱的二十九军防地开炮，还派了四十辆坦克和满载军事武器的载重汽车增援卢沟桥，攻击咱的二十九军阵地。咱的二十九军英勇抵抗，保住了阵地。

“还有消息说，现在每天都有大量日军坐火车从山海关到天津，据说已经有几个师团的部队到了咱的天津。日本除了派大量军队，还运输了飞机、大炮、坦克、钢炮、机枪，另外还派来了野战高射炮队。前几天日本兵占领了咱的天津西站，昨天又抢占了咱的塘沽码头的设施，现在局势特别紧张。”

听了李贵卿的那么多“咱的”，要在往常，村民们又要开他的玩笑了，可今天大家都没有了开玩笑的兴致，有村民们着急地问：“贵卿，咱政府派兵了没有？可不能让日本兵把北平和天津占领了呀。”

李贵卿说：“咱政府派兵这个事儿俺也问了，咱不派兵咋行？咱清水西边的国军五十三军已经派兵过去了，还有咱的国军二十六路军、四十军、三十二军、五十二军，也正在过去呢。”

大家听到有部队北上，都高兴起来，纷纷都叫起好来。

随后的几天里，人心惶惶的村民得到的基本上仍然是日本向平津增兵，运输战争装备和日军与二十九军在北平交战的消息。战争规模有可能扩大，村民们都焦虑地过着每一天。

过了大暑,天气很闷热,加上村民们为平津的战事进展担心,显得更加心烦意乱。这天下午,有人向村民们说天黑后李贵卿可能会带来重大消息,让村民们都按时到村公所听听,不论男女都去。

天黑了,村公所前面空地上聚集了黑压压的人群,大家都不知道是什么样的重大消息,是吉还是凶?大家心里都七上八下的。

"会不会政府又是像上次签《塘沽协定》一样,与日本签啥协议了?"

"不会吧,正天天打仗呢,还能签协议?"

"那会不会二十九军把日本打跑了?"

"哪能那么容易呀?"

……

大家正在交头接耳的时候,李贵卿回来了。这次没人开口问,看来大家都在担心着,有的孩子大声叫喊着玩着,也都被他们的爹娘制止了。

李贵卿站到破土堆上,没有说话。这可是挺反常的,往常李贵卿站好了马上就开始通报消息了。

人们很安静,好像有一种不祥的气氛笼罩着大家伙。

"北平的战争有消息了。"李贵卿开口说话了,"前天,日本调集了大量的军队在咱的北平进攻二十九军的一个叫南苑的阵地,战斗场面大得很,咱的二十九军的一个副军长还有一个师长在指挥作战的时候阵亡了。"

人群中"轰"的一声炸了窝,大家为国军高级将领的牺牲而难过,也为战局的发展担心着。

"可惜呀,副军长,师长,这么大的官都阵亡了,多可惜呀。"有村民原地转着身子,跺着脚,焦虑地叹息着。

"看来战斗并不顺利呀。"有几个男人叹着气,互相说着话。

一个女人竟然大哭起来,原来是叫杏花的妇女,她的儿子蓝贵就在二十九军当兵,据说在部队练就了一身的好武艺。现在听到二十九军部队有人牺牲,就担心儿子,她的丈夫在一旁安慰着,许多人也在旁边劝说着。

有人哭了,旁边的人也跟着哭了,很多人都哭了。

没有更多的消息,村民们互相说着话,无法掩饰自己的忧虑和担心。

小兰也在人群中,她想将心里的苦处找人诉说一番,想起了嫂子菊花。这时她特别想与嫂子说说心里话,她觉得嫂子也应该会来听消息,嫂子对打仗是最害怕的,估计嫂子也有许多话要对自己说呢。

小兰在人群中寻找着嫂子,她想,只要看到了哥哥小甫,或者小秋、宾宾,也就能看到嫂子菊花。

转了一圈,没看到嫂子的身影,小兰走出人群,她想在人群外围找一找,如果再找不到,就说明嫂子可能没来,自己就直接去家里找。

正走着,小兰忽然听到有女孩子的哭声,这是她熟悉的声音,是小秋在哭。

是不是谁欺负小秋了?

小兰循着哭声快步走过去,果真看到小秋在哭。周围的大人们忙着说话,没人留意小秋的哭声。

"小秋,你咋了?谁欺负你了?"小兰走到小秋身边蹲下来,拉着小秋的手问。

小秋看到是小兰,更是委屈地大声哭起来,惹得周边的大人都转过头来看着小秋。

"小秋,是谁欺负你了?告诉姑姑呀。"小兰着急地问道。

"姑姑,刚才三红说日本兵要是打到咱旺财村,就会杀了俺。"说完,小秋又哭起来。

小兰知道,三红也是村里的女孩,是小秋的玩伴。

小兰站起身,拍拍小秋的肩膀说:"小秋,别信三红的话,她在骗你呢。现在日本兵还在北平打仗呢,北平离清水比离天津还远呢,咋能到清水呀?再说,有姑姑呢,日本兵敢欺负你,姑姑就打死他们。好了,小秋别哭了。"

小秋听了小兰的话,放下心来,慢慢地止住了哭声。

小兰又问:"小秋,你娘来了没,俺咋找不着她?"

小秋说:"俺娘来了,听了一会儿就跟俺爹回家了。"

"宾宾呢?"小兰又问。

小秋说:"宾宾被俺娘拉回去了,'蹦蹦'也一起回去了。"

小兰问:"你咋不跟你娘回去呀?"

小秋说:"俺想找三红玩,三红不想跟俺玩,还说日本兵要杀俺。"

小兰看着可怜的小秋说:"今天不跟三红玩了,快回家吧。"

小秋答应一声,抬腿要走,忽然想起什么,又停下脚步,回身问道:"姑姑,你真的能打得过日本兵?你是女的,日本兵是男的,你咋能打得过他们呀?"

小兰说："如果日本兵敢欺负你，姑姑就能打死他们。"

小秋听了小兰的话，破涕为笑，高兴地小跑着回家了。

看着小秋的身影，小兰忽然觉得这个孩子很可怜。每次发生战争，自己都对她非常担心，现在，她又开始担心了。

又过了两天，李贵卿带来了更加重大的消息：日本人攻下了北平，也攻下了天津。也就是说，北平和天津都被日本占领了！

这个消息可非同小可，因为北平和天津向南，全是一马平川的平原，铁路、公路和水路交通便利，易攻难守，河北全境危险了，华北危险了。

清水的陆路就是北平—大名—归德公路的一段，准确地说北平—大名—归德公路就从旺财村村口过。如果日本军车沿此公路行驶，就能从北平到旺财村。

清水的水路就是卫河，是小兰到天津卖布走了无数次的水路，从天津坐船顺着卫河就能到清水。

现在这种让清水人自豪的交通优势成了战争中的劣势。

战争的气氛逐渐蔓延开来，小兰有些心神不宁，干什么都没心思，坐也不是，站也不是，想找人说说话，排遣内心的不安，她想到了嫂子菊花，去找嫂子说说话吧。来到哥哥家，见到嫂子菊花，菊花已经六神无主了，她抱着宾宾哭一会儿，又抱着小秋哭一会儿，小秋和宾宾也跟着哭起来。一向喜欢缠人的"蹦蹦"也不老实，一圈一圈地走来走去，偶尔还怪叫几声。小兰看看旁边的哥哥小甫，他也不住地唉声叹气。

本想让嫂子宽慰自己的，可嫂子却哭个不停。小兰看不下去了，她拉过小秋和宾宾，对嫂子菊花说："嫂子，日本兵离清水还远着呢，而且日本兵也不一定就能打到清水，你这样子哭把孩子都吓坏了。"

菊花哭着说："六年前东北被日本霸占了，四年前山海关被日本攻下了，现在北平和天津也被日本攻下了，他们运来那么多军队，能不往南打？咱清水能不能守得住呀？"

小兰看着嫂子可怜的样子，觉得刚才的话说得有些重了，就放缓语气说："嫂子，你不要总是自己吓自己，把孩子都吓坏了。俺跟你说，咱中国还有几百万军队呢，跟日本打仗还不把日本人都打死？几百万是多少你知道不？唱戏里面不是说了，一万两万无边无沿，十万八万扯地连天，这几百万军队能被日本人都消灭？"

听了小兰的话,菊花好像镇定了一些。她看着小兰,不再哭泣了。

小兰看着哥嫂的样子太让人失望,她不忍心让小秋和宾宾受此气氛影响,就说:“嫂子,你这样吓着孩子了,要么今天让小秋和宾宾到俺那儿住一天吧。”

菊花擦了擦脸上的泪说:“小兰,听了你的话,俺觉得有道理。刚才俺哭是因为太没办法了。咱有这么多军队,俺觉得也能把日本打败。你放心吧,俺不再这么哭了,孩子还是在家里住吧,他们都愿意在家住。”

宾宾在旁边说:“娘,俺愿意在姑姑家住。”

小秋也说:“娘,俺也愿意在姑姑家住。”

菊花赶忙劝阻着说:“听话,在家住,娘给你们做好吃的。”

小兰看到嫂子的情绪好转了,也就放心了。她觉得这时小秋和宾宾在嫂子身边也好,两个孩子就能和娘亲近一些。

小兰没在哥哥家吃饭,因为实在没心情。她跟嫂子和孩子们打了招呼,就回家了。

身心俱疲的小兰回到自己家里,简单吃了饭已经很晚了。她心事重重地上了床,想着未来无法预知的生活,她一次又一次地叹息着,过了很长时间才觉得困了。

迷迷糊糊的小兰看见嫂子菊花来了,她的脸上不见了往日的忧愁,而是展现着灿烂的笑容,这样的笑容使得小兰想起了嫂子嫁到旺财村那天在婚礼上的笑容。看到嫂子的笑脸,小兰觉得好像嫂子刚刚嫁过来,刚刚与哥哥成婚,穿着红嫁衣的嫂子多漂亮呀。嫂子笑呵呵地对小兰说:“小兰,告诉你一个好消息,晓东回来了,他听说日本人要打中国,他回家来保护你了,这下你不用担惊受怕了。”小兰高兴得跳起来,可她看到嫂子身后没有晓东的身影,就着急地说:“嫂子,晓东在哪儿呢？他既然回来了,咋不回家呢?”嫂子说:“晓东在村口公路上等你呢,让你去接他。”

小兰赶忙出了门,她觉得晓东真是一个好丈夫,他知道日本兵要打过来,担心自己担惊受怕就赶回家保护自己,看来自己这么多年的罪没白受。小兰快步来到了村口的公路上,只见平时人来人往的公路上竟然空无一人。她心想,晓东说好在村口等俺,咋没看到晓东的身影呢,不知为什么,她感觉晓东应该在北边等自己,就向北看,可是还是什么人都没有看到。这时,她忽然担心起来,晓东哪儿去了,怎么看不见他呢？如果这时日本兵顺着公路打过来可怎么办呀?

正在想着心事，忽然，小兰看见北边远处一阵巨大的尘土扬起来，黄色的灰尘越扬越高，遮蔽了公路和两旁高高的杨树，但看不见是什么造成了巨大的灰尘。会不会是日本兵打过来了？可能日本兵就在灰尘掩盖下，骑着战马，挥舞着军刀，正在杀过来呢吧？小兰刚想到这里，就听到灰尘中真的传来了好像千军万马经过的轰隆隆的声音，声音越来越大，甚至将大地都震得颤抖起来。这时，小兰觉得灰尘中隐隐约约地有人影出现，好像真的是面目狰狞的日本兵骑着战马，挥舞着军刀，嗷嗷地怪叫着，即将冲破灰尘……

轰隆隆的声音震得小兰跳起来。

小兰惊恐地睁开了眼睛，四周黑得伸手不见五指，这时的巨响继续着，床继续在晃动着。

小兰吓得魂飞魄散，她想下地，但身体却不听使唤……

“咋了？出啥事了？”小兰大叫着，没人回答。

突然，声音消失了，床也停止了晃动。

“不好，地震了。”小兰抓起衣服，顾不上穿鞋，就往院子里跑。刚来到院子，就听到有人在喊：“地震了，快往外跑，地震了，快往外跑……”

小兰穿上衣服，想起院子里有一双草鞋，就赤着脚走过去，探到草鞋，穿上后就出了门。惊魂未定的小兰看到很多人都跑到了街上，惊恐地互相询问着：

“这后半夜闹地震，真是吓死俺了。”

“家人都跑出来了吧……”

“有没有没跑出来的？赶紧出来，说不定一会儿还震呢。”

小兰也惊慌失措地说了两句什么，她担心哥哥一家的安全，就小跑着去哥哥家。刚拐到哥哥家门口，就听见小秋和宾宾在家门口哭，小兰赶紧跑过去，到了家门口，睁大眼睛，隐约看到哥哥抱着小秋，嫂子搂着宾宾，正轻声安抚着。

“嫂子，孩子们没事吧？”小兰赶忙问。

菊花听见小兰的声音，高兴地说：“小兰，你也没事吧。”

小兰说：“俺没事。宾宾咋样？”

宾宾哭着说：“姑姑，俺害怕。”

小兰慢慢走过去，摸摸宾宾的脸说：“宾宾别怕。”

过了几天，有消息传来，那天凌晨地震的震中在山东菏泽，因清水离菏泽不是太远，所以也受到了影响。好在地震并没有造成人员伤亡，只是村里有几家太老的房子出现了裂纹,需要修理了。

刚刚因地震惊魂未定的村民们又听到了李贵卿传来的更让人惊慌的消息。

“日本人占领了咱的天津之后,一连三天对市区用飞机投弹,用大炮轰击,还在市区到处纵火,很多天津市民都无家可归了。”

“日本组织汉奸在咱的北平成立了维持会。”

“日本任命了汉奸担任咱的天津市长、警察局长。”

“日军开始用飞机轰炸咱的北平外围的军事要地南口。”

“日本下一步可能要攻打咱的保定和沧州。”

村民们都说:“那可离清水越来越近了。”

人群中,爱枝紧张地问:“贵卿,保定那边是国军的啥部队驻扎呀?安全不安全?二小儿在保定也不来信,家里真着急呀。”

爱枝的二儿子二小儿是村里最有出息的孩子,去年考上了保定第二师范和大名第七师范。后来二小儿选择了离家远的保定第二师范,因为保定第二师范是省会的师范学校,全省闻名的好学校。现在日本要进攻保定,能不让她着急吗?

“嫂子,咱的保定那边还没打仗,二小儿现在要回家,肯定是安全的,你放心吧。”李贵卿劝说着。

爱枝点点头,觉得李贵卿的话有理。

除了河北的消息,李贵卿还告诉大家上海那边的消息。

“现在,日军在上海也在调动军队,日军在中国的军舰很多都集中到长江下游了。”

“日本在汉口的军队和侨民都开始撤退了。”

“听说的消息是日本也要在咱的上海开战了。”

村民们虽然还搞不清楚什么是“长江下游”,哪儿是“汉口”,“侨民”是什么。但大家猜也能猜得出,这些消息都说明日本的攻击目标不止华北。

日本占领了北平和天津后还要大举进攻保定和沧州的消息使得清水的百姓们心慌意乱,因为保定和沧州的南边就是大名一带了,这个范围也包括了清水。加上受到地震的惊吓,许多百姓们开始盘算未来的生活了:有的人开始囤积粮食,为不可知的未来做准备;也有的人开始变卖家产,准备在紧急的时候逃离;还有不少家里的老人开始筹划子女的婚事,为订婚的孩子提前安排婚事。没有了往常的繁文缛节，一切都简单而快速地进行着。

旺财村娶媳妇嫁闺女的多了起来，一时间显得热闹而忙乱。村里的小来也迅速地办了婚事，小来的媳妇不是生人，而是与小兰一起到天津卖布的灿丽。

“灿丽可是个好闺女，你小来真有福气呀。”小兰笑着对小来说。小来高兴得笑开了花，灿丽羞得满脸绯红。

小来娘流着眼泪高兴地说：“小兰，十多年前俺带着小来来到旺财村的时候，茴香爹答应俺等小来长大后给他娶媳妇。现在，茴香给办成了，这家人说话算数呀。”

小来娘激动的心情可以理解，她生命中最重要的事有了着落，该有多高兴呀。小兰知道，这一切，都是茴香一手办成的，通过这件事，使小兰看到了一个不简单不一般的茴香。

虽然旺财村嫁娶的场面显得热闹红火，可是村民们心里并不踏实，因为大家的心牵挂着北平天津的战事。村民们仍然每晚在大槐树下听李贵卿传来的消息。许多新媳妇也不顾村民们的异样眼光，穿着大红的嫁衣来到村公所前，甚至有的新媳妇当天嫁到旺财村，晚上就来听战事的进展。

李贵卿仍然每天都向村民们传达着消息。

“蒋委员长发表了《告抗战全体将士书》，号召全体将士‘努力杀贼，有进无退，来驱除万恶的倭寇，复兴咱的民族。’……”

“日军又有八艘军舰抵达咱的上海。”

“日军每天都有部队到达咱的上海。”

“政府派船到日本，接运在日本的中国侨民回国。”

“中国海关发布命令：禁止米粮出口。”

“日本在占领的河北省的各县成立了维持会，在北平成立了河北省地方维持会联合会。”

随后几天，更重大的消息也接踵而来。

“上海开战了！”

“日本开始向上海进攻了。”

“日本的飞机、大炮、坦克全都开火了。”

“咱的国军第九集团军在上海与日军正在激战。”

“南京国民政府发表了《抗暴自卫声明书》，宣布‘中国之领土主权，已横受日本之侵略……中国以维护其领土主权及各种条约之尊严……唯有实行天赋之自卫权以应之。'"

上海的战事激烈，村民们都被惨烈的战事吸引了注意力。平津已经丢失了，上海可不能再丢失了。

上海战事的消息也一直由李贵卿每天传递着。

"咱的国军在上海与日本正在激战。"

"日军轰炸机袭击咱的杭州空军基地，被咱的空军击落六架。"

"南京国民政府授权蒋介石为海、陆、空三军大元帅。"

"日军飞机两次袭击咱的首都南京，被咱的空军击落六架。"

"南京国民政府下达国家总动员令。宣布：'为求我中华民族之永久性生存及国家领土主权之完整，对于侵犯我主权领土与企图毁灭我民族生存之敌国倭寇，决以武力解决之。'"

"军政部公布：上海抗战三天以来，轰炸首都南京和杭州等处的日本飞机，先后被咱的空军部队击落三十架以上。"

"咱的二十九军被宣布改编为第一集团军，原来二十九军的四个步兵师升格为三个军，好像是七十七军、五十九军、六十八军。"

旺财村的村民们开始怕见到李贵卿了，担心有什么不测的消息传来。可消息还是源源不断地传来，让人心里不安。

"上海一带参加战争的日军军舰已经有五十多艘了，其中有航空母舰两艘，大巡洋舰五艘，驱逐舰二十五艘，还有其他军舰。"

"国军仍然与日军在咱的上海激战。"

"日本宣称三个月灭亡中国。"

"上海开战以来，日本飞机总共被击落或迫降共四十架，中国飞机仅有七架受损。"

"日军占领北平以后，咱的故宫里面未来得及转移的文物，全都被日本军队抢掠了。"

听到消息的村民们又都气愤不已了。

"可恨的小日本，把坏事都做尽了。"村民们开始破口大骂起来。

上海战事进行的同时，华北日军与国军的战事也在进行。日军的进攻重点在平汉线和津浦线，清水还算是平静。

小兰心里非常紧张,她每天都去哥哥家,看望因为担心日军打到旺财村而变得有些神经质的嫂子,安慰着她,也安慰着有些受到惊吓的小秋和宾宾。

“姑姑,俺娘总说如果人要是都能变成大雁该多好,这样就能躲开战争了。”小秋趁菊花出去做饭时,对小兰说。

小兰哭笑不得地说:“你娘净想好事,俺也想变成大雁,飞走就行了。干脆,咱都变成大雁吧。”

小秋笑着说:“好,咱都变成大雁飞走吧,就像天上的大雁一样,飞成人字形,飞得高高的。”

宾宾在旁边说:“姑姑,咱都变成大雁飞走了,那‘蹦蹦’要变不成大雁可咋办呀?”

小兰看着宾宾那认真的样子,就赶紧把宾宾抱过来,笑着说:“宾宾,咱让‘蹦蹦’也变成大雁,就能一起飞走了。”

宾宾听了,着急地说:“姑姑,‘蹦蹦’和人不一样,如果咱能变成大雁,‘蹦蹦’就不能变成大雁,如果‘蹦蹦’能变成大雁,咱就不能变成大雁。”

小兰笑着说:“宾宾,你说的是啥呀?把姑姑都说糊涂了。”

宾宾交替蹬着脚说:“反正咱能飞走,‘蹦蹦’飞不走。”

小兰说:“那就让你爹背着‘蹦蹦’飞就行了。”

“姑姑,俺爹能不能背动呀?”宾宾听了,动心了,他忽闪着大眼睛说。

小兰笑着说:“能,你放心吧。”

宾宾听了小兰的话,笑了起来。

这时,小秋突然在旁边说:“姑姑,你为啥和俺爹不说话呀?俺问了俺娘,俺娘说俺还小,不告诉俺。”

小兰脸上有些变色:“你娘说得对,你还小,长大了就知道了。”

天气逐渐地转凉了,老天下起了瓢泼大雨,竟然一直下了一个月左右。清水有些地势低洼的村落平地水深数尺,有些人出门只好把门板当船划了。

好在旺财村在清水的地势比较高,没有发生水淹的情况。

李贵卿仍然每天向村民通报战争的消息。

河北这边消息不太好。中秋节刚过,日本已经占领了保定和沧州,国军防守退到了石家庄德县一带。

有消息说日军进攻保定的时候,许多架飞机,许多门重炮将保定厚重的城墙炸塌了多处,许多国军战死,保定被日军攻克了。因为一直没有二小儿的消息,爱枝整日以泪洗面。

有一天,小兰在地里整理玉米株时,忽然发现前面有个黑黑的东西,小兰以为是谁家的锄头丢在这里了,走近一看,赫然是支长枪!

枪?

小兰倒吸了一口凉气。现在正是抗日的关键时刻,枪是正需要的军用品,怎么自己的地里会有枪呢?会不会是哪位国军士兵丢失在这里的?他找不到枪,肯定很着急。小兰四外看看,周围没有士兵,又想想,觉得还是等等吧,或许丢枪的士兵会回来的,就边干活边向四周看着,可等到晌午了,仍然不见人影。

小兰回家吃晌午饭时,仍然想着那支长枪,她还是希望丢枪的士兵能够回来,把长枪拿走,有了枪就能打日本呀。可是,等到下午小兰回到地里,看到那杆长枪仍然在那里。

怎么办呢?

会不会这支枪没人要了?

等到要天黑了,仍然没有士兵回来找枪。无奈,小兰用下午出门时带来的一块布将枪裹了起来,拿起枪,往回走。

这支长枪沉甸甸的,小兰拿着很吃力。她想起来士兵都是将枪扛在肩上,就费力地将枪扛在肩上,可是长枪还是很沉。无奈,小兰只好抓着枪的带子,拖着向前走。

这支枪放在哪儿呢?

给哥哥小甫,让他保护全家。当然,这全家也包括自己,很快,小兰就打消了这个念头。部队不是也人人有枪吗?二十九军、五十三军都难以抵挡日本兵,靠哥哥更不可能。何况,自从小春被卖掉后,出于对哥哥的气愤,她一直与哥哥不说话,现在去和他说话?自己可拉不下脸。

还是拿回自己的家吧。

小兰费了不少力才把这支枪拖回了家。

把枪放到院子里,小兰关上大门,然后坐到院子里的凳子上,擦了擦脸上的汗珠,边喘着气,边看着用布裹着的枪。

只看了一眼,小兰就后悔起来。

枪可不是一般的物件，是杀人的武器，自己怎么把杀人的物件偷偷拿回家了？

小兰越来越觉得自己的行为太鲁莽了。

自己是什么人？是个已为人妻的农妇，应该是本本分分过日子的人，应该耕地种田、缝缝补补，无论如何都不能与杀人联系在一起。自己应该像祖祖辈辈一样，过着面朝黄土背朝天的生活，可自己为什么就把杀人的枪拿回来了呢？刚才自己是怎么想的呢？自己下午去地里的时候，为什么要拿那一块布呢，是不是就觉得要把那支枪拿回家呢？

小兰回想着自己决定将枪拿回来时的想法，好像当时想都没想就把枪拿回来了。自己为什么要拿回枪呢？或许是因为自己觉得不安全，只有枪能够保护自己？

一个农妇竟然要靠枪来保护自己？好像爹娘和公婆的生活中从来没有出现过枪呀？

不过，小兰知道，自己遇到的社会状况确实是爹娘和公婆都没遇到过的。他们没遇到过外敌入侵，没遇到可能要做亡国奴的局面。

自从爹娘和公婆离开人世后，小兰就觉得对这个世界没有可以留恋的了。可经过近十年来的努力，她已经抛弃了那个念头，只想过好自己的余生。如果要说生活中还有盼头，那就是盼望晓东能回来，小春能回来，把公公婆婆留下来的祖辈的两亩土地买回来；如果还有盼头，就是小秋和宾宾能安全地长大，不要再经受像小春那样的悲惨命运。如果这些愿望都能实现了，自己就是世界上最幸福的人。为了这些盼头，自己在生活中辛勤劳作，觉得没有吃不了的苦，没有受不了的罪。可是，自己刚刚买回了一亩地，生活有些眉目，日本兵又要打过来了，这时候单靠吃苦受罪已经不能确定自己能活下去了，要靠自己来保护自己了。

小兰看着眼前的这支枪，心里非常复杂。

这支枪怎么用呢？她有了枪就能保护自己吗？就能保护小秋和宾宾吗？

小兰觉得不能，为什么不能，她不愿想下去了，只是为自己的举动后悔起来。

自己需要的是能保护自己和家人的安全，可有了这支枪，也不能让自己和家人安全。既然无法让自己和家人安全，要这支枪是没用的。

不管怎么样，都不能让这支枪留在家里。

小兰打定主意，又擦了擦汗，站起身来，打开大门，看了看外面没人，又拖起沉重的枪，向西边走去，那边不远也是田地。她拖着枪，扔到地里，等她回身时，还摔了一跤。

天气慢慢转凉了，树木的叶子开始枯黄，有些枯叶禁不住风儿的力量，挣脱了依靠着的树枝，晃晃悠悠落到地上，与地上的枯叶拥挤到一起。一阵风儿刮来，枯叶们呼呼啦啦地飞舞着，飞到村落，飞到田间。

看过去，满眼尽是一派肃杀凄凉的景色。

旺财村村民们心里也凉哇哇的，除了秋天的落寞，还有心头不尽的忧愁。

与村民们落寞的心情成对比的，是从旺财村大槐树下传来的整齐的声音，准确地说，是整齐的喊杀声。声音来自于乐金组织村里的年轻人建立的保家护村队。

"既然日本鬼子要来，村民们要组织人力保护村民，咱先组织一些年轻人保家护村吧。"乐金笑呵呵地对村民说。

乐金的做法受到了村里人的一致赞扬。村民们都既感激又钦佩地说："乐金识大体，是个有胆识的人。"乐金就是和晓东一起被抓壮丁的，在外边打了几年仗，回到村里务农。在村民们都忐忑不安时，乐金组织了保家护村队。

乐金自称保家护村队队长，有十几个二十岁左右的年轻人参加了，其中有小来，还有乐金的儿子平平，爱枝的大儿子大小儿。每天清晨，乐金都召集保家护村队队员们在村公所前的空地上集合，站成一排，端着上了刺刀的长枪，在乐金的指挥下，练习刺杀动作。队员们每刺杀一次，都大喊着杀声，雄壮的杀声引来了村民们的围观。

小兰在队伍中看到了小来，他在队员中是最矮小的，但也是练习最认真的，即使是在有些凉意的清晨，小来后背的衣服也都被汗水浸透了。

"小来专注的样子可是在卖布时没有见到过的。"小兰想着。

看来练习时间不短了，乐金让大家休息一下。不知乐金说了一句什么，队员们都利索地收起长枪，立正站好，向乐金敬了礼，乐金也向队员们还了礼，然后解散休息了。

村民们都围过来七嘴八舌地夸奖着：

"爷们儿们，你们都是好样的。"

"乐金，你们这些人可真有种，咱中国人抱成团就不信打不过小日本。"

乐金也笑呵呵地对围观的村民说:“咱河北自古以来就是出英雄的地方,只要大家齐心,就不怕小日本。”

爱枝嫂子和丈夫成柳抱着一罐小米稀饭,还有窝头咸菜走过来。有村民帮忙接过来,和爱枝嫂子一起给队员们盛小米稀饭。

“赶紧吃饭,爱枝嫂子在犒赏三军呢。”不知是谁笑着把戏曲里面“犒赏三军”的词都用上了。

围观的村民受到保家护村队的刺杀声鼓舞,对日军的恐惧有了一些缓解。有些村民们与乐金开起了玩笑:“乐金,三国里面的诸葛亮打仗时都要排兵布阵,你的队伍遇到日本兵的时候咋排阵呀? 是用一字长蛇阵还是十面埋伏阵呀?”

说话的是村民三林,他的儿子昌魁也在乐金的队伍里。

村民们都是自幼看唱戏听说书的,知道很多打仗的故事,也知道一些阵法的名字,这个时候派上了用场。

乐金开着玩笑回答说:“三林叔,遇到日本兵,咱先用一字长蛇阵再用十面埋伏阵。”

村民们听了都哄笑起来。

有人继续开着玩笑:“乐金,见了日本兵你准备用三十六计哪一计呀?”

三十六计也是唱戏说书经常讲到的内容,村民们很熟悉。

乐金仍旧笑着说:“咱老祖宗的三十六计一个也不浪费,全都用上,折腾死小日本。”

村民们听了都高兴地鼓起掌来。

有村民笑着说:“乐金,三十六计还有走为上计呢,你见了日本兵该不会用走为上计掉头就跑吧?”

还有的村民说:“三十六计还有美人计呢,你叫小子们穿上花衣服,把日本兵骗过来再打个埋伏收拾他们多好呀!”

乐金哈哈大笑说:“这个美人计好,俺学了一招。”

仍然有村民们出主意说:“乐金哥,你学学老罗艺的‘背后三枪’,还有程咬金的三板斧,再教会这些兄弟们,打仗的时候用得上。”

大家嘻嘻哈哈地开了一阵子玩笑,就陆陆续续散去了,有的下地干活,有的回家处理家务。乐金等队员们吃了饭,又讲解了一些战斗中的经验,然后让队员们四散回家了。

说起来难以置信的是，保家护村队的枪支和子弹竟然都是捡来的。

原来，最近国军陆陆续续南撤了，虽然国军说是正常的军队调动，但有传言说国军守不住阵地，向南方撤退了。国军撤退过程中，有士兵开小差，沿途抛弃了许多枪支弹药，村民们捡起来后都交给了保家护村队。

小兰后悔那天捡到的枪没能留着，如果留着就能交给乐金，也能为他们增加力量。不过，她后来又去了自己扔掉枪的地里，枪已经不见了，村西外村人来得少，大多是旺财村村民经过，如果那支枪被人捡到，应该是旺财村的村民捡走的，她希望捡到那只枪的村民能把枪交给保家护村队。

有了保家护村队，旺财村村民们经常做的一件事就是在忙完农活后，带上一些家常食物，拿到村公所前的空地上，看着保家护村队练习完后，一面叫好，一面让他们吃点东西。

国庆节那天，李贵卿带来了县里通知的南京国民政府的告国人书。此书号召全国百姓每人为国家捐献一元钱，每位妇女为军人做一件棉衣，村里赶忙布置起来。

小兰交了两元钱，村公所的人对小兰说每人交一元就行了，你不用一个人交两个人的钱，小兰说俺家两口人为啥交一元，对方有些纳闷地问："你家里不就你一个人吗？"小兰不高兴地说："还有俺男人呢！"对方看了看小兰，没再说什么就把钱收下了。

小兰看着那人的眼神，就知道他是认为晓东不在世了，她讨厌这样的眼神。

接下来的日子，小兰开始在家里做棉衣了。

局势越来越严峻了。

在清水西面，平汉线上的邢台、邯郸相继被日军攻陷了。

目前，第一集团军有部队集结在大名，抵抗着日军的南下，这样，清水还算安全。

旺财村有钱有门路的已经全家逃离到南方去了。很多没逃离的或者说没能力逃离的只好紧张地打探着消息，希望国军能在大名将日军挡住。不过，说句心里话，没有人认为国军能挡得住日军。

很多人在询问日军打进来后大家怎么办了。有的人说跑得越远越好；有的人说保家护村队去哪儿，他们就跟到哪儿；还有人说哪儿也不去，日本兵是与国军打仗，不一定会杀老百姓；还有人说清水西边是平汉铁路，东边是津浦铁路，战争就是要占领交通线，日本顾不上咱远离铁路的清水。

虽然村民们说什么的都有，但大家忐忑不安的心情是显露出来了。日本兵万一打来会怎么对待村民，谁能说得准呢？

不过，在一片悲观的气氛中，李贵卿还是有一些好消息传来的：

“咱的国军在上海英勇抵抗，多次打退日军的进攻。

“咱的国军在山西平型关打了胜仗，消灭了一千多名日军。

“咱的国军在山西阳明堡机场炸毁二十四架日军飞机。”

每逢听到国军胜利的消息，村民们都觉得深受鼓舞，胆子也大了一些。

在时喜时悲的日子里，有过打仗经验的乐金成了大家的主心骨。他告诉大家不要怕，国军在大名正在英勇抵抗日军，许多民军部队也和国军一起抵抗日军。乐金还告诉大家，旺财村的保家护村队也一直与民军部队有联系，如果日军打来，会通知大家的。

乐金告诉大家一个躲避日军的办法。如果日军打来时，大家向西跑，离村口公路越远越好。日军目前主要是占领城市或县城，乡村只要远离交通要道，暂时可以算是安全的。如果遇到了日军，赶紧藏到可以遮蔽的地方，如树林里、高秆作物里、草丛里，大家要穿上可以系带子的鞋，这样逃跑时就可以避免鞋被甩掉。

听到乐金说得这么具体，村民们紧张得要窒息了。

这天，小兰将棉衣做好了，舒展了一下疲惫的身子，收拾了一下，拿着棉衣出了门，来到了村公所后。她交了棉衣，又问了嫂子菊花应交的棉衣交了没有，村公所的人查了本子后说还没交。

小兰离开村公所来到嫂子家，看到宾宾带着小狗蹦蹦在院子里玩。宾宾看到小兰，笑着叫了一声姑姑。小兰抱起宾宾，笑着说：“宾宾，想姑姑了没有？”宾宾说：“想了。”小兰亲了宾宾一下，然后问：“你娘在家没？”宾宾说：“爹出去了，没在家，娘和姐姐在屋里呢。”

小兰放下宾宾，走到屋门口，掀开门帘，看见嫂子菊花正在赶制着棉衣，小秋正在帮着铺棉花。

“姑姑，你来了。”小秋看见小兰，满脸是笑，小秋身上沾了不少棉花，像是衣服上落满了雪花。

小兰笑着说：“听说你娘还没交棉衣，俺过来看看。”

“快了，再有两天就差不多了。”菊花抬起头，疲惫地说。

小兰说：“嫂子，你又要带孩子，又要干家务，虽然你干活麻利，也要一步一步来，不要着急。”

菊花说：“也不能不急，现在已经过了中秋一个多月了，天气越来越冷了。赶紧把棉衣交上，士兵们就能早点穿上，穿得暖暖的，打仗就更不怕了。”

小兰问：“那个咋没在家？”

小秋听了赶紧说：“姑姑，俺爹去西边了。”

小兰听了奇怪：“去西边干啥呀？西边有那么多黄沙，又没人又没地的。”

旺财村西边据说是黄河故道。很久很久以前，奔腾的黄河水曾经长时间流经旺财村西边三十多里的地方。后来，黄河水改道，未流走的黄河水慢慢被蒸发了，但大量的黄河泥沙留在了河道上，形成了黄河故道。故道所在的土地被泥沙覆盖，粮食作物产量太低，那里就成了很少人居住的地方。

菊花叹了一口气说：“你哥听说日本兵打来后，可以跑到西边躲避，就想到先去看看那边的情况，找找能逃跑的路线，熟悉一下能躲避的地方，或许以后用得上呢。”

看着嫂子愁容满面的样子，小兰知道这时说宽慰的话已经没用了，因为这样的话说得太多了。

小兰帮着嫂子一起做棉衣，大家沉默起来。

有了小兰帮忙，做棉衣的速度加快了不少。

菊花看着小兰在麻利地做着棉衣，就笑着说：“小兰，你知道俺这棉衣是按多高的士兵的尺码做的不？”

小兰看了看，笑着说：“嫂子，你该不会是比量着他的身材做的吧？”

菊花笑着说：“小兰，真是啥都瞒不住你，俺真的是按照你哥的身材做的。俺觉得，这打日本的国军士兵真跟自己家人一样，俺就按自家人的身材做的。”

小兰笑着说：“嫂子，咱想到一起了，俺也是按照晓东的身材做的。”

小秋在旁边听了，好奇地问道：“姑姑，晓东是谁呀？”

小兰看了小秋一眼说：“是你姑父。”

小秋接着问：“俺姑父是谁呀？俺咋没见过。”

菊花担心小秋的话勾起小兰的伤心事，赶忙打断小秋说：“你还小，大人的事你不懂。”

小秋看了看小兰，好像明白了什么，就不再说话了。

菊花和小兰又低头专心做起棉衣来。有了小兰的帮忙，棉衣做得快了许多。

小秋和宾宾等了许久，都没等到爹回来，就打着哈欠，先后睡觉了。

小甫回到家的时候，已经夜深很久了。菊花不住地埋怨他怎么这么晚才回家。他说西边地面很大，有很多人去看躲避日军的地方，大家说了很多话，忘记了时间，所以都回来晚了。

小甫对菊花说等到真要躲避日军的时候，一家五口一起去。小兰听出了哥哥说一家五口包括了自己，她很感动，想和哥哥说句话，可怎么也张不开嘴，就和嫂子打了声招呼，回家了。

天气越来越寒冷，接下来的坏消息接二连三，让旺财村的村民们从紧张变成了惶恐。

先是传来了上海方面的淞沪战场国军撤退的消息，日本侵略军占领了上海。这是民国二十一年第十九路军淞沪抗战以来，上海第一次被日军攻占，对首都南京将构成重大威胁。还有，与旺财村村民有切身关系的大名也被日军攻占了，大名守军国军第一集团军第七十七军撤退了，清水已经在日军的威慑下，岌岌可危了。

清水离大名一百多里，沿北平—大名—归德公路也就是旺财村村口的这条公路，日军军车用不了一个时辰就能从大名到达清水。而且日军从大名去往清水县城时，就经过旺财村村口，也就是说日军从大名到清水县城，要先经过旺财村。这是多么可怕的事呀。

没几天，李贵卿不向大家通报消息了。不是时局平静了，而是县署的人也躲起来了，躲到哪儿不知道，也就无法得到战争的消息了。

没有消息比整天听到坏消息还要恐怖得多，让人不知道哪天天会塌下来。

这时，村里许多与外界有联系的人也到各处去了解消息，再回来告诉大家。

“日军没有马上向清水进攻，是因为有很多日军被调到其他战区打仗了，日军数量减少了，就暂时守住大名，不敢向南进犯了。”

旺财村村民好像长出了一口气，心里踏实了一些。

可是这种暂时平静的局面还不到一个月，在一个肃杀凄冷的早晨，在旺财村口的公路上，出现了不少国军向南行军。

村民们猜测这应该是在大名与日军交战的国军,就纷纷从家里拿了一些窝头红薯等热乎乎的食物,用干净的棉布包裹好了,来到村口,将吃的递给这些勇敢抗日的国军士兵。

疲惫的士兵们心情沉重地接过食物,向村民行礼,说着感谢的话,眼里流着泪,转身向南走去。

有人还是打听到了这支部队的番号,这看似普通的国军竟然就是在卢沟桥勇敢地与日军交火的二十九军部队,经过旺财村口的部队番号是第一集团军七十七军一七九师。许多士兵的身后背着大刀,刀把上还系着红绣球,那应该是当年二十九军在喜峰口长城抗战时砍掉日本侵略军头颅的刀,也应该是卢沟桥事变中与日军贴身肉搏的大刀。这让日军闻风丧胆的大刀,杀出了中国军人的军威,杀出了中国人的豪气,也记载了中国人不屈的精神。

旺财村有几个青年走进了这支国军部队,加入了国军,随着部队向南走了。他们的爹娘和旺财村的乡亲们看着他们的身影越来越远,越来越模糊……

杏花得知这些国军士兵就是原来的二十九军,就不停地向经过的士兵打听儿子蓝贵的消息。没有人知道蓝贵,也没有人认识蓝贵,杏花越来越失望,不停地流着泪。

菊花拉着宾宾,小兰拉着小秋,在路边看着南下的国军,心里有种说不出的难受的滋味。国军南下,日军肯定会追随而来,随着日军的部队不断南下,从大名再往南,就是南乐,就是清水了,就是旺财村了。不知道自己的命运会是什么样子,不知自己的未来在哪儿……

一天夜里,有消息传来,日军从大名出动了,打下了南乐后,有可能向清水进攻。守卫清水的部队已经没有正规军了,而是属于第一集团军的河北民军暂编第一师在守卫着清水县城。

旺财村民慌张起来,纷纷将粮食钱财找个安全的地方埋起来,然后准备食物,准备向西面黄河故道逃去。

灰青色的天空仍然阴沉着,虽然快到晌午,可太阳依然不知躲到哪儿了,使人们一时想不起阳光明媚是什么样子。凛冽的北风不停地刮着,发出呜呜的怪叫声,村里的树木在风儿的蹂躏下,无奈地弯下了腰,树枝被刮得快要脱离树木,飞出去了。

尘土被风吹起来,卷着枯黄的树叶,打着旋飞到街的另一头。街上零星的行人都背对着风,哈着腰,艰难地前行着。

旺财村已经在动员村民们带上行李,赶着牲口向西,到黄河故道躲避了。村民们对躲避日军的态度差别很大:有的村民早早就收拾好行装,全家出动了;有的村民却慢慢腾腾地收拾着,说着"着啥急,日本兵还远着呢"之类的话,迟迟不肯离家。村长成柳带着李贵卿,还有一些年长的老人,边劝说边训斥地组织村民离开。

乐金和小来在大槐树这里。小来在大槐树上观察着村外公路上的动静。这是乐金做的准备,虽然不知道日军会不会打来,但是还要做足准备,最坏的情况是一旦看到日军经过村口公路时,就算强拉硬拽也要让所有村民躲避。自从听到大名被日军占领后,保家护村队每天都要做这样的事情。

"乐金哥,这么冷的天,日本兵会出兵打清水不?"小来在树杈上,冷得缩着脖子,跺着脚,身体弯得像只虾。身上的长枪与他的身体形成了一幅滑稽的画面。

乐金抬头看了小来的样子,有些不满地说:"小来,哪有你这样背枪的? 你把身体挺直,眼睛平视,看着村口外的公路。"小来听了赶紧直起腰,乐金又说:"不要缩脖子。"小来又伸直了脖子,寒风吹进小来的脖子里,小来不禁打了一个寒战。

"背枪的人就要有一股子勇劲,要不你能跟日本兵杠上?"乐金继续说着。

小来点点头说:"乐金哥,俺现在能行了。"

乐金笑了笑,他取下自己的围脖,用力向上扔给小来说:"小来,先围上围脖,这样就不那么冷了。"

小来感激地冲乐金笑笑,早上匆忙,他把围脖忘家里了。

乐金看着小来的样子,满意了,笑了笑说:"小来呀,打仗可是不能选天气的,哪能只在大晴天打仗呀? 告诉你,许多人用兵偏偏就选择恶劣天气,打对方一个措手不及呢。"

小来点点头,他对乐金是很佩服的,相信乐金的话没错。他转头看着村外的公路,虽然还有挺远的距离,但能看到路上一个人影也没有,只有狂风在公路上、田地里肆虐着。

这时,听到空中传来一阵轰鸣声,声音由远及近,越来越响,乐金脸色大变,他大声说:"有飞机,这么大的声音,肯定飞得很低,一定是日本飞机。"话音未落,只见两架硕大的飞机从旺财村的上空飞去,飞机上的红膏药能看得清清楚楚。

“小来，赶紧下来，叫保家护村队通知村民，带着收拾好的东西从西边村口往黄河故道跑。”说着话，乐金在村口喊起来：“老少爷们，收拾东西跑呀。”

小来应声下来向村里跑去。

时间不长，陆陆续续有还没出村的村民赶紧带着行李，拉家带口来到街上。男男女女，扶老携幼，牵狗赶猪，拉牛拽驴，一个个脸上闪着惊慌的神色。

“带上吃的，带上被子，穿得越多越好，从村西面出去，往黄河故道跑。”乐金一遍遍地向村民说着，指挥着村民往西面的村口走去。随后，他安排保家护村队员挨家挨户查看村民是否都走了，有些不愿走的就强驾着走。

有些人家动作快，有些人家动作慢，时间慢慢地消耗着。

这时，忽然一阵巨大的枪声传来，一些子弹打到大槐树的树枝上，许多被打烂的断枝烂叶纷乱地落到地上，还有一些子弹打进村里，射进墙上，发出噗噗的声响，土墙被子弹打出一个个弹坑，许多墙土迸溅出来，散落到地上。乐金根据子弹飞行的声音和弹坑的大小判断出来是重机枪。他知道肯定是日军用重机枪向村里扫射了，按说日本兵应该向清水县城进攻，为什么向村里打枪他一时想不明白，可他知道危险临近了，赶紧催促村民们向村西跑。本来有些还慢腾腾地收拾着行李的村民赶紧加快了步伐，向村口跑去。

小来从一个胡同跑出来，看见乐金就说：“乐金哥，日本兵打来了，咱赶紧朝日本兵开枪吧。”他一边说着话，一边端着枪，拉着枪栓，踉踉跄跄向大槐树方向跑去。

乐金赶紧拉住小来，生气地说：“小来，别放枪，你开枪就真的把日本兵引来了，有很多树挡着，日本兵肯定看不见村里的动静，咱赶紧跑。”

看着村里人都跑光了，乐金带着保家护村队员也出了村子，随着人们向西跑去。

小兰跟着哥嫂带着小秋和宾宾，随着旺财村民的避难人群向西面逃离。寒风凛冽，村民们不时地互相招呼着。

小兰拉着小秋，哥哥背着宾宾，菊花跟在后面，最后是蹦蹦。临出门时，小兰看了一眼皇历，今天是阴历十一月十三了，从这一天开始，不知命运前景的生活来临了，不管怎样，肯定不会比以前的生活好。

回头望去，旺财村越来越远。到后来，旺财村被寒冷的白色薄雾完全遮挡住了。

走了很长时间,路上可以看到其他村的村民们也走过来,一打听,也是躲避日军的,也是去黄河故道躲避的。大家互相说着话,心里七上八下着,脸上青一阵紫一阵的,迈着深一脚浅一脚的步伐,向前走着。不知走了多长时间,慢慢地,脚下已经不是习惯的土路了,而是有些滑脚的沙路了,小兰知道,这里就是黄河故道了。

映入眼帘的是看不到尽头的沙地,虽然是平地,但偶尔也有微微突起的矮丘,在平地与沙丘之间,可能由于风吹的缘故,沙地的表面呈现出柔和的曲线,因为即将天黑,沙地好像被染成了深灰色。沙地中能看到一些树木,一根根矗立着,围成不大的树林,在沙地中像是极不协调的景色。一阵风吹来,沙粒被卷起来,形成了腾空而起的沙尘,在呜呜的风声中,弥漫开来。有些沙粒吹到脸上,打得脸像针刺一样疼。

小兰看着从小就听说今天才第一次看到的黄河故道,想想黄河曾经流经这里,内心震撼不已。那时,这里的景象应该是另外一番大河奔流浊浪滔天的场面,河水或许咆哮着流向远方,或许依附河道百转千回,河水中应该有许多鱼类在水中嬉戏,享受着河水中的惬意感觉。如果河面上有撑船的艄公,算起来应该是我们的祖辈,他们一定是意志坚强的人,挺着黝黑的壮实的身躯,奋力将船划向对岸,那将会是一幅多么壮丽的画卷!同样,河水变成沙地,那将是多么大的变化,看着眼前的景色,不由得让人感慨大自然的神奇力量。

“好了,咱们歇歇吧。”小甫的话打断了小兰的思绪,她看了一眼小甫。小甫把宾宾放到地上,因为走了太远的路,显得非常疲惫。现在,她对哥哥的态度有了一些转变,她好像又看到了那个自己儿时印象中的哥哥,善良细致,吃苦耐劳。

“爹,俺的脸疼。”宾宾从他爹的背上下来,站到地上,捂着脸,抽泣着说。

小甫用身体挡住刮来的沙粒,用大衣裹住宾宾。宾宾把小手伸到小甫的袖管里,靠住小甫的身体。

“爹,你锁门了没,要是咱家的门开着,日本兵进了咱家可咋办呀?”小秋也背对着风向,大声地迫不及待地问着。

小甫说:“已经锁好了,但愿日本兵看到锁着门就不进咱家了。”

这时小秋说:“咦?咋蹦蹦不见了?刚才好像它还跟着咱们呢。”

小甫对小秋说:“应该就在附近吧。”

大家赶紧在周围找,在人群边上找到了蹦蹦。

天色完全黑下来，寒夜中，远处不断传来响声，好像还有轰轰的响声。有人说这声音可能就是日军攻打清水县城，与守军战斗的声音。只要这声音不停，就说明清水县城没有被日军攻占。

大家听着这声音，心情极为复杂。大家当然希望民军把日本打败，可正规军都打不过日军，民军就更没希望了。

远处的枪炮声响了一整夜，等到了第二天天亮，枪炮声仍然没有停歇的迹象。一直到了傍晚，枪炮声才渐渐稀疏起来，大家的心也提到了嗓子眼。

仗打完了？是日军占领清水了，还是日军被民军打跑了？

大家不知道以后将要面对的是怎样的生活，都沉默着。有的女人开始抽泣起来。村民们根据枪炮声来猜测战事的进展，七嘴八舌地议论着：

"清水县城的城墙很厚，护城河又宽又深，城门也很结实，日本不会那么容易就攻打进去的。"

"你别净想好事了，清水县城的城墙再厚，也比不上北平和天津的城墙厚，日本鬼子既然能把北平和天津打下来，清水县城就更不在话下了。"

"听说县城里有很多人都往南逃了，县城应该没多少人了吧？"

"咋没多少人？你以为南逃是串亲戚呀？逃跑可不是说说就能办到的，那是要花费很多钱的，有多少人家能跑得起呀？"

"你把你家的钱都拿出来，把房子和土地都卖掉，换成钱，算算这些钱能让你跑到哪儿，能住几天？"

"咱村不也没多少人跑嘛。"

在忐忑不安中，村民们经历了一个夜晚和一个白天。许多人都吃不下东西，可能是因为恐惧，也可能是因为担心亲人的安全，大家都紧张得不知如何是好。

天完全黑了，枪声慢慢地停了，四周安静得可怕。

"咋没声了？县城咋样了？"

"日本不会对老百姓下黑手吧，咱老百姓可没跟他们打仗啊。"

"俺觉得日本兵不会难为咱的。"

"别想好事了，日本兵可不是你们家亲戚。"

村民们心里担心着战事的结局，有一搭没一搭地说着话。夜深了，寒风不宣而来，挨个数落着村民们，村民们冻得上下牙嗒嗒地打着架。

人群中，宾宾拉了一下小兰的衣角，仰着头说："姑姑，日本兵啥时候走呀？

俺冷,蹦蹦也冷。"

小兰抱起了宾宾说:"姑姑也想日本兵赶紧走,谁知道他们赖到啥时候走啊。"

宾宾说:"姑姑,日本兵从哪儿来的呀?他们为啥来杀人呀?他们会不会也杀咱呀?"

小甫有些烦躁地说:"宾宾,别乱问了,你还小呢,等长大了就知道了。"

宾宾不作声了,低下了头,大家沉默起来。

寒风呼啸着,村民们把带来的被子围在身上,即使这样,也没觉得暖和。

不知谁看了看天空,说了声:"咦?那边咋了?天空咋那么亮呀?"

大家抬起头,只见东南方向的天空大亮着,亮光撕破了夜空,把夜空也照成了火红色。这火红的颜色也仿佛撕破了每个人的心,村民们担心起来。

"会不会出事了?这亮光很怪呀?"

"会不会是老天显灵了?"

"可不要有啥事呀。"

村民们在寒冷、饥饿、恐惧和担心中等到了天亮,乐金让小来和平平把枪留下,出去打听一下消息。他叮嘱两人最危险的就是遇上日本兵,如果路上真的遇到了日本兵,就说是老百姓,千万别与日本兵硬来。等到小来平平两人走后,乐金有些不放心,又安排昌魁和另一个队员去打探消息,

大家焦急地等待着,心里担心着。小兰看到小来娘坐也不是,站也不是,就走过去和她说话,小来娘的情绪才慢慢地稳定下来。

等了一天,也没见四个人回来,焦急万分的村民们一直等到后半夜才等到了小来、平平、昌魁和另一个队员。他们是结伴回来的,踉踉跄跄的脚步和惊慌失措的样子使村民们有了不祥的感觉。

"乐金哥,日本人攻破了县城,咳咳……把民军打、打跑了,这两天日本兵在县城一直都在杀人,到处都冒着黑烟。"估计是连累带吓,小来看到乐金,一下子瘫倒在地上。

众人都围了过来,他们不敢相信自己的耳朵,希望听得更清楚一些。

"小来,你再说一遍,县城咋样了?"乐金蹲下来,问小来。

小来哭着说:"咱那天晚上听到枪声停了,就是日本兵打进县城的时候。民军第一师顶不住就撤退了。日本兵进城后就开始杀、杀人,杀了两天,俺看到街

上到处都是死尸,有大人,还有很多孩子。"

平平、昌魁和另一个队员也结结巴巴地向周边的村民说着看到的悲惨景象:"大冬天,县城到处都是血腥的难闻气味儿。"

这下村民们都听清楚了,许多人都哭了起来。

"俺六姑一家就住在县城,不知道咋样啊?"有人边哭边喊。

"俺也有亲戚在县城,不知死活呀。"有人急得团团转。

很多人都开始担心县城里的亲戚,都着急起来。

小来接着说:"日本兵把县署放火烧了,还把县城南街整条街的房子也烧了。很多房子里的人不敢出来,都被烧死了。"

恐怖的消息让人出了不少冷汗。

"小来,现在日本兵还在不在县城?"乐金问。

"走了,往北走了,可能回大名了。"小来说。

听到这里,那些县城有亲戚的人转身就往东跑,其他人看到有人往东跑了,不知怎么回事,也跟着跑起来。乐金想拦住人们,可根本就拦不住,只好也跟着人群向东跑。村民们牵来的猪狗牛驴也跟在村民们的后面跑。

到处都是哭爹喊娘的声音,乱得不得了。

清水县城遭日军屠杀的经过在几天后有了比较多的消息。日军两天时间在清水县城竟然杀了一千多人,要知道,清水县城总人数也不过一万多人,减去日军攻打县城前逃走的,清水县城的人数应该不足万人,也就是说,有一成多的百姓被日军杀害了。

杀人后的日军撤回了大名,将一片废墟的县城留给了清水的百姓。

旺财村有亲戚在这次县城的屠杀中遭了难,其中就有珍儿一家,张田贵、珍儿和两个儿子全部被日本兵杀死了。消息传到旺财村,珍儿的爹娘痛苦得几次晕死过去,全村人都去劝慰这老两口,村里也乱成了一团。

除了日本兵在清水县城的兽行,在旺财村也发生了血腥的事件。那天,日本兵的重机枪扫射了旺财村,村民们都到西边的黄河故道躲避时,老木匠杨死心眼觉得他与日本人无冤无仇,日本兵不会拿他怎么样,在保家护村队员把他们全家拉出后,可能是偷偷地躲在人群后面,趁乱带着全家又回村了。结果经过村子的日本兵把杨死心眼两口子和儿子儿媳,三个小孙子都杀了,被砍下的几颗血淋淋的人头,散乱地在院子里冻得硬邦邦的。

村民中许多家庭估计都住进了日本兵，屋里被翻得乱七八糟，许多人家值钱的财物被偷走，许多留在家中的鸡鸭猪狗都被杀掉吃了，还有恶毒的日本兵临走时将厨房的铁锅都砸烂了。

村里的一个媳妇冲到街道上骂起来："不要脸的日本兵，在俺家新被子的白被里上屙了十几泡屎，围成圆圈，你们画国旗呢？"

小兰家可能位置偏僻，侥幸躲过了日本兵的糟蹋。可是哥哥家里就未能幸免，不仅被翻得一团糟，连厨房的两口铁锅都被砸烂了，幸亏小兰家厨房有两口锅，就让哥哥搬走了一口。看着灶台上被搬走铁锅后留下的圆洞，小兰的心里乱成了一团麻。

村民们对日本侵略者充满了仇恨。

日军在清水屠杀的事件发生后没几天，一个更可怕的消息传到了旺财村，使村民的恐怖达到了极点！

是小来告诉小兰的，看得出来，小来吓得说话都颠三倒四了。小兰听了好几遍，才明白小来说话的内容。

"咱的首都南京被日军攻占了，听说疯狂的日军天天大规模杀人，长江水七天七夜都是红色的血水，尸体满城都是。"

小兰听到这个恐怖的消息时，她真真切切地觉得自己的魂魄好像要离开自己了，甚至能感觉到魂魄离开时，全身瞬间越来越凉。这种冰凉使小兰不由得连着打了几个寒战。

十几年来，自己也经历了很多的战争，但日本兵这种疯狂的屠杀平民的恶行还是第一次听说。

首都被日军攻占了，是不是中国真的亡国了？好像听说日本曾经说过三个月灭亡中国，现在离卢沟桥事变过去了五个月，是不是意味着日本在五个月时间里灭亡了中国？

小兰现在真的害怕了，如果之前她还担心这场战争最坏的可能是使小秋和宾宾离开爹娘，离开自己，现在来看不是了。日军的残酷远远超出了小兰的最坏预计，她不知道自己能不能活下去，或者自己还能活几年，甚至几个月……

小秋和宾宾能活下去吗？还是能活几年，甚至几个月……

小兰不敢想下去了。

清水县城的冤魂，南京的冤魂，能有为他们报仇的一天吗？

自己怎么办呢?

自己该指望谁呢?

指望国军?可国军已经被日军打跑了,连民军也被打跑了。

小兰觉得自己吓得腿都软了,她想到了大高调《杨门女将》。这时她才真切地体会到遇到外敌入侵时能够面对面与敌人作战的杨门女将有着多么了不起的勇气,她体会到了杨门女将的英勇事迹能够被传颂上千年的原因,这真是不容易做到的。

可自己怎么办呢?自己当然无法与杨门女将相比,现在自己不是要上阵杀敌,而是要尽量不被敌人杀死,可怎样能不被敌人杀死呢?既然指望不上外人,就只有指望自己的家人,指望自己家的男人保护自己。

自古以来不都是这样吗?

指望家里的男人保护自己?可自己家里已经没有男人了。

还有谁能够指望?

对了,娘家有男人,自己的哥哥。

想到这里,她想走出去,可是双腿已经不听使唤了,自己想走,可根本走不动。无奈,她只好哆嗦着双手,扶着墙站了一会儿。

喘了一会儿气,小兰觉得好像魂魄又回到了身体里,她扶着墙,尝试着迈步,这次感觉到脚踩在了地上。她双脚交替活动了几下,觉得好些了,就慢慢地向外走去。

不知道小来何时出去的,外边街上空空的,小兰走出门,踉踉跄跄地向前走着。当双脚踩在路上,脚掌能感觉到地面是不平的,这时,她更加真切地感受到自己的双脚是裹了二十多年的小脚,这样的脚虽然也能奔跑,可是奔跑的速度并不快。在这残酷的战争时期,自己若想活命,应该有快速的奔跑速度,可是,自己没有,她想埋怨狠心给自己裹脚的爹娘,可是爹娘已经过世多年了,自己经常想他们,想着与爹娘在一起的快乐时光。那该埋怨谁呢?不知道。既然不知道该埋怨谁,那就埋怨自己吧,谁让自己活在乱世呢?

不长的一段路,走得很艰难,她觉得自己的心脏都要跳出来了,这种感觉很难受。走了很长时间,小兰终于来到了哥哥门前。院子里的蹦蹦嗅出了小兰,它“汪汪”叫着,冲出来欢快地向小兰扑来,差点把小兰扑倒了。看到蹦蹦欢快的样子,小兰感觉到了自己的失态,从蹦蹦扑向自己那熟悉的动作来看,一切好像和以前一样,至少看起来一样。

小兰走进院子,叫了一声嫂子,没人答应,小兰快走几步,掀开门帘,看见哥嫂一家四口竟然哭成一团。

“咋了? 出啥大事儿了?”小兰紧张地问着,她看看小秋,小秋好好的,看看宾宾,宾宾也好好的,再看看哥嫂,他们也好好的。

小秋转过头,扬起满是眼泪的脸,哭着说:“姑姑,俺不想活了。”

“为啥不想活了?”小兰吃惊地问。

宾宾哭着说:“姑姑,俺怕日本兵把俺全家都杀了。”

看来哥嫂一家四口是和自己一样,听说了那可怕的事。

嫂子菊花不说话,只是低着头,呜呜地哭着。哥哥小甫也不停地哭着,还用手抹着大把的眼泪。

回想几个月前,天空是那么的灿烂,阳光是那么的明媚,生活是那么的美好,心情是那么的惬意,可是现在,一切都变了! 在日军的暴虐下,宝贵的生命像杂草一样轻易消失,滴滴珍贵的鲜血竟然如河水般流淌,亲人随时面临生死离别。未来将会是怎样的可怕呀?!

小兰也哭起来。

第三十五章

小水滴遇到了一件奇怪的事。那天，她和平时一样，在空中随着风儿悠来荡去，忽然，她听到一阵由小变大的声音，循着声音的方向望去，只见一个黑色物体从远方呼啸而来，虽然速度飞快，可物体经过她的身边时她还是看清楚了这是一个有着非常庞大身躯的东西。在巨大的轰鸣声中，这个东西竟然一边各有两个翅膀。

虽然小水滴见过各种各样的飞鸟，可是有四个翅膀的"巨大飞鸟"还是第一次见到，以往见到飞鸟都会使她觉得心情舒畅，可是这个"巨大飞鸟"的轰鸣声震耳欲聋，远远超出了她的承受能力，使她痛苦万分。"巨大飞鸟"的翅膀急速地把她推出了老远老远，当她充满怨恨地远远地看着那个"巨大飞鸟"时，分明看到"巨大飞鸟"的翅膀并没有扇动。还有，"巨大飞鸟"的头部也很奇怪，没看到眼睛，但鼻子前面好像有什么东西一直在转动，她想看清楚一些，但"巨大飞鸟"已经迅速地飞走了，很快消失得无影无踪……

以前小水滴曾经见到过什么都没有的黑点，现在又见到四个翅膀的"巨大飞鸟"，不知为什么，她总觉得这些东西很奇怪，有一种使自己非常恐惧的感觉。她希望以后再也不要见到这些可怕的东西了……

第三十六章

进入了腊月，已经到了民国二十七年（1938年）元月。肆虐的北风怒号着吹向清水，冷风在一望无际的平原任意发泄着残忍的习性，卷起了大团大团的灰尘。灰尘中夹杂着枯叶和杂草，在大地上狂虐着，每到一处，遮盖了天空，遮盖了村庄，遮盖了道路和房屋。

每一个寒冷的冬季，对于农村来说，都是难过的一关，他们要准备更多的柴火，置办更多的衣服，还有更多的食物，来挨过漫长的冬季。农民们只盼望冬季快快过去，春天早早来临。春天，多么让人向往的季节，那时，大地回春，和煦的春风带来了暖意，带来了希望，树枝吐出了新绿，一切都那么美好。

对于旺财村的村民们来说，今年的冬季除了要继续抵御寒冷外，还有一件比寒冷可怕得多的难关摆在面前，那就是日本兵的威胁。日本兵第一次攻到清水时，村民们对日本兵的凶恶还不了解，对日本兵的残暴还不相信，现在，经历了日本兵摧残后，百姓们认清了日本兵的残暴本性，内心充满了对日本兵的痛恨。不知从何时起，百姓们开始称日本兵为日本鬼子，因为只有魔鬼才对无辜的生命那么残暴，那么血腥。

虽然许多村民没见过日本鬼子，可对日本鬼子的杀戮奸淫已经听得太多了。百姓们知道，要想活命，要想不被日本鬼子屠杀侮辱，就只能躲避日本鬼子。虽然冬季野外的寒冷可怕，但日本鬼子比寒冷可怕百倍千倍，他们是地狱里跑出来的魔鬼，是追命的无常。

虽然日本鬼子在清水烧杀抢掠后，回到了大名，但刚刚进入腊月，驻在大名的日军又开始沿着大名—归德公路向南进攻，先是攻下了南乐，又攻下了清水。腊八节那天，清水又一次被日军攻陷。虽然从河南内黄赶来的第一集团军部队第二天收复了清水,可次日,清水又被日军攻下了。

担惊受怕的旺财村民又继续跑到黄河故道,在凛冽的寒风下,躲避着日军。

在旺财村的西边,是与各村相连的小路,因躲避日军的原因,村民们都跑了。各个村庄都冷冷清清的,通往各村的小路上,也都冷冷清清的。

荒凉的小路上走来两个人,前面的是小来的媳妇灿丽,后面的是小财。虽然在寒冬里走了二十多里路,但因为歇过几次,他们并不觉得太累。

灿丽很兴奋,她想赶紧回到旺财村,告诉丈夫小来一个好消息,自己怀孕了,小来要当爹了。

两个多月前,因为日军进攻清水,旺财村有些人到远离公路的亲戚家里躲避。小来娘心疼儿媳妇,提出让灿丽和小来也回到周家村的娘家躲避,小来想与娘一起走,小来娘不同意。因为她到亲家家里躲避,好像礼节上有些不合适。可是小来也舍不得娘,最后决定让灿丽回娘家住一阵子,等到安全了,再让小来到周家村接灿丽回来。灿丽也挂念爹娘,就让小来把自己送回了周家村。回到家后赶上灿丽爹娘受严寒侵袭,身体不适,灿丽让小来先回旺财村。自己在周家村照顾爹娘。等到爹娘的病有所好转后,灿丽好像也病了,经常呕吐,经一位中医号脉后,告诉灿丽,她没病,是怀孕了。灿丽听到这个消息后,就想尽快回旺财村,告诉小来这个好消息。灿丽爹娘对灿丽一个人回旺财村不放心,茴香提出来让小财陪灿丽回旺财村。今天一早,灿丽就带着小财上路了。

“小财,快到旺财村了,你高兴不?”灿丽拉着小财的手,笑盈盈地问。

小财笑着说:“高兴呀,妗子,俺可喜欢姥娘做的煎饼了,可好吃呢,还有,很长时间没见小来舅舅了,俺可想他了。”

两人聊得高兴,全然没有意识到路上空无一人的异常。

路边,可以偶尔看到白色的蜡梅在凛冽的寒风中傲然挺立着。灿丽停住脚,摘下两朵蜡梅,闻一闻梅花的微微的香气,然后插到自己的头上。小财看着灿丽的样子,笑个不停。

前面就是旺财村西边的村口了,两人拐过弯,看到前边有两个人在村口,正弓着腰抓着对方摔跤呢。

“男人就是粗粗拉拉的,这么冷的天,不在家取暖,在村口摔跤。”灿丽笑着对小财说。

小财疑惑地对灿丽说:“妗子,他们摔跤咋不用腿呀?好像不是摔跤。”

灿丽停住脚，好像想起什么，拉住小财，躲到路旁的小树后边，观察着村口的情况。只见村口那两个人停止了摔跤，向村里走去。

灿丽觉得情况不好，她担心那两个人可能是日本兵，就拉起小财说：“小财，那两个人可别是日本鬼子，咱们跑吧。”

两人刚刚站起来，就听见一声响。灿丽身子颤动了一下，重重地摔倒在地。小财看到灿丽的身上涌出血来。

“妗子，你中枪了……”小财惊恐地叫道，因为惊吓，他的脸部扭曲着，身子也不住地颤抖着。

灿丽看着小财，说了句：“小财，快跑……”可是很快嘴里也流出了血，嘴唇动着，却无法发声了。

小财抱着灿丽，失声痛哭起来。等他抬手擦眼泪时，看到自己手上沾满了温热的黏稠的鲜血，刺眼的红色吓得小财抬腿就跑，身后响着啪啪的声音，身旁的路面发出噗噗的声响，溅起一团团灰尘。小财恐惧地奔跑着，慌不择路，只是知道向前跑。

等到日本鬼子又撤回大名后，在黄河故道躲避的人们才敢回家。

有村民在村外的路边看到几具血肉模糊的尸体，大多都不是旺财村的人，至于是哪儿的人也无法查证了。不过有一具女尸经辨认是灿丽的尸体，小来痛哭着，小来娘更是几次昏死过去。后来，有村民发现了受到惊吓的小财，这个孩子在逃生途中迷了路，也不敢进村，就在寒冷的旷野中游荡着，等见到村民时，已经三天没有吃饭了，可他竟然不觉得饿。

听到噩耗，周家村来了不少人。灿丽的爹娘痛不欲生，茴香也痛哭着，凄惨的场面让人不忍直视。

悲惨的场面不止于旺财村，从县城传来消息，这次日军攻下清水县城后，仍然在县城大肆杀人，不少百姓被杀，惨状骇人。

这次躲避日军，因天气实在太寒冷，有五位老人经受不住奔波和严寒，没等到春节，就撒手人寰了。过年的日子，旺财村根本没有过年的气氛，家家都去为老人送殡了。

为了协助村里人办丧事，小兰忙活了几天，一直到了除夕那天天黑了，才回到了家。

根据乐金的安排，保家护村队给村民放哨，如果日军打过来就通知村民们转移,这样村民们就可以安全地住在家里了。为此,村民们都非常感激乐金,感激保家护村队的队员们,如果没有他们,村民们不知要怎么躲过危险。

按过年风俗,小兰要包饺子,可因为心里堵得慌,一直没动手。她想烧水,可又打消了念头,想做点吃的,却什么都不想吃。是呀,这几天,看了太多的生离死别,痛不欲生,人的心里都是灰暗的。

手上闲着,大脑却一刻不停地想着事儿,想停都停不下来,她想起了晓东的姑姑,不知道她的情况怎样了。按说中日交战后就应该打听一下姑姑的情况,可是心里光想着怎么应付打仗,怎么躲避危险,忘记了关心姑姑,希望她能躲过危险。还有姑姑的两个女儿,小兰希望她们全家人能平平安安。

亲人中除了姑姑,就是小姣了,这个儿时的伙伴应该已经生下孩子了,可能因为战乱,一直没能给家里捎信生下的是男是女。小姣的爹娘曾经与小兰说起过这事儿,曾经想到过找人到小姣的婆家村里打听消息,可是在人心惶惶的时候,没能找到这样的人,就一直不知道小姣那边的消息。

天气很寒冷,家里很安静,静得以为世界都被冻住了。

"笃,笃笃……"这时,响起了敲门声。

小兰可以判断,这既不是小秋也不是宾宾,因为这两个孩子都是在门口叫姑姑的,从来不敲门。

这会是谁呀? 大除夕的还串门。

小兰疑惑不解地看着大门,没动身。

"笃,笃笃……"

敲门声又响起来,还是没人说话。

小兰站起身,问了一声谁呀,走到门口,打开了大门。

黑夜里,看到一个人抱着什么,站在门口。

"小兰,是俺。"对方开口说话了。

"姐姐,你咋来了?"小兰惊诧地问。

来人竟然是小姣!

因为天气寒冷,小姣的脸冻得通红,头巾未围住的发梢竟然都结成了细细的冰凌,身上也落满了点点的冰珠。

小兰赶紧把小姣让到屋里,然后点着了油灯。昏暗的光线里,只见小姣笑盈盈地看着小兰,怀里还抱着什么。小兰探头看了一下,竟然是个正在睡觉的孩子。这孩子被包在襁褓里,只露出了小脸。这张小脸白白的,额头开阔,睫毛长长的,小小的鼻头有节奏地微微动着,小嘴抿着,可爱极了。

小兰看着小姣笑起来,她又看看小姣怀里的孩子,不用问一准是小姣的孩子。小兰笑着说:“姐姐,看这个孩子天庭饱满,地阁方圆,该不会是常山赵子龙再降临人世吧。”

一句话把小姣逗得哈哈大笑起来。

小兰看着孩子说:“来,让俺抱抱。”

小姣对孩子说:“安安,让妗子抱抱,这就是娘跟你说过的小兰妗子。”

小兰笑着说:“好,俺当妗子了,妗子要抱抱这乖宝贝。”

小兰从小姣怀中接过安安,小心翼翼地抱起来。怀抱中的安安仍然睡着,可能他对小兰抱着他有些不习惯,在睡梦中蹬了几脚,打了一个哈欠,又继续睡觉了,全然不顾小兰妗子正充满爱怜地看着他。

看着这个可爱的孩子,小兰觉得世界都变得安详了。

小姣出了屋门,在院子里用头巾将头发、衣服上的雪花拍打了一阵后,又走回屋来。小兰转头问坐下喘气的小姣:“姐姐,安安是男孩还是女孩?”

小姣笑着说:“小兰,你看你,还不知道孩子是男是女呢,就说是常山赵子龙转世。”

小兰也笑着说:“那有啥?即使是女孩,长大也可以是女赵子龙呀。”

小姣又笑起来了,然后满是幸福地说:“是个男孩。”

只有和伙伴相聚,才能有这么轻松快乐的气氛。

“安安是啥时候出生的?看着像是有三四个月了。”小兰问。

小姣说:“去年中秋节的第二天,已经四个多月了。”

小兰说:“那三翻四坐,安安能坐起来了不?”

小姣点点头,笑着说:“能了。”

小兰又看着安安,这时安安醒了,正瞪着两只黑亮的眼睛,认真地看着小兰。

“安安醒了。”小兰笑着边说边努着嘴,高兴地逗着安安。

小姣赶紧说:“快把把安安,他可能要尿了。”

小兰赶紧把安安从襁褓中抱出,给安安把尿。小姣拿来一个小木盆,给安安接尿,很快,安安真的尿了。

轻松了的安安高兴地双脚蹬着,还发出“啊啊”的叫声,可以知道,他快乐极了。

“这孩子可真欢实。”小兰看着安安笑着说,又想起什么,问道,“姐姐,你啥时候回来的?”

小姣说:“后晌回来的,可今天是除夕,咱清水规矩嫁出去的闺女不能在娘家过除夕和春节,俺就来你这儿了。”

小兰高兴地说:“幸亏有这个规矩,咱能多聚一会儿了。”

小姣说:“也是。”

小兰问:“这日本鬼子打进来,你是咋过的?”

小姣叹了口气说:“害怕呀,到处躲,就担心遇上日本鬼子啊。听人说日本鬼子只走公路,不走偏僻乡村,俺就带着安安随着村里人一起躲到偏远处。村里有个老两口,可能是年龄大了,听错话了,躲到离公路不远的自家坟地里,不知咋的让路上的日本鬼子看见了,就让军车停住,几个日本鬼子一起朝他们开枪,把他们打死了。”

小兰叹了口气说:“咱清水死了不少人呀。”

小姣点点头,也跟着叹气。

小兰又问:“孩子他爹咋没回来呀?”

小姣生气地说:“孩子刚刚满月,他就出去了,说给家里挣钱去,一去就没消息了,这日本兵要打来可咋办呀。今天是除夕,他还没回来,俺一气之下,就带着安安回来了。”

小兰宽慰着小姣说:“既然没回来,也可能有事吧。”

小姣说:“日本鬼子打来了,人家都是从外面往家跑,他倒好,从家里往外跑,俺真是气得不得了。”

小兰看小姣很生气,就说:“姐姐,咱不说这些不高兴的事了,这除夕咱要好好过。刚才光忙着看孩子了,也没让你喝上热水,俺先去烧点热水,你喝点水暖和暖和,家里地窖里还有红薯面,有白菜,俺去包饺子去。”

夜深了,小姣哄安安睡着了,把安安放在炕上,看着孩子睡梦中的小脸,心里幸福极了。她不知又想起了什么,抿着嘴笑了。

在昏暗的油灯下,小兰把饺子端上了桌,热腾腾的蒸汽散去,一大盘黑亮的饺子展现在小姣的面前。

“大年三十儿能吃上饺子,这可是天底下最幸福的事儿了。”小姣看着饺子,感慨地说。

小兰被小姣的情绪感染，附和着说："姐姐，俺要是早知道你来，就去买点面粉，买点猪肉，包出的饺子才好吃呢。"

小姣看着饺子说："小兰，红薯面白菜饺子也是饺子呀，虽然不是面粉皮，没有肉馅，可这饺子的形状可是一点不差，个个都好看呀，吃这样的饺子一样可以过年。"

小兰看着小姣，有所感触地说："姐姐，看来你有了孩子，变得会过日子了。"

小姣直爽地说："小兰，来，咱吃饺子吧。"

小兰高兴地点点头，两人开始吃饺子，说了不少话，心情好了很多。

等吃完饺子，小兰收拾了碗筷，洗完了，回到屋来，看到小姣正在埋头看着安安，一脸慈爱。看着这样的一幕，小兰觉得小姣真幸福。

小兰在旁边坐下，也看着安安。小姣转过头，看着小兰，脸上慢慢地泛起了愁容。

小姣坐直身子，心事重重地说："俺家邻居一家三口是在大名城里做家具的，前几天有人捎信说日本鬼子打进大名的时候，他被杀死了，媳妇也疯了，孩子十六了，不知跑到哪儿了，一直没找着。咱清水被日本鬼子打下了两次，每次日本鬼子打进县城都杀死了很多人。现在咱中国人的生命真的像草一样，俺真的害怕了。"

小姣的话破坏了小兰的好心情，也勾起了小兰心中的紧张情绪，她叹着气说："日本鬼子的凶残俺早就听说过。一年前，日本鬼子在天津雇佣中国工人挖军用工事，为了防止中国工人泄密，完工后就把那些工人杀死，尸体直接就扔到海河里。海河可是天津市中心的河呀，那段时间海河上经常飘着死尸，都是残缺不全的尸块，把在天津的人都吓坏了。"

小姣惊讶地说："还有这事儿？真是太可怕了。"

"还有，前些天，日本鬼子打清水县城时，村里人都躲到黄河故道了。有些日本鬼子就进了村，把家家户户的门砸开，把值钱的东西都抢光了，还把家里的粮食都抢走了，许多人家的猪、鸡、狗都遭殃了。村西边可能是有人经过，也被日本鬼子打死了好几个人，很多都不是旺财村的，这些人的家里都不知家人死了，多可怜呀。"

"村里死的人里还有一个是小来的媳妇灿丽，是清水地震后才结婚的，到现在才几个月,还怀了孩子,就被日本鬼子打死了。茴香的儿子小财是和灿丽一起回来的,吓得在外边跑了三天,没死就算幸运了。”

小姣吓得瞪大了眼睛,她紧张地说:“小来都结婚了?媳妇是灿丽?真是可惜呀。小兰,自从日本打来了,俺心里一直都害怕,总担心安安遇到危险,这孩子这么小,能平平安安地长大不?俺总担心哪天日本鬼子闯进村里,杀害安安,俺、俺是不是有精神病了?”

小兰听了小姣的话,意识到自己说了太多的死人之类的吓人话,可能把小姣吓着了,赶紧劝道:“姐姐,你别胡思乱想了,俺说的毕竟是少数情况,大多数人还活着,咱的孩子当然要平平安安长大的,你别太担心。”

小姣看着小兰,摇摇头,不断叹着气。

刚刚过了春节七八天,日军又从大名出发,沿着大名—归德公路向南进攻了,很快占领了南乐、清水县城。

清水县城的百姓又被日军杀了一遭,凄惨的景象震惊了全县。

随着日军频繁占领清水,有可怕的消息传来,国军部队已经被日军全部打出河北省了,河北省全省都陷落到日军手中了。

村民们都不知道以后的生活会是什么样,不过可以确定肯定是凶多吉少。

这年的初二,二妮儿没回来,茴香也没回来,估计是担心遭遇残暴的日本兵。

小兰也在忐忑不安中艰难地度过着每一天,她不知道过完今天,是不是还能过明天,她不知道明天是不是能像今天这样还算是平安地度过。

每一天都很漫长,每一天都非常寒冷。

不知道接下来日军会怎么样。

“被日军占领后,咱就成了亡国奴了。”不记得是谁说了这话,但小兰记住了“亡国奴”这个词,这是让人不寒而栗的词。

“俺不想当亡国奴。”小兰对自己说。

可清水已经被日军占领了,那将会是怎样的可怕的生活呢?

小兰觉得现在的中国太弱了。多年内部战争消耗了多少国力呀,内战让百姓们搭上了多少钱财和性命呀。如果没有内战,国力应该很强大,估计小日本不敢这样欺负中国。

国军什么时候能再打回来呢?什么时候能把日本鬼子打跑打回日本呢?百

姓们什么时候才能继续原来的生活呢?

小兰还一直想着向大妮儿姐买回那祖传的一亩地,现在已经攒了不少钱了。如果没有日本侵略这事,再有两年她就能攒够买那一亩地的钱了。

可现在生活的方向不知在哪儿,怎么办呢?

在惊慌失措的气氛中,时间一天天过去了。旺财村的村民们算是没有遭到更大的损失,大家在庆幸生命尚存时,不知是应该高兴还是应该悲伤。

元宵节过后的一天下午,小兰在家里做棉鞋,准确地说,是给小秋和宾宾做棉鞋。这段时间多次躲避日本兵,走了太远的路,入冬刚刚做好的棉鞋的鞋底都磨损比较严重。为了保险起见,小兰与嫂子菊花商量好了,嫂子给哥嫂各做一双棉鞋,小兰给小秋和宾宾各做一双棉鞋。

宾宾的棉鞋已经做好了,今天做小秋的。

鞋底已经裁好了,现在要做鞋面。

小兰一针一线地缝着,看到针脚密密的,精致而均匀,自己很满意。一面的鞋面缝好了,小兰觉得有些累了,她站起来,活动一下腰,舒缓一下疲劳的身体,跺跺有些冰凉的脚,又继续缝着鞋面。

“再有一天,就能做好了,到时小秋和宾宾就可以穿新棉鞋了。”小兰高兴地想着。

正干着活,小兰听到门外传来宾宾的声音:“姑姑,姑姑,国军来了。”

小兰听了声音,放下活计,站起身来,这时小秋和宾宾已经走进门来。

“国军来了?”小兰高兴起来,因为前些天,听说国军已经全部离开了河北省,这么快国军就回来了,太好了。

宾宾手里拿着一个煮熟的土豆,因为已经咬过了,土豆有了缺口,宾宾笑着说:“姑姑,这是国军给俺的土豆,可好吃了。”

小秋笑着说:“姑姑,真的是国军,就在村里的街上,见了宾宾这样的小孩,就拿出自己吃的给小孩呢。”

小兰问:“来了多少人,武器多不多?”

小秋说:“来了十几个人,带着枪。不过,姑姑,他们说话俺都听不大懂,俺娘说你总是到天津卖布,见识的人多,可能你能听懂,俺娘让你过去呢。”

小兰觉得奇怪,国军大多是北方人,怎么会说话听不懂呢?还有,听说河北省已经没有国军了,那他们是从哪儿来的国军呢?

“姑姑,你快去吧,这土豆可好吃了,真的。”宾宾看小兰没动,以为小兰不想去,有些着急起来。

小兰笑着对宾宾说:“好,姑姑现在就去。”

宾宾笑着说:“姑姑,那就快走吧。”

小兰把鞋底鞋面和针线都放到笸箩里,放回屋里,又拿出头巾围上,然后拉着小秋和宾宾的手,出了门。

宾宾的小手很凉,但宾宾却顾不上冷,边走边吃土豆。小兰看到土豆是煮熟的,这种吃整个土豆的方式不是清水的习俗,清水的人们吃土豆一般是切成丝或切成块后,或炒或煮,不会整个土豆煮熟吃。当然,对于军人来说,将土豆煮熟后便于携带,适合军人行军。

“说话听不懂?这些国军是从哪儿来的呢?”小兰边走边想。

“姑姑,这些国军说话可和气了,刚才还抱宾宾呢?”小秋说。

小兰加快了脚步,向街上走去。

拐了两个弯,来到街上,小兰看到许多村里人围着十几个国军士兵在说话,这些国军士兵个子都不高,穿着军装,背着枪,和村民们说着话。

小兰走过去,看见嫂子菊花也在人群中。菊花不经意转头时,看到了小兰,她笑着向小兰挥挥手。

“小兰,你快来,这些国军都很和气,但好像说是过黄河来的,你和他们说说吧。”菊花对小兰说,其他村民也用期待的眼神看着小兰。

国军中的一个人转过身,他个子不高,脸色黝黑,壮实的身躯把军服撑得鼓鼓的,看到小兰,他笑着说:“大嫂,你好。”

真的是外地口音,这人为了让小兰能听懂,故意说话慢一些。这些年小兰在天津卖布时,确实听到过各种各样的方言,虽然这人说话小兰听懂了,但她感觉这个人说话时不是北方口音。

小兰也对他笑了笑,故做老练地说:“俺知道开战时在河北省的国军有七十七军、五十三军、六十八军、五十二军和二十六路军,你们是哪个部队的?”

对方听到小兰说出许多国军部队番号,很惊讶,能看出来,他很高兴。他继续慢慢地说:“大嫂,你真不简单,知道这么多国军部队。”

小兰有些得意地笑着说:“别看俺是农村妇女,俺知道得可不少。”

对方笑着说:“大嫂,我们部队也有番号,是国军第十八集团军。”

小兰听了惊讶地问:“你说你们是第十八集团军?”

对方高兴地说:“你听懂了? 是的,我们是第十八集团军。”

小兰说:“俺听说过第一集团军,七十七军、六十八军就属于第一集团军,可从没听说过第十八集团军呀?”

“大嫂,我们这个第十八集团军番号是去年九月十一日由军事委员会编制的,去年八月二十二日军事委员会最先给我们的番号是国民革命军第八路军,后来又改为第十八集团军。不过,我们都习惯被叫做八路军。”那人说着话,指着左臂的臂章说,“大嫂,你看我们的臂章,印着‘八路’两个字。”

小秋在旁边说:“姑姑,这臂章上的两个字是‘八路’。”

日本兵打来后,出于安全考虑,许多学校都停办了,小秋刚好上完了初小,认识许多字,还能背很多唐诗宋词呢。

小兰笑着对旁边的村民说:“他们是国军第十八集团军的部队,他们说他们是八路军。”

村民们笑着点点头,对小兰说:“小兰,问问他们是哪儿的人,为啥说话咱们听不懂呀。”

小兰问了那人,那人笑着说:“我们都是南方人,我是湖北人,其他的有广东的、江西的,还有安徽的。”

小兰奇怪地问:“你们南方人离河北那么远,为啥到河北来呢? 在家多好呀?”

那人笑着说:“我们是要抗日的,要把日本鬼子从中国赶出去。”

这句话大家听懂了,都高兴起来。

菊花怀疑地看着那人说:“把日本鬼子从中国赶出去? 咱能不能打得过日本鬼子呀? 你们有没有大炮、坦克,有没有飞机呀?”

小兰听了有些着急了,她赶忙把菊花拉出人群,拉到附近一个胡同,然后回头看到八路军没跟过来,才转过身来,有些生气地对菊花说:“嫂子,你咋这么问呀,这明摆着他们只有枪,没有大炮、坦克,也没有飞机,可他们就是打日本鬼子的呀。你想想,好不容易有国军到咱这儿打日本鬼子,你这么问,把他们吓跑了咋办呀?”

菊花也意识到自己刚才说话冒失,就吭吭哧哧地说:“俺是想跟他们说让他们多调一些大炮、坦克、飞机,这样不就能把日本鬼子赶走了。”

小兰仍然生气地说:“那你还不如让他们调来天兵天将呢。”

菊花不说话了。

小兰看着嫂子委屈的样子怪可怜的,就拉着她衣角说:“嫂子,咱再去和他们说说话,多问点情况。”

小兰和菊花又走回人群,看到人们仍然围着八路军问这问那。这些战士也耐心地回答着问题,不过,现在连比画带说,村民们好像能听懂了。

“八路军,你们原来不在河北驻扎,那是从哪儿调过来的?”有村民问。

“我们被编为第十八集团军后,从陕西省过黄河到了山西省,然后又奉命来到河北省。”那人继续慢慢地说着。

小兰也急忙问:“八路军,你们见过日本鬼子没?和日本鬼子打过仗没?”

难以置信的是,这个人竟然点了点头。

看着这个个子不高的人,竟然见过日本鬼子,还和日本鬼子打过仗,这太不可思议了。如果这个人真的和日本鬼子打过仗,那还真不简单呢。

“叔叔,你在哪儿和日本鬼子打过仗?”小秋在一旁问。

那人笑着说:“我们这些人都和日本鬼子打过仗,日本鬼子没什么了不起的。”

没什么了不起的?这口气好像和日本兵打胜了?这人是不是在胡乱吹嘘呀?武艺高强的二十九军都被打跑了,难道他们比二十九军还厉害?大家都半信半疑地看着他。

那人仍然笑着说:“如果不和日本鬼子打仗,我们不可能从陕西省来到河北省。”

“那你们在哪儿和日本鬼子打过仗,给俺说说吧。”有个满脸胡须的村民像是师傅考徒弟一样说。

那人仍然笑着说:“我们与日本鬼子打过很多仗,最有名的仗,就是去年十月,也就是四个月前,在山西阳明堡镇有一个日军的飞机场,有二十四架飞机整天轰炸国军阵地。我们团趁着夜里突袭机场,将二十四架日本飞机全部炸毁了。”

村民们听得出了神。

有个村民有些怀疑地问:“八路军,飞机飞那么高,你们是用啥样的大炮把日本飞机打下来的?”

那个八路军听了以后笑着说:“不是从天上打下来的,是趁日本飞机夜里停在飞机场的地面上的时机,用手榴弹把飞机炸毁的。”

大家都轰的一声赞叹起来,有个村民吃惊地说:“俺的天哪,俺以为飞机总是在天上飞呢,原来还有落到地上的时候呢。”

那个八路军笑着说:“飞机不落地怎么加油呀?没有油就飞不起来了。”

菊花问:“你们打了那么大的胜仗,你咋看着不高兴呀?”

那个八路军叹了一口气说:“按说是应该高兴,可是我们三营的营长牺牲了,我就没法高兴了。”

村民们听了,也沉默下来,有人摇着头说:“真是可惜呀。”

沉默了一会儿,有村民问:“你们是第十八集团军的哪个军,哪个师,哪个团?”

那人说:“我们是第十八集团军一二九师东进纵队的。”

“你们来旺财村干啥事呀?”村民问。

“我们奉命行军,可粮食不够了,到村里来买些粮食。”那人笑着说。

村民们听说这些军人是来买粮食的,都热情地把家里最好的粮食拿出来,把秤压得高高的,将粮食卖给了这些军人,然后把他们一直送到了村口。

那几个八路军走后,旺财村的村民们不像原来那样对日本鬼子那么害怕了,他们知道中国人有许多敢于与日本鬼子作战的人,而且能在与日本鬼子的战斗中打胜仗。更重要的是这些能在与日本鬼子的战斗中打胜仗的人并不是长得人高马大的剽悍身材,而是像是村里谁家孩子模样的人。这使村民们更加相信,战胜日本不是不可能的。

虽然八路军带给了百姓们希望,但摆在百姓们面前的现实情况不容乐观。强大的日军占领了清水县城后,宣布成立清水县维持会。

许多村民们并不知道什么是维持会,只是听说现在就要听日本的,听维持会的就是听日本的。听维持会的就是良民,不听维持会的就要被抓到县城的日本兵营里杀头。

村民们恨透了日本人,也抗拒维持会。

过了二月二,小兰听到了一件大事,可以说是可怕的大事儿。

那天,小兰到地里锄草,因为麦苗已经破土而出了,田间杂草也长出来了,要尽快去除杂草。临近天黑,小兰拖着疲惫的身体往家走时,听到后面有人叫自己的名字,从声音上听出来,是大妮儿姐的声音。

“小兰,慧英刚从县城回来,跟你说一件大事儿。”大妮儿压低声音说。大妮儿在村子里开着百货店,大妮儿的丈夫慧英经常到县城进货,对县里的消息很灵通。

“大妮儿姐,出啥事儿了?”小兰疑惑地问。

“县里维持会发通知了,咱们使用的法币作废了。”大妮儿一字一句地说。

“啥?法币作废了?法币还能作废?”小兰觉得真的发生大事儿了,因为自己家里的法币还不少,她还指望再攒些钱,向大妮儿姐把另一亩地买回来呢。

小兰的反应吓了大妮儿一跳,大妮儿急忙问:“咋了?小兰,你咋吓成这样了?你家里是不是有很多法币呀?”

小兰苦笑着说:“政府要求只能用法币,俺家里的钱可不都是法币?”

大妮儿说:“是南京国民政府要求只能用法币的,现在掌权的是维持会,归北平的那个汉奸临时政府管,咱们有啥办法?”

“大妮儿姐,法币作废了,咱们以后就不花钱了?”小兰无法想象如果没有法币,该怎么生活。

大妮儿说:“以后,当然要花钱,但只能花汉奸政府的钱。”

小兰吃惊地说:“啊?那以后咱们就只能用汉奸的钱了?不会是东北那个汉奸满洲国的钱吧?”

大妮儿说:“不会的,汉奸也分你的他的,维持会说以后只能用北平的汉奸临时政府的钱,是汉奸们新成立的联合准备银行的钱,也是纸币,听说叫‘联银券’。”

“‘联银券’?是不是就像以前的军用票一样?能不能花呀?”小兰担心地问。

大妮儿苦笑着说:“民国政府的人跑了,县里成立的维持会说了算,他们说用‘联银券’,也只好由得他们了,在咱清水,咱们真的都是‘亡国奴’了。”

小兰叹着气说:“活了大半辈子活成‘亡国奴’了,真丢人呀。”

“是呀,俺也担心百货店能不能开下去呢。”大妮儿忧心忡忡地说。

“大妮儿姐,那以后只能用‘联银券’?”小兰问道。

大妮儿说:“不是以后,是现在。俺听说,现在法币已经作废了,谁再用法币,就要以扰乱金融罪罚款一万元,甚至判处无期徒刑呢。”

小兰问:“大妮儿姐,那咋办?哪儿能花法币呀?”

大妮儿说:“估计是哪儿都不能用了,俺的法币还不知咋办呢。”

小兰听了,赶忙说:“大妮儿姐,要么咱到外地去花了吧。”

大妮儿说:“小兰,俺不瞒你,日军攻占北平和天津后,俺觉得局势不好,就把法币都偷偷换了大洋了,虽然贵些,但现在看来还是很划算的。”

小兰急忙说:“大妮儿姐,你在哪儿换的?政府不是要求不准使用大洋,大洋都要换成法币使用的呀?哪儿还有大洋呀?”

大妮儿笑着说:“总有聪明人用心呀,现在法币不能用了,大家又不愿意用‘联银券’,所以就开始使用大洋了。”

小兰急切地问说:“大妮儿姐,你能不能帮俺把俺的法币也换成大洋?”

大妮儿说:“小兰,俺是去年换的,那时法币还没作废呢。现在,法币已经作废了,谁愿意用大洋换作废的法币呀。”

小兰赶忙问:“大妮儿姐,那俺的法币作废了,就真的成了废纸了?”

大妮儿说:“也不一定,或许也有能用的时候。”

小兰问:“啥时候?”

大妮儿叹了一口气说:“现在没被日军占领的地方,像河南南面。还有就是等到国军把日本赶出清水,南京国民政府仍然当政就可以。”

小兰想了想说:“这基本上和没用差不多。”

与大妮儿分了手,小兰叹着气,慢慢地回到了家。正在烦恼中,村里通知开村民紧急会,告诉村民法币作废了,现在起只能使用联银券。为了自身安全,千万不要在外面用法币,如果被维持会发现了,可就遭殃了。

村民们怒骂着汉奸政府的无耻,但也无可奈何,只能接受,苦水只能自己咽。

回到家,小兰把家里的法币都找出来,数了数,一共是一百九十八元。如果日本没打进来的时候,这些钱再添上些,就可以把那第二亩地买回来了,那是自己多年的愿望。可是,法币作废了,自己该怎么办呀?这些钱,是自己舍不得吃舍不得穿,辛辛苦苦攒了多年的积蓄,就这样成了废纸了?

看着这些花花绿绿的纸币,小兰陷入了深深的痛苦中,她清楚为了这些纸币,自己多年来付出了怎样的辛苦和煎熬,又在这些纸币上寄托了怎样的情感和希望。从这些纸币中,她仿佛看到了公公婆婆那寄予希望的目光,也看到自己对未来生活的渴望。还有,如果晓东回来,知道自己将两亩祖传的土地都置齐了,将会对自己怎样的刮目相看呀?可是,日本鬼子打来了,自己可能要成为亡国奴了,纸币作废不就是亡国奴的生活吗?

自己应该怎么办呢?难道就没有办法了吗?自己应该想办法呀?

小兰坐不住了,她将法币揣进口袋里,走出了家门。

天已经黑了,四周一片寂静,被乌云遮住的月亮不再明亮,黯淡的月光胡乱地照在并不平坦的地上,照在疲惫而沧桑的土墙上。如果不睁大眼睛,可能都无法看到眼前的地面。虽然春天要来了,可空气中并没有一丝暖意,迎面的黑漆漆的夜空吹来的仍然是凛冽的寒风。一股寒风仿佛在欺负无助的小兰,在她的脖子周围转了一圈又一圈。小兰将头巾的下摆往下拽了拽,脖子没觉得暖和,头顶却感受到了刺骨的寒冷。

小兰伸出手,放在没有头巾的头顶,抵挡一下寒风,可又有寒风顺着她的手进入袖管,使她打了一个寒战。她的心情糟透了,只好快步向前走。

小兰冻得哆哆嗦嗦地来到了哥哥家,看到一家都在。

"嫂子,法币作废了,你们的法币咋办呀?"小兰与小秋和宾宾说了几句话,就转头问菊花。菊花看了一眼小甫说:"那有啥办法?作废就作废吧,好在家里穷,有一些法币,但不太多。"

小兰说:"会不会外地维持会还没建立,还能用呀?"

小兰这句话是说给小甫听的,她希望哥哥能到外地看看,如果能花,就花出去吧。可是哥哥好像没听到,面无表情地看着房间的角落,没说话。

菊花又看了小甫一眼说:"小兰,现在兵荒马乱的,万一拿着法币被发现了摊上麻烦咋办呀?现在只要遇到麻烦,可都是杀头丢命的大麻烦呀。"

小兰看了一眼哥哥,又转头看着菊花说:"能有啥麻烦?汉奸只是说法币作废了,不让用,并没有说不让带呀。咱去外地找还能用法币的地方买了东西回来,不就不损失了?"

小甫仍然不说话,菊花也不说话了。

小兰看着哥嫂都不说话,知道指望不上了,就转身走了。

走在村里的路上,小兰的眼泪止不住地流下来。她叹息自己的命运坎坷,感慨社会残酷,痛恨日本鬼子和汉奸手段毒辣。她无助地走回家,近乎痛不欲生。

如果是普通的钱,损失了只是钱财的痛苦,可这些钱和自己朝思暮想的祖传的土地是联系在一起的呀。如果说自己这么多年能活下来,主要动力就是完成买回那祖传土地的愿望,这愿望不仅是自己一个人的,还有公公婆婆那两条人命呀。

如果放弃那祖传的土地,无异于要自己的命。

小兰想好了,她一定要把法币找到可以使用的地方,把钱换成物品,避免损失。可是,去哪儿把法币花掉呢?需要好好想想,尽量想周全一些。还有,花掉法币的最好办法就是用法币去买布,因为自己对布很熟悉,知道布可以保值,容易换成现钱。可是,到哪儿去买布呢?小兰慢慢冷静下来,思考着周边可以买布的地方。清水的北面是南乐县,南边是濮阳县,西面是河南内黄县,东面是山东观城县,应该考虑到这些县城买布。

把法币花掉的地方应该是安全的地方,按这种思路考虑,她首先排除了濮阳县,因为去濮阳要经过清水县城,那里驻着许多日军和伪军,很危险,不能考虑。内黄县在卫河沿岸上,虽然离得与濮阳和南乐的距离差不多,但自己从未去过内黄,对那里的情况一点都不了解,做事情忌讳自己无法预计的事情。这样,小兰也排除了内黄。观城县并不大,小兰没去过,也排除掉。

剩下最后一个可以考虑的地方就是南乐县了。南乐县是自己去天津卖布时,卫河经过的离清水最近的县,小兰虽然没去过,但乘坐船去天津时曾经经过那里,情况算是熟悉。还有,小兰想到卫河边有一个元村集,在南乐县城西南边,离清水更近,那里商业发达,是自己理想的买布的地方。

元村集!小兰越想越觉得那儿是比南乐县城更理想的买布的地方。因为南乐县城或许已经像清水县城一样,驻扎了日本鬼子,还可能建立了维持会,去南乐县城买布无疑与到清水县城买布一样危险。而元村集离县城有一段距离,日本鬼子和维持会或许还没能控制那里,一样可以买布。

可是,如果要是到了元村集,那里也不能使用法币,自己白跑了怎么办呀?想来想去,小兰觉得还是要冒一次险。如果到了元村集还是无法买布,就只能怪自己命运不济了。

打定主意的小兰决定动身了,可怎么去呢?因为有大半年没乘船了,对卫河的情况自己不了解。码头可能会有日本鬼子,也可能停止船运,可行的办法只能是连夜走到元村集,明天白天再想办法回来。

可自己不能走公路,因为在大名—归德公路有可能遇到日本鬼子,不安全。何况自己顺着公路只能走到南乐县城,离元村集还有很长的一段路呢。

怎么办呢?小兰急得团团转。

忽然，小兰想到了一个好办法。顺着卫河向北走，有一条人行道。其实，准确说来并不是路，而是人们走过多次，踩出的一条小道。平时在去天津的船上，小兰经常看到有人在岸上走。

“现在已经过了二月二，虽然天气寒冷，毕竟不像冬天那么冷了，尤其是过了九九和惊蛰，天气已经暖和了一些了。”小兰有些自说自话，她明知道天气寒冷，仍然劝说自己天气暖和了，因为她已经下定了决心，她要去元村集碰一下运气。

打定主意的小兰又顶着寒风来到小姣家里，小姣爹开了门，看到小兰有些吃惊。小姣还没睡，她听说小兰要去南乐，很吃惊。她根本没想到，法币作废了，小兰竟然还想用法币买布，她劝小兰不要去了。小兰坚持要去，并说让小姣把法币给自己，她一起带到南乐。小姣犹豫了一下，但拗不过小兰，就把自己的法币给了小兰。小兰接过小姣的法币，数了数，共计二十六元。

小姣爹娘听说小兰要去元村集，也阻拦她，并说自己的钱也换了大洋。小姣爹还说春节前他告诉过小兰将法币换成大洋，以为小兰已经将法币换成了大洋了，却不知小兰还有不少法币，还说可以给小兰一些大洋，劝小兰不要去了，很危险。小兰虽然理解老人的苦心，可她无法答应。

把小兰送出家门的时候，小姣拉住小兰，再次劝说此行非常危险，不要去了。她还说如果没有孩子，她可能会和小兰做伴，可有了儿子安安，她不敢冒险了，也希望小兰不要冒险。小兰拍拍小姣，说自己会注意的，随后向家走去。回到家，小兰拿出自己的法币，她把自己的钱和小姣的钱放在一起，用布包上，放进口袋里，然后用线将口袋的口缝上。这是担心走夜路万一被绊倒了，把口缝上钱才不会丢失。小兰还拿出了一把剪刀，放进布袋里，遇上坏人时，用以防身。

准备好了，临出门时，在要打开大门时小兰停住了脚，她问自己：“小兰呀，如果出了门，这一晚可不知道是死是活，你是不是应该冒这个风险呢？”自己回答：“应该冒险，因为自己冒险不是单单为了钱，还是为了自己的希望，为了有可能达成愿望的希望。”

想好了，小兰毅然地走出了家门。

前方的路不知是福还是祸，小兰已经不想那么多了。她要赶路了，她希望明天一早，元村集商店开门时，就能买到布。

小兰出了门，将门从里面锁上，这样如果有人从门前经过，会以为自己在屋里睡觉，这也是为自己的行程保密。

小兰做了一下深呼吸，走进了未知的夜幕中。

巨大的天空像是一幅无边无际的画，不知被什么人装裱在上方。画上没有鲜艳的色彩，没有明亮的光芒，也没有明亮的繁星，展现在眼前的是苍凉厚重的乌云。黑色占据了乌云的绝大部分的画面，偶尔有很少的画面上呈现出暗灰色。在暗灰色与黑色的交接处，巨大的黑色正在向暗灰色发起冲击，暗灰色吃力地抵抗着黑色，像是快支持不住了。

黑色构成的画面时而像是咆哮的猛虎；时而像是疯狂的野狼；有时又乱七八糟的，看不出是什么……

“以前怎么没注意到，天空竟然是如此巨大呀？”小兰看着天空，有些心惊胆战。

除了浩瀚的天空，大地竟然也是一望无际，能看到很远很远，甚至远处微弱的光亮，都能清晰地看到。极目远望，黑暗中大地好像与天空融为了一体，一时间，让人有些分不清自己是在地上还是在空中。

小兰在黑暗中走着，脚下的路高高低低的，很难走。走在黑暗中的小兰不断地问自己：“刚刚过了年，为何自己一个女人，孤零零地走在黑夜中？自己很爱走路吗？不是。自己是小脚，走路远了会很吃力，脚很疼。可自己不愿意走路，为何半夜里自己要走远路呢？自己不走不行吗？”想来想去，好像真的不走不行。

自己为什么是这样的命运呢？

小兰不得不承认，自己活得很累。走在崎岖不平的小路上，不知前方的路有多远，这种感觉使自己更加累。她知道，自己是身体累加上心累，现在尤其觉得累。

我能不能不走了？返身回家，至少可以轻松一些。

“如果你现在想轻松，以后就会更艰难。”小兰这样对自己说，“不去想了，往前走吧。”

路并不好走，但这已经是最好的出路了，因为这比无路可走要好。

如果到了元村集，法币也作废了怎么办？自己这一晚上的路白走了，罪白受了，如果要避免白走路，白受罪，最好的办法就是不走路，不受罪。

可不走路，不受罪，那希望在哪儿呢？

可不可以说走路和受罪是为了希望？

那希望又是什么呢？

小兰觉得自己越想越多,越想越无法找到答案。

不想了!

小兰摇摇头,竭力摆脱胡思乱想带来的烦躁,迈开大步向前走去。

前方黑黢黢的,看不到一丝灯火的亮光,四周很安静,甚至连风声都没有,仿佛这个世界一直都是这么安静。小兰抬头看看夜空,不知什么时候,黑色的乌云少了很多,模糊的月牙渐渐清晰起来,星星也眨着眼睛。多好的夜景呀,如果没有杀戮,没有家破人亡,没有妻离子散,没有痛彻心扉,如果这个世界永远这样该多好呀。

尽管一直让自己什么都不想,无奈大脑转得实在太快,刚刚告诉自己不要乱想,但马上大脑又开始想事了。

小兰摸摸口袋,口袋鼓鼓的,嗯,钱还在,一共是二百二十四元,其中一百九十八元是自己的,二十六元是小姣的。这些都是法币,是南京国民政府推行的货币,可现在,竟然被汉奸作废了。

可恶的汉奸,可恨的日本鬼子!

小兰又掂了掂手里的布袋,里面是一把剪刀。平时用来做女红的剪刀成了防身利器,这是自己以前想都没想过的。

左边的这条大河——卫河,是自己太熟悉的河流。不知为什么,小兰觉得今晚的这条河特别的亲切,因为正是这条河以前送自己到天津卖布,自己才攒了些钱,离自己的愿望越来越近。今天,这条河又为寒夜中的自己指引着方向,这是自己生命中重要的一条河。她甚至觉得卫河像自己的娘,陪伴在自己的身边,对自己充满了爱意。

为此,她从心里对这条河充满了感激。

一时间,小兰觉得自己不孤单了,也不害怕了,她觉得大地和河流对自己太疼爱了,让自己心里暖洋洋的。

小兰向前走着,累了,就蹲下来歇一会儿。她不能坐到地上,因为坐到地上就不想起来了。

忽然,远处传来了“汪汪”的狗叫声,在空旷寂静的夜里显得非常可怕。小兰有些紧张起来,她看着远方,真担心那狗是冲自己来的,好在狗叫声并未越来越近。过了一会儿,狗停止了狂叫。

夜又寂静下来。

说句心里话，小兰心里一直在恐惧着，包含着对狗的恐惧。当然，如果是家狗，不会给自己带来恐惧，她恐惧的是野狗，自从日本鬼子打进清水以后，杀死了太多的人，也使得许多家狗变成了野狗。听说有许多被日本鬼子杀害后来不及掩埋的死尸，被野狗吃了，以至于许多野狗看到活人都想扑上去咬一口。如果遇到了疯狂残暴的野狗，自己并没有想好怎么对付，而且野狗经常是三五成群的，如果自己遇到一群野狗，被野狗攻击可怎么办呀，会不会被咬？会不会被咬死？

想到这里，小兰觉得后背有些冒凉气。她放慢了脚步，恐惧地看着四周，不知道黑暗中会不会突然冲出什么可怕的东西。

她真想回家了。可是，如果转身回家，就等于是放弃了那一亩地，那可是公公婆婆以命相抵的土地呀。自己买齐了两亩地，就好像救回了公公婆婆的命，这可是自己生命中重要的事情，也是自己活下来的目的之一呀。

想来想去，还是买地重要，小兰又迈步向前。可当小兰看着漆黑的前方时，觉得夜幕中好像隐藏着太多的未知的恐怖，又害怕起来。她仰起头，看着黑暗的天空，感觉到了自己的无助，无奈之下，小兰向着南方扑通一声跪下来，她知道爹娘和公婆的坟墓就在旺财村西，从现在的位置判断，就在南方。她流着泪说："爹，娘，公公婆婆，你们撇下俺走了，不管俺了，俺以前遇到再大的困难也是自己扛着，从未求过你们，可今天俺真的害怕了，扛不住了。俺第一次求你们，求你们保佑俺安全走到元村集，俺给你们磕头了。"

给爹娘、公公婆婆磕了头，小兰觉得自己的胆气壮了许多，应该是爹娘和公公婆婆真的给了自己力量。她站起身，继续向前走去。

不知走了多长时间，小兰觉得有些迷迷糊糊的，不知被什么东西绊了一下，一个趔趄后摔倒在地。被寒冷冻得像石头一样坚硬的地面撞得她的肩膀钻心般疼，右手更是疼得发麻，她咧着嘴，大口哈着气，慢慢站起身，揉揉被摔疼的地方。忽然，她想起了多年前的一幕，自己走在自杀的路上，也是被什么东西绊了一下……

小兰忽然哭出声来，她觉得好像自己的生命又重复了一次，自己的生命又将面临未知的险境。

为什么呀？为什么悲惨的命运又要重新经历呀？为什么……

她想起来了，那时她曾经思考过人的最宝贵的生命值多少钱的问题，记得自己曾想到过公公婆婆的两条生命值六十块大洋。可是，如果今晚自己也死了，自己的生命值多少钱呢?

不算小姣的法币,自己是为了一百九十八元法币冒险的,是不是自己的生命只值一百九十八元法币呢?可现在法币在清水已经作废了,已经不值钱了。即使能赶到元村集,如果南乐县维持会也控制了元村集,自己的一百九十八元法币仍然是废纸。如果为了废纸丢了性命,说明自己的生命竟然和废纸等价,这可是自己最宝贵的生命呀?

冷静之下,计算出的自己的生命竟然这么廉价,自己面临的前景竟然这么可怕。一时间,她双手捂脸,大声哭起来,泪水顺着她的手指缝慢慢滴到了地上。

哭了一会儿,小兰忽然有些清醒了,她看了看黑暗中的前方,觉得如果回头,自己的土地真的就没指望了。"既然前方有希望,就向前走。"想到这里,她毅然地甩掉眼泪,弯下腰,边看边摸索着,还好,她找到了放剪刀的布袋,拎起来,摸到了剪刀,心里有些踏实了。她对自己说着不能向命运低头,继续向前走去。

走了很长时间,困意袭来了,她几次努力让自己赶走困倦,但都没能奏效。后来,小兰倚着路边的一棵树打了一个盹,好了一些,就又向前方走去。

月光亮了一些,小兰加快脚步向前走。

走了一段路,小兰看到卫河在前方多了一个分叉,这是自己以前坐船时没有留意到的。

怎么办?元村集在卫河的主河道的岸边,如果被这个分叉的小河挡住,自己就无法继续沿着卫河的主河道前行,就到不了元村集了。

小兰着急起来,她顺着分叉的小河向河流方向望去,可夜幕使小兰看不了多远。

"先顺着小河的岸边走一段,看有没有小桥可以通过。"小兰对自己说。

小兰沿着小河边走了不远,真的看到了一个用树干搭成的小桥!她高兴地跳起来,这真是天无绝人之路呀。

"看来老天爷也在帮俺,一切都那么顺利,吉人自有天相呀。"小兰想到了《西游记》里面的话,这是很多年前自己听说书人说过的话,现在竟然想起来了。

经过小桥时,小兰心里既高兴又得意。当她即将踏上对岸时,不知怎么回事,一脚踏空,身体瞬间坠下来。

"不好,踩空了。"小兰大叫一声,随后就感觉身体重重地摔到地上,接着向下滚去,身体多处疼痛起来,随后,身体落水了。

“哗——”小兰感觉到冰冷的河水包裹了全身,接着河水淹没了自己的头部。

小兰觉得自己完了,这一刻,她竟然能感觉到自己的意识在说话:“俺到不了元村集了,哥哥,嫂子,姐姐,咱们再也见不了面了。”

忽然,小兰觉得好像抓到了什么东西,她用力抓着,脚下蹬了一下,自己的头部竟然露出了水面。

“咳咳咳……”

小兰用力地咳嗽了几下,然后向四周看看,竟然发现自己已经到了岸边,面前是岸,后面是流淌着的河水,远处仍然隐在夜幕中。小兰意识到自己逃过了鬼门关,她感觉到自己抓着水面下的树木的根茎,是偶然抓住的根茎救了自己!

清醒了的小兰觉得河水冰冷刺骨,冻得她“啊啊”叫着,她迅速摸索着,找到一个稍缓一些的河堤,手脚并用上了岸。惊魂未定的小兰回头看着差点要了自己的命的河水,想着自己刚刚在鬼门关的大门口走了一遭,不禁大哭起来。

一阵寒风吹来,小兰打了几个寒战,她赶紧把衣服一件件脱下来,用力拧出水,再穿到身上。寒冷使她身体哆嗦着,上牙和下牙也“啪嗒啪嗒”地撞击着。

不幸中之万幸的是自己还活着。还有,缝在衣服口袋里的法币还在,不过放着剪刀的布袋连同剪刀都丢了。

小兰赶紧跳起来,她知道通过运动不仅能让身体发热,还能将衣服捂干。

接下来怎么办呢?是继续顺着卫河去元村集还是回家。此时此刻,小兰才意识到有家是多么好。如果在家,可以喝一碗糖水,也可以用柴点火取暖。虽然自己平时很节俭,能挺过去就不烧柴取暖,可是她仍然觉得在家里暖洋洋的生活是多么惬意。

可是,如果现在转身回家,那今天就前功尽弃了。而且,自己已经走了很长时间了,很可能已经走到一半了,向前向后都是同样的路,还不如向前,向前或许还能用法币买布,不至于损失。

小兰打定主意继续向前,当要迈步时,她觉得有些困惑了,她不知道往哪边走是向卫河方向的,她甚至都不能确定湿漉漉的自己刚才经历了什么。这下把小兰吓坏了,她担心自己失去了记忆,那以后会不会变成傻子呀?她又跳了几下,身体暖和了一些,她不经意间抬头望了望,忽然间,她看到了天上的北斗星。

对了,通过北斗七星,就能知道哪边是北方,就知道哪边是西边,卫河在西边,向西边走就是了。

找对了方向，小兰心里踏实了很多，她顺着河水向西边走去。路上，小兰想起来自己刚过来桥，过桥左转就是卫河方向，她又想到，顺着河水水流的反方向走，也能走到卫河。

看来，自己的意识恢复正常了，小兰高兴起来。

走了一会儿，小兰觉得手臂和肩膀有些疼，她猜测可能是刚才掉下河时摔了一下。她伸手在疼痛处摸了一下，没有摸到黏稠的液体，说明没出血，她心里稍稍放心了。

很快，小兰来到了卫河边。看到宽阔的卫河河面，小兰像见到娘一样又哭了起来，边哭边拐向北走。

慢慢地，小兰觉得寒冷减弱了很多，摸了摸衣服，不那么湿了。

小兰就这样沿着卫河向前走，不知走了多长时间，直到她看到了启明星，听到了远处的鸡叫，看到了东边天空的鱼肚白。天终于亮了。

小兰回头看了看，她不敢相信自己在黑夜中竟然能走过来，觉得自己挺不简单的。她又看了看自己身上，沾着不少泥土，好在衣服已经干了，她趁着四外无人，拍打着身上的土，使衣服不再显得那么脏，使自己看起来算是正常人。因为她可不想被商家以为是逃荒的，不让自己进门。她又将缝着装钱口袋的线用牙咬开，将线一下一下扯开，扔到地上。最后，小兰又用手指当梳子，将头发理顺，找了一处水洼当镜子，看到水面上的自己还算过得去，她欣喜地笑了。

早上的空气很新鲜，天色越来越亮，阳光照得整个大地都光彩如新。小兰笑着看着大地，内心充满了激动。

顺着卫河，小兰真的来到了元村集。这是属于南乐县西南边的集镇，虽然比不上南乐县城繁华，但也是商家林立生意兴隆之地。可当她走进集市，心里忐忑不安起来，自己受了一夜的罪，不知道能不能得偿所愿。

走了一会儿，小兰看到一个刚刚开门营业的烧饼店，买了两个烧饼，一碗胡辣汤，然后问老板用什么钱付款。年轻的店老板觉得小兰的问题莫名其妙，就笑着说："大嫂，你不愿意给法币，就给银子吧。"

小兰高兴起来，店老板的话说明这里的法币还没作废，说明日本鬼子还没占领这里。她大口吃着烧饼，又大口喝着胡辣汤，一时没留意，呛得直咳嗽。

店老板看着小兰的窘态，觉得有趣，就继续开玩笑地说："大嫂，俺店里的烧饼和胡辣汤确实远近闻名，但你也要慢慢吃呀。"

小兰笑着向他道谢。

吃饱喝足了，小兰在集市上看到大家确实都在用法币买物品，就放下心来。她找到一个卖布的商店，把法币都买了布，然后她告诉摊主说："听说清水不让用法币了。"摊主说："不怕，这里离北平—大名—归德公路还有一段距离，日本兵暂时进不来，法币仍然通用。"

小兰打听到元村集有小船去清水，就花钱雇人将布拉到码头，买了小船的船票，坐船回清水。当小船行驶在卫河上时，她有些不敢相信这一天自己竟然没有眼睁睁地看着法币成为废纸，而是把法币真的换成了布。自己卖布多年，知道有布就不愁换不成钱，自己买地的希望仍然存在着。她看着卫河两岸的景色，只见两岸的柳树正吐着嫩芽，倒垂在河面的柳枝像长发飘飘的少女，扭动着婀娜的腰肢，向自己致意，两岸土地的绿色充满了生机。看到这里，小兰禁不住想起清水的谚语："一九二九不出手，三九四九凌上走，五九半凌花散，七九八九沿河看柳……"现在虽然过了七九八九，可仍然是沿河看柳的时节。今天自己沿着卫河看柳真是人间一大享受呀。

在船上，小兰留意到那个差点要了自己的命的小河的汊口，她站起身向东面张望时甚至还看到了离卫河不远的那座用树干铺成的小桥。她希望以后有机会在白天的时候再来一趟，近距离看看那座小桥。

小兰买回了布之后，想着尽快把布卖掉，换成钱。

可以换成什么钱呢?

根据当时的情况，日军占领着清水县城，全县一些乡镇建立了维持会。这些地方只能使用汉奸政府的联银券。可将自己辛辛苦苦买来的布换成联银券，是自己无论如何都无法接受的。自己唯一可以接受的货币就是银圆了，可到哪儿换呢?

看着家里的布，小兰有些着急。还有，她还要尽快把布变成钱，将小姣的钱还给小姣。

小兰拿少量的布与邻居换了一些小米，送给了小姣，让小姣的生活不至于太困难。

除了这些，小兰也在了解外面的信息。

时间不长，有消息说濮阳专员丁专员率部队攻克了濮阳，把濮阳日军赶走了。丁专员还是南京国民政府冀鲁豫边区八县保安司令,清水县就属于冀鲁豫边区八县之一。小兰盼望着丁专员能率部队把清水的日军和汉奸也打跑,这样生活就有希望了。

虽然这么想,但现实还是残酷的,情况好像没有什么变化。

不过,小兰的希望竟然真的变成了现实。一个月之后,清水的日军也被打跑了,县城还枪毙了几个汉奸。

小兰是在枪毙汉奸的第二天听说的这事儿,当小秋跑着告诉自己的时候,自己竟然高兴得哭了起来。日军被打跑,汉奸被枪毙,生活有了希望,还有,自己辛辛苦苦从元村集买回的布换成大洋有指望了。

小兰想到可以到县城把布卖掉,就赶紧找了村里人将布拉到村口路边。等了一会儿,看到有赶车拉活的,小兰拦住车将布装到车上,拉到了县城。快到清水县城北门时,小兰看到了经历了日军炮火蹂躏的城墙。虽然城墙没有了往日肃穆威严的气势,显得满是破败残缺,但城墙仍然巍然屹立着,仿佛是一位饱经磨难的老者,用坚毅的目光,守候着自己的亲人。进到城里,看到人们都是喜气洋洋的,诉说着昨日看到的大快人心的场面。

“四支队逮捕的汉奸一个个都吓得两腿像筛糠一样。”

“俺好不容易挤进人群里,看见处决汉奸的场面了,一枪一个,真是痛快。”

“四支队真是好样的,给咱报了仇。”

小兰听着人们的对话,觉得人们的脸上都洋溢着动人的神采,这可是多日未见了。她还好奇枪毙汉奸的四支队是什么部队,有多少人,多少枪。

走到了北街集市,只见集市的人很多,很是热闹。小兰先是打听了货币行情,大洋和法币都能使用,只是法币与大洋兑换的比例为1.3∶1,她随后找了个空地,刚站好,就有人上前问价:“大嫂,这布咋卖?”

小兰已经想好了,最好遇到一个大买主,把布全买下来,她只收大洋,没有180块大洋不卖。她看着这个笑呵呵的买主,心想,他可能是问价的,就随口说:“俺的布不零卖?”

“如果全买是啥价?”对方问。

“全买180块大洋。”小兰说道。

对方看了看说:“行,那就180块大洋。”

小兰有些不敢相信自己的耳朵,自己花了220多法币的布,按照当前法币与大洋兑换的比例为1.3:1的行情，应该是172块大洋，可对方竟然答应了180块大洋，自己没听错吧。

对方真的拿出来一包大洋，数了180块，递给小兰。

小兰赶紧拿出布包，把大洋包好，然后笑着看着对方找了一辆拉活的车，将布拉走了。

这么快就把布换成大洋了，小兰高兴起来。她背着沉甸甸的大洋，不仅不觉得累，反而觉得很享受。是呀，差点成为废纸的法币换成了大洋，多让人踏实，多让人高兴呀。她很长时间没来县城了，想到县城转转。集市上的有名的张记壮馍店已经没了踪影，据说是日本鬼子占了县城后，店主一家人都被杀死了，小兰听了难过起来。

县城内的街道残破不堪，到处都是被炸过的痕迹。小兰又来到了南街，这里就是日本鬼子第一次打进清水县城时火烧过的街道，到处是断壁残垣，许多木梁都被烧得满是黑色裂纹，仿佛向人们诉说着日本的残暴。

小兰心情沉重地离开了南街，转过一条街，忽然看到了一个熟人——小来。

春节后就没见过小来，不知他怎么来到了县城。

"小来，你也来县城了？"小兰笑着问。

小来看到小兰也很高兴，他笑着说："兰姐，你也来县城了？"

小兰说："俺来县城卖了些布。你在县城办啥事儿？"

小来笑着说："兰姐，俺跟着乐金哥参加四支队了，咱村里保家护村队的都来了，这几天刚到县城。"

小兰惊讶地说："你参加了四支队？就是把日本鬼子打跑，枪毙汉奸的四支队？"

小来有些不好意思地说："是是，不过不是把日本鬼子打跑，是日本鬼子调走了，县城只有伪军的保安队，很快就打下来了。"

小兰高兴地说："你们真不简单，跟着丁专员打日本，多打死几个日本鬼子。"

小来笑着说："兰姐，四支队虽然番号是冀鲁豫边区八县保安司令部下属的，但四支队是由共产党领导的，由八路军指挥的，俺四支队的队长是红军，打仗可厉害了。"

小兰不解地说："咋又是军，又是党的，俺都听不懂。"

小来说："兰姐，以后你慢慢就懂了。"

这时，有人过来对小来说："小来，已经把枪托上日本的烙印都挫没了，你来收吧。"

小来答应一声，然后对小兰说："兰姐，俺要去办事了，再见吧。"

小兰看着小来的背影，觉得自己眼里小来还是大孩子呢，都能打仗了，真不简单。

快要出城时，小兰在城门旁边看到一个年轻姑娘正在大声地对她周围的人群说着："兄弟姐妹们，咱们不能眼看着日本鬼子到中国烧杀抢掠，咱们要反抗侵略。国家兴亡，匹夫有责，清水兴亡，你我有责。如果咱们每个人都能贡献自己的力量，就能把日本鬼子从中国赶出去。"

小兰听着，觉得她说的话第一次让自己觉得打日本和自己有关系，不是吗？这个姑娘说"清水兴亡，你我有责"，这不是说与清水每个人都有关系吗？

可我能做什么呢？

姑娘继续对大家说："有人说，俺一个普通百姓能做啥？俺说，你能做很多事。如果你是青年男人，你可以拿起枪，与敌人作战；如果你是年轻女人，可以为前方战士做衣服，做被子；如果你是老年男人，可以种好庄稼，多打粮食，战士就能吃饱饭，打仗就更有力气，能多消灭日本鬼子；如果你是老年女人，可以看好家里的小孩，让孩子的爹娘有时间为打仗出力。可是如果你啥都不想干，他也啥都不想干，不反抗日本，日本人就会更加强大，或许有一天，你家的地，你家的人就保不住了。"

"有力出力，有钱出钱，大家齐心合力，就能打败日本鬼子。"姑娘继续说。

回家的路上，小兰一直想着那个年轻姑娘说的话"清水兴亡，你我有责""不反抗日本，日本人就会更加强大，或许有一天，你家的地，你家的人就保不住了。"

是的，如果大家都不反抗，就会成为被宰割的羊。

回到村里后，小兰将卖布的大洋按比例分给了小姣，小姣很高兴。

没几天，小姣的丈夫来村里接小姣，小姣虽然仍在生丈夫的气，还是随丈夫回去了。

第三十七章

天空依然是湛蓝的，这是曾经让人心醉的蓝，带给小水滴无数次美好的心情；云朵依然是洁白的，这是曾经让人迷离的白，映出小水滴无数次甜蜜的回忆；大地应该是明黄的，那是曾经让人激动的黄，饱含小水滴无数次忘情的追寻。

空中的小水滴沉醉于这美丽的景色中，很惬意、很留恋，她庆幸自己能够置身于这美丽的世界中。可是，不知为什么，又想起了自己曾经在黑暗寒冷的环境中的情景，莫名地悲伤起来……

我为什么要悲伤呢？她不解地问自己。我摆脱了黑暗和寒冷，来到了光明和温暖的地方，这是我梦寐以求的地方呀，我应该高兴呀。

她转过头向远方望去。视野中出现了她再熟悉不过的远处的大河，她仿佛明白了自己高兴不起来的原因。她对着天空大声地叫着："让我回到那条大河吧，我是从那里流过来的，为什么不能再回到河里，那才是我应该去的地方呀，我要回去，回去……"

天空好像没有听到她的声音，冷漠地自顾自怜地看着大地……

第三十八章

随着天气转热，田里的小麦已经长得很高了。空中吹来的风儿夹裹着淡淡的麦穗的香气，吹到村里，吹到村民们的院里。今年的麦穗长长的，颗粒饱满，预示着会是一个丰收年。农民们看着高高的麦浪，一个个眉开眼笑着，等待着今年的好收成。

旺财村的村民们还没高兴几天，竟然发生了一件惊奇的事情。有一大群凶残的吃人野兽，张牙舞爪，成群结队，顺着大名—归德公路从大名向南，狼奔豕突在旺财村口的公路上，吓得村民们赶紧向西边的黄河故道躲避。

在人类历史上，发生过无数次战争，在两军对阵中，曾经多次出现过将动物训练后进行作战的传说。这些参与作战的动物有奔牛、大象等，可是从未出现过吃人野兽被驯化后，参与作战的。如果有什么能够将吃人野兽驯化作战，一定是比吃人野兽更加凶残、更加凶猛的野兽，经过旺财村的这群野兽就是被更加凶残的野兽驾驭着。

这些吃人野兽看起来每个样子都差不多，有着凶恶的眼睛，血盆大口，见到善良的人们就想冲过去扑咬。它们有着野兽们具有的头部、躯干和四肢，只是双手更加灵活，这些野兽还有一项绝技，可以直立行走和奔跑，可以叽里呱啦嚎叫着旺财村村民们听不懂的话。这群吃人野兽竟然还有番号——日军第十四师团。

这支日军部队是隶属于日本华北方面军的赫赫有名的第十四师团的主力部队。这是一只装备精良的部队，配备有大量坦克、装甲车、军车、摩托车，还有各种由牵引车牵引的重型火炮、山炮和迫击炮，还有骑兵和步兵部队。大批日军穿着屎黄色军服，扛着三八大盖，浩浩荡荡地向南行军。

这是一只勇猛善战的部队。自从卢沟桥事变以来,这支部队从日本本土调到中国作战,从北平沿着平汉线一路南下,与中国国军二十九军、五十二军、十三军、三十二军、七十七军多次作战,一路高奏凯歌。接着,从平汉线的邯郸又向东与国军第一集团军部队作战,先后打下了成安和大名。尤其可以引以为傲的是在大名采用兵贵神速的战法,趁着大名守军国军七十七军一七九师布置防务时的混乱时机,在国军尚未关上城门的时候,坦克就已经冲进大名城内,消灭了大量国军部队,占领了战略要地——大名。因为日军占领了大名,使得大名以北的五十九军无法立足,不得已进入山东;因为日军占领了大名,悲愤中的一七九师师长举枪自戕,幸得部下及时制止,才使得该师长重伤未死。随后,这支日军部队又从大名多次向南,占领过南乐、清水和濮阳,把第一集团军总部从保定打到大名,从大名打到濮阳,从濮阳打到新乡。

通过大半年的作战,这支部队的官兵都明白,他们作战的节节胜利是因为有着强有力的战斗力,其中坦克、装甲车、火炮等重型战斗装备都是重要的因素,再加上空军适时的空中支援,为战斗胜利增加了更多的保证。

除了日军装备优良,士兵的军事素质也很高。日本士兵虽然大多在战前是工人、农民、商人等从事各种各样行业的人,但是因为日本实行征兵制度,每个20～25岁的日本男子都属于现役军人,每个26～32岁的日本男子都属于预备役军人,每个33～45岁的日本男子都属于后备役军人。其中20～22岁期间是在兵营受训的现役军人,22～25岁期间是在社会上工作的已经受过两年军事训练的现役军人,26～45岁期间是已经受过两年军事训练的预备役或后备役军人,所以20～45岁的日本男子是可以随时上战场的军事素质颇高的人。而中国因为连年战乱,兵役制度一直未能完全创立,虽然于民国二十二年公布兵役法,民国二十五年开始实施,但在实际操作中仍然以募兵制度为主,且募兵过程中还有较多的抓丁行为。这就导致国军士兵军事素质不高,在与日军士兵一对一交战时处于劣势。

为了能打赢与中国的战争,许多日军部队还根据日本总部的指示,配备了一大优势武器——毒气弹。如果与中国国军作战时,遇到危急时刻,就会投放毒气弹杀伤对手的有生力量。

虽然日本是禁用毒气战国际公约的签字国,应该遵守信用,不得使用毒气弹,但日本什么时候拿信用当回事呀?国际上不准使用硫黄弹,日本在中国使用过;国际上不准使用开花弹,日本在中国使用过;日本作为曾经的国联成员,应该不准侵犯他国,日本仍然侵犯中国东北,并扶植建立了傀儡政权。对于侵犯中国,日本可以抛弃一切信誉,只是希望能尽快占领这个地大物博的国家。

在与中国交战时,日本是害怕这个大国的。虽然对手是一个积贫积弱的国家,是一个多年来屡受列强欺凌的国家,是一个军队装备非常落后的国家,但是日本仍然非常害怕。所以,在与中国军队作战中,毒气弹频繁被使用。

从卢沟桥事变到现在,日本军队节节胜利,战争供应也进入良好的局面。九一八事变后,资源丰富的东北成了日本战争的重要基地,煤炭、钢铁、农产品等成了日本掠夺的目标,保证了战争期间的军需。还有,在中日交战后,军队消耗的大量粮食已经不用从日本本土而是从东北提供了,在日军占领的中国区域抢夺就足够了,战争需要的大量资金也在中国就地解决了许多。占领区的银行资金被日军大量掠夺,用于战争开支。日本作为一个小国,对战争消耗的担心可以不用放在心上了,可以很快达到以战养战的目的,可以有更大的可能占领中国了。

这支部队已经对中国很熟悉了。他们的士兵知道自己可以不费力地追上一个吓得要死的裹着小脚的中国女人,还知道自己可以一拳打倒一个白发苍苍的中国老人。虽然中国不少年轻人都多多少少会一些拳脚,但是,他们可以利用手中的枪来要对方的命。

这些侵略军也是胆小怕死的,为了能在作战中不被打死,每个士兵都腰缠着“武运长久”旭日旗,还裹着亲友织送的“千人针”。他们一方面祈祷自己在日本的爹娘平安,一方面丧心病狂地杀害中国老人;他们一方面想念着自己的妻子和姐妹,一方面丧尽天良地强奸杀害中国妇女;他们一方面虐杀中国国军战俘,一方面祈求天皇保佑被中国军队俘虏后不被杀死。他们最害怕的是二十九军的大刀队,想起那些勇敢的保家卫国的二十九军士兵们洋红涂面,挥舞着长把大刀,嗷嗷叫着冲向日军阵地,仿佛活脱脱的关公再世,真是恐怖异常。虽然二十九军的大刀战法杀敌一千自损八百,却仍然是日军最惧怕的。

这些侵略者相信,自己死亡后会超生到来世,可是在战争中那寒光闪闪的大刀砍下自己的脑袋后,自己将永世不得超生。为了让日本兵作战时勇敢凶猛,军官们欺骗士兵:“不能做国军俘虏,国军会将日军俘虏的脑袋砍下来,将永远不得超生,如果被国军俘虏,就要马上自杀,只要死的时候脑袋还在脖子上,就能转世超生。”日军士兵记住了长官的话,遇到被包围而无路可逃时,就互相开枪自杀或剖腹自杀。可是这些残暴的侵略者在杀害中国百姓的时候,更多的是砍下他们的头颅,让这些死去的百姓永世不得超生。

这支部队的坦克不走公路,而是在公路两旁的长满了即将成熟的麦子的麦地上展开前行。从大名到濮阳,公路两边的大片麦地被坦克重重的碾压下几乎全部无法收获。对于收成减少可能引起农民吃不饱甚至饿死,他们是不会当回事的。

这也是一只完全没有人性的部队,自从进入中国作战以来,只要有机会就杀人强奸抢劫。最残暴的杀人事件就是在攻下成安县城后,部队师团长给他们放假七天,在七天里,这些吃人野兽在成安犯下了滔天罪行。

他们将中国人分为三类:一类是众多的平民,可以随意杀害;一类是没有多少战斗力的无法与日军正面作战的国军;还有一类是他们看不起的伪军和汉奸,这些人是中华民族的败类。对于协助日军打仗的伪军,是不享受日军军饷的,这些伪军要想生存,就要自己出去抢中国人的财物,真是民族败类。

这些侵略者不知道,这个世界有着颠扑不破的真理,正义终将战胜邪恶。这支英勇善战的部队,以邪恶挑战正义,最终将被正义的力量打败。这些侵略者不知道,他们将在七年后投降,他们的勇敢残暴的师团长将在十年后作为甲级战犯,被远东国际法庭送上绞刑架。

这支经过旺财村的大部队正在执行一项恶毒的军事计划。自从日军在徐州的台儿庄被第五战区的国军歼灭了一万多人后,为了反击国军,策划了在徐州围歼中国国军的计划。这支部队作为多路部队中的一路,在以后的日子里,将向南行军,经过南乐、清水、濮阳,在濮县强渡黄河,攻陷菏泽,导致菏泽守军三十二军二十三师师长自杀殉国。从菏泽南下,该日军虽然在罗王寨曾经被国军击败,师团长差点被俘,但仍然切断了陇海铁路线截击撤离徐州的国军,并阻挡从郑州向东增援的国军,从而在河南省的兰封一带掀起一场惊心动魄的战事。徐州会战后,大量日军从徐州沿陇海路西进追击国军,导致蒋介石秘密下令使黄河决堤,国军新编第八师在郑州花园口炸开黄河大堤,滚滚黄河水向东南肆虐奔腾,淹没了中国河南、安徽、江苏的大量土地,造成了近百万的百姓死亡,几百万百姓流离失所,导致土地、房屋、财物大量损失,形成了中国历史上最大的人为灾难!

现在,这支七年后将要投降的精锐师团,在那位十年后将被绞死的师团长的指挥下,声势浩大地向南开去,行军掀起的黄色尘雾遮了半边天。

邪恶的部队远去了,尘雾渐渐消去了,公路恢复了宁静。两天后,旺财村的村民们才心惊胆战地陆陆续续地回到了村子里。面对着被日军坦克碾碎的麦田,想到重要的夏粮收益大量减少,村民们都欲哭无泪。他们恨透了日本侵略军,盼望着国军能早日将日本鬼子赶出中国。

除了旺财村的村民,还有一个躲避日军的人,当他确信日军已经全部经过后,乘着夜色向旺财村走来。

天刚蒙蒙亮,旺财村的村口闪过一个人影。只见他头发蓬乱,衣衫褴褛,脏臭不堪,或许是知道将要到达目的地,他的眼睛里充满着快意,脚下的步伐也轻盈起来。他盘算着,到了那棵硕大的大槐树下,找人打听一下,就能很快办完事了。

刚转到大槐树,有人看到了他,一个中年人拦住他,打量了一番,确信不是旺财村的人或者旺财村村民的亲戚,就用鄙夷的语气问:“哎,你这个臭要饭的,到别村要饭吧,俺村不让进。”

来人可能对此情景有心理准备,对这一幕并未恼怒,他抱了一下拳说:“这位大哥,我不是臭要饭的,我是来村里找人的。”

“找人? 你可别瞎编,你说,你找谁,说出名字才行。”中年人继续拦住他说。

“我找李成柳。”来人不慌不忙地说。

“找李成柳? 成柳哥?”中年人有些诧异,继续问道,“听口音你不是周边几个县的,你是哪儿来的? 找成柳哥啥事?”

“有重要的事,我见面才能说。”来人认真地说。

中年人满腹狐疑地看着来人,然后让旁边的一个孩子去叫成柳。时间不长,只见成柳和爱枝急匆匆地快步走过来。

成柳来到来人面前,端详后发现并不认识,试探着说:“你是找俺不是? 俺叫李成柳。”

爱枝也专注地看着来人,仿佛来人对于成柳两口子来说非常重要。

“李二小儿是你啥人呀?”来人问。

爱枝浑身颤抖了一下,有些激动地说:“二小儿是俺的二儿子,你知道二小儿的消息?”

自从抗战开始,在保定第二师范上学的二小儿就一直杳无音信。成柳两口子一直担心着,生怕孩子在这兵荒马乱的时候出事。今天来人说出二小儿的名字，肯定知道二小儿的消息，爱枝激动着，成柳也激动起来。

“我是江苏邳县的，李二小儿托我给他爹娘送封信。”来人笑着说。

“江苏？俺二小儿应该是在保定上学呀？咋会到了江苏呀？江苏离清水那么远，他咋会在那儿呀？”爱枝说着，哭了出来。

成柳听到是二小儿让来人送信的，赶忙拉住来人的手，邀请来人到家里。村里人听说来人是帮二小儿送信的，都纷纷赶到成柳家里，听听二小儿的情况。说真的，二小儿是村里多年来最有出息的孩子，全村人都关心着二小儿的安危，都希望知道二小儿的消息。

来人到了成柳家，在众人关注的目光下，说了几句话，震惊了所有的人：“李二小儿是国军战士，参加了徐州与日军的作战，因为与日军的战斗中二小儿全连死了一大半人，二小儿担心他哪天也会死，可是爹娘还不知道他的情况，就想到了托人给爹娘送信。那天刚好遇到我在县城要饭，李二小儿给我买了几个包子吃，问我能不能给他送一封信到千里以外的河北清水。我虽然是要饭的，可是知道国军在徐州作战惨烈，还打死了很多日军，当即就同意了。二小儿给了我十块法币，又给我磕了一个头，把信交给我。我从邳县走了半个多月，终于到了清水，到了旺财村，我高兴呀。”

来人说完，呜呜地哭起来，或许此时的他才能真切地体会到千里送信的风险与艰辛，体会到完成承诺的不易与兴奋。这哭声凝聚了太多太多的内容，太多太多的内容都包含在这哭声里。

成柳爱枝也跟着哭，众人都哭了。

来人掀开又脏又破又臭的外衣，将里衬撕开，拿出一封信，递给成柳。成柳哆哆嗦嗦地接过信，看着信封上熟悉的二小儿的字，又大哭起来，众人也哭了。爱枝更是抱着女儿三儿，哭个不停，几个妇女在一旁劝慰着，大妮儿、小兰在旁边不停地给爱枝和三儿擦眼泪。

成柳从信封中取出信纸，有四五张纸，写着密密麻麻的字。在场的李贵卿拿过信纸，开始大声念信，村民们才知道了二小儿的经历。

原来，抗战开始后，二小儿与同学就经常到驻军部队帮忙。日军开始进攻保定时，二小儿一直在战场帮助部队运弹药、送伤员，等到保定被日军攻破后，二小儿就参了军，成了国军战士。二小儿所在的这支部队是守卫保定的国军五十二军第二师，属于国军的中央军。保定失守后五十二军一直沿平汉线向南行军，二小儿曾经在安阳的东西保障的一次战斗中用长枪打倒了远处的一个日军士兵，兴奋不已。今年春天部队奉命调动到徐州后，与日军打了一个多月的恶仗。在战争中，因国军伤亡惨重，他担心自己在战斗中或许某一天也会死去，爹娘还不知道自己的情况，就想到了给家里写一封信，并找到了一位没有家庭拖累的人送信。二小儿在信中说他后悔部队在郑州驻扎时，没想到给家人寄信，现在如果不给家里写信，可能这辈子都没机会了。在信里，二小儿说在战场上，他才体会到亲情的珍贵，他想爹娘，想哥哥，想妹妹，希望早日打败日本，尽早回家。

因为不断有村民闻讯后陆续到来，想知道二小儿信中的内容，李贵卿将二小儿的信念了一遍又一遍。村民们都为这个有情有义的孩子感动了，小兰边哭边想："如果晓东能像二小儿一样，这么费心地给家里送信，该有多好呀。"

小兰的心情沉重起来……

麦收的时间到了，这是农民们最快乐的时候，有什么比丰收更让人觉得快乐呢？虽然日军经过时碾碎了许多麦子，但还有不靠路边的土地，仍然有收成。土地上，到处都飘荡着村民们欢快的笑声，还伴随着歌声。

麦收期间，从濮阳那边传来了一个让人心神不定的消息：流经濮阳的黄河河面突然变得越来越窄了！

黄河，中华民族的母亲河，自古以来一刻不停地流淌在中华大地上，养育了两岸的众多百姓。许多人从孩童时起就知道了黄河，知道黄河灌溉了土地，带给人们收成，带给人们希望。中华民族的历史离不开黄河，华北百姓也离不开黄河。

黄河河面突然变得越来越窄，是什么原因造成的呢？难道黄河突然没水了？这好像不太可能。有记载的黄河已经流淌了几千年，怎么在某一刻突然没水呢，如果不是黄河没水了，还有什么原因造成黄河河面变窄呢？如果有一种力量能够将黄河的河面变窄，那将会是多么不可思议的力量啊？这意味着什么呢？百姓们面面相觑地互相打探着。难道是日本侵略中国，老天显灵了？老天如果显灵，也应该在天象上显出异象，可现在的天空仍然是阳光灿烂呀，这样的天象与平时没什么不一样呀？不过，百姓们相信异常情况肯定意味着有异常事件发生，大家提心吊胆地等待着消息传来，不知道会是怎样的惊心动魄的可怕的消息。

一天,两天……

过了几天,真的传来了可怕的消息:黄河河面突然变窄不是老天显灵,而是因为黄河在郑州一带决口造成的,而这次导致黄河决口的原因不是黄河河堤被冲垮,而是日本侵略军派部队将黄河河堤炸开的,被炸的地点就在郑州一个叫花园口的地方。将黄河炸开是为了打仗,黄河河堤被炸开后,河水改道了,凡是黄河水流经的地方淹死了不计其数的人,也淹没了不计其数的田地和家园。

这仿佛五雷轰顶的可怕的消息把小兰吓得目瞪口呆。

用黄河水来打仗! 这可是从来没有听说过的事情呀!

小兰被吓得六神无主,她想不通是为什么。她脑海里浮现出洪水淹没的尸横遍野的可怕情景,为这些被洪水夺去的生命而愤懑。

如果日本鬼子炸开的不是黄河,而是卫河,那在洪水中挣扎的,岂不是也会有自己和家人的身影? 自己的房子没了,土地没了,那还有什么希望? 还有什么指望? 自己能面对吗?

小兰为自己的"幸运"而后怕着。

旺财村的村民们也在议论着这件事,都有种劫后余生的感觉。

还有更新的消息传来,蒋委员长为了抗日,决定放弃黄河以北的地区,以保证黄河以南地区的安全。

小兰这下可是真的害怕了,她觉得把日本从中国赶出去的希望越来越渺茫了,自己可能真的就要成为亡国奴了。

当亡国奴对于自己和家人来说,将会是什么样的命运? 不敢想象。但可以知道,首先类似于法币被作废的情况还会发生。好像,厄运还不仅如此吧?

如果自己的生命和安全只能依靠"幸运"的话,自己有可能总是幸运的吗?

如果有一次没那么幸运,会是怎样的遭遇呢?

还有,小秋和宾宾会面对怎样的命运呢? 小兰曾经想过,自己用法币到南乐买布后,在清水县城将布卖掉换成的大洋不再买地了,而是准备用来在危急的时候救命,救小秋和宾宾的命。她曾经以为,有钱就能救命,可是,现在听到的许多要命的危险都是个人能力无法抵御的,有那一百多块大洋也没用。

如果小秋和宾宾遇到危险可怎么办呀? 小兰不敢想下去了。

小兰觉得生活一团糟,这使她想起来十年前,那个痛苦的年份。在那一年,自己的爹娘,自己的公公婆婆,都怀着痛苦的心情离开了自己,还有自己的侄女小春，也被卖掉，到现在都杳无音信。那时，自己的心情就是一团糟，总觉得有可怕的事情发生，但又不知道要发生什么可怕的事情，也不知道何时发生。这种感觉已经有近十年都不曾出现过了，甚至后来小兰都怀疑自己是否真的曾经有过这样的感觉，是不是事后自己的错觉造成的。可现在，这种可怕的感觉又真真切切地出现了，这种感觉真的可怕，就像在黑夜中走在野兽出没的森林中，虽然什么都看不见，但知道有可怕的怪兽在看着自己，而且这种可怕的怪兽就在自己附近。自己好像吓得失魂落魄了，可是怪兽还没出击；自己觉得快要死了，可自己仍然清晰地活着；自己……可是……这怪兽不是别的，就是可恨的日本鬼子，是他们让自己觉得恐惧，觉得生命不知在哪一天就会完结，还有，自己死的那一天，或许还不能轻松地死去，或许……

小兰不敢想下去了……

为了发泄对日本人的愤恨，她用黄纸画出一个日本鬼子的人形，用剪刀剪下来，每天用针扎几下，把人形扎烂。

这天晚上，小兰刚刚把一个日本鬼子的人形扎烂，又扔到灶内燃烧后，忽然听到"笃笃笃……"的敲门声。

"这么晚了，是谁还来串门？不会是日本鬼子发现俺用针扎他们，来抓俺的吧？不会，俺在屋里扎他们，谁也看不见。"小兰疑惑地走出门，来到院子里。

敲门的人不会是小秋和宾宾，他们是从来都不敲过门的，而是直接在门口大声叫姑姑。

这半年多来只有小姣带着安安在除夕夜里敲过门，就再没有别人敲门了。难道小姣又带着安安回来了？

"谁呀？"小兰问了一句。

"小兰姐，是俺。"一个压低了声音的女声，小兰听着很像是茴香的声音。

"是不是茴香呀？"小兰紧张起来。在伙伴里，茴香经历了很多的艰难，她不愿再看到茴香身上有什么不好的事情发生了。如果真是茴香，在不是初二的时间回娘家，肯定有不好的事情发生。

"小兰姐，是俺。"茴香低声回答。

小兰把大门打开，黑暗中，小兰感觉到茴香拉住了自己的手，走了进来，后面还跟着一个人。

小兰越发觉得奇怪了，难道茴香和丈夫一起回来了？那他们的孩子谁照看呀？即使有些纳闷，小兰还是关上了门，插好门闩，领着两个人向屋里走去。

在屋里油灯微弱的光亮下，小兰看到茴香笑盈盈的。茴香后面的人不是茴香的丈夫，而是一个年轻女子，也是笑呵呵的，给人一种亲近感。

“小兰姐，给你介绍一下，她叫小萍，和俺住一个村子，是叫俺婶子的。”茴香笑着向小兰介绍完，又对小萍说，“小萍，这就是俺给你说过的俺从小的伙伴，你就叫她兰姨吧。”

小兰看到茴香的笑模样，知道没有什么坏消息发生，就放了心，开始转头向小萍看去。

小萍正在看着小兰，一副笑容满面的样子。自从一年前，北平卢沟桥事件发生后，小兰看多了人们尤其是女人满面愁容，这样自信的笑容很长时间都没见到了。看到这一副笑容，让人又想到了以前虽穷苦但还算安全的时光，那时看到的就是这种笑容。

“兰姨，俺叫小萍，大名叫周欣萍，茴香婶儿是俺的堂婶儿。”小萍拉住小兰的手，笑着说。

小兰听了，完全消除了戒备心理，她笑着埋怨茴香说：“茴香，你看你，带着小萍回娘家，还不白天来，非要大半夜的来，能不吓人一跳嘛。”

茴香也笑着说：“小兰姐，反正你也是一个人，来得早晚都不怕。”

小兰热情地对小萍说：“你这个堂婶儿，话虽然不多，但办事总是那么有主意，打小就这样。”

小萍也笑着说：“兰姨，你和堂婶儿是从小的伙伴，肯定有很多有趣的事儿吧？”

小兰笑着说：“有，多着呢。”

茴香也笑着说：“要说有趣的事，你兰姨的事儿比俺多多了。”

说笑了一会儿，小兰问茴香：“茴香，今天不是大年初二，你回娘家有啥事呀？”

茴香认真地对小兰说：“小兰姐，日本鬼子打进中国了，也打进清水了，又杀人放火，又抢粮抢钱，很多人都想着把日本鬼子赶出去呢。”

小兰以为茴香要说家里出了什么事，没想到茴香却说了这些话。

“俺们周家村的人都动员起来了，反抗日本呢。”茴香接着说。

小兰听到这里，知道茴香今天来不是串亲戚的，她又看了一眼小萍，知道小萍应该不仅仅是茴香的堂侄女那么简单。她问道:“茴香,国军的几十万大军都被日本打出河北了,咱中国还能不能把日本打败呀?”

小萍对小兰说:“兰姨,现在咱的国家力量弱,正面战场打不过日本,但咱中国地大人多,日本进来了,就会分散兵力,分散后的日本兵的战斗力就会减弱,咱就有可能打败日本。”

小兰又问道:“可国军都没了,即使日本鬼子兵力弱了,咱老百姓咋跟日本鬼子打呀?”

小萍接着说:“兰姨,其实国军虽然离开河北了,可也牵制了日本的兵力。几个月前,清水的日军调到徐州和国军打仗,咱清水的四支队就把县城打下来了,还枪毙了八个罪大恶极的汉奸呢。还有,徐州的国军在台儿庄打死了一万多日本鬼子呢。”

小兰点点头说:“这些俺也听说了。”

小萍继续说:“其实打日本不只有国军在打,凡是有良心的中国人都在反抗。前些天,咱清水西边的彰德府,有国军骑兵第五师,已经投降日军被编为皇协军了。在日军高官去检阅时,不愿投降的士兵把很多日本军官和士兵都打死了,其中还有日军的少将呢。”

茴香在旁边插话道:“小兰姐,日本少将可是个大官呀。”

小萍笑着说:“兰姨,现在要全民抗战,国军、民军、百姓一起上,就真的能把日本鬼子赶出中国。”

看到小兰有所触动,小萍接着说:“还有,原来的国军被日本打出河北了,但国军的十八集团军来到了河北,这几个月一直在和日军作战。咱附近的平乡县、曲周县、威县、南和县等很多地方都被十八集团军打下来了。”

小兰说:“十八集团军是不是也叫八路军?”

小萍惊讶地说:“是呀,十八集团军是叫八路军,兰姨,你咋知道的?”

小兰笑着说:“春节后,他们部队有人来到村里买粮食,俺还和他们说过话呢,他们啥都好,就是说话有些听不懂。”

小萍说:“兰姨,他们大多都是南方人,咱们有些听不懂也正常。十八集团军是共产党领导的队伍,现在为了抗战,国共两党开始第二次合作,不仅红军改编为八路军,连国民政府的军事委员会里也有共产党人做副部长呢。”

小兰说:“小萍,你说的这些俺都爱听,心里也觉得有希望了,你能不能多跟村里人说说这些，让大家心里都有底。说心里话，日本鬼子第一次打进清水县城，杀了一千多人，烧了南街，珍儿一家都被打死了，后来日本鬼子每一次打过来，都杀死不少人，灿丽也被打死了，大家心里都憋着恨呢。”

说到了灿丽，勾起了大家共同的哀伤，茴香低下头，掉下了眼泪。小萍也揉揉眼睛，叹着气说：“灿丽姑姑只比俺大半岁，从小俺和灿丽姑姑就经常一起玩。”

沉默了一会儿，小萍说：“兰姨，这次俺来旺财村，就是要和更多的人说这些话。茴香婶儿还联系了几个人，俺还要和她们说说呢。”

小兰说：“那你们今晚就住下，明天找那些人吧。”

“不了，兰姨，趁天色还不太晚，俺和茴香婶儿再走几家。”小萍说。

小兰不知道小萍要找什么人，但是她没问，她知道很多事是不能随便问的。

小兰问：“小萍，那俺该做些啥事儿呀？”

小萍笑着说：“兰姨，你只要找到你熟悉的妇女，把俺今天说的话告诉她们就行了，只是旺财村离县城比较近，遇到生人要多防备。”

“这不难。”小兰笑着说，随后又对茴香说，“茴香，四支队枪毙汉奸后的第二天，俺在县城看见小来了，他就在四支队。”

茴香听了说：“啊？俺对这事儿一点都不知道，自从灿丽出了事，俺很长时间都没见到小来了。”

又说到了灿丽，勾起了大家心里的伤心事，茴香又开始流泪。小兰和小萍赶紧劝慰着茴香。

小萍看到茴香平静一些了，就继续说：“前两个月，四支队的大部分都编到八路军一二九师的东进纵队了，留下的编进黄河支队了。小来舅舅如果在黄河支队就还在清水，如果到了东进纵队，就在外边了。”

小兰看了一眼小萍，觉得这个年轻人不简单，知道那么多事情。

小萍、茴香与小兰道了别，走进夜幕中。

送走了两人，小兰心里踏实了，因为情况并不像自己原来想的那么糟糕，而是有着许多的像自己一样的中国人痛恨日本。不仅如此，还有众多的已经行动起来的人，他们都让自己非常佩服。小兰觉得小萍是个不简单的年轻人，茴香也挺不简单的，在自己印象中，茴香是一个本本分分，老实巴交的女人，没想到，也愿意跑远路，到村里给自己说这些话。茴香变了，因为日本的侵略，使茴香变了，变得敢于反抗了。可仔细想想，变了的岂止是茴香，自己不是也变了吗？变得有一种反抗侵略的心理。

小兰有些后悔把那杆枪扔掉了，如果留着，交给小来，四支队不就多了一杆枪吗？

如果大家都起来反抗日本，就像小萍说的，全民抗日，就真的有可能把日本打出中国，到那时，小秋和宾宾都健健康康地长大，该多好呀。

天亮了。

小兰还在想着昨晚小萍和茴香说的话，她觉得应该去村里其他妇女家，把小萍说的那些话跟大家说说。既然自己听了小萍的话都觉得胆子大了，抗日有了希望，其他人听说后肯定也会和自己有同样感受的。

想到这里，小兰开始考虑去谁家，找谁说这些事。

不用说，第一个要找的人就是嫂子菊花，再就是大妮儿姐、爱枝嫂子，还有几家平时说话很投机的妇女，大概有七八个人。

想好了，小兰将家里收拾了一下，就出了门。

还没到秋收的时候，基本上小兰要找的人都在家。小兰花了一天的时间将小萍的话告诉了大家，又说了很多宽慰大家的话。从大家的眼神里，小兰看出来一个个都觉得对打败日本有了希望，每个人的眼神都露出了自信和果敢，这是以前小兰不曾看到过的。

串了很多家，说了一天，小兰虽然很累，但她的心里很高兴。她觉得自己做了一件与抗日有关的事，即使不知道这算不算全民抗战的事，但至少自己出力了，她第一次觉得做了抗战的事是这么让人愉快，让人充实。

吃了晚饭，歇了歇，小兰点了油灯，开始织布。不知多少年了，织布成了小兰的生活中主要内容之一，虽然很累，但这是自己有兴趣做的事情，累也愿意。

梭子在手中欢快地飞来飞去，即使一线一线地织，织好的布也在慢慢地加长着。油灯的灯光发出柔和的暖光，照在小兰的脸上，也洒在小兰的身上，将小兰映衬得愈加清晰。

小兰也沉浸在织布的专注中，以至于有人进到院子里都没听到。

“小兰。”院子里有人喊了一声。

这再熟悉不过的声音，是大妮儿姐的声音。

小兰有些纳闷，自己今天与大妮儿姐说了很长时间话了，怎么大妮儿姐还来找自己呢？这么晚了,大妮儿姐应该是有事儿,可会有什么事儿呢?

“不会又是啥坏消息吧。”小兰知道大妮儿姐在做生意方面消息灵通,“不会像上次北平汉奸政府宣布法币停用改用联银券那样的坏消息吧?”

小兰忐忑不安地答应一声,走出门去。

大妮儿看到小兰,显得很高兴:“小兰,你又在织布呢？真是一点也舍不得闲呀。”

小兰赶忙笑着说:“大妮儿姐,你也是一刻也不闲着,俺和你比差远了。”

两人说着话,小兰让大妮儿在院子里坐下,然后又给大妮儿倒了一碗水,还在碗里放了一些糖。

大妮儿喝了一口水,笑着说:“小兰,你看你总是给俺喝糖水。”

小兰也笑着说:“大妮儿姐,你是贵客呀。”

大妮儿啐了一口,装作生气地说:“俺是贵客？有多贵？多少钱一斤呀?”

一句话说得两人都哈哈大笑起来。

看着大妮儿姐说笑的样子,小兰知道大妮儿姐不是带来什么坏消息。既然没有坏消息,大妮儿姐的来意着实让小兰猜不透。

大妮儿笑完,对小兰说:“小兰,俺有事儿要跟你说,咱到织布的屋里说吧。”

原来大妮儿姐还是有事儿,小兰又担心是什么坏消息了。

两人来到织布的屋子,大妮儿关上了门,小兰有些紧张地看着大妮儿,不知她会说出怎样的话。

大妮儿看了一眼小兰,认真地说:“小兰,俺想好了,你白天说的话很有道理,打日本应该全民抗战。”

小兰听了大妮儿姐的话,仍然不知道大妮儿姐要干什么。

大妮儿递过来一个布袋,交到小兰手里。

小兰竟然没看到大妮儿姐还带着布袋。她接过布袋,掂量了一下,布袋沉甸甸的,凭手的感觉,凭多年卖布的经验使小兰知道里面装着的是大洋,数量大约五十块左右。

“小兰,这袋子里有五十块大洋,是俺和你慧英哥商量以后,决定支持抗日的钱,现在把它给你。”大妮儿姐严肃地说。

小兰吓了一跳,她赶忙推辞说:“大妮儿姐,这五十块大洋可不是小数,很多人家辛苦很多年都攒不下来,你咋能舍得拿出来呀?”

对于小兰来说,深知在兵荒马乱的时候大洋是多么的重要。自从年初汉奸华北政府宣布法币作废,逼迫占领区百姓使用联银券以来,清水的货币乱了套,市场上有用法币的,也有用联银券的,甚至已经几年不用的早期河北银行、河北银钱局、山东的银行的货币,以及私人土票等,都在清水流通了。不过百姓们知道,所有货币都不如叮当响的大洋金贵。因为经过南京国民政府在三年前的币值改革后,许多白银和大洋被当时的政府收回了,加上更早之前大洋大量走私外流,这些都导致大洋在中国的存量大幅减少。俗话说物以稀为贵,大洋就更显得金贵了。

大妮儿说:“小兰,白天你跟俺说的话,和平时咱俩说话的口气完全不一样,俺知道你应该与抗日的人有联系,你就把这些钱给他们吧。咱虽然没有打过仗,但谁都知道,兵马未动粮草先行,抗日的部队肯定需要钱买粮草,这些钱可以买粮买枪,对打日本有用。”

大妮儿的话真的把小兰吓坏了,她紧张地说:“大妮儿姐,俺不认识抗日的人,只是昨晚茴香带着她男人的侄女来了,和俺说了很多话,俺就是把这些话传给你,都是女人之间说的家常话,跟你也是说说而已。俺真的不认识抗日的人,也不知道该把钱送到哪儿?”

大妮儿笑着说:“小兰,你看你的样子,可不像白天给俺说抗日那些话的样子自信,你知道不?你觉得可能是随口说的话,俺听了却觉得不是。俺觉得要打日本鬼子,大家都应该出钱出力,这样把日本鬼子赶出去才是有希望的,所以俺就把钱拿来了。”

小兰苦笑地说:“大妮儿姐,你还是把钱拿回去吧,等以后找到抗日的人了,你再给他们。”

大妮儿说:“小兰,咱交往了这么多年了,俺知道你是个可信的人,俺相信你,所以才愿意把钱交给你,现在钱就放在你这儿,你肯定能交给抗日的人。好了,很晚了,俺回家了。”

小兰还想拦住大妮儿,可没能拦住。看着大妮儿姐的背影消失在夜幕中,小兰很着急,她觉得自己白天到那儿家和他们说抗日的话有些莽撞,她没想到只是说了些话,在听者心中会产生那么大的波澜。

可小兰转念一想,自己不也是听了小萍的话,才觉得抗日有了希望,内心产生了波澜,才向村里人诉说抗日的吗?听了这些话,自己对未来都充满了希望呀！甚至自己的胆子都大了，不像原来那么害怕了。

那，那……小萍和茴香是不是也像自己一样，是随口说的呢？

想到这里，小兰真的坐不住了，她担心起来，如果大家都只是随口说说，那抗日仍然是不可能的事了。

小兰急得在家里走来走去，她觉得，抗日从希望变成失望真的很难受。

如果村里人觉得自己今天找她们只是随口说说，心里也对抗日从希望变成失望，该有多痛苦呀？到那时，自己在她们心目中将会是什么样子呀？如果对抗日这么大的事自己都是随口敷衍这些村民们，她们会怎么看自己呀？自己可是把声誉看得很重的呀。如果只是随口说说那可是太对不起她们了，也对不起自己呀。

小兰有些不敢想下去了。

可造成这种情况该怨谁呢？怨自己？小兰觉得自己有些无辜。怨茴香？可茴香是自己多年的伙伴，她会随口说那些话吗？

看来问题的根源在茴香身上，自己去找一下茴香，核实一下吧。

小兰决定第二天一早就去找茴香。

这一晚上，小兰一直想着这件事，整晚都没睡好。

第二天，鸡叫头遍，小兰就起了床，收拾好后，拿了一个篮子，把装有五十块大洋的布袋放进篮子里，上面盖了几层布，又拿了一些鸡蛋放到布的上面。这样看起来自己就像是出门串亲戚的媳妇了。

外面已经天亮了，小兰走出家门，向西顺着小路向茴香婆家走去。小兰这是第一次隐藏着秘密出门，心里挺紧张的。

从西面出村后，有着许多窄窄的小路，别看路窄，却能通到各个村落，顺着弯弯曲曲的小路，就能走到茴香婆家。小路两旁，有着高矮不一的树木，树木之间，是半人多高的杂草，杂草丛中，间或长着白色红色粉色的野花。如果不是日本鬼子侵略中国，这个时候或许是小兰带着小秋和宾宾，在这里听着鸟儿的鸣叫，摘着野花戴到头上，嘻嘻哈哈地玩耍呢吧。

这时当然不会遇到日本鬼子。因为日本兵鬼子大多时间都只待在兵力集中的县城，所以这点小兰不担心。只是，平时坦然惯了的自己，隐瞒着篮子里的大洋走路，还是有些不习惯。

如果茴香村里有了维持会，维持会的人看到大洋，问起大妮儿姐为什么要为抗日出五十块大洋,可怎么办呀?如果这些维持会的汉奸要向城里的日本鬼子告密可怎么办呀?

很快,小兰就觉得自己有些神经过敏了,自己不说,有谁知道这五十块大洋是大妮儿姐的?就说是自己的怎么了?

可仔细一想,还是有些危险,因为县城维持会通知村民只准用联银券,不准用大洋和法币,如果茴香村里的维持会以用大洋犯法的理由把大洋没收怎么办呀?

小兰有些后悔昨晚为什么没有连夜去找茴香。

可后悔毕竟是没用的,眼前的困难还是应该有个应对办法呀。

小兰看了一下篮子,她看到大洋上的鸡蛋,又笑了。自己已经用鸡蛋做了伪装,只要不搜查,谁能知道自己的篮子里有大洋呀?

听说日本鬼子的狼狗能闻出大洋,不过日本鬼子都在县城,日本的狼狗也只能在县城,只要自己不经过县城,应该是安全的。

想了半天,小兰对自己说:"小兰呀,为啥那么小心翼翼的?自己如果连这点胆量都没有,还能为抗战出力呀?"

想到这里,小兰迈开步向茴香婆家的方向走去。

茴香婆家在距旺财村二十里的周家村,距离不近,而且小兰从来没去过。是呀,自己与茴香的见面只能是每年大年初二,也就是嫁出去的闺女回娘家的日子,茴香会在丈夫陪伴下,带着孩子回来,那时,她们才能见上一面。今年春节小姣带着安安回来了,茴香和二妮儿都没回来。

这时,小兰想起了二妮儿,一年多没见她了,听大妮儿姐说二妮儿过得还行,她有些想二妮儿了。

小兰走得出了汗,路上歇了几歇,一路上问了几次才终于来到了茴香婆家的村子的村口东面。小兰看到有两个年轻姑娘从村里走出来,神态自若,知道是安全的。

小兰向那两个年轻姑娘走过去,笑着说:"俺不知道该咋称呼你们好,俺来找嫁到这个村的媳妇茴香,你们知道不知道她家在哪儿住?"

前面的那个穿着绣着花边的紫色夹袄的姑娘听了小兰的话,热情地说:"茴香嫂子和俺住一个胡同,你是哪个村儿的?俺该咋称呼你呀?"

小兰高兴地说:"俺是茴香娘家的村——旺财村的,俺和茴香是从小一起玩的姐妹,她叫俺姐姐的。”

这个姑娘笑着说:“茴香嫂子的娘家人来了,快到家坐吧。”

说着,她伸手欲接过小兰的篮子。

小兰知道对方如果接过篮子,就会掂量出分量不对,就赶忙阻拦到:“没关系,篮子不沉。你叫啥名字呀?”

对方没有计较小兰的动作,以为小兰是客气,就没有坚持,她接着小兰的话说:“俺叫灿霞,茴香嫂子是俺的亲嫂子。”

小兰高兴地说:“原来是自家人,灿霞,你看见茴香了没?”

灿霞说:“昨天晚上还看见了呢,这会儿应该在家。”

小兰看到灿霞说到茴香时很亲热,就知道茴香在婆家和人处得很好,也就放下心来。

“姐姐,走吧,往家走吧。”灿霞与同伴打了个招呼,就带着小兰往村里走。

映入小兰眼帘的周家村看起来与旺财村没有什么区别,同样的村落格局,同样的树木,同样的泥土房屋,连村民们的说话口音都一模一样。当然了,细想一下是应该一样的,清水县内的说话口音都是一样的。

快要进村时,小兰小声问起周家村有没有维持会。灿霞笑着说村里从来没听说过维持会,这下小兰紧张的心情松弛下来,偷偷地笑了。

沿途灿霞与村民们打着招呼,看得出她与大家很熟悉。当灿霞把小兰领到茴香家的院子,看到茴香正在院子里择菜,可巧的是,茴香手里的菜是茴香,小兰觉得很有趣。茴香看到小兰,惊讶得瞪大了眼睛,她想不到小兰会上门找自己。小兰看到茴香的表情,觉得更加有趣,得意地笑了起来。

茴香的男人领着小财下地了,小儿子在院里玩,小兰进门他都没转头看一眼,仍然自顾自地玩。

“小兰姐,是不是出了啥事儿?你可、可不要吓俺呀。”茴香爹着胆子问起话来,可能是过于害怕,脸色刷白,声音都有些颤抖。可不是嘛,娘家村里人上门,大多是报丧的。估计灿霞还没有结婚,不知道,可茴香是知道的。

小兰察觉出了茴香紧张的原因,赶紧拉住茴香说:“茴香,没事儿,家里和村里一切都好,你别害怕。”

茴香听了小兰的话,长出了一口气,她抹了一把额头的汗水,甩到地上。灿霞与茴香说了句话,又对小兰笑了笑就出去了。小兰把茴香拉到一边,把来意向茴香说了一遍。

“啊？大妮儿姐真是不简单呀。”茴香高兴地说。

小兰看着茴香说：“茴香，你能找到抗日的人不？”

茴香笑着说：“那还用找呀？到处都是，你和俺也是呀。”

小兰急得轻轻地用拳头打着茴香的肩膀说：“俺要找的就是能将钱买粮草交给抗日军队的人。”

茴香看着小兰着急的样子，笑着说：“小兰姐，你不用着急，在家里先吃饭，然后俺带你到另一个村，抗日救国会就在那里。你把大洋交给抗日救国会，那里就能用钱买粮草了。还有，为了给抗日筹措经费，清水县的抗日民众自治委员会发行了抗日货币流通券，大家都在为抗日出力呢。”

听到茴香的话，小兰高兴了，她为自己这么快就帮大妮儿姐办妥了事而高兴。还有，她知道，自己对村民们说的话并不是随口说说，而是真的，这是自己最高兴的事。

茴香到厨房动手做饭，小兰在一旁帮忙，很快就做好了。

茴香和小兰把饭摆上桌，留好了给自己男人的饭菜，然后招呼小儿子吃饭。茴香的小儿子小兰曾见过，大约五岁了，叫墩墩，长得敦敦实实的，惹人喜欢。

吃完了饭，茴香嘱咐墩墩在家里等他爹回来，还让墩墩记得告诉他爹，自己带旺财村的兰姨去办事，下午就回来。墩墩笑着说知道了。

临动身时，小兰说把鸡蛋留给孩子吃，茴香说还是放在篮子里继续做掩护吧。

在路上，茴香告诉小兰，清水的抗日救国会已经成立，是为了动员全民抗日而成立的。各村也要建立一些组织，对于妇女来说，就是成立妇女救国会（注：后文简称妇救会），为抗日出力。

抗日救国会在赵庄村，离茴香婆家的周家村五里，两人轮换着提着篮子，一路说着话，倒没觉得路远。

赵庄村完全是另一个样子，村口有孩子们站岗，盘问路人，见到茴香，就笑嘻嘻地叫着茴香姨，让茴香和小兰进了村。

小兰觉得大开了眼界。

拐了几个胡同，来到一个大门，门口挂着牌子，茴香告诉小兰，牌子上的字是“冀鲁豫抗日救国总会”。

茴香进门后，先带小兰来到一间屋子，竟然看到了小萍，小萍看到小兰，高兴地说："兰姨，你来了？"

茴香把小兰的来意说了一下，小萍笑着说："兰姨，大妮儿姨可是为抗战做贡献了。"

说了几句话，小萍带着小兰到另一间屋子，向里面一个年轻闺女说了情况，对方笑着收下了大洋和鸡蛋，点了数后，写了一份两张收据，交给小兰一张，小兰看了收据，上面用娟秀的小楷写着"大洋五十元，鸡蛋五十个"。小兰原以为这个年轻闺女应该只写大洋，没想到把鸡蛋也写上了，她想让这个年轻闺女重新写一份收据，不要写鸡蛋了，但考虑到人家已经写完了，再写一遍还要费时间，就没提这个要求。

小兰看手续办妥了，就拿起篮子出了屋，和茴香一起跟小萍告了别，和茴香往回走。先到周家村，小兰和茴香笑着分了手，又回到了旺财村。

回到家的小兰累得腰酸背痛，她算了一下，今天竟然走了近五十里路。

第二天，当小兰将写有大洋和鸡蛋的收据交给大妮儿的时候，大妮儿笑得合不拢嘴，她夸奖小兰办事稳妥，自己没看错小兰。当看到收据上除了写着五十块大洋，还有五十个鸡蛋时，大妮儿和小兰开起了玩笑："小兰，俺的大洋不是老母鸡，咋每一块大洋还下了一个鸡蛋呀？"

小兰也笑着说："大洋下鸡蛋？可从来没听说过，那是俺为了大洋安全，在放大洋的篮子里铺上了一层鸡蛋，没想到刚好是五十个鸡蛋。"

两人都笑了起来。

白天显得越来越短了，田地里的玉米苗拱出地面，玉米秆直直的，像是东家英俊小伙的挺拔的身躯，玉米叶子弯弯的，像是西家漂亮闺女的柔软的腰身。一群美丽的鸟儿飞来，落到田地旁的树枝上，叽叽喳喳叫个不停，一阵风儿吹来，鸟儿又飞走了，空中留下了一道清脆悦耳的声音。

过去的一个月里，旺财村发生了巨大的变化。在清水县抗日救国会的组织下，许多村子都掀起了抗日救国的热潮。旺财村也成立了救国会，在救国会领导下的组织有村自卫队、青年抗日先锋队（注：后文简称青抗先）、妇救会、儿童团等，旺财村人人都参与抗日了。

妇救会的主要工作就是发动妇女，做衣服、做鞋，支援抗战，救国会会按数量给妇女支付相应费用。旺财村的妇救会主任叫小花,村里二琴的儿媳妇,提起二琴,就让人想起二十年多前二琴嫁到旺财村时的笑话,没想到,二琴的儿子都娶媳妇了。妇救会里还有几个骨干成员,除了做妇女们的事物以外,还肩负着联络妇女、分配活计、归拢衣服鞋子的事,小兰就是其中之一。

作为妇救会骨干成员,小兰有十几个对应的家庭。做衣服、做鞋、支援抗战说起来简单,做起来并不容易,要让每个妇女心情好,出活快,还要把家务活做好,甚至还要理顺各家庭内部的关系,不能因为做活引起家庭矛盾。有一次,一个妇女为了把军服尽快做好,忘记了做饭,可是偏偏这个妇女的丈夫按照村里的安排,一队人用推车将粮食送到邻村。当这个男人汗流浃背地回到家,看到媳妇在做军服,厨房里冷锅冷灶的,一时生气竟然打了媳妇一个耳光。媳妇觉得受了委屈,找到小兰大哭,小兰赶紧劝说,又逼着那个男人向媳妇认了错,这事才算完。类似这样的事情还有很多。

就在旺财村正忙活得热火朝天的时候,有好消息传来,八路军带领黄河支队等打下了清水县城。日伪军和伪县署人员都知道汉奸的下场,吓得飞快地跑了。

清水县城又回到了清水百姓手里,许多人听说到这个好消息后都到县城逛街去了。

这天,忙活了一天的小兰匆匆赶回家吃饭,刚刚拐到家门口的胡同,就看见小秋和宾宾带着蹦蹦站在门口,东张西望着。蹦蹦看到小兰,高兴地汪汪叫个不停。

小秋是村里的儿童团员,平时在村里参加站岗放哨、送信传话、张贴标语等活动。旺财村支援抗战的内容很多,比如自卫队进行军事训练,青抗先为部队储存或运送粮食,妇女们缝衣做鞋等,这一切都必须秘密进行。为了防止日军的探子进村侦查,村里安排儿童团员站岗放哨。儿童团员在村口站岗的时候,设了两道岗,一道岗在出村后通往村口公路的道路上的河道旁,二道岗在村东边的大槐树下。一道岗的儿童团员都要练就用弹弓发射弹丸报信的本领,白天遇到情况就用弹弓将弹丸发射到大槐树的茂密树枝上,经过树枝的缓冲,弹丸掉落到地上,二道岗的儿童团员拾起弹丸,根据弹丸的颜色就知道一道岗的情况,再向村里相关人员报信。

弹丸是用胶泥加染布的颜料制成的,有红、黑、黄、绿四种颜色。红色弹丸表示来人是八路军或抗战人员或为抗战办事的人员;黑色弹丸表明来人是坏人或可疑人员或有紧急情况，需要村里的自卫队队员支援；黄色弹丸表明来人是普通走亲戚的乡亲；绿色弹丸表明来人是走街串巷做买卖的人员。

女儿童团员都不会用弹弓，一般被安排站二道岗。自从加入儿童团后，小秋来看小兰的次数少了很多，而宾宾通常带着蹦蹦跟在小秋后面，模仿儿童团员的样子站岗放哨。

“小秋，宾宾，你们来了多长时间了？”小兰快走几步，拉着小秋和宾宾的手问。

小秋笑着说：“姑姑，俺俩来了一会儿了，正在商量走还是不走呢。”

小兰赶紧打开门锁，让小秋和宾宾进来。

“你们先坐下，姑姑给你们做吃的。”小兰说着话，向厨房走去。

小秋跟过来说：“姑姑，你还没吃饭？俺俩都吃了很长时间了。”

宾宾也说：“姑姑，你饿了很长时间了，你赶紧吃饭吧。”

小兰笑着说：“姑姑刚才太忙，没顾得上吃饭。”

小秋说：“姑姑，你赶紧做饭吧，你吃完俺给你表演节目。”

“表演节目？”小兰有些惊讶。

小秋说：“姑姑，昨天娘带着俺和宾宾去县城了，你猜去干啥了？”

小兰想了想，好像想不到有什么事要去县城的。

“俺俩到县城的简易师范学校看八路军演出了，可好看呢。”宾宾争着说。

清水县城的简易师范学校的前身是师范讲习所，晓东就是师范讲习所毕业的。小兰对简易师范并不陌生，只是抗战开始后，日军多次打进县城，简易师范已经停课很长时间了。

小兰笑着问：“都有啥演出呀？”

小秋说：“姑姑，有像老师的人讲话的、有唱歌的、还有跳舞的，可热闹了。”

小兰知道，八路军三八六旅的宣传队在清水县城宣传抗日，小秋和宾宾说的应该是这些。

“姑姑，还有一个和俺这么大的女孩儿也是宣传队的，长得可好看了，她还教俺俩唱歌呢。”小秋眉飞色舞地说着。

“你们学会了没有？”小兰笑着问。

小秋说：“俺昨天就学会了，宾宾还没学会呢，教了一天都没教会。”

宾宾马上就不高兴了，他着急地说：“才不对呢，俺学会了，就是、就是后来又忘了。”

小兰赶紧拉过宾宾,打着圆场说:“宾宾学会就是会了,忘了不算。谁能总记着事呀?”

小秋说:“姑姑,俺给你唱学会的歌吧。”

宾宾赶紧说:“俺给姑姑唱,俺先唱。”

小秋说:“你先唱？你会唱不？”

宾宾张开嘴要唱,可是确实不会唱,又羞又急,嘴角开始撇起来。小兰看到宾宾要哭,就赶紧说:“这样吧,小秋、宾宾,你们不要争谁先唱了,就一起唱吧,如果姑姑也会唱,就和你们一起唱。”

听到姑姑可能一起唱,小秋和宾宾高兴了,小秋清了清嗓子说:“姑姑,俺有点渴了,要先喝一口水。”宾宾也说:“姑姑,俺也渴了,也要喝水。”小兰赶紧给他们倒了水,那是放凉的开水,可以直接喝。小秋和宾宾喝了水,抹了一下嘴角的水,小兰拿布给他们擦干净。

小秋站好,开始唱了:“我们都是神枪手,每一个子弹消灭一个敌人,我们都是飞行军,哪怕那山高水又深……”

宾宾也摇头晃脑地跟着唱着,有些歌词记不住了,就小声哼哼……

小兰听出来了,这首歌自己听过,歌名叫《游击队之歌》,当第一次听到这首歌曲时,自己被深深地打动了。不过,自己并不会唱。

歌曲唱完了,小兰高兴地鼓着掌说:“小秋,宾宾,你们唱得真好听,姑姑爱听。”

小秋和宾宾都笑了起来,小秋说:“姑姑,俺俩要回家了,娘说唱完就回家。”

小兰笑着问:“原来你们是专门来给姑姑唱这首歌的!”

小秋笑着说:“是呀,娘在家里给八路军做鞋呢,俺帮忙给娘递东西。”

小兰夸奖说:“小秋真不简单,都能帮着娘干活了。”

宾宾听到小兰夸奖小秋,也赶忙说:“姑姑,俺也帮娘干活了,俺把娘掉到地上的鞋捡起来了。”

小兰也笑着对宾宾说:“宾宾也很棒。”

宾宾马上笑起来。

看着小秋和宾宾带着蹦蹦离开了,小兰也不想做饭了,她拿起一个窝头,就着水吃完,又出去了。

随后的日子里，八路军把在清水西面的内黄、滑县县城攻下了，清水和周边的大部分地区都安全了。

在新的形势下，村民们的生活方式也改变了。在秋收的时候，不再是各家各户收割自己的粮食，而是在村救国会的统一安排下，组织劳力为各家集中秋收，体现出了规模优势。很快土地里高高大大的玉米高粱不见了，都种上了小麦。

农忙季节刚过，菊花娘家村里捎信说菊花爹娘病了，菊花和小甫赶忙带着小秋和宾宾回家探望。原来，秋季后清水流行霍乱疫病，菊花爹娘没逃过疫情，染病后病情不断加重，很快病故了。大妮儿和小兰赶了三十里路过去，见到了悲惨的一幕，满头白发的菊花在秋风中跪拜着黑发的爹娘，村民们都感慨着叹息着。古话中的白发人送黑发人指老年爹娘送别年轻儿女，今天的白发人送黑发人却是年轻儿女送别老年爹娘，这老年爹娘能走得放心吗？

天气逐步转凉了，树叶纷纷掉落，光秃秃的枝杈完全暴露出来。

在清水这样的平原，土地种了麦子后，地上也光秃秃的，一眼能望去很远。这普通的景象在战争年代却成了不普通的时机，成了日军发动袭击的良机。

日军开始了新的行动，他们利用拥有坦克和军车等机动优势，派出独立混成第三旅团和第一一四师团，开始向清水西面的卫河以西的冀南地区发起扫荡。秋后的平原，视野辽阔，道路四通八达，很适合日军行动，他们在坦克和军车里，能很快到达周边的县城，给八路军的行动带来了很大的不便。

冀南八路军历时半个月，粉碎了日军的进攻，但也有不小的伤亡。

平原地区与山区有很大不同。山区有许多可以利用的屏障，便于发动游击战争，可在平原地区，一览无余的地势给八路军的游击战带来很大困难。如果要有了山，不就可以在山地里与日本鬼子周旋了吗？如果日本的坦克和军车派不上用场不就可以降低日军的战斗力了吗？

还是八路军有办法，发明了平原的屏障——人造山。听说过人造房屋，人造河流，人造树林，可山还可以人造？听着真新鲜。后来人们真的看到了人造山，才笑着说："山真的可以人造呢。"

什么是人造山？

有人猜测可能是像古话愚公移山里说的，把太行山、王屋山移过来，可到哪儿去找能移山的神仙呢？还有人说，世界上没有神仙，靠神仙移山不可行，只能依靠老百姓从外地多拉些土，堆得高高的，不就有山了吗？可哪儿有那么多土呢？要多少人拉土才能堆成山呢？后来，百姓们知道了，人造山不是堆土成山，而是在道路上挖沟，使日军坦克、军车无法在道路上行驶。

其实，与日军开战后，中国华北的道路上已经没有了中国汽车的影子，行驶最快的都是日本的军车。这些军车在中国人建好的道路上快速行进，对中国百姓进行蹂躏，当然应该想办法阻止日军军车的行驶。

清水县各村庄的百姓都发动起来，进行破路、开挖道沟的工程。旺财村的村民负责将村口路段的北平—大名—归德公路进行开挖。

所谓道沟就是在公路上顺着公路的走向，挖出深三尺、宽五尺的深沟。对于村口的公路来说，被挖掉了五尺，余下的宽度就无法行驶坦克和军车了，但是因为农村用于骡子牵引的大车宽度约四尺多一些，刚好可以在挖出的深沟里经过。为了防止大车在道沟内相遇时无法错车，往往是在村庄的另一边再挖一条与公路平行的道沟，在道沟内实行单向行驶，保证道沟运行畅通。

对于开挖道沟，旺财村的百姓们是非常赞同的。他们忘不了日军军车在村口公路上快速经过、多次攻下县城、大规模杀人的痛苦经历，也忘不了大片麦田被日军坦克碾压导致粮食歉收、衣食困难的局面，他们希望能找到有效办法，抵御日军的侵略和破坏。为此，他们愿意出汗出力。

大冬天挖道沟可是艰苦的活。道路的地面被冻得硬邦邦的，要把路面凿开，必须是两人一组，一人扶着钢钎，再有另外的人抡着大锤，不停地砸着钢钎，一点一点地把路破开。

为了尽快挖成道沟，旺财村民不分男女都出动了。虽然天气很冷，寒风吹到脸上像针扎一样疼，但村民们都热情高涨，好像都忘记了疲劳。

“挖了道沟，小日本的坦克和军车就不能从村口经过了。”

“咱的路，凭啥让日本鬼子的军车横冲直撞，让他们杀中国人呀？”

“赶紧挖好道沟，过个踏实年。”

村民们虽然非常劳累，但他们的脸上却洋溢着幸福和快乐。

按照小花的安排，小兰领着十几个妇女给破路的人们做饭。很多儿童团的孩子干不动破路的活，就几个人合伙拖车，将做好的饭送到村口。

小兰从孩子们中间看到了小秋的身影。小秋正和和她的伙伴三红与其他半大小子一起推车，大冷天竟然满头是汗，身上的棉衣也挂烂了几处。

“小秋，累不累，和一群半大小子一起干活咋受得了？”小兰心疼地说。

小秋满不在乎地笑着说:“姑姑,俺不累。”

“宾宾在哪儿呢?”小兰接着问。

小秋向外面看了一下说:“他带着蹦蹦说在村口放哨呢。”

小兰听了笑了,这个宾宾,总想像大孩子一样。

大家正在忙活着,一个媳妇背着孩子也过来帮忙。小兰认识这个媳妇,她叫水莲,刚生下孩子才几个月,就赶紧走过去说:“水莲,你带着孩子那么累,就别管这边的事了,照看好孩子要紧。”

水莲是个大嗓门,她笑着说:“兰嫂,不碍事,俺能忙得过来。”

小兰看着水莲身后的孩子,只见孩子两只像黑葡萄一样的眼睛正目不转睛地看着自己。孩子伸出两个小手,抓住小兰的手指,高兴地晃动着,嘴里还咿咿呀呀地说着什么。

看着可爱的孩子,小兰笑着对水莲说:“水莲,这孩子长得真好看,给孩子起的啥名呀?”

听到小兰夸奖孩子,水莲笑得合不拢嘴,她说:“兰嫂,孩子有名字了,一个女孩,俺就起了名叫桂柳。”

“桂柳?”听了水莲的话,小兰吃了一惊。桂柳这个名字是自己曾经想象过给自己女儿起的名字,没想到,眼前的孩子已经用上了。看着眼前的可爱的桂柳,想着自己的女儿,小兰的心里难过起来,竟然没听到水莲随后说的话。

自己幻想了无数遍的桂柳只能是幻想,可眼前的孩子已经叫桂柳了,不知为什么,看着水莲,她觉得自己非常羡慕水莲。水莲拥有叫桂柳的女儿,她多么的幸福呀。

旺财村的破路行动不分昼夜地进行着。天黑后就点着火把轮班干活,持续一个多月时间,终于完成了公路挖沟任务。

公路的道沟挖好了。想到从此日本军车和坦克将不能在公路上快速行动,村民们的安全将有很大保障,大家都高兴地说,从今天开始,能睡个囫囵觉了。

虽然清水县道沟的建成,有效防止了日军的军车和坦克在公路的行动,但日军军车和坦克仍然有可能在村子之间的道路上行进。为此,为了阻止日军军车走村子之间的道路,村与村的道路也开挖了道沟,使村与村之间形成了一个交通网。

在挖道沟的过程中，村里将挖出的大量黄土填埋了村边的河道，准备等到天气暖和时种些春红薯一类的作物。那是小兰和小伙伴玩耍时的河道，看着河道逐渐被填平，小兰还难过了几天呢。

挖沟行动终于结束了，看着曲曲弯弯延伸到远处的道沟，村民们觉得踏实了许多。不知是谁唱起了大高调《定军山》的唱段，高亢激昂的曲调传出了很远很远……

过了民国二十八年（1939年）元旦不久，日军开始对河北省南部进行第二次的“扫荡”。相比于两个月前的第一次“扫荡”，这次的规模大得多。

旺财村的村民们有些紧张起来，他们担心日本鬼子又打进来，祸害村民。大家还担心人造山是不是真的能够抵挡日军的坦克和军车。虽然人造山说起来是个好主意，可毕竟没有经过战争的检验，人造山行不行呀？人造山真的行吗？

村里仍然像抗战初期一样，有消息就及时向村民们通报，发布消息的地点仍然在大槐树下村公所前面的空地上。据说，抗战消息是通过救国会传递来的，准确迅速。

为大家发布消息的不是别人，仍然是以前发布消息的李贵卿，他现在是旺财村的自卫队队长。

李贵卿仍然使用他特有的讲话方式向村民们通报着消息：

“日本鬼子要对咱的游击作战的河北南部大规模扫荡，听说将兵力分成了十几路，想消灭八路军呢……

“日本鬼子是从咱的平汉铁路和咱的津浦铁路两线出动，对两线中间的地区进行‘扫荡’的，听说日军华北方面军调集了日军第十师团、第二十七师团、第一一〇师团、第一二四师团的部队，连同伪军共三万多人。

“这次日本鬼子的‘扫荡’，因为咱的一些道路挖了道沟，日本鬼子的军车和坦克不能快速行动了，听说日军改了进攻办法。

“有些地区的道沟还没挖好，日本鬼子在这些地方军车和坦克仍然快速行动着。”

有村民有些紧张地问：“贵卿，咱清水能不能挡住日军呀？”

李贵卿宽慰着大家说：“咱要做好准备，万一日本鬼子打进来，咱照样藏好财物，藏好粮食，躲到远处去。”

临近春节了，卫河西面的许多县城被日军占领了，连清水北边的南乐也被日军占领。日军在占领县城后，留下了守备部队修筑碉堡、公路，建立伪县政权，并妄图将八路军压缩到狭小区域内消灭或驱逐。

从南乐传来的消息，日军派伪军用枪逼迫村民将挖好的道沟填平。这些伪军每天只敢在白天正午的时候，在村口待上一两个时辰，如果晚了，等到了天黑，备不住在回县城的路上被八路军伏击。村民们表面上在填沟，但乘伪军躲到一边烤火取暖时，就会有意地磨洋工，伪军也顾不上盯得很仔细，只等下午赶紧回县城。村民们等到了天黑，又将填沟的土挖出来，通过这种方式与伪军对抗。

听说占领了南乐县城的日军这次倒没有要求县城居民只能使用联银券，允许居民除了可以使用联银券，还可以使用法币。

日本怎么突然发善心了？

村民们都疑惑不解。

很快就有了答案，原来日军带了大量的假法币到其占领的地区使用。

怪不得日本发了“善心”，原来是用假法币当真法币使用。

李贵卿不知从哪儿找来了两张这样的“法币”，让百姓们实际了解一下假法币与真法币的区别。可以直观地看出，假法币印刷非常粗糙，用手摸一下，假法币的纸张很软、很薄，很容易就能辨别出是假的，可日军仍然逼迫其控制区域的百姓使用。

虽然在日军的扫荡下，旺财村也经常能够听到枪炮声，但八路军还是挡住了驻扎南乐的日军向清水的进攻。

清水成了少数几个未被日军攻占的县。

抗日的工作开展起来后，有一种情况影响了八路军的军事行动，这虽然不是大事，但很快地暴露了八路军的行踪，这竟然是狗叫声。

原来，在与敌人进行反“扫荡”的过程中，善于进行游击战、运动战的八路军经常利用夜间穿插行军，出其不意地对日军进行打击，获得了很好的收效。可是，因为八路军夜间经过村庄时，村庄里的狗听到动静后就吠叫，这种叫声在夜里能传出很远，间接地向敌人提示了八路军的行踪。

狗带来的麻烦不仅影响着八路军的行动，还影响着村民的安全。很多地方出现过这样的事情，当日军扫荡时，村民们为了逃避日军，会躲避到不易寻找的地方。可是敌人进村后找不到村民时，如果见到拴着的狗，就会把狗放开，狗能够顺着家人的气味找过去，给隐藏的百姓带来危险。

为了抗日，救国会发动村民们把狗打死，以保障八路军和村民的安全。

旺财村开始了打狗行动。村委会、自卫队、青抗先、妇救会齐齐出动，到养狗的各家做工作，讲清打狗的原因，由自卫队将狗牵到村外很远处，将狗打死。

村民们都很理解打狗的必要性，同意打狗。可一些与家里的狗朝夕相伴的孩子们就难以接受了，哭着不让打。

经过家长苦口婆心地劝说，孩子们含着泪同意了。看着孩子们那被泪水弄花的脸庞，真是让人心疼。

小兰最担心的是宾宾舍不得蹦蹦，她知道宾宾肯定会难受的。说句心里话，她最受不了的是看见宾宾的痛哭，为此，她一段时间没敢回娘家。

有一天，当小秋在街上找到小兰，告诉她宾宾同意了爹娘的劝说，松开了抱着蹦蹦的手，哭得像个泪人的时候，小兰也哭了。她知道蹦蹦与宾宾的感情有多深。

在春节前，旺财村的打狗一事结束了，全村都听不到狗叫了。很多人见面都笑着说，村里一下子安静了许多，好像生活中缺少了些什么。

正月初三夜里，村长成柳召集村干部、自卫队、青抗先、妇救会的骨干开了一个会，让大家分别召集村民，准备房子，安排床铺，说是有八路军要到村里驻扎，考虑每户安排3～4人住宿。八路军自己做饭，各家只要能提供住宿就行了，如果八路军临时需要向村民购买粮食等，会统一向村民付款。

八路军到村里驻扎？大家兴奋起来。

虽然经常听到八路军打仗的消息，也偶尔能见到八路军夜间从村子里经过，但大多村民们都并未与八路军接触过。这次八路军要到村里驻扎，住在村民家里，大家可以好好看看他们了。

听完成柳对方方面面的叮嘱之后，大家分头行动，通知各自分管的家庭。小兰负责接口的家庭有十几户，小兰都一一到户通知。每户都表现得很高兴，也很配合。

通知完了，小兰回到家，把正屋收拾出来，让八路军住宿。

自从公公婆婆去世后，正屋就没人住过。小兰一直是按照公公婆婆离开时的样子保留着，她希望晓东回来时能看到，今天，为了给八路军安排住宿，她将正屋的两边都布置了一下。正屋的两边都有床铺，也够宽，一边刚好可以睡两个人。虽然正屋没有人住，但十年来，小兰一直收拾得很干净，所以并不需要特别打扫。小兰又找出了被子，因现在是年初三，天气非常寒冷，她给每床铺了两床被子，这样八路军住进来后就冻不着了。

看着床上还算崭新的被子，又勾起了小兰对往事的追忆。这些被子，是小兰与晓东结婚时，晓东家和自己家做的被子，是用最好的棉花，由娘和婆婆亲手缝制的。因为晓东结婚三天就被抓丁了，这些被子从未用过，从这个方面说起来，这些还都是新被子。八路军为老百姓打鬼子，自己愿意将这些新被子拿出来，给八路军用。

想起卢沟桥事变的那几个月，小兰每天都生活在恐惧中，而且令人恐惧的消息一个接着一个传来。像北平、天津被日军占领、人民被屠杀；上海被日军占领；清水县城被日军攻占、人民被屠杀；南京被日军攻占、人民被屠杀；黄河大堤被炸开，死人无数；国军被日军全部赶出河北省。那时她真是痛苦难言，不知道自己还能活多长时间。当然，她觉得自己死还不是最可怕的，最可怕的是不知道小秋和宾宾将会是什么样的命运，他们还都是孩子呀。

自从茴香带着小萍来到家里，小兰才觉得生活有了希望，还是有非常多的中国人不甘心当亡国奴，愿意团结起来，反抗日本。这才使她对未来有了希望，她的心也从阴暗变得亮堂起来。

小兰边想着心事，边收拾着，等一切安排好了，又到外面看了看，夜深了，寒风袭人，估计天亮后八路军才能够赶来。她回到屋里后和衣而卧，迷迷糊糊地进入了梦乡。睡梦中，小兰感觉小秋拉着宾宾来到家里，笑着对她说："姑姑，姑姑，你咋还睡觉呀？日本鬼子都被打跑了，你给俺做饺子吃吧。"小兰高兴地说："日本鬼子终于被打跑了，俺真高兴……"

这时传来砸门声，惊醒了小兰，她一骨碌爬起来摸索着向外走去。

"兰姑，兰姑。"是小花的声音。

小兰赶紧答应着，将门打开。

"兰姑，八路军来了，成柳大伯正在分配人员呢，咱也召集妇女们赶紧过去吧。"小花急切地说。

小兰赶紧跟着小花出去了。

在去村公所的路上，小兰看到黑暗中有很多人扛着枪在街上整队集合。不用说就是来住宿的八路军，人数虽多，但很安静，没有什么声响，小兰心里觉得安全了许多。

经过村里安排,八路军战士都陆陆续续随着百姓们走了,小兰也领着安排到自己家住宿的四个八路军战士向家里走去。

“你们咋这么晚才到呀? 这大半夜的,多冷呀,白天暖和一些,以后最好白天走路,晚上睡觉。”小兰笑着对八路军说。

八路军战士中走在前面的矮个子笑着说:“大嫂,我们也想白天走路,晚上睡觉。可那样就和小日本一样了,这可不行。”

战士的南方口音虽然有些不习惯,小兰还是能听懂的,她不赞同战士的话,就转回头说:“谁都是白天走路干活,晚上睡觉,咋说和小日本一样了?”

八路军战士中另外一个说:“大嫂,我们就是要和小日本不一样,他睡觉的时候我们就去打他。”

还是南方口音。

小兰听了笑着说:“那你们睡觉的时候日本鬼子打你们咋办呀?”

战士们笑起来,还是走在前面的人说:“我们睡觉的时候都在小日本找不到的地方。”

小兰觉得他们说话挺有意思的。

“你们从哪儿来的?”小兰随口问道。

几个人沉默了一下,还是走在前面的人说:“威县。”

“威县? 那儿离这儿很远呀,在大名北边呢。”小兰吃惊地说。

“大嫂,你真不简单呀,对威县挺熟悉的。”那人笑着说。

小兰听到八路军战士夸奖自己,有些得意地笑着说:“稍微知道一点儿。”

过了两天,与四个八路军战士熟悉了,小兰与他们的话也多了,听到这些八路军说他们春节前在清水北面的威县香城固打了一个漂亮的伏击战,击毙了不少日本鬼子。

这些八路军战士有着非常好的习惯,起床后打扫院子,劈柴挑水,把里里外外收拾得干干净净。连细致的小兰都对他们干的活很满意。

小兰知道了这四个八路军战士都属于八路军一二九师三八六旅,这次在香城固的战斗是三八六旅和兄弟部队合作完成的。那个比较爱说话的矮个子叫刘大古,外号刘大个,是湖北黄安人;先笑再说话的叫高焕章,外号高司令,湖北麻城人;能做一手好饭的叫宋金贵,河南光山人;说话像唱歌的叫王怀俊,四川开江人。

小兰给他们准备了很多辣椒，这是小花交代过的，很多八路军战士都爱吃辣椒。

不过，看到这四个八路军战士吃辣椒还是把小兰吓了一跳。他们竟然把绿豆面丸子也蘸着辣椒吃，破五时的红薯面白菜馅饺子也蘸着辣椒吃，把小兰看得目瞪口呆。

闲下来的时候，小兰很喜欢听那几个战士们聊天，他们会笑着说一些那次香城固打仗的事。

“你们北方的冬天真冷呀，我们每天天亮前到沙窝隐蔽伏击鬼子，一卧就是一个白天，一直等到第三天鬼子才来，可把我冻坏了。”高焕章笑呵呵地说。

刘大古笑着说：“你可不如我，我觉得太冷了，就捏一撮辣椒粉放嘴里，很快就暖和了。”

王怀俊说：“这个办法我也想到了，可我的一袋儿辣椒面儿都给了骑兵排的老乡了，想用的时候没有了。你有辣椒面儿，怎么不跟我说。”

刘大古笑着说：“还怪我？你没向我要呀。”

王怀俊说：“我气的是，我那个老乡向敌人冲锋的时候，看到围上来的人多，就把辣椒面儿撒出去了，只见一片红雾，吓得日本鬼子大叫着‘中国毒气，中国毒气’转头就跑。可惜了一袋儿辣椒面儿呀。”

“说到毒气，日本鬼子往新一团阵地扔了不少毒气弹，幸亏投弹组扔过去手榴弹，用爆炸的气浪把毒气驱散了。”宋金贵也在一旁说。

小兰在旁边听着渐渐难过起来，她小声念叨着说：“毒气，日本鬼子的是真毒气，害死了不少中国人，咱的‘毒气’是辣椒面儿，只能吓唬吓唬小日本，可能就只能吓唬一次，下次小日本就不害怕了。”

宋金贵有些担心地说：“陈旅长也中了毒气，不知恢复得怎么样了。”

大家有些沉默起来。

高焕章说：“日本鬼子的残酷这次我算领教了，他们焚烧战死的士兵尸体时，竟然连重伤的还没死的日本兵也一起扔到火堆里了。那些日本伤兵在火堆里死命号叫时，我听得头皮都发麻。”

王怀俊赶紧说：“老高，别说这些了，你说到烧尸体我就想起了那股臭味，快熏死我了。”

除了说起打仗的事，小兰还问过他们参加国军多长时间了，他们说只有一年半，原来他们不叫国军，叫红军。再问他们打仗多少年了，有的说三年，有的说七年，还有的说十一年。

时间过得很快，短短几天时间，八路军的整训就结束了。趁着夜色，战士们安静地整队，准备出发。

虽然只有几天时间，旺财村的百姓们觉得这些战士们真的就像自己的亲人们一样，舍不得他们走。村民们都集中到村口，看着战士们排着队，镇定地走出了村口，战士们的身影沿着道沟消失在夜幕中。

送走了八路军，小兰回到家迷迷糊糊地睡着了。等到天亮后小兰收拾正屋时，在一个角落处发现了一个小包袱，小兰捡起来，判断不是自家的东西。

"会不会是八路军战士遗忘的东西呀？"小兰捡起的时候，觉得非常轻，好像没什么分量，就将包袱打开了。包袱里只有一顶很旧的帽子，很难确定是什么颜色了，有些像蓝色，也有些像绿色，更接近白色，可以看出，帽子虽然很旧，仍然洗得干干净净的。可以确定的是，这不是八路军戴的有青天白日帽徽的国军军帽。

这一顶旧帽子还值得保存吗？是家里老辈子流传下来的帽子？因为小兰家里也会有老辈子流传的东西，虽然不值钱，但很值得珍藏。旧帽子下面是一个油布包裹着很薄的东西，有些像钞票，但手感比钞票软一些，更像是几张纸。小兰打开油布，果然是几张纸，还有一只一寸多长的铅笔。有两张纸上写了一些字，从行文格式来看不像是信。另两张是用铅笔画的两个老人头像，一个是老头，一个是老婆婆，脸型和刘大古有些像。

小兰忽然想到，这会不会是刘大古画的自己的爹娘呀？他为什么要画自己的爹娘呢？应该是远方的孩子对爹娘的思念吧。这时，小兰想起刘大古说过，他与爹娘分离七年了，他很想他们，不知道他们怎么样了。一时间，小兰觉得很难过，刘大古远离爹娘到离家乡很远的地方与日军打仗，为与他非亲非故的人打仗，为与他非亲非故的人的安全搏命，自己应该感谢他呀。

再看到那两张写着字的纸，小兰非常想知道这两张纸上写的是什么。她拿着包袱，走出家门，转过几个胡同，来到哥哥家里。她要找认字的小秋，让小秋帮自己念念上面写的是什么。

"姑姑，你知道王子侠叔叔是哪儿的人不？"院子里的小秋看到小兰，扑过来，笑着问小兰，看到小兰疑惑不解，就笑着说："他是曲江人，一代名相张九龄就是他们那儿的。”

小兰明白了，小秋说的是在哥哥家住的八路军战士。

这时，听到姑姑说话声的宾宾从屋里跑出来，笑着对小兰说：“姑姑，你知道不？汉阳造比不上三八大盖儿，三八大盖儿比不上捷克式。”

宾宾说话很快，小兰没听明白，她笑着拉着宾宾的手说：“宾宾，你说话咋颠三倒四的？咋又是安阳的枣，又是王八盖儿，又是鸡屎的？哪儿跟哪儿都挨不上呀？不过，俺可知道安阳的枣可没咱清水的枣好吃。”

宾宾听了小兰的话，笑得不住地咳嗽。

小秋笑着说：“姑姑，宾宾说的不是鸡屎王八盖儿，是打仗用的三种枪。”

宾宾也笑着大声对着屋里说：“娘，姑姑来了。”

正屋帘子动了一下，菊花出来了，她笑着说：“小兰，你给八路军带辣椒了没？”

小兰笑着说：“嫂子，你真能操心，俺当然给带了。”

进到屋里，哥哥也在笑着，这让小兰觉得很惊讶，因为很多年没看到哥哥笑了。哥哥的笑容，使小兰觉得仿佛回到了许多年前，回到了自己小的时候。

“小兰，快进来吧。”菊花热情地招呼着小兰，哥哥看了小兰一眼，又像往常一样，出去了。

“嫂子，这几天招待八路军，累了吧？”小兰问。

“不累，家里的重活都让八路军干了，你哥刚才还说轻松得很呢。”菊花笑着说。

小秋看着小兰手里的包袱说：“姑姑，你手里拿的是啥呀？”

小兰说：“刚才俺在家里正屋看见的，可能是八路军忘在家里的东西，还有写的一些字，让小秋看一下。”

小秋赶忙说：“姑姑，给俺，俺看看写的是啥字。”

小兰把包袱打开，首先是那顶帽子露了出来。

“八角帽。”小秋兴奋地说。

“你认识？”小兰觉得小秋真不简单，自己不知道是什么，而小秋却知道。

“姑姑，这叫八角帽，是八路军以前当红军时候的军帽。后来，为了抗日，八路军才改编成了国军，要戴国军的帽子，原来的八角帽就不戴了。”小秋说。

原来是这样。看来，刘大古对八角帽有很深的感情，所以才随身带着。

小兰又拿出那几张纸,小秋麻利地拿过一张,看了看说:“姑姑,这张纸写的是三大纪律八项注意,是要求八路军要对老百姓好的。”

小兰听说过八路军的三大纪律八项注意,她问:“小秋,你看这张纸上写的啥?”

小秋接过那张纸,看了一下,然后念道:“八路军出师抗日誓词。日本帝国主义,是中华民族的死敌,它要亡我国家,灭我种族,杀害我父母兄弟,奸淫我母妻姊妹,烧我们的庄稼房屋,毁我们的耕具牲口。为了民族,为了国家,为了同胞,为了子孙,我们只有抗战到底!为了抗日救国,我们已经奋斗了六年,现在民族统一战线已经成功,我们改名为国民革命军,上前线去杀敌。我们拥护国民政府及蒋委员长领导全国抗日,服从军事委员会的统一指挥,严守纪律,勇敢作战,不把日本强盗赶出中国,不把汉奸完全肃清,绝不回家。我们是工农出生,不侵犯群众一针一线,替群众谋利益,对革命要忠诚,如果违犯民族利益,愿受革命的制裁,同志的指责,谨此宣誓。”

听着小秋的声音,小兰觉得这段话,说出了自己盼望已久的心声,自己所希望的在誓词中已经都说出来了。她知道了八路军为什么与其他国军有那么多的不同,为什么对百姓那么亲切,那么和善,这样的军队老百姓能不欢迎吗?

小兰看看嫂子菊花,菊花已经是泪流满面了。

第三十九章

飘在空中的小水滴惬意地享受着风儿的抚摸，忽而上忽而下地在空中游荡。不知从何时开始，她喜欢上了在空中的感觉，甚至她希望自己永远不要回到地面，即使偶尔在水洼中流动的感觉也比不上空中的这份惬意。

透过薄薄的白云，她可以看到远处的天空和广袤的大地，那是她再熟悉不过的景色，优美而沉静。她不用看也知道，顺着大地向远方可以看到那个她倾心已久却始终不能企及的大河，不过，即使这样，她也愿意看着那条大河，那是她魂牵梦绕的归宿。

小水滴随意地向大河方向瞥了一眼，映在她眼帘的应该是她再熟悉不过的大河。可是，好像有些不对劲，她赶紧再次转过身体，认真地看着那条大河，这时，小水滴惊奇地发现，那条大河的河面竟然窄了很多！

小水滴惊骇不已。自从随着河流来到此地后，她意识到了这条大河的河面如果有大的变化，应该有重大事件发生。不知多少年前，曾经发生过大河的河面变窄，又不知过了多少年，河水的河面又恢复了，这次河面再次变窄，或许又发生了什么重大的事件……

小水滴看着变窄的河面，痴痴地发起呆来……

第四十章

春天来了，树枝长出了翠绿的嫩芽，呈现出春天的生机。春雨也随风而至，滋润着大地，田地里的麦苗长得很高了，绿油油的景色预示着今年是一个好年景。

旺财村的村民们看到春天的景色，联想到夏天会有的好收成，心里乐开了花。

小麦扬花儿，种豆插秧儿。小兰在家里的院子里种了一些春红薯，这可是自己重要的食物。

现在的情况还不错，旺财村在很长时间没有受到日本鬼子的侵略了。虽然担心日本鬼子打进清水，但还好，八路军在各处打击敌人的效果还不错。当然，还有一个原因，清水离平汉线和津浦线有一定距离，日本鬼子可能还顾不上清水县。

村民们支援抗战的工作仍然在有条不紊地进行着，情况还算不错。虽然如此，小兰心里还是有些七上八下的，她总觉得日本鬼子不会就这样容许清水县的抗日根据地存在下去。

最近的消息也是有好有坏。好消息可以让人觉得喝了蜜糖一样美滋滋的高兴几天，可坏消息却犹如一盆冷水浇下来，让人冷得哆嗦。

好消息是清水县的黄河支队并入了八路军冀鲁豫支队。冀鲁豫边区是日本鬼子打进清水后才听到的新名词，指河北省、山东省、河南省三省交界的地区，清水县就属于冀鲁豫边区。八路军派来了部队，带领边区当地的武装与日本鬼子战斗，八路军冀鲁豫支队就是在冀鲁豫边区与日本鬼子战斗的部队。小来和村子里几个年轻人随着黄河支队被编入八路军冀鲁豫支队三大队，听说一大队和二大队都是八路军一一五师三四四旅的正规部队改编的，英勇善战。冀鲁豫支队的战斗区域大，战斗力强，百姓们心里踏实了许多。

除了好消息，还有坏消息，而且是非常糟糕的坏消息：汪精卫投降了日本。

汪精卫是什么人？小兰觉得这个名字很耳熟，可是想不起来以前因为什么事听说过这个名字了，李贵卿说汪精卫曾经是南京国民政府主席，现在投敌了。

既然汪精卫当过南京国民政府主席，肯定是一个大人物，这样的大人物投敌，会对抗战有重大影响。

除了好消息和坏消息，还有一个小兰不敢相信的消息。消息的内容竟然说去年在郑州花园口炸开黄河大堤的不是日本鬼子，而是蒋委员长向国军下令炸开的，也就是说是国军炸开了黄河大堤。

“蒋委员长向国军下令炸开黄河河堤？这咋可能呀！”小兰一遍又一遍地问着自己，炸开黄河河堤是要淹死不计其数的老百姓呀，还要淹没大片大片的良田和房屋的，难以想象蒋委员长怎么会下这样的命令。她觉得不能相信这样的传言，肯定是有坏人放出这样的坏消息，黄河肯定是日本鬼子炸开的。

不过，小兰的心情还是不错的，因为小秋和宾宾都好好的。自从日本鬼子第一次打到清水后，小兰就担心着小秋和宾宾，不是自己想得太多，而是确实情况危急。不是吗？国军被打出了河北省，日本鬼子在河北省横冲直撞，烧杀抢掠。那时，自己整天提心吊胆，担心有一天躲藏的村民们被日军追上，被枪杀，那是多么可怕的一段时光呀。还好，八路军来到了河北省，来到了清水，使得清水的百姓们都齐心协力反抗日本鬼子。虽然自己只是和妇女们做军鞋、织布等，没有直接上前线打仗，可这也是抗战，是小萍说过的全民抗战呀。想到自己能为抗战做事，能为抗战出力，她觉得自己活得很充实，觉得抗战有希望。等到有一天，真的把日本鬼子赶出中国，小秋和宾宾能够健康长大，那该是多么幸福的事呀。

麦收刚过，村民们正在品尝着收获的喜悦时，听说日军又开始“扫荡”了。有消息说，日军集中了大量军队，攻击冀鲁豫地区，清水也是日军的重要目标之一。

日军第十师团，第一一四师团组成的队伍“扫荡”区域的北部地区，清水就在这个区域内。

旺财村自卫队又领着村民们四处躲避着，也打听着战斗的消息。听说日军在打仗过程中，首先是飞机空中轰炸，然后地上陆军进攻，日军作战时还大量使用毒气弹，使八路军多人中毒。八路军为了避其锋芒，主动撤离了清水县城，日军并不罢休,在道沟无法机动行军的情况下,冲入了县城附近的吴各庄,没抓到村民,就放火烧了全村所有的房屋。吴各庄上空的黑烟遮蔽了清水全县的半个天空。

吴各庄的村民等日军走后,从井水中打水救火的过程中,有人口渴喝水,竟然七窍流血,抽搐而死。经过查验,吴各庄一些水井中竟然被日军投了毒,吴各庄村民因中毒有不少死伤。

"恶毒的日本鬼子,真该打到十八层地狱。"小兰恨恨地想。

经过一个多月的艰苦战斗,八路军将驻在清水县城的日军赶走了,粉碎了日军的"扫荡"计划。幸运的是日本鬼子没能攻到旺财村,村民们的财物没有受到损失。

清水的村民们又回到了家园。奔逃了半个多月的生活,虽然疲惫之极,可是要赶着农时,尽快种下玉米和高粱才行。

这一天,天空下起了瓢泼大雨,雨水倾泻着,村里到处都是积水。

小兰在家里收拾了房间,又整理着辣椒,不知为什么,看着瓢泼大雨,她有些不安起来,坐也不是,站也不是,总觉得好像要发生什么事一样。

"俺这是咋了?好像没着没落的,可是一切好像都正常呀。"小兰自言自语道。她看看家里,小麦已经收好了,玉米也种下了,妇救会的工作好像也没有遗漏的。

晚上,在忐忑不安中,小兰上床睡觉了。在睡梦中,看到小秋拉着宾宾的手,跑过来对小兰说:"姑姑,日本鬼子被打跑了,被赶出中国了,咱去县城玩吧。"小兰紧张地问:"咱们刚刚躲避日军回来,日本鬼子就被打跑了?不会这么快吧?你们不会是骗姑姑吧?"可小秋和宾宾笑着跑远了……

雨仍然不停地下着,雨水滴落的声音竟然遮盖住了公鸡打鸣的声音,等到小兰醒来时,天色已经亮了。

虽然一切照常,可小兰仍然有着不好的感觉,她觉得这种感觉和昨天一样,是一种好像有什么事情要发生的感觉。吃完早饭,小兰想到,只要小秋和宾宾没事,应该就不会有什么大事,自己去看看小秋和宾宾,如果他们没事,自己就不用担心了。

小兰拿出雨伞,走出屋门。雨滴噼噼啪啪地掉落在雨伞的油布上,雨水溅到小兰身上,她没有理会,出了家门,向哥哥家走去。

街道上已经有了不少积水，雨滴滴落到积水上，激起无数个水泡，水泡在水面上飘浮着，很快爆裂了。积水向低处流动着，形成一条条小水溪。

小兰踩着积水，拐过街道，来到哥哥家。

“嫂子。”小兰在正屋门口叫了一声，听到宾宾叫了一声姑姑，掀开了门帘。

“姑姑，快进来。”宾宾看到小兰，高兴地笑着，看到宾宾一切都好，小兰也放心了一些，她弯下腰，迈过门槛，来到屋里。

嫂子菊花正在缝衣服，看到小兰，笑眯眯地说：“小兰，刚才正说你呢，你就来了。”

小兰笑着问：“嫂子，说俺啥呢？”

菊花说：“让宾宾去叫你过来呢。昨天在村外，俺在路上揪了一把灰灰菜，咱今天晌午饭就吃灰灰菜面叶汤，咋样？”

灰灰菜面叶汤可是美味无比的，是用红薯面加上少量面粉和面，擀成大张，切成片状，可能是有诗意的人看起来一片片的形状就像树叶一样，就称为面叶，将面叶与灰灰菜一起煮熟后，加入一点盐、葱花和热油，香得不得了。当然，如果用面粉和面做出的面叶更好吃，可是，农家人哪舍得呀。

“嫂子，你咋舍得面粉呀？”虽然面叶中加了少量面粉，嫂子也是舍不得的，小兰知道嫂子节俭，就问道。

菊花也笑着说：“前前后后跑了一个多月了，也该吃点好的了。再说，咱每年麦收后，都要吃一顿新麦磨出的面粉，今年还没吃呢。”

“小秋咋没在家？”小兰因为挂念小秋，对灰灰菜面叶汤并不热心。

菊花说：“今天轮到她站岗，现在应该在大槐树那儿呢，吃晌午饭的时候就回来了。”

听到小秋也很好，小兰放下了心。她觉得自己那种不安的感觉可能是前些天连日奔波的缘故造成的，既然小秋和宾宾都很好，估计不会有什么坏事吧。

小兰度过了平静的白天和一个算是平静的夜晚，虽然大雨仍然在下着，但她的心里踏实了很多。小兰第二天早早起了床，想着处理完家里的事后，到几个妇女那里转一下，看看有什么困难没有。

忽然，外面传来一个姑娘的声音：“兰姑，兰姑在家没？兰姑，兰姑……”

听不出是谁的声音，只是语气非常焦急。

小兰觉得有情况，她快速站起身，拿起雨伞，撑开后出了屋。

“出了啥事了?”小兰紧张地问。

只见,村里一个姑娘已经走到院子里,后面还跟着一个惊慌失措的小伙子。这个小伙子不是旺财村的,小兰没见过。

“你就是兰姨吧,俺是周、周、周家村的,出大事儿了。”小伙子紧张得说话都磕磕巴巴的,脸上因惊惧而扭曲着。

周家村是茴香婆家的村子,小兰觉得一定是茴香出事了。她觉得呼吸急促,浑身冒着冷汗,恐惧瞬间包围住了她。

“兰姨,村里发水了,发了那个、那个大水,那个、那个大水,把整个村子都淹了,灿明叔婶一家好几口都、都没了。”小伙子喘着气,终于把话说清了。

“啊?”小兰双腿有些支持不住,雨伞也握不住了,她觉得天旋地转,倒在地上。

多日后,小兰找到了在大雨滂沱的那几天,自己心神不宁的原因——水。

自从日本鬼子打进来以后,出现了许多以前想都想不到的怪事,其中最可怕的就是黄河被炸开后,黄河水奔腾肆虐的消息。在汹涌的河水中,不知多少人被淹死,多少人流离失所,无家可归。虽然有传说是日本鬼子炸开了黄河,也有传说是蒋委员长下令让国军炸开了黄河,可是不管哪种说法正确,都表明了一个吓死人的事实:养育中华民族的黄河水,在战争中,已经换成了另一种可怕的面目,成了可怕的武器。

可能这种想法已经在自己的头脑中形成了可怕的意识,才导致自己对大雨带来的雨水产生了恐惧,造成了不安、要出事的感觉。而且这种感觉竟然应验了。真的出事了,出事的地点就在周家村一带。

导致茴香死亡的真实情况也在随后查清了,竟然是被打出县城的日军为了报复清水军民,趁着大雨导致卫河河水暴涨的时机,将卫河河堤掘开,任由奔腾的河水淹没了村庄和土地。有五六个地势低洼的村子被全部淹没,淹死了一百多人。

被日军决堤的不止卫河,趁着冀中冀南的大雨,河水暴涨之机,日军竟然将冀中的滹沱河、永定河、潴龙河,冀南的卫河、安阳河的多处堤坝掘开,奔腾的河水倾泻而出,淹死了众多的百姓。甚至有的地方,日军还使用机枪向随决堤河水漂流的人们扫射,造成了空前的灾难。

茴香死了，茴香的丈夫和小儿子墩墩死了，灿霞也死了。大水给那些村庄带来的凄惨的景象难以用言语描述……

卫河。是小兰再熟悉不过的河流了。为了到天津卖布，自己无数次地在卫河上乘船去天津卖布。河水是静谧安详的，是清澈的，是清凉的。记得自己那晚连夜到元村集买布的经历，在卫河边行走，真的觉得卫河像自己的娘一样，保护着自己，让自己不会迷路。

可是，曾经是母亲河的卫河，被日本鬼子变成了魔鬼。决堤的河水，咆哮着，呜咽着冲向被她养育了几千年的大地，淹没了许多她疼爱的子女，这是多么可怕的情景呀。

把母亲变成魔鬼的就是日本鬼子，百姓们永远都不会忘记这一刻，不会忘记侵略者的罪恶行径。

小兰无数次想起了茴香，这个苦命的伙伴，从小就没过几天好日子，长大后又被爹逼迫嫁人，多年杳无音信。等到她嫁到周家村，刚开始过几天好日子，又赶上日本鬼子侵略中国，被日本鬼子夺去了生命。

还有小财，这个可怜的孩子，从小生活在恐惧和不安中，随着茴香回到了清水后，按说能过上平安的日子了，却在日本鬼子打来后，小小年纪目睹了妗子灿丽的惨死，又遭遇了爹娘、姑姑和弟弟的死亡，他将怎样面对生活呀。

最痛苦的可能就是茴香娘了。这个坚强的女人一生中经历了太多的生死离别。现在，她的亲人只有小来和小财了，希望他们不要再有危险了，让他们平平安安地生活下去吧。

自从日军被打跑后，生活暂时安定下来。受日军"扫荡"和大雨影响，秋粮的收成不算太好，村民们只好继续算计着过日子。

不安定的岁月注定要发生不安宁的事情。有一天，大妮儿爹像往常一样抽了一支烟，那是村民们很少抽的卷烟，是大妮儿最新进的货。可大妮儿爹抽了一支后，竟然大叫起来，接着满地打滚，很快七窍流血死亡了。事后有人说是卷烟的问题，可能卷烟被下了毒，抽到毒烟的人们大多都遭到了不幸。

还有不幸的消息，村里参加八路军东进纵队的一个孩子在武邑县与日军作战中身亡了。孩子的爹娘哭得死去活来，村民们也悲痛得流下了眼泪。

秋收过后没多久，有消息说又有国军部队来到清水驻扎了，一开始村民们都以为是八路军的部队，因为抗战后的两年来，只有八路军在河北省与日军作战，使得村民们觉得只要在清水的部队就是八路军。后来才知道不是八路军，是另外的国军部队，很多百姓听到这个消息非常高兴，觉得有新的国军部队与八路军共同与日军作战，抵抗日军的力量就更强，百姓的安全就更有保障。

为此消息高兴的不只是小兰，许多旺财村的村民都为这事兴奋着。这天，爱枝笑盈盈地上门来了。

爱枝是旺财村的妇女中颇有威望的人。早先，每到村里嫁娶时，爱枝都是被邀请迎亲送亲的人，也就是村里说的全可人。作为一个女人，有资格做全可人可不简单，首先要家中公婆健在，娘家爹娘健在，丈夫健在，还要有健康聪明漂亮的儿子和女儿。这些条件爱枝都具备，除了这些，爱枝漂亮热情，为人大方随和，只要村民请她做全可人，她都忙前忙后，没有丝毫怨言。因此，爱枝在村里有着非常好的人缘。

爱枝的三个孩子在村子里也是出类拔萃的，两个双胞胎儿子大小儿二小儿英俊威武，小女儿三儿漂亮可爱，不知有多少人都羡慕着爱枝。抗战以后，大小儿参加了八路军，二小儿参加了中央军，两个儿子都参加了对日军的作战，村民们更是对爱枝两口子多了几分尊重。

今天，爱枝找小兰，是因为想找小兰说说心里话，还有，她要打听一件事。这件事按说找村里的自卫队长李贵卿问更合适，但她还是觉得自己的心事不愿让其他男人知道，也不愿意让其他女人知道，她觉得最合适的只有一个人，就是小兰。

“爱枝嫂子，你来了？”小兰看到爱枝上门，放下手中正在缝着的军鞋，热情地迎上前去。虽然与爱枝很熟悉，但爱枝上门的时候并不多。

爱枝笑着说：“小兰，俺已经把两双军鞋做好了，给你送过来。”

小兰接过军鞋，看了看，与其他军鞋放到一起，在一张纸上记下了，然后转身笑着说：“嫂子，俺去取就行了，你还跑一趟。”

爱枝笑着说：“俺刚好想串门儿呢，就来了，小兰，正忙着做鞋呢？也不歇会儿。”

“咱庄稼人，谁家舍得闲呀？”小兰边笑着说话，边请爱枝坐下，还倒了一碗水。

爱枝拿起笸箩里的鞋，看看针脚，细致均匀，禁不住笑着点点头。小兰把水递过去，爱枝接过水碗，喝了一口，笑着说：“小兰，俺想跟你打听个事儿。”

“啥事儿?”小兰问,爱枝上门顾不上寒暄,直接问事儿,肯定很重要。

“你听说了没有? 有国军来咱清水了,不是八路军,是其他部队,也不是二十九军改编的第一集团军,成柳这些天不在家,俺想了解一下部队番号。”爱枝说。

“俺是听说有国军来清水了,好像是三十九集团军……”小兰边想边说。

“是啥军啥师知道不?”集团军的番号太大,爱枝好像急于知道更多的内容。

“不知道,俺觉得,只要是国军,不管是啥军啥师,越多越好,等到把日本鬼子赶出去,咱就能过好日子了。”小兰笑着说。

爱枝看了小兰一眼说:“大小儿的部队番号俺知道得多,去年他们参加八路军东进纵队的时候,在七支队,后来七支队和三支队合编为东纵三团,现在大小儿就在东纵三团。”

“爱枝嫂子,你可真细心,大小儿的部队番号你都打听得这么清楚。”小兰称赞道。

“小兰,你不知道,俺打听番号可有大用处。”爱枝笑着说。

“啥用处?”小兰问。

“上个月,有个路过的八路军,俺问他是不是东纵三团的,他说是,俺问他认不认识叫李大小儿的,你猜他咋说?”爱枝卖起了关子。

“咋说?”小兰问。

“他说认识!”爱枝眉开眼笑地说,“他说大小儿啥啥都好,还说大小儿打死过几个日本鬼子呢。”

“是吧,”小兰也为爱枝高兴起来,“大小儿啥啥都好,你就放心吧。爱枝嫂子,你打听部队番号是不是就想着能多听到孩子的消息呀?”

“谁说不是呀? 小兰,俺还打听过了,年初八路军在威县香城固打鬼子伏击的时候,东纵三团也参加了。如果到咱村里整训的八路军有东纵三团该多好,那样大小儿就能回家了。”爱枝说着,竟然抹起了眼泪。

“是呀,”小兰感慨地说,“咱村几个孩子一起去了东进纵队,应该都在东纵三团吧。”

“应该都在。”爱枝附和了一句,又接着说,“小兰,俺还听说二小儿的部队以前不叫五十二军,叫十七军。”

小兰笑着说:“反正俺就知道二小儿的部队是中央军。”

爱枝说:“十七军可厉害,民国二十二年的时候在长城的古北口、南天门跟日本鬼子打过仗呢,后来就驻扎在北平,离天津不远。哎,小兰,没准他们部队有人到天津的时候,可能到你那儿买过布呢。”

小兰听了,笑着说:“嫂子,你想得挺远,俺在天津卖布的时候,见过国军,但很少见他们买布,他们的衣服都是军装,是部队发的。”

爱枝说:“俺说高兴了,就扯远了,反正十七军不简单。”

小兰忽然想起什么说:“嫂子,那十七军为啥后来叫五十二军呀?”

爱枝说过:“好像民国二十四年日本让中央军撤出北平的时候,日本人觉得十七军听着不顺耳,就改成五十二军了。”

小兰生气地说:“日本多可恨,咱部队的番号他们不爱听就得改。”

爱枝接着说:“小兰,你说俺是不是神经了,听说有国军来了,就总想着二小儿的部队能打过来,俺不怕你笑话,做梦都梦见过二小儿回家。你以后再听到国军番号的时候,留意帮俺多打听打听,如果新调来的三十九集团军下面的部队要是有五十二军二师,那就是二小儿的部队,那该多好呀。到那时候,俺家大小儿、二小儿,一起在河北打日本鬼子。”

小兰恍然大悟说:“嫂子,这下俺听明白了,怪不得你打听新来的国军番号呢,原来你是盼着二小儿回来呢。”

爱枝笑着说:“小兰,你说,俺是不是总是大白天想好事儿呀?”

小兰笑着说:“谁不愿意想好事儿呀,俺还想晓东哪天就进门了呢。”

说到晓东,小兰的脸色阴沉下来。

俗话说“说曹操曹操就到”,爱枝与小兰说话后没几天,三十九集团军竟然真的来到了旺财村。那天,三十九集团军的士兵来到旺财村口的时候,在村口站岗的儿童团员看到有穿着国军军装的人从公路上拐到旺财村,就转身用弹弓向大槐树射了两个红色弹丸,大槐树下的儿童团员拾起弹丸,跑到村公所,报告有国军或者救国会的人来了。村长成柳接到报告走出来,只见一队国军进村了,国军中有人牵着两条狼狗,狼狗伸着长长的舌头,两眼闪着凶光。

成柳以为是八路军来了,热情地走上前去,一位国军排长问了成柳的身份,告诉成柳,他们是三十九集团军的,来旺财村有一件事要办。他们在旺财村为军队采购粮食,如果有夏粮最好,没有夏粮秋粮也行,按市价用法币支付,还有,要出劳力准备车辆,将粮食送到指定的地方。

听到是三十九集团军的部队,成柳有些激动了,他知道自己的媳妇爱枝一直想打听三十九集团军的消息。他委托的人出外打听消息已经有几天了,还没回来呢,三十九集团军就上门了,这样就可以直接打听二小儿的消息了。他一面安排国军战士休息,一面找人准备粮食,还没忘记让人通知爱枝过来。这样的时候让媳妇直接问事,或许更好。

许多百姓听说是国军上门买粮,都把家里的新粮拿出来,背到村公所门前。不少女人听说国军来了,也笑着来到村公所,村公所前空地很快围了不少人。菊花来了,大妮儿来了,小兰来了,后来,爱枝也一溜儿小跑来了。

那位国军排长看到村民们这么热情,粮食也拿来不少,很高兴,说了不少感谢的话。村民们也高兴地与他说着话。

有村民笑着问:“你们是八路军哪个部队的?”

国军排长听了有些不高兴地说:“你怎么就知道八路军呀,咱国军部队多着呢,难道河北就只有八路军?”

听了这话,村民们意识到自己看错了。可是这一年多来,他们听说的国军部队只有八路军,今天进村的不是八路军,那还有其他国军部队吗?

成柳看到国军排长有些不高兴,赶紧打圆场说:“乡亲们,今天来到村里的不是八路军,而是新到的打日本的国军,是三十九集团军。”

国军排长怒气未消地说:“八路军可不是我们三十九集团军的对手。”

村民们听了,有些面面相觑起来。在他们看来,国军都是与日军作战的部队,对手应该都是日军,这个国军排长怎么说八路军不是三十九集团军的对手,难道三十九集团军将八路军当作对手吗?应该不可能,村民们觉得可能是自己听错了。

“长官,俺想问个事,”爱枝急于打听二小儿的事,没留意国军排长的话,客气地问道,“你们三十九集团军下属都有啥军啥师呀?”

国军排长诧异地问:“你一个村妇问我们的部队番号做什么?”

小兰看到国军排长的表情,知道他误会了爱枝的话,就赶紧补充说:“长官,俺这个嫂子的儿子在中央军五十二军二师当兵,想问问你们的部队是不是五十二军二师,她想孩子了。”

爱枝红着眼圈,点点头,她知道小兰说出了自己心中想说的话。

“中央军?”国军排长一脸愤怒:“中央军早跑到黄河南边去了,让我们这些地方部队卖命。”

村民们觉得今天的对话真是够累的，国军排长的各种表情让人很不舒服。

“那你们部队没有五十二军？”爱枝还有些不死心地问。

“当然没有。”国军排长大声说。

“你们知不知道七十七军的消息？”一个村民的孩子二顺参加了七十七军一七九师，二顺爹也想打听孩子的消息，所以问道。

“不知道。”回答得更干脆。

大妮儿在旁边解释说：“长官，我这个嫂子有两个孩子都参加了国军，她担心孩子，所以问得多了，你多担待。”

国军排长瞪着眼睛看了看爱枝，酸溜溜地说：“你一个村妇，竟然能把两个孩子都弄到中央军，你可够有本事的。”

爱枝看到国军排长很恨中央军，就赶紧解释说：“不是不是，俺只有一个孩子在中央军，另一个孩子在八路军东进纵队。”

国军排长听了，大声说：“八路军已经被我们三十九集团军活埋了不少了。”

这句话如晴天霹雳，震惊了在场的所有人！

八路军和三十九集团军应该都是属于国军部队，八路军对百姓们那么好，还一直与日军作战，为何会被三十九集团军活埋呢？真的假的？活埋了多少人？

爱枝听了这话，竟然一下子瘫软在地上。

三十九集团军的一队人马把旺财村搅了个天翻地覆。

三十九集团军在之前是一只非常普通，甚至有些不入流的国军部队。可是，这次来到河北省的这支番号已经改为三十九集团军的部队却不再普通，而是背负着军事委员会委员长蒋介石的神秘指令，执行一项重要任务的神秘部队！

民国二十四年，河北省成立了四个保安旅，日本人推荐石友三担任河北省保安司令，宋哲元惹不起日本人，但又不想完全听命于日本人，就委任石友三为冀北保安司令，指挥两个保安旅。民国二十六年卢沟桥事变后，在二十九军改编为第一集团军时，隶属于二十九军的石友三的保安部队被编为一八一师。随后，这一支部队又被编为六十九军，民国二十七年底被编为三十九集团军，石友三被任命为三十九集团军总司令。

石友三部的编制越来越高，意味着其作用也越来越大，承担的任务也越来越重要。而最终被派往河北省执行神秘的重要任务，这个由蒋介石下达的重要任务就是把八路军挤出河北省。

自从抗战打响以后，日军迅速占领了华北，曾经是京畿重地的河北省成了敌后区域。后来，八路军来到河北，成了唯一的国军部队，与日军作战。

为何蒋介石派石友三这样的部队来执行这样的任务不得而知，不过从三十九集团军执行任务的过程或许可以猜测几分蒋介石的派兵思路：

首先，蒋介石派驻河北省的部队应该是对河北省的情况了解得比较多的。那么，符合此条件的部队首选原二十九军改编的第一集团军的步兵部队，如五十九军、七十七军、六十八军，还有原保安部队。

还有，派出的部队不要与日军交战，那样会削弱本就不强大的军力，也难以在河北省立足。

最后，这支部队在驱逐八路军时，如果能力不足，最好能得到日军的帮助，借助日军力量一起对付八路军。

符合此条件的部队，肯定不是五十九军、七十七军、六十八军，因为五十九军、七十七军、六十八军一直与日军英勇作战。如果这三个军的部队来到河北省，说不定会与八路军共同与日军作战，这样就达不到将八路军赶出河北省的目的了。为此，可以选择的就只剩下原保安部队了。

或许是以上原因，才使得原二十九军保安部队在与日军作战中功勋不多、战斗力不强的情况下，从保安部队升为三十九集团军，并调配了许多部队充实到三十九集团军。将介石将这支部队放到河北省，以期望达到将八路军赶出河北省的目的。

同为国军，八路军对来到河北省的三十九集团军当作友军，希望在敌后共同抗日。为此，八路军不仅诚意表示愿意与三十九集团军共同团结抗战，还尽量对三十九集团军提供优待。八路军战士吃小米，将省下的面粉给三十九集团军吃；八路军缺衣少穿，努力为三十九集团军解决棉衣；八路军冬天盖单薄的被子，却给三十九集团军提供棉被。民国二十八年初，刚刚来到河北省的三十九集团军根基不稳，缺吃少穿，就做出愿意与八路军合作的姿态，使得双方最初有一些合作的内容。但很快，在河北省站稳脚跟的三十九集团军露出了真面目，他们没把八路军当友军，他们从不与日军作战，却将目标对准了八路军。在清河，在清江，在南宫，在临清，在曲周，在威县等许多地区，三十九集团军从制造军事摩擦到殴打八路军战士，捕杀八路军战士，再到后来，发展到活埋八路军战士。

三十九集团军除了对八路军凶狠，对百姓们也横征暴敛，向能力所及地区勒索粮食，搜刮货币和布匹。石友三还用日军送给他的印刷机私印“法币”，强行用自己印刷的“法币”买粮，并逼迫百姓们使用这种“法币”。

三十九集团军的军纪败坏，经常有士兵抢劫、绑架、强奸妇女。更有甚者，三十九集团军士兵经常穿上八路军的服装，冒充八路军，出外抢劫、强奸，希望通过败坏八路军的声誉，逼迫八路军退出河北。

不幸的是，旺财村也成了三十九集团军涉及的村庄，没能躲过这支部队的劫掠。

村民们给这支以为是打日本的国军装了二十几推车的粮食，可是这些国军给村民们的法币竟然是自己印刷的“法币”！那天，收到钱的村民反映法币有问题，和前几个月据说从日本鬼子出来的法币的手感一样，是假币，大家围住国军排长要讨说法。国军排长瞪起眼睛，凶狠地说：“都听我说，现在是危难时刻，给你们钱已经不错了，还挑三拣四的，今天谁敢不听，国军的枪子儿是不长眼的。告诉你们，国军大部队就离这儿不远，你们再胡闹，把你们都抓走。”

这些村民们知道了，这哪是买粮呀，就是抢粮呀。

在长枪的逼迫下，村民们无奈，只好将粮食“卖”给了这支部队，还出了劳力，把粮食送走了。

除了假币的事，还有国军排长的那句可怕的话，使得村里参加了八路军的战士的家人担心起来，因为这些孩子大多是随着四支队参加八路军的，他们都在八路军东进纵队的东纵三团。如果那个可恶的三十九集团军的排长说的是真的，他们的孩子岂不是非常危险？他们要尽快与孩子取得联系，了解事情的经过，确保孩子的安全。

大家商量的结果就是要有人直接出去到卫河西边的冀南地区，那里是东进纵队驻扎和作战的区域，东纵三团就在那里。只要找到东纵三团的一个人，就能够知道旺财村孩子的消息。

有几个村民愿意出外打探消息，就一起结伙出去了。过了十几天回来了，说东纵三团四处作战，根本找不到，也得不到孩子们的消息，还有，他们听到了许多三十九集团军残害八路军的恶行。村里许多八路军家属都着急了，担心自己的孩子遭到不测,整日难以入睡,非常憔悴。

三十九集团军的恶行不断升级,甚至到了要先发制人,打倒共产党,消灭八路军,并谋划在冀鲁豫地区一带,与南京国民政府濮阳专员丁树本的兵力共同行动消灭八路军。八路军为了保卫抗日根据地,集中冀中、冀南和冀鲁豫部队,发起讨顽战役,八路军对三十九集团军及丁树本部队中顽劣势力发起攻击,将石友三的三十九集团军赶出冀南,大量的三十九集团军部队逃窜到卫河以东的南乐、清水和濮阳一带。

到了民国二十九年(1940年),刚过春节,有大量的国军部队从西面度过卫河,进入清水,从旺财村里经过的这些国军,趁着村民们过年时,家家都有些年货,进村抢劫,将村民们惊吓得不轻。经过打听,这些国军也是三十九集团军的部队。

除了抢劫,三十九集团军还在村子里抓丁,有四个青年被三十九集团军抓走了,其中有五老奶奶的重孙子小慧,那是一个有几分扭捏的男孩子。对于四代单传的家庭来说,小慧被抓给这个人丁并不兴旺的家庭带来了深深的伤痛。已界百岁的五老奶奶整日以泪洗面,担心着重孙子的安全。

靠这些残害百姓的三十九集团军,能打败日军吗?除了祸害百姓,没听说过三十九集团军与日军交战的消息呀,他们是蒋委员长派来的吗?

村民们都有些不知所措了。

元宵节过后,八路军部队进入了清水,向三十九集团军发起了攻击。经过几天激战,三十九集团军被打出了清水,被打出了冀鲁豫地区。

生活又恢复平静了,旺财村的百姓们算是松了一口气。大家觉得没有了三十九集团军的骚扰和劫掠,生活变得有了生气。

参加攻打三十九集团军的八路军部队中就有东纵三团,部队领导特意安排清水战士利用战斗胜利后的间隙回家探望。当这些已经算得上是八路军老战士的旺财村子弟出现在村口时,兴奋的儿童团员用弹弓向大槐树射去红色弹丸报信。一个红色弹丸射来后,很快一个黝黑壮实的八路军战士来到了大槐树下;又一个红色弹丸射来,很快一个笑容可掬的八路军战士来到了大槐树下;第三个红色弹丸射来,很快一个精神利索的八路军战士来到了大槐树下。村民们把这些近两年未见的孩子围得水泄不通,上上下下打量着,笑着说:“看呀,那个留着络腮胡子的八路军战士竟然是大小儿呀,那个老高老高的八路军战士竟然是昌魁呀,那个浓眉大眼的八路军战士竟然是平平呀。"村民们又哭又笑着,热闹极了。

生活踏实了,许多村民们又想到,八路军打三十九集团军,虽然替老百姓除了害,可毕竟是国军打国军呀,这好像没有值得庆贺的,甚至也没有什么值得高兴的。村民们又开始唉声叹气起来。

有八路军进村了,在村里召集村民开会。在大槐树下,八路军向村民们讲述了攻打三十九集团军的原因。

八路军介绍的内容更加详细,三十九集团军虽然是国军,但其从山东省来到河北省的目的不是与日军作战,而是为了赶走八路军。他们不仅对百姓凶狠,还残忍地杀害了许多八路军,甚至遇到与日军打仗时走散的八路军战士,也多次殴打杀害,还几次活埋了八路军和抗日干部,三十九集团军还勾结日伪军,一起向八路军进攻。在八路军与三十九集团军多次协商无果,处境危险的情况下,只好奋起反击。

村民们知道了事情的真相,对三十九集团军的情况有了了解,理解了八路军的行动。

春天来了,清水县成立了清水县抗日民主政府。抗日民主政权的人员分配采用共产党倡导的"三三制"政策。具体来说,是按照抗日民族统一战线在政权的人员分配上的政策,共产党员占三分之一,非共产党员的左派进步人士占三分之一,不左不右的中间派人士占三分之一。

清水抗日民主政府推出了累进税、减租减息的惠民政策,受到百姓们的称赞。市场上也多了一种新货币——冀南币,这是冀南银行发行的,是用于支持抗战,抵抗日军经济侵略,调节市场的货币,根据地的群众称之为抗日钞票。

经历过多种货币的百姓们明白这个道理,用谁的货币就是支持谁,使用冀南币就是支持抗战。而且冀南币没有假币,使得深受假币祸害的百姓们自愿选择使用冀南币。

因为卢沟桥事变之前,南京国民政府出台的财政政策就是只允许法币作为流通货币。为此,抗日政府出台了相关法令,禁止汉奸联银券流通,也禁止早已被南京国民政府取缔的杂票流通,比如河北银行、河北银钱局、山东民生、山东平市官钱局钞票及私人土票。

抗日民主政府成立了清水县武装大队,县以下设区,各区也成立了基干大队。县武装大队成立不久，就在清水县城南面的地方伏击了日伪军的一个汽车队，毙敌200多人，烧毁敌军汽车11辆。

又过了不久，在冀鲁豫边区成立了八路军冀鲁豫军区，清水属于一分区。

生活正常了，麦苗长高了，百姓们也高兴起来了。

陆陆续续有新的消息传来，首先是河北省主席换人了，新的河北省主席叫庞炳勋，还有就是在南京成立了由日本扶持的汉奸政府，也叫“国民政府”，听说原来国民党的那个投降日本的大人物汪精卫出任主席，原来在北平的汉奸政府——“华北临时政府”撤销，并入南京国民政府。

在这个纷乱的年代，百姓们学会了用心观察。因为虽然是乱世，但乱世的团体可差别极大，真的有专门为老百姓的队伍和政府，他们为了老百姓的生活而费尽心思，这就是八路军和抗日政府；还有一部分国军也做一些抗日的事，但已经很久没看到了，能看到的国军都像三十九集团军一样，坑害老百姓，偷袭八路军，与日军暗自通气，让老百姓恨之入骨。

还有让老百姓恨的就是伪军，他们也是中国人，他们的爹娘也是普通老百姓，可伪军跟着日本干尽了坏事。

最让老百姓痛恨的就是日本鬼子，他们强行侵占中国的领土，屠杀中国人，抢中国人的财物，烧毁百姓的房屋，犯下了滔天罪行。

许多老太太找人在纸上画日本鬼子的像，为了画得像，还特别强调把鬼子那像脚指甲盖一样的胡子画上，拿到鬼子画像后，老太太每天拿针戳几下，才觉得今天没白过；还有老太太做面条时，拿一部分面捏成日本鬼子的样子，下锅煮后吃掉，这样她就觉得咬死了日本鬼子，解了恨；还有的老太太拜菩萨时，最后还不忘加上一句：“大慈大悲的菩萨呀，你赶紧向玉帝禀报吧，日本鬼子在这儿野蛮杀人呢，赶紧让玉帝派天兵天将把这些日本鬼子抓走，打到十八层地狱，让他们永世不得翻身呀，菩萨呀，求你一定办到呀。”

临近端午节的时候，抗日政府慰问抗日士兵的家属（简称抗属），每个抗属家一斤糯米。茴香娘因为小来参加了八路军，得到了一斤糯米，爱枝因为大小儿是八路军，二小儿是中央军，得到了两斤糯米。小兰给她们送糯米时，她们都热情地与小兰说了不少话。

旺财村的百姓们都在忙着支前的事，男人出劳力，女人还是做缝缝补补的事情。

根据县政府妇救会的安排,旺财村主要工作是做军鞋,全村要在麦收前做200双军鞋。虽说是军鞋,其实就是家家按照自己给家人穿的式样做,大小也是家人的大小。

这天,小兰在村里安排了妇女们做军鞋后,回到家里已经过了晌午多时了。她简单地吃了饭,也开始做军鞋。

每人定额是两双,自己也要做出来,所以她在赶时间。

正在纳鞋底,小兰听到一个清脆的女声叫姑姑,是小秋的声音。小兰转过头,只见门口闪过两个漂亮女孩的身影,是小秋和她的小伙伴三红,两人手拉手,笑嘻嘻地走进门来。

"小秋,三红,快进来,吃晌午饭了没有?"小兰笑着问。

小秋笑着说:"姑姑,现在都啥时候了,还不吃晌午饭?"

小兰想了想,觉得自己刚刚吃完饭,还以为别人也是现在吃饭呢,所以问的问题不对,她自己也笑了。

"姑姑,你在忙啥? 俺找你有事。"小秋认真地说。

"找俺有事?"小兰觉得很少看到小秋有这么严肃的时候,就好奇地问,"找俺有啥事呀?"

小秋从书包里拿出一张纸和一支铅笔,小兰看到纸上面印了表格,还有字。

"姑姑,老师让俺做一份农民生活现状调查,而且不让调查自己家,俺就来找你调查了。"小秋笑着说。

小秋和三红因受抗战后学校关闭的影响,学业曾经停滞。好在现在村里开了一所抗日小学,耽误了一年多学业的小秋在抗日学校里学习高小的课程。

小兰听了,高兴地说:"老师让做的事情一定要做好,你调查吧,姑姑一定问啥说啥,让你把调查做得特别好,让老师夸奖你。"

小秋听了小兰的话,高兴得脸上笑开了花。

看着小秋高兴的模样,小兰心里也很快乐。

"姑姑,你叫啥名字呀? 俺从小都叫你姑姑,还不知道你的名字呢。"小秋说。

小兰笑着说:"姑姑叫李玉兰。"

小秋把小兰的姓名填到表格里,然后边填表格边说:"性别当然是'女'了,住址就是咱村了。"

小兰笑着说:"这些你都知道,就直接写上吧。"

“姑姑，你的年龄是多大呀？”小秋接着问。

“俺的年龄？”小兰很长时间都没有考虑过年龄了，她想了想说，“姑姑是光绪三十一年出生的，多大年龄要算一下。”

小秋吃惊地说：“姑姑，你不是民国出生的？”

小兰哭笑不得地说：“当然不是，姑姑出生的时候还有皇帝呢，是光绪皇帝，后来还经历了宣统皇帝。”

小秋皱着眉头说：“那该多早呀。”

小兰笑着说：“你看你的样子，好像姑姑已经出生了几百年一样。”

小秋听了小兰的话，扑哧一声笑了出来，她知道自己的话没说对，就笑着说：“姑姑，光绪三十一年是公元多少年呀？”

小兰想了想说：“俺算算，嗯，是公元1905年。”

小秋说：“姑姑，你是1905年出生的，现在是1940年，从出生到现在过去了35年，你的年龄就是35了。”

小兰说：“咱清水都是按虚一岁算的，姑姑今年36岁了。”

小秋点点头，在表格上填上年龄后，看着表格说：“家庭成员有好几行，可家里只有你一个人，家庭成员一个也没有呀？”

小兰听了，脸有些变色，她犹豫了一下，小声地说：“姑姑家有人。”

“哪有人呀？不就你一个人呀？”小秋还是个孩子，不知小兰心里起了变化，仍然直截了当地问着。三红也四外张望着，好像能看到谁。

小兰觉得心里被刺痛了，她低下了头，难过起来。是呀，谁家没有家庭成员呢？可自己却只是孤单一人，一个普通人该有的自己却没有。她想起了尘封已久的往事，想起来曾经觉得已经很遥远的事。但此时，她好像觉得往事并不久远，仿佛就在不久前一样，她开始流下了眼泪。

“姑姑，你咋哭了？”小秋吃惊地问。

听到小秋的话，小兰察觉到自己失态了，就回屋拿了一块手巾，擦了眼泪。她觉得不能因为自己的原因，影响小秋做老师交代的事，她还想帮小秋赢得老师的夸奖呢，想到这里，小兰做了一下深呼吸，觉得心情平静了一些，就走出屋子，来到小秋身边坐下。

小秋想不通为什么姑姑要流泪，她纳闷一向开朗的姑姑怎么这么反常。三红也有些紧张地看着小兰。

“小秋,姑姑家有家庭成员,那就是你的姑父。”小兰说。

“俺的姑父?”小秋向周围看了看,“俺咋没见过呀?也没听俺娘说过呀?”

小兰说:“大家都觉得你是个小孩儿,没机会跟你说大人的事。”

小秋好奇地说:“姑姑,俺姑父在哪儿呀?咋不回家呀?”

小兰硬着头皮回答说:“他几年前出门了,还没回来,你写上,他的名字叫王晓东。”

小秋问了“王晓东”是哪三个字,小兰告诉了小秋。

“姑姑,你家里有几亩地?有几头耕牛?收成多少?”小秋看着表格问。

小兰又有些伤心起来:“姑姑家里有一亩地,还种了一亩地,总共是两亩地,没有耕牛,一年收成好,每亩可以收两石粮食。”

“姑姑,抗日政府实行的累进税好不好呀?”小秋继续问。

小兰说:“好呀,累进税更合情合理,俺赞成。”

“姑姑,你现在最怕啥?”小秋边记边问。

小兰又有些坐不住了,自己最怕什么?自己最怕小秋、宾宾不能顺利长大,最怕他们面临小春的命运,可这些话不能对小秋说呀,那该怎么说呢?

小兰想了想说:“要说俺最怕的,嗯,俺最怕你长得慢,要是能快点长大多好。”

小秋笑着说:“咋大人都嫌俺长得慢呀,爹娘这么说,老师这么说,连姑姑你也这么说。”

小秋的话把小兰也逗笑了。

三红也笑着说:“俺爹俺娘也嫌俺长得慢呢。”

“家家的爹娘都盼着孩子早点长大呀。”小兰感慨地说。

小秋又看了看表格说:“姑姑,你最大的愿望是啥?”

小兰笑着说:“姑姑最大的愿望就是把日本鬼子赶回老家,一家人都平平安安的,然后再买一亩地。”

小秋填上了表格,然后又问:“姑姑,你希望俺做啥呀?”

小兰笑着说:“希望你快快长大,嫁一个好人家。”

小秋撅起了嘴,不高兴地说:“俺还以为你会说俺长大以后参加八路军打日本呢。”

小兰说:“参加八路军打日本那是男人的事,你长大了就像姑姑一样,参加妇救会,也是抗日呢。”

小秋听了笑着说:“姑姑,俺知道该咋填了,就填俺长大以后加入妇救会。”

小兰笑着说:“行,就这么填吧。”

小秋把表格填完了,看了看,觉得还满意,就和小兰告了别,和三红手拉手走了。

看着小秋的背影从门口消失,小兰的心情难以平静。小秋的问话勾起了小兰对痛苦的回忆,那是她不愿面对甚至不敢面对的。这时小兰的心情糟糕透了,要纳的鞋底针脚也不够均匀了,气得小兰心情烦躁地把活计放在一边。

说心里话,自从日本鬼子打进清水后,小兰更多的都是在想怎么活命,怎么让小秋、宾宾能长大。自从加入了妇救会,更是忙活具体事务,她已经忘了王晓东了,她的生活正常了。可小秋今天的调查使自己又开始想晓东了,开始想起已经尘封心底多年的痛苦回忆,她想起了被抓丁的晓东,想起了慈祥的爹娘,想起了善良的公公婆婆,想起了杳无音信的小春,她又深深地陷入了痛苦中。

“姑姑。”忽然,小兰听到了很轻的声音,这是宾宾的声音。小兰转过头,看到宾宾有些窘迫地站在院子里,旁边还有一个与宾宾年龄相仿的,扎着两个翘翘辫子的小女孩儿。

“宾宾,咋了?”小兰觉得宾宾的表情不自然,担心地问。

宾宾好像受了委屈,眼睛里闪着泪。

“姑姑,李迎宾没完成作业,俺就把他带来了。”小女孩伶牙俐齿地说。

宾宾也在抗日小学上学,上一年级。

小兰有些生气地对女孩说:“你是谁家的孩子?是不是欺负宾宾了?”

小女孩一点没害怕,认真地说:“姑姑,俺没欺负他,俺爹叫王贵堂。”

王贵堂是村东面的村民,小兰认识,就问道:“你叫啥名呀?”

小女孩说:“姑姑,俺叫王雪花,是组长。”

小兰明白了,宾宾是和班里组长来了。

“雪花,你带宾宾来有啥事呀?”小兰问。

王雪花说:“李迎宾不想完成作业。老师说让俺帮助她的,今天就是帮助他完成作业的。”

小兰对宾宾说:“宾宾,老师布置的作业你可不能马虎呀,要好好念书。”

宾宾听了小兰的话,点点头,就从书包里拿出一张纸,小兰看见了,是一张表格。

“姑姑,你的姓名是啥呀?”宾宾看了一眼表格后问,说出话后宾宾的神态自然了许多。

“看来,宾宾挺怕雪花的。”小兰心想,雪花刚才说话时宾宾竟然老老实实地听着,这可是不多见的。估计宾宾的作业也是调查表,小秋刚走,又轮到宾宾调查了。小兰哭笑不得地想:“看来自己刚才的痛苦只好再经历一遍了。”

“姑姑叫李玉兰。”小兰看着宾宾,柔声地说。

“姑姑,你的性别是啥呀?”宾宾继续问。

“李迎宾,你姑姑当然是女的了,这还用问呀?”王雪花厉声打断了宾宾。

宾宾脸红了,小兰为了避免宾宾难堪,赶紧问:“宾宾,下面要问啥呀?”

“姑姑,你的年龄是啥呀?”宾宾继续问。

王雪花说:“李迎宾,你应该问你姑姑多大年龄了。”

小兰看不惯王雪花总是批评宾宾,就对王雪花说:“雪花,俺在这里帮宾宾做调查表,你快回家吧。”

王雪花答应一声说:“好吧,李迎宾,你要按时完成作业啊。”

宾宾看着王雪花,点点头,然后看着王雪花走出去。

小兰看到王雪花出门了,就拉住宾宾说:“宾宾,这个女孩儿是不是总是欺负你呀?”

宾宾摇摇头说:“她没欺负俺,如果学校有同学欺负俺,她还来帮俺呢。”

小兰听后笑了起来:“她还帮你? 那还不错嘛。”

宾宾也笑了。

小兰说:“你要做调查,为啥不早点找姑姑呀?”

宾宾不好意思地说:“俺光顾着玩了,忘了作业的事了。”

小兰给宾宾拿了点吃的,让宾宾吃完了,又催促宾宾填表。

“姑姑,你的年龄多大了?”宾宾问。

小兰笑着说:“姑姑36岁了。”

“家庭成员呢?”

“你就填王晓东。”

宾宾不会写晓东两个字,小兰手把手教,宾宾终于会写了,填了上去。

“姑姑,家里有多少地。”

“两亩地,一年收四石粮食。”

“姑姑,你最怕啥呀?”

“怕你长得慢。”

“姑姑,你的愿望是啥?”

小兰笑着说:“把日本鬼子赶出中国。”

宾宾填完了,觉得一身轻松,他长出了一口气,笑着说:“姑姑,俺的作业做完了。”

小兰笑着说:“宾宾,你这孩子可比小秋做作业差得多呀。”

第四十一章

炙热的风儿吹来,把小水滴吹向了高空,不断变换着方向的风儿将小水滴吹到东,又吹到西,没有停歇的时候。

每到高空,小水滴都会将视线转向大河的方向,那里有她再熟悉不过的景象,亮如镜面的河面,永不停歇的水流,那是她心目中的归宿。可是,很长时间以来,那条大河的河面日益缩小,直至有一天,河面竟然无影无踪,连细细的水流都不复存在了……

小水滴痛苦地呜咽着,为那条曾经伴随了她无数日日夜夜的大河,为那条给予了她无限希望的大河。那是她的精神力量的源泉,是她度过孤独寂寞的牵挂。可是,大河没有了,她的愿望将寄托到哪儿呢?

严格说来,大河还在,只是没有了水,那远处弯弯曲曲向前延伸的低洼之处不就是原来大河的河床吗?可是,没有水的地方,即使有河床,能称之为大河吗?被称为河的地方可以没有水吗?是先有了水才能称之为河,还是先称之为河,才会有水?

小水滴有无数个问题,但是这些问题都没有找到答案。她痛苦地大喊:“大河去哪儿了?我到哪儿能找到大河呀?”

第四十二章

仿佛老天爷格外垂青华北的百姓，处处用心地营造出了一个好的年景。在地里忙活的百姓们希望刮点风时，就有和煦的春风吹来；百姓们希望下点雨时，就有清爽的春雨落下；当滚滚麦浪飘洒着醉人的麦香时，天气又格外的晴朗。收获着麦子的百姓们都喜滋滋，今年可是多年不遇的好年景呀。

麦收刚过，百姓们刚刚将晒好的麦子脱粒后装入口袋，就传来消息：日伪军分三路进攻清水南边的濮阳一带，被冀鲁豫军区的八路军袭击了几次；日军感觉难以取得胜利，就从徐州、兖州、泰安、安阳出动了大批部队，分十一路，向濮阳、清水扑来。

日本鬼子要来“扫荡”了，百姓们的心里都七上八下的。

日军的这次“扫荡”不是普通的“扫荡”，而是有着长远规划的军事行动。

作为侵略中国的日军，对中国的了解是非常全面透彻的。

自从日本侵略中国的战争打响后，日军最重视的区域就是中国的华北地区，因为这一片物产丰富的平原是日军继东北之后的第二个试图占领的地方。虽然受民国二十四年的北平一二·九运动的影响，延缓了日本吞并华北的阴谋，但并没有影响日本鲸吞华北的野心，所以卢沟桥事变后，日军最急迫地就是占领华北。日军在华北地区与国军作战非常顺利，甚至顺利得有些超乎想象。占据了空中优势后，日军坦克、装甲车、军车、摩托车等机动装备可以在开阔平坦的平原上横冲直撞，快速到达战斗地点，给国军很大杀伤。借着胜势，日军在华北占领了大片地区，并很快在北平扶植了华北傀儡政府——“中华民国临时政府”，一切都与日军在东北时进程一样顺利。

中国地域辽阔，日军不可能占领全部的地方，怎样分布占领区域的部队是需要深思熟虑的。日军要占领的是平汉铁路和津浦铁路,中日双方谁控制了这两条大动脉,谁就控制了战争的主动权。但很不幸,这两条大动脉都被日军控制了,并驻扎着重兵守卫。按照日军所想,只要占领了两条大动脉,对中间区域的抗日力量不时“扫荡”,就能够保证区域安全,战争主动权就能一直掌握在日军手里。

随着抗战的发展,华北地区除了国民党军队外,又增加了一支由共产党领导的国军部队,称为八路军,真正的国军番号是第十八集团军。日军最初对这支没有多少兵力、没有多少装备的国军没有太放在心上。不是吗?日军的国军对手动辄就是几万、十几万,可是这些庞大的部队在交战中根本无法与日军持久抗衡。何况八路军虽然称为集团军,可全部兵力只有三个师四万多人,还不到华北事变时期也就是中国人所说的卢沟桥事变时期驻扎在平津的二十九军兵力的一半,而且这四万多人还分布在华北几个省的区域内,能有什么战斗力?可是,就是这支不起眼的国军部队——八路军,竟然越来越多地出现在日军的战斗通报中,出现在日军的作战计划中,甚至出现在日军战败的战事总结中。

为何小股国军,竟然让日军屡受损失?是这支部队的军事配备比日军强大?不是,这支部队没有空军,没有坦克,没有装甲车,甚至连机枪都很少,更没有毒气弹,八路军士兵们手中的武器大多还是多年前的老旧的汉阳造。如果不是装备问题,那就是这支部队士兵比日军多了三头六臂?很显然,这是不可能的。不过,这支部队确实有过人的地方,其士兵中大多是曾经经历过爬雪山、过草地,经历过非人的长途跋涉的人,只要经历过这样的过程,估计绵羊也变成了猛虎,懦夫也变成了勇士,这一点是值得关注的。日军经过多方了解,才逐渐知道这支部队厉害的原因是有一套非常巧妙的作战手段,日军花了不少时间,才了解到八路军采用的战法叫游击战。这种战法好像是将《孙子兵法》的众多战法融会贯通而形成的新战法,不仅出身于日本士官学校的日军军官不懂,连毕业于中国的保定陆军军官学校、广州黄埔军校的国军军官们也不懂。据日军得到的可靠消息,连国军高层都专门请八路军向国军将领传授如何进行游击战。

日军怎么也想不通,军校教程中写得很明白,两军交战不就应该是对垒双方各自进入阵地,然后互相开炮,互相攻击吗?这种交战方式,日军有着众多的成功经验。随着战斗开始,日军就在阵地升起系留气球,根据风向修正炮击参数,然后各种重炮向国军阵地开火,炮击过程结束后,国军的10～30%的兵力就会丧失，作战能力下降一大半。然后日军坦克、装甲车趁机快速向国军冲锋，骑兵、步兵在后面追击，很快国军的阵地就基本上守不住了，遇到抵抗顽强的国军，就干脆扔过去一通毒气弹，即使有拼命的国军士兵也大多被日军步兵击毙，使得日军确保了战斗的胜利。如果战斗中，协调空军飞机帮助，胜利就来得更快了。

在中国战场的战斗中，日军也收获了许多实战经验。比如攻城时，中国许多城市和县城的城墙外都挖有壕沟，许多国军将领认为深沟能够阻挡日军进攻。可日军只要将一辆坦克开进壕沟，后面的坦克就可以压着壕沟内坦克的上层甲板开过去，迅速抵近城门，攻陷城池。

日军对国军的作战自信还来自于国军部队中有不少不敢与日军作战的队伍，甚至还有许多国军私下向日军示好，对于这些国军，就更不在话下了。

根据种种情况分析，严谨的日军觉得国军中不可能出现自己的对手。

可是，随着时间的延续，八路军确实显现出了与日军对抗的顽强，使得日军意识到遇到了捉摸不透的对手。虽然说八路军的指挥官大多都没上过军校，说话土，衣着土，武器土，甚至连打仗方式都土，可以称之为土八路，可是土八路的游击战确实让日军头疼，为什么应该两军对垒的时候，八路军不出现呢？为什么日军炮击过后发现对方阵地空无一人呢？为什么日军打仗疲劳了，夜晚要休息时，八路军却赶来打一气，吓得日军不敢睡觉呢？难道军队不就是应该晚上睡觉、白天作战吗？日军士兵不睡觉，怎么有精力打仗呢？还有，八路军经常利用平原上的土丘、树林做隐蔽，偷袭日军，这算什么战术？太土了，可是这种战术虽然没有吓倒日军军官，却吓坏了日军士兵，许多士兵见了土丘就闪躲，遇到树林就退缩，实在是太丢人了。

八路军除了战术多变，部队番号也非常复杂。比如八路军一二九师，下属部队除了三八五旅、三八六旅、骑兵团这些正规编制之外，竟然还有东进纵队、青年纵队、冀豫支队，再比如八路军一一五师，除了三四三旅、三四四旅，竟然还有冀鲁豫支队、独立游击支队、决死三纵队、冀鲁边支队等，甚至还有第一旅、新一旅、新编第一旅、第一团、新一团、新编第一团等番号。第一旅是不是新一旅？新一旅是不是新编第一旅？没人知道。这些复杂的部队番号使得每次日军的作战会议上，弄清八路军对手是谁成为非常困难的事情，众多的八路军的拗口番号逼得许多的日军军官想一头碰死。

还有，八路军仗着游击战运用纯熟，竟然组织有抗战意愿的百姓，训练他们游击战术,吸收他们加入八路军,使得华北地区八路军的部队规模越来越大,会游击战术的人越来越多,对日军的威胁也越来越大。八路军还发动百姓,在许多重要公路上挖道沟,导致日军军车无法在公路上机动调配,影响了日军作战,导致日军“扫荡”效率越来越低,“扫荡”效果越来越差。

除了八路军的威胁,日军更加害怕的就是不断有共产党参与的抗日政府的建立,这将使得许多地区成为抗日根据地,这可是最可怕的。如果有了抗日根据地,八路军解决了军事补给,扩大了部队军事力量,势必会给日军制造更大的麻烦。还有,根据情报,华北许多地区的百姓自从了解了共产党的政策后,百姓的民心都倾向于共产党,如果广大百姓都由坚决抗日并且有着众多抗日手段的共产党领导,对日军来说,将是非常危险的。

自从华北事变以来,日军非常清楚,之所以取得了大规模的胜利,除了军事力量强大以外,经济手段也是取得胜利的非常重要的一个原因。最成功的经济手段就是通过日军扶持并控制的“华北临时政府”成立了联合准备银行,发行了新的货币——联银券。最初采用法币作废只能用联银券的做法并不高明,后来迅速调整策略,允许法币折价兑换联银券,表面上看来是给了法币一个出路,实际上是将只是付出了钞票印刷费的联银券换来了大量的法币。日军将不计其数的法币拿到长江沿岸的国民党统治区,购买了不计其数的物资,既破坏了国统区的经济,又为日军增加了军需供应。在华北法币减少后,日军又印制了大量的假法币,投放到日军暂时无法到达和控制的华北那些使用法币的地区,进一步破坏了华北的经济,掠夺了百姓资产。总体来说,军事手段和经济手段的双双成功,为日军控制华北打下了良好的基础。

现在,日军了解到共产党也在采取经济手段对抗日军的经济手段了。抗日民主政府已经开始成立银行,发行抗战钞票,将抗战钞票投放市场,日军正在四处了解信息,寻找应对之策。

当然,日军应对抗日政府最快捷的办法是出动部队,对共产党、八路军活跃的地区进行“扫荡”。为了阻止中国百姓加入抗日队伍,对中国百姓也要采用虐杀等凶残手段,以期达到“扫荡”效果。

现在,日军得到情报,与日军私下有密切往来的三十九集团军被八路军赶出了冀中、冀南和冀鲁豫的濮阳、清水地区,而且在那里建立了抗日民主政府,并向市场推广抗钞。为了防止这些粮食产量大的地区成为连成一片的抗日根据地,日军将调集重兵,在濮阳、清水一带进行残酷"扫荡"。而且,根据规划,还要在濮阳、清水一带驻扎日军部队,建立据点,并建立汉奸政府,以应对共产党。

日军在紧锣密鼓准备"扫荡"的时候,八路军也利用其情报系统获知了消息。在日军即将"扫荡"的濮阳、清水一带组织部队,发动百姓,应对日军的"扫荡"。

从抗日政府传到旺财村的信息可以知道,这次日军的兵力规模非常大。八路军仍然实行机动游击战术,而村民们要做的就是配合八路军进行转移、躲避。

有抗日政府的人员陪同几个八路军来到了村里,进行坚壁清野的准备。乐金因为受伤,从东进纵队回到了村里,也做着抗日的工作。

不知是谁想出了一个绝妙的办法,将村口连接公路的地方移来了几棵大树。村民们先在村口拐向公路的路面挖坑后,将肥料铺到树坑中,再从远离村口的路边连根挖出几颗树木,用几个大车连拖带拉,将移来的树木种到了村口的路边,浇水后,可以保证树木存活,再在树根处撒上黄土。经过一番忙碌,看起来,这些树木就像是与旁边的树木一样,看不到这里原来是通往旺财村的路口。将树木移种后,村民们又把大槐树到村口的村路刨开,翻松,种上了玉米和高粱,这样,从公路上看过来,旺财村东面就没有路通往公路。鬼子找不到通往旺财村的路,就可能想当然地继续向前行军,从而保护旺财村的安全。

除了村子东面的路口,在村西面出村的路上,也移了几棵树,将村西的出路也堵死了。为了使得村民们可以出入,在村子的南面和北面长满蒿草的野地里各挖了三条二尺深二尺宽的小沟,通往村外,可以拐到村外的道沟。小沟两边的蒿草有三尺高,这样日本鬼子进村时,村民们就可以通过小沟隐蔽逃跑。

为了抵御日军的侵略,躲避凶恶的日本鬼子的屠杀,旺财村发动村自卫队和青抗先的小伙子们,在村子里寻找隐蔽的地方掏挖暗道,以便在日本鬼子打来,村民们如果无法跑出村子时,可以在暗道里隐藏。

怎样寻找隐蔽的地方给了村民们发挥智慧的机会。干过木工的村民建议在大树根部的树洞里向下挖坑道;有过建房经验的村民建议在房子里建一堵夹壁墙;更绝的是挖过水井的村民建议在村里的十几口水井井壁上向内挖坑道。许许多多的办法汇总到村里后,村里安排人员陆陆续续挖了不少坑道。

村里有了坑道,许多村民提出来希望在自己家里挖地道,这样可以不出家门就隐藏起来。小伙子们又利用各家的地窖,为各家各户挖了地道。

听到日本鬼子将对清水一带进行“扫荡”的消息后,根据区里妇救会的安排,小兰与对口的十几家妇女们紧张地忙碌着,把准备埋藏的粮食选好,装进布袋中,待男人回家后,埋藏到地下。从政府传来的消息看,这次日本鬼子的“扫荡”兵力众多,规模很大,妇女们都很紧张,不知道将会遇到的“扫荡”会给村子带来怎样的破坏。更让人担心的是怎样才能活命,怎样才能不落到日本鬼子手里。

为了预备被日本鬼子围到家里时能够躲过危险,使得村民们能够通过地道藏身,根据自卫队的要求,小兰还和妇女们一起查看了各家的藏身地道。她们还让妇女们练习怎样钻地道,在地道里提前放置多少干粮和水,地道口怎样布置才能不被发现,还提醒妇女们平时不要往脸上搽粉,以防止日本兵闻到气味等,一直忙活了一个白天。

村里的男人们花了几天时间在村口改造好了地形。妇女们挺好奇的,都想看看改造后的村口是什么样子。还有,村里通知天擦黑时全体村民在村公所开会。于是,这天傍晚时分,小兰和一帮妇女来到了大槐树下,边休息边等开会。

从大槐树这里向村口望过去,不知看了多少年的熟悉的那条出村的道路不见了,替而代之的是一片田地。田地虽然是新翻过的,晒了两天后看起来与周边的田地没什么区别。远方与公路相接之处,也不是看惯了的拐弯的路口,而是伫立着两棵杨树,这是与周边杨树很相像很协调的树,使得人们觉得好像这样的景象已经很多年了,是公路中普普通通的一段。

新的景象震撼着妇女们,她们有些不知所措了。

“俺的天呀?前两天还有路呢,今天就变成田地了。那两棵树栽得那么顺溜,好像一直就是这样的,俺咋觉得到了别的村了。”有妇女感叹道,不知是喜是忧。

“这是谁想出的法子,像变戏法一样。”

“咱要去县城,从哪儿过去呀?”

“都啥时候了,还去县城?先想着躲日本鬼子吧。”

小兰也被眼前的景象震惊了,她想不到对付日本鬼子,还能用这样的办法。这和挖道沟阻止日本军车的办法一样巧妙,如果真的能迷惑住日本鬼子,也是好事呀。

天色黑下来,忙活了一天的村民们也陆陆续续地来到村公所门前,等待开会。村自卫队长李贵卿看到村民基本到齐了,就扯开了嗓子,宣布开会了。在村

民们逐渐安静下来后,李贵卿开始做反“扫荡”布置了:

“乡亲们,俺从县大队得到的消息,这一次日军对咱的冀鲁豫根据地的‘扫荡’规模很大。八路军和县大队有打击日军的安排,咱村也要有躲避日伪军的办法。咱村的准备大家都看见了,咱的壮劳力这几天累得不轻,在村东、村西挪了树,在村南,村北挖了小沟,把村口的土路翻成田地了,就是为了让日伪军找不到咱村。”

有村民说:“贵卿,虽然从公路上看不到进村的路口和土路,但从公路上能看到大槐树和咱村的房子,日本鬼子能不来呀?”

李贵卿笑着说:“咱当然不是挪了树,翻了路,挖了小沟就完事大吉了,那只是为了让鬼子进村时觉得不方便的。咱有人放哨,遇到鬼子接近时就通知村民从小沟向村外快跑,村自卫队会掩护大家的。还有,要给大家说些打仗时要注意的事,不仅男人要注意听,妇女和孩子也要注意听,这可是关系到咱的生死的事。”

李贵卿的话说得很凝重,大家都开始认真听着。

“乡亲们,以前咱只要会种庄稼、会做买卖、有手艺就是能人,现在不行了,日本鬼子打来了,咱要学会逃命。不管是男是女、是老是少,遇到日军‘扫荡’时,大家要赶紧逃命。啥?咋逃命?别急,俺现在就给大家说说咋逃命。日本飞机低空飞行时,大家要到树下、房檐下躲避,别让鬼子的飞行员看到了,他看到后如果开枪开炮就可能要了咱的命。刚才说完了飞机,再说炮弹。如果大家听到有呜呜的怪叫声,很可能是鬼子的炮弹飞过来了,要赶紧趴到地上,地上脏也好、有水也好,都不要管了,保咱的命要紧。为啥要趴地上呢?因为炮弹爆炸时弹片和热气是向上向四外飞的,站着或者弯着腰都可能被击中,所以要赶紧趴下。说完炮弹,再说说毒气弹。如果爆炸后,不是弹片乱飞,而是一团雾,有呛人的味儿,就说明爆炸的是毒气弹,这时千万要憋住气,要赶紧顶着风跑,还要尽可能用蘸了尿的手巾捂住鼻子和嘴……”

听到这里,村民们喧嚣起来,许多妇女都皱着眉头说着:“那多臭多骚气呀……”

李贵卿明白大家在说什么,就严肃地说:“老少爷们、大娘婶子们,现在一切都是保咱的命要紧,不要管难闻了。如果吸入了毒气,轻则可能成为傻子、成为残废,重则可是要丢了性命的,大家千万要记住啊。

“刚才说完毒气弹,俺想起一件事,在这里岔开一下,说说防止日本鬼子下毒的事。等日本鬼子扫荡完,离开后,咱们回到家可不能马上喝井里的水,有可能日本鬼子会下毒害咱的。先找鸡鸭,给它们灌点水,如果鸡鸭没事,说明水没被下毒,可以喝,还有,家里水缸的水也要试,一定要记住,一不小心命就没了。

“打岔的事说完了,继续接着前面的话说,如果遇到鬼子追击时,大家不要集中在一起跑,那样可能全部落到日本鬼子手里。要分散跑,有的往东有的往西,让日本鬼子顾这顾不了那,往外跑时,不要大呼小叫的,那样日本鬼子看不见你,也听见你了,尽量不要说话,互相多看看,多回头照应一下家人。还有,如果在家里,听到门外有声音时,千万不要贸然开门,因为有可能日本鬼子已经进村了,要听听门外是不是在说人话……”

一个妇女笑着说:“贵卿,能说话的都是人,还有不说人话的?”

李贵卿笑着说:“嫂子,恕俺没说明白,俺的意思是说要听听外面的人是说中国话还是日本话,听见日本话你们就别当成人话,赶紧躲开。如果说话是中国话,也要听听说的是啥,因为那些王八蛋的伪军也说中国话,有情况就赶紧钻到家里的地道里。如果日本鬼子进门后,发现家里藏的粮食了,要把粮食抢走,就不要管了,不管咋说,咱的命比粮食要紧。还有,日本鬼子来时一般先开炮开枪,听到枪炮声就钻家里的地洞……”

刚说到这里,有村民问万一日本鬼子来时不开炮开枪呢?李贵卿说:“听说日本鬼子的师傅是这么教的,打仗前先开炮开枪,听到后快跑,村自卫队也准备好了枪和子弹,到时会保护大家的。”

有村民说:“贵卿,咱能不能像日本鬼子一开始打进来一样,躲到黄河故道呀?”

李贵卿回答:“村民们,现在日军已经打进河北省三年了,情况和刚进河北时不一样。那时日本鬼子主要目标是攻打县城,只要离开县城和去往县城的公路就行,现在在黄河故道并不安全,是不是到黄河故道躲避,还是等消息吧。”

有一个年轻孕妇挺着大肚子走上前来,着急地对李贵卿说:“贵卿叔,俺的月份大了,白天试了一下,家里的地洞钻进去以后,窝得很难受,这可咋办呀?”

李贵卿认出这个怀孕的女人是自卫队员满仓的媳妇,就说:“满仓媳妇,俺找几个人把你家里的地洞挖大一点,还有,满仓就不忙活自卫队的事了,回家照顾你。”

有个老婆婆说:“贵卿,如果日本鬼子在后面追俺,俺这样的小脚,能不能跑过日本鬼子呀? 俺现在都觉得腿发软,喘不过来气呀。如果俺不跑,日本鬼子也不会把俺咋样吧?”

李贵卿说:“四婶子,现在谁能说得准呀? 日本鬼子在打进清水县城的时候,也有老婆婆被杀了,这两年日本鬼子在咱清水扫荡一些村子时,也杀过老婆婆。”

四婶子听了,看看周围的人们,犹豫着说:“那,俺还是、还是跟着你们跑吧。”

村民们听了李贵卿的话,都很着急,家家都在商量怎么办。小甫让小秋把小兰叫过来,商量怎么应对这次日本鬼子的“扫荡”。小甫说日军追击时分开跑,菊花说不分开,一家人要死就死一起,说着哭起来。

这一晚,菊花让小兰晚上别回家了,就在哥嫂家住吧,遇到日本鬼子“扫荡”时,可以一起行动,小兰同意了。

临回哥嫂家前,小兰去看了小姣爹娘,也看了茴香娘和小财,他们也都做好了开跑的准备。茴香娘还笑呵呵地对小兰说:“不用担心,有村里自卫队的保护,还有小财,俺不会有危险的。”

根据菊花的安排,宾宾与哥嫂在一个屋里住,小兰与小秋在一个屋里住。听说自己要与姑姑住,小秋很兴奋。两人刚刚躺到床上,小秋就翻起身,看着小兰,笑了起来。

“小秋,你遇到啥高兴事儿了,喜气洋洋的?”小兰笑着问。

小秋晃晃脑袋,想了想,说道:“姑姑,你要是不出嫁该多好,就可以一直住在这儿,俺就可以天天和你在床上睡觉,不用跑到你家里去看你了。”

小兰听了小秋的话,觉得一种来自亲情的温暖感觉涌上心头,小秋是自己的亲侄女,自己也很喜欢她。今年小秋已经十五岁了,既有小孩子的稚气,又有大孩子开始思考问题的幼稚思想,这也是女孩子最美好的时光。她看着夜幕中显得有些朦胧的小秋,感慨地说:“小秋,有你这样的闺女,你娘真幸福,连姑姑看着你快要长大,也特别高兴呢。”

小秋说:“姑姑,俺特别愿意和你在一起,你做的花卷特别好吃,你从天津给俺买的花衣裳特别好看。”

小兰笑着说:“哈哈,小秋,你说了那么多特别,姑姑听得心里暖洋洋的。不过,姑姑好几年没去天津了,也没法给你买好看的衣裳了。等到把日本鬼子打跑了,姑姑还去天津卖布,到时还给你买好看的衣裳。”

“姑姑,听俺娘说你十六岁就去天津卖布了,俺明年也十六了,如果日本鬼子明年就被打跑,俺明年就和你去天津卖布吧。”小秋睁着亮亮的眼睛说。

“好,咱赶紧把日本鬼子打出中国,然后姑姑就带你去天津。”小兰笑着说。

“太好了,姑姑,天津的麻花和包子特别好吃,到了天津咱就去吃麻花、吃包子吧。”小秋想得挺多。

小兰笑着跟小秋开玩笑说:“小秋,俺还指望你到天津多卖布呢,原来你惦记着天津的麻花和包子呢,那姑姑就不带你去了。”

小秋赶紧拉着小兰的胳膊,央求着说:“姑姑,姑姑,俺不吃麻花和包子了,只帮你卖布,你带俺去吧。”

小兰看着乖巧的小秋那可怜模样,轻轻地拍拍小秋的脸,笑着说:“小秋,姑姑跟你说着玩呢,等姑姑带你去天津时,咱先吃麻花,吃包子,吃得饱饱的再去卖布。”

小秋高兴地坐起来,直说太好了。小兰看着小秋高兴的样子,觉得很幸福。

“姑姑,俺想起一件事,”小秋认真地说,“俺要到天津卖布,是不是要会说天津话呀？姑姑,你教俺几句天津话吧。”

“好,姑姑就教你天津话,你听好了,”小兰受到小秋欢快情绪的感染,兴致也很高,“如果一件事情好玩儿,天津不说好玩儿,而是说这事儿真哏儿啊……”

小秋听了,好奇地说:“姑姑,真好玩儿,你再说一遍。”

“这事儿真哏儿啊……”小兰又说了一遍。

“这事儿真哏儿啊,这事儿真哏儿啊……”小秋学得有模有样,还觉得不过瘾,就下床走出去,对着爹娘和宾宾说他们真哏儿,又笑着回来了。菊花笑着说这么大的闺女了,还像个小孩一样。

看着小秋可爱的样子,小兰心里真高兴。

小秋笑了一会儿,忽然好像想起什么,歪着脑袋看着窗户。月光照在窗户上,将窗户纸透射成了淡淡的青色。

“小秋,你想起啥了?”小兰疑惑地问。

小秋想了想说:“姑姑,贵卿叔晚上说炮弹爆炸就趴下,毒气弹爆炸就顶风跑。可是,如果是炮弹和毒气弹一起在身边爆炸,该咋办呀?”

小兰说:“小秋,你这个小脑瓜想那么多干啥？有姑姑呢,有你爹娘呢,到时你跟着俺跑就是了,俺咋做,你也学着咋做。”

“姑姑，俺懂了。”小秋说完，忽然又想起什么，对小兰说，“姑姑，有一件事俺想告诉你，可你要给俺保密，不要告诉俺爹娘好不好？”

“你这个小女孩儿有啥秘密事呀？”小兰好奇地问。

“姑姑，你先答应俺，俺才告诉你。”小秋说。

“好吧，俺答应你不告诉你爹娘，你说吧。”小兰随口答应道。

“姑姑，俺把遗书写好了。”小秋说。

“遗书？”听了小秋的话，小兰吃了一惊，她一下子坐起来，紧张的神情吓得小秋哆嗦起来，小兰大声地问，“你这个孩子，知道啥是遗书不？”

小秋没想到姑姑的反应这么强烈，她有些磕磕巴巴地说：“……知道，就是、就是临死之前说的话，姑姑，你说话小声点儿，别、别让俺爹娘听见。”

小兰拼命地压低声音说：“小秋，你为啥要、要写遗书？”

小秋说：“姑姑，俺同学有家在县城的，说她的邻居的小女孩，和她一样大，日本鬼子打进清水县城时，全家都被杀死了。那个小女孩如果写过遗书，就能交代后事了。”

小兰惊讶地说：“你们这些女孩子在一起咋说这些事呀？有事要多往好处想。别说些死呀、遗书呀、交代后事的这些话。”

小秋听了小兰的话，不吭气了。小兰看到小秋沉默下来，觉得刚才自己的态度确实有些粗暴，担心小秋难过，就摸摸小秋的头，叹了一口气说：“这可恨的日本鬼子，都把好好的人逼成啥样了。”

小秋小声地说：“三红也写了遗书了。”

小兰看着倔强的小秋，知道自己的话不能让小秋烧掉遗书，幽幽地说：“小秋，你的遗书都写了啥？”

小秋听到小兰让自己说出遗书的内容，就高兴地说：“俺写的是等俺死后，俺的压岁钱已经攒了五个银角，加起来是一块大洋，放在俺的床上靠近北墙的褥子下边，是留给宾宾的。遗书和大洋放在一起，用红布包着。”

“还有呢？”

“没有了。”

“就这些？”

“就这些。”

小兰摇摇头，有些郁闷地说：“好了，已经夜深了，睡觉吧。”小秋说声好吧，躺下了。

不一会儿，小兰听到了小秋均匀的喘息声，知道小秋睡着了，她翻了个身，面向小秋。黑夜中，虽然看不清小秋的脸庞，但她能想到这张脸是俊俏的、漂亮的，虽然小秋已经十五岁了，可是仍然还没有长大，这样的孩子竟然能想到写遗书，这是小兰无论如何都难以想象的。她痛恨这些肆意屠杀中国人、让众多的像小秋这样的孩子想着自己后事的日本鬼子，她也想到，自己即使付出生命代价，也要保护小秋、宾宾这样的孩子，让他们躲过这场可怕的灾难。

刚才与小秋的对话中说到了天津，让小兰的思绪飞到了那个遥远的地方。不知从什么时候开始，天津已经成了她的生活中不可缺少的内容。在天津，她借助大妮儿姐的资金，通过自己的辛劳，获得了让她满意的收入，也是在那里，让她见识了清水以外广阔的世界，见识了形形色色的中国人。如果没有日本侵略中国，根据卖布生意的转好判断，说不准自己已经攒够了购买大妮儿姐手中的第二亩地的钱呢，甚至已经买到手了，那是多么让人向往的时刻呀。可是日本侵略中国，对自己的生活产生了太大的影响，岂止是影响，是改变了自己的命运，让自己的生命变得充满了危险，充满了未知，充满了恐惧。

小兰想起了自己第一次到天津卖布的情景，那时自己随着卫河上的客船到了天津，她清楚地记着刚刚踏上码头上坚实的土地时的踏实感觉，记得第一次呼吸天津空气的感受，记得第一次卖布吆喝时的羞涩心情，那时，自己才知道清水以外的世界是多么大。可是，越感觉到世界之大，越体会到世界上充满着危险和恐怖，可怕又痛苦的事情逐步接近了自己，好像没过多长时间，自己就从纯真少女变成了年轻媳妇，又变成了中年妇女，生活完全变了样。她想起了杳无音信的晓东，想起了幼小乖巧的小春，还想起了疼爱自己的爹娘，还有善良的公公婆婆，感慨人生变化实在巨大。感情的闸门一下子冲开了，她颤抖着身体哭了出来，悲伤的眼泪掠过脸颊，打湿了枕头。

小秋好像听到了哭声，翻动了一下身体，嘴里咕哝了几声，又继续睡了。小兰担心小秋如果醒来，看到自己哭或许会害怕，就坐起身来，下了床，走出屋子，来到院子里。

黑暗中的院子在静谧中显得有些神秘，天空中阴云密布，看不到月亮，也看不到星星，只有青黛色的夜空间或有些微微的光。如果没有战争，这只是生活中一个普普通通、平淡无奇的夜晚，可是在对日军“扫荡”的恐惧中，夜晚也显得有些阴森可怕。是呀,自从抗战爆发以来,因日军侵略导致多少家庭妻离子散呀,到处都是儿想娘、夫唤妻的悲惨情景,有多少人因恐惧而夜不能寐呀,有多少农民辛辛苦苦耕种的粮食被抢,一家人忍饥挨饿呀……

不知为什么,一阵阴风吹来,让人不寒而栗。她想起了小秋,这个十五岁的女孩,她以后的人生会是怎么样的呢?会像自己一样,越来越糟糕吗?她有些不敢想下去了。

黑夜越发显得有些恐怖,她忽然想到,虽然都传说日本鬼子晚上不会出动,可是怎么能确定日本鬼子一定只在白天打仗?万一日本鬼子夜间出动了呢?如果日本鬼子进了村大家不知道可怎么办,日本鬼子会不会悄悄到了门口还不知道?小兰担心起来。

四周一片寂静,一切声音都听不见了,小兰能听到的是自己的心脏在怦怦地跳动的声音。

晌午的时候,远处传来了嗡嗡的声音,旺财村的村民们意识到可能是飞机的声音。在日本鬼子即将"扫荡"的时候,这种声音只可能是日本飞机发出的。

小兰紧张起来,她拉着小秋躲到屋檐下,看到哥嫂拉着宾宾,站在正屋门口,一脸惊恐之色。小甫冲小兰摆摆手,小兰拉着小秋,顺着屋檐走到正屋门前,与哥嫂站到一起。小秋拉住娘的手,抱住了娘的腰。小兰拉住宾宾的手,觉得宾宾的手湿漉漉的,还不停地哆嗦着,她抱住宾宾的头,靠着自己的身体,然后偷偷地瞄着天空。随着飞机的由远及近,嗡嗡声越来越大,面对面说话都听不见了,紧接着,他们看见两架巨大的飞机从天空中掠过,机身上的红膏药分外地刺眼。

"日本鬼子'扫荡'开始了,咱们快跑吧。"菊花着急地说。

小甫伸手拦住菊花说:"别急,飞机从这儿飞过,并不一定在咱村轰炸,也不一定在咱村打仗,咱还是听自卫队的吧。"

菊花紧张地说:"如果日本鬼子的飞机在天上飞,部队顺着飞机的路线走,不就到咱村了?咱不跑,不是在这里等死呀?"

小甫生气地说:"日本鬼子都按照你想的打仗,早就被打死光了。你知道不?飞机是在天上走直线,部队在地上沿着路走,没有路的地方日本鬼子能走不?还有,俺听说飞机一般都是从天津、郑州飞过来的,地上的日本鬼子不可能从那么远的地方出动,他们咋走还不一定呢。再说,咱村里刚改了地形,累得俺还没缓过来呢，进屋里歇歇再说吧。”

小兰听了哥哥的话，觉得说得有道理。今天的哥哥变得沉着冷静了，这倒是让她刮目相看。

大家又回到了正屋，不知所措地坐下。

过了一会儿，天空中又传来飞机的嗡嗡声，又有两架日本飞机飞过，陆陆续续从天空中飞过的巨大的飞机竟然有十二架。

菊花又紧张起来，她失神地望着天空，语无伦次地说：“飞吧，走吧，走哪儿呀？……”

小兰拉住嫂子的手说：“嫂子，咱做点吃的吧。日本鬼子出动这么多飞机，肯定打仗的规模不小，咱万一要跑时，要多带点吃的。”

菊花转过头，看着小兰，点点头，摇摇头，又点点头……

一连几天，每天都有日军飞机在旺财村上空飞过，村民们的神经绷得越来越紧。许多村民觉得待在村里并不安全，就有人找村长成柳，有人找李贵卿，说村里虽然改了地形，可是毕竟离公路太近，不太安全，建议去黄河故道躲避。村里这几个主事人商量后，觉得还是采纳村民意见，到黄河故道躲避。

大家都知道日军飞机白天会在旺财村上空飞过，如果白天全村人向黄河故道方向行走，难免会被日军军机的飞行员看到，带来危险，就决定在半夜里动身。

家家把粮食就地埋藏起来后，这天半夜，在自卫队员带领下，村民们带着被子，兜着食物，赶着牛羊，推着两轮车，向西出了村。

村里的几个上年纪的老人不愿意经历路途的奔波，觉得即使日本鬼子打来了，估计也不会对他们这些耄耋老人下毒手。孩子们说不过他们，只好把他们留在村子里。在村西口，年过百岁的五老奶奶和其他留守老人都恋恋不舍地看着后辈孩子们陆陆续续出了村，消失在夜幕中。

留守老人们希望这些后辈孩子们能够躲过这一劫，即使他们面对危险也无所畏惧。后辈孩子们也希望老人们能够平安，明知他们面对危险却无能为力。无论是老人还是年轻人甚至小孩子，他们的未来有着那么多的未知，而且是充满了危险的未知。

小兰根据小花的安排将自己分管的妇救会的收尾工作做完后，带着四五天吃的干粮和水，随着哥哥一家跟着全村人一起向西面黄河故道躲避。

虽然是走夜路，借着黯淡的月光，还是能够看清路面的。一路上，小兰与妇女们说些宽慰的话，这是妇救会的姐妹们发现的窍门。躲避日本鬼子的妇女们虽然不说话，但心里都非常紧张，自己即使与她们说些最普通的话，她们都非常爱听，紧张心情都会减缓许多。因此，小兰安慰着妇女们，看着她们的心情放松了，自己心里也觉得很高兴。

大家已经记不住这是多少次全村躲避日本鬼子了，自从清水县城被攻占的那一次后，每次日本鬼子攻打清水县城，大家都躲避到黄河故道。这次好在是夏天，比冬季躲避时情况好一些。记得日本鬼子刚刚打来时躲避的情景，因天气太寒冷，躲避时间又长，村里的一些老人连冻带吓，没赶上过年就过世了。

队伍里，村里自卫队员们负责对外联系和传递消息；青抗先队员们帮助村民们搬东西；小兰等妇救会人员帮助妇女们照顾孩子，安慰老人。

天色微亮，百姓们已经陆陆续续来到了黄河故道，大家已经熟悉了这里的一切，觉得到了这里就是到了安全的地方，紧张的心情慢慢舒缓下来。不少人都坐到黄沙上，喘着气，歇息着。

日头高高地挂在天空的时候，听到远处传来一阵连续的响声，村民们知道，这是飞机的声音。

“大家快躲到枣树林里去，躲避日军的飞机。”村自卫队长李贵卿指挥着大家躲进树林。

大家紧张起来，躲到了黄河故道，竟然仍然没能躲过日军飞机，一时间有些不祥的感觉。紧张万分的村民们向枣树林跑去。

其实清晨时分李贵卿就提出让村民们在枣树林里躲避，可是村民们不愿钻进枣树林，不是不愿意听自卫队长的话，主要是因为天气太热，在枣树林里会更热。现在担心日本飞机，村民们也就顾不上热了。

不一会儿工夫，村民们都进了枣树林。

这时，只听得远处炮声、枪声大作起来，村民们甚至能听出炮声不止一种，枪声也有好几种。后来，又传来飞机的声音，还有更响的爆炸声。

枣树林里，妇女的尖叫声，还有孩子的哭声，与知了的叫声交织在一起，快要把枣树林掀塌了。

自卫队员、青抗先、妇救会人员都赶紧到人们面前劝说，让大家把声音放小。过了好一会儿，大家才慢慢安静了。

这时，外面远处的沙地上出现了几个影子，大家紧张起来，担心是日本鬼子。等人影近一些可以看出,是几个骑马的人,那几个人影看到了枣树林,驱马向这边跑来。跑近了,村民们看到是几个八路军,李贵卿跑出枣树林迎过去。前面的八路军看到李贵卿,愣了一下,下了马,李贵卿向他说了几句,那人点点头,然后指挥着后面的几个人,一起骑马向远离枣树林的方向跑了。

"贵卿,咋回事呀?八路军说啥了?"村民们看到李贵卿走进枣树林,紧张地问。

李贵卿大声说:"大家不要害怕,刚才的几个八路军看到枣树林,想让部队在这儿打埋伏的,知道咱村的人在这儿,就说把鬼子引到别处去,让咱们在枣树林里躲着,别跑出来。"

大家心里更加紧张了。

枪炮声陆陆续续响了一天,还好,村民们还算安全。

就在村民们担惊受怕的情况下熬过了四五天的时候,回村探听消息的自卫队员带来了让人惊慌的消息:"扫荡"的日军进了旺财村,村里有人死了,"扫荡"的日本鬼子撤退离开了。村民们惦记着村里的老人,都要求回村。村长成柳和自卫队长李贵卿考虑到日军进村"扫荡"后,应该不会再来了,再说,在野外住了几天,村民们都非常疲惫,也应该回村休息休息了,就同意了。

等到村民们趁着夜幕回到旺财村的时候,展现在他们眼前的竟然是恐怖的一幕。整个村子像是荒坟乱岗一样,一个大坑还在冒着黑烟,散发着焦煳的味道,那里原本是埋藏着几千斤新收割的麦子的,家家的大门都歪七扭八,许多物品和粮食被扔到街上燃烧,前几天还洁净整齐的村庄像是被魔鬼洗劫了。

村民们在痛恨日本鬼子恶行的同时,也为那些留在村里的耄耋老人的安危担心着。很快,百姓们看到了那些老人,他们一个个惊魂未定,呜咽着地向晚辈孩子们述说着发生的一切。

虽然旺财村进行了地形改造,日本鬼子还是冲进了村子,一阵炮声枪声响过之后,先是日本鬼子的骑兵冲进了村子,然后是牵着狼狗的步兵。日本鬼子发现这竟然是一个空空的村庄,就挨家挨户翻箱倒柜,一个老人的儿子儿媳妇担心老人的生活,在那天夜里偷偷返回村里,听到日军进村的声音后,赶紧躲到了地洞里,由老人在地面应付。可是日本鬼子将屋里的衣物取出,让狼狗闻过后,狼狗闻着找到了地洞口,日本鬼子扔了一个手榴弹,里面的两人都被炸死了。日本鬼子还殴打老人,逼问村里把粮食藏到哪儿了,老人们忍受不了殴打,说出了一处埋藏粮食的地方，日本鬼子找到后，一把火将粮食全烧了。

“俺为啥不跟着孩子跑，为啥留在家里，儿子媳妇都死了，俺活着有啥用呀？”那个死了儿子媳妇的老人顿足捶胸地哭着。

“俺真该死，为啥就经受不住打，那么多粮食被烧了，真可惜呀。”供出粮食的老人已经被打得奄奄一息了，也痛心地哭着。

五老奶奶也受到了惊吓，她抬起满是惊恐的双眼，一遍又一遍地说：“你们可回来了，俺都以为再也见不着你们了，俺害怕，害怕呀。……这回俺可看见日本鬼子了，连他们的小胡子都看清了，那个小眼睛的日本坏种打人可狠了……”

看着老人受到这么大的罪，村民们都心疼得不得了，流着泪劝慰着老人，心里难过极了。

安葬了死去的村民，扑灭了村里的火，村民们收拾着支离破碎的家，一个个都心情难过，痛苦不堪。夜深了，村里安排了岗哨，疲惫的村民们一个个都回到家中，进入了梦乡。

细心的成柳、乐金、李贵卿等几个干部想到日本狼狗的鼻子灵，能闻出百姓们的行踪，就安排自卫队员将辣椒面、烟叶、调好的芥末在村里的路口、街道上撒了不少，这样可以降低狼狗的嗅觉。

旺财村应该是安全了，许多人因为过度疲惫，进入了梦乡。

小兰在悲痛中入睡了；菊花在惊慌中入睡了；小秋在悲愤中入睡了；大妮儿在惶恐中入睡了；爱枝在担心中入睡了；五老奶奶在痛苦中入睡了……

还是那个美好的村庄，只是被破坏了美好的模样；还是那些善良的村民，只是善良遇到了恶魔；还是那个厚实的大地，只是厚实不能阻挡邪恶；还是那个美丽的天空，只是美丽变得不再安详……

天刚亮，就听到村口方向传来了枪炮声，接着传来村里自卫队员的喊声：“快跑呀，日本鬼子来了，快跑呀，快藏呀……”

一时间，没有准备的村民们有的钻入家里的地洞，有的慌乱地跑出门。这时枪声大作，一些村民们像没头的苍蝇一样向村外跑去。

小兰惊慌中拉着小秋向外跑去，来到街上看到乱哄哄的村民有的跑有的叫。一个村民让小兰赶紧往村子南边的小沟跑，小兰赶紧和小秋向村南跑，边跑边招呼旁边的村民向外跑。

刚刚顺着小沟跑到南面的道沟附近，就听见对面也传来枪声，人群赶紧又向回跑。小兰情急之下,拉住了身边的小秋,向村旁的长满野草的草地里跑去,躲进了半人高的蒿草中。

"姑姑,俺爹娘呢?宾宾呢?"小秋着急地喊。

"小秋,别让日本鬼子听见,快低下头,躲起来。"小兰担心小秋被日本鬼子看见,赶紧让小秋藏好。

很快,听见叽里呱啦的叫声在附近响起,应该是日本鬼子的喊声,还不时有开枪的声音,接着,小兰看到不远处有几个日本兵跑步经过,向旺财村跑去。这是小兰第一次这么近距离地看到日本兵,只见他们穿着黄色军服,带着钢盔,脸上一副凶恶的表情,因为身上的枪弹很多,跑起来时发出咣当咣当的声响。小兰痛恨这些日本鬼子,他们跨海而来,来到讲究礼仪、和气待人的中国行凶杀人。因为他们,自己亲人的生命随时受到威胁;因为他们,自己的生活充满了恐惧;因为他们,自己的土地和钱财变得不再重要;因为他们,自己不知能够活到何时;因为他们,自己年幼的侄女和侄子不能安全长大。一时间,她对日本鬼子的愤恨到了极点。她曾经无数次想到过,自己见到日本鬼子,估计要被吓个半死,可是现在,她没有一丝害怕,甚至还想跳起来,杀死这些侵略者。

为了躲避日本鬼子,小兰和小秋把身体扎进蒿草中,小秋虽然年龄小,可是脸上并没有特别的害怕和惊慌,这让小兰很欣慰。她拉住小秋的手,小秋的手也紧紧地拉着她的手,传递着温暖,也传递着勇气。过了一段时间,听到周围没了动静,估计周围没有日本鬼子了,就慢慢挪动着身体,向蒿草更高的远处移过去。

"姑姑,俺爹娘和宾宾去哪儿了?咋一眨眼就不见了?"小秋低声问。

"小秋,俺也担心他们呀,可是,可不能喊叫,让日本鬼子听见可就危险了。"小兰小声说。她担心着亲人的安危,可也无能为力,她不知道接下来亲人会遭遇怎样的命运。

小秋哭起来,眼泪顺着脸颊流到了地上。小兰赶紧抱住她,给她擦着脸上的泪。随后,小兰拉着小秋,慢慢地躲到一处低洼处,刚刚把身子藏好,小兰忽然发现小秋身上有不少血,她紧张地问:"小秋,你是不是被鬼子打中了?疼不疼?"

"不疼,没有呀?"小秋也看到了身上的血迹,有些不解地说。

小兰仔细看看小秋躲避的地方,发现有血迹在流淌着,顺着血迹方向的源头看去,竟然看到不远处有一片颜色不像是蒿草地的颜色。她观察了一下四下无人,就示意小秋别动,然后轻轻地向那边挪去。不一会儿,她来到那片颜色旁边,竟然看到蒿草中有一双惊恐的眼睛！

小兰的身体震颤了一下，她以为有日本鬼子埋藏在蒿草里，后来觉得应该是旺财村的人，像自己一样隐藏在草丛中躲避鬼子的。想到这里，小兰不害怕了，她又向前挪去，看到一个头发蓬乱的老人，竟然是五老奶奶。

村里人都知道，五老奶奶今年已经100岁了，可她说100岁不好听，就仍然向旁人说自己是99岁。旺财村许多人说到这件事，都觉得很好笑。

"小兰，小兰……"五老奶奶看见了小兰，仿佛是看到了希望，原来呆滞的眼睛亮起来，她用沙哑的声音叫着小兰，向小兰伸出手来。

小兰赶紧爬过去，拉住了五老奶奶的一只手，这只手冰凉无力，让人心生怜悯。

"小兰，刚才鬼子枪子儿飞过来，俺看得真真儿的，一枪打中了俺俩，运昌已经死了，俺也快不行了……"五老奶奶流着眼泪说，"俺家的房子和土地要给小慧留着，手上这个手镯，是俺出嫁时俺娘留给俺的，可是用上好的玉料打磨的。你把手镯卖了，给俺和运昌买两副棺材，把俺俩埋到祖坟里，你能不能办到啊？"

五老奶奶的重孙子小慧是年初三十九集团军在村里抓走当兵的几个年轻人之一，自从小慧被抓走后，五老奶奶再也没能见到重孙子。小兰的丈夫晓东就是被抓丁的，她能想象得到五老奶奶在自己最疼爱的重孙子被抓丁后，经历着怎样的煎熬。

小兰流着泪点点头说："五奶奶，你放心吧，俺找村里人凑钱给你们买棺材，把你们埋进祖坟里，你的手镯不卖，你可以一直戴着。"

可能是疼痛袭来，五老奶奶皱起了眉头，过了一会儿，她转过头笑着说："小兰，你真是个好孩子，你要好好活着，也要活到九十九。俺刚才还担心不能交代后事呢，还是老天开眼呀，让俺遇到了你，可老天咋不开眼，不把坏事做尽的日本鬼子都拍死呀，善有善报，恶有恶报，这老辈子传下来的话可不能不灵验呀……"五老奶奶的声音越来越小，直到停止了呼吸。

小兰握着五老奶奶渐渐冰凉发硬的手，哭得泣不成声。小秋也慢慢地爬过来，看着死去的五老奶奶，默默地流着眼泪。

不知过了多长时间，有村民从村里出来，大声喊着日本鬼子从村东口上公路走了，村里人可以回家了。只见蒿草地上，三三两两地有人站起身，忐忑不安地向村里走去。

小兰拉着小秋进了村，只见街上站满了人，一个个脸上满是惊恐的神色。他们用呆滞的眼光看着走进村子的人，好像不知说什么好，看来他们都和自己一样遭受了痛苦的一天。小兰看着他们，不敢张口询问，不知谁哭出声来，很快蔓延成了众人的痛哭。

事后，有村民讲述了村子里发生的事情：

日本鬼子把围住的村民们都逼到村公所的空地上，从人群中拉出三个年长的女人，分别相距二十米站立，然后将男人一个一个拉出向三个女人询问姓名。这是日本鬼子查找八路军和抗日干部的办法，如果是村里人，这三个女人当然能说出名字，如果是抗日干部，就不是旺财村的人，三个女人就不可能同时说出名字。人群中没有抗日干部，也没有八路军，日本鬼子很失望，就砍死了两个村民，将十几个青壮年捆住抓走，看到两个漂亮姑娘也要捆起来抓走，这两个姑娘知道自己被抓走后将会是什么命运，猛然以头撞墙自杀了。这两个姑娘里，有一个是爱枝的女儿——三儿。

村民中还有死亡的就是杏花，日本鬼子要将村民的牛羊拉走，杏花舍不得牛，日本鬼子拉着牛前行，杏花拉着牛尾巴不让走，日本鬼子用枪托打她。那头牛看到每天喂它草料的杏花被打，用犄角向那个日本鬼子顶去，把日本鬼子顶倒。摔了一跤的日本鬼子爬起来，招呼其他日本鬼子用刺刀刺向那头牛，几条狼狗也扑过来撕咬那头牛，牛死了，杏花也被刺死了。

临走的时候，日本鬼子把搜到的粮食集中到街道上烧了，并将大火向两边的房子引燃，然后开走了。惊慌失措的村民们赶忙扑灭大火，寻找亲人。

旺财村都是亲戚连亲戚的，几个死亡的人基本上牵涉到了全村人。许多村民都痛不欲生，有些人要寻死觅活，有的躲在家里痛哭，急得成柳、乐金、李贵卿、小花几个人在村里大声喊着：

“老少爷们啊，要坚持住呀，咱中国是个大国，肯定能打败小日本的，俺可从来没说过瞎话呀……”

“你们可不能想不开，可不能寻短见呀，只要咱们挺过几年，小日本就扛不住了……”

“人死了，咱报仇，房子烧了，咱还可以盖……”

“只要咱的命在，迟早跟日本鬼子算总账……”

“老少爷们，别在家里窝着了，出来走走，喊几声……”

慢慢地，有人走出了家门，跟着成柳他们喊，出来的人越来越多，喊声越来越大……

日军在濮阳清水一带“扫荡”了半个月，与八路军多处交战，并未能消灭八路军，也未能消灭抗日政府。日本鬼子对于未能躲避的百姓也进行了杀戮，“扫荡”结束了，恶贯满盈的“扫荡”部队返回了出发地点。

日军离开了，经过“扫荡”后的清水没有了生机勃勃的景象，到处是残垣断壁，到处是肃杀凄凉的悲惨情景。

日军占领了濮阳、清水、南乐等县城后，在县城内驻扎了大量的部队，并抢抓百姓为其修筑城墙，修筑县城内的围寨，修筑城墙外的护城河，为长期驻扎做准备。为了更好地控制这些抗日根据地，日军还占领了一些大的集镇，修建据点，驻扎部队。

就在日军将主要精力放在县城和大的集镇驻扎地的时候，国军三十九集团军与日军串通好，又返回到濮阳、清水、南乐的乡村，挨村向百姓们抢粮，并杀害抓到的抗日民主政府的人员，还杀害村里的抗日积极分子，殴打使用冀南币的百姓。旺财村的粮食被抢走了很多，村长成柳没能及时躲避，被三十九集团军打死了。

冀鲁豫军区的八路军在与“扫荡”的日军作战的同时，又与三十九集团军交战，将三十九集团军打跑了。

自从日军驻扎清水县城后，就开始谋划成立汉奸清水县公署，并开始在清水的村庄建立维持会。日军派出部队和政府汉奸，挨村建立维持会。他们也多次来到旺财村，而村民们在自卫队带领下及时躲避，使得敌人扑了空。后来，日军将抓走在县城做苦工的一个村民放回了，传话说旺财村跑得了人，可是房子土地跑不了，如果不建立维持会，不向汉奸政府交粮，就将全村的房屋烧掉，把土地里的粮食烧掉，让村民冻死饿死。村民们经过多日躲避奔跑，太疲惫了。实在顶不住了，无奈之下，乐金、李贵卿、小花等召集年长村民商议后，决定可以建立一个表面上的维持会，还找出一个能说会道的人选做维持会长，那个人叫刘老抠。

维持会成立了，村民们可以回家了，可以躺在家里睡觉了，可是以后的生活会怎么样呢？回到村里的村民们心里都七上八下的。

这天，夜深人静的时候，小兰被窸窸窣窣的声音吵醒了。

自从公公婆婆去世后，家里就只有小兰一个人了。也许是对自己的安全不放心，小兰养成了睡觉很轻的习惯。在夜里，只要有一点声音，她都能感觉到，都会从梦中醒来直到确定了声音的来源不是发自坏人时，才会继续睡去。记得公公婆婆刚刚去世后不久的夜里，小兰没有把大门闩结实，忽然刮起了大风，大门被风吹得呱嗒呱嗒响了一夜，小兰也吓得哆嗦了一夜。现在想起来，心里还是挺害怕的。

村里建了维持会后，小兰就不再在哥哥家住，回到自己家来了，毕竟在哥哥家不如在自己家方便。现在，小兰在自己的家里，听着这奇怪的声音，心里疑惑着。窸窸窣窣的声音并没有停，听起来好像是几个老鼠爬来爬去的声音，可仔细听听，又不像，具体是怎么不像，又无法确定。

四周一片漆黑，小兰想起了儿时与小伙伴在河道里的那个夜晚，一只野猫吓坏了自己，外边发出声音的或许不是老鼠，而是野猫呢。可是，不管是老鼠还是野猫，如果能叫一声，就能知道是什么了，小兰希望能尽快听到叫声，确定不是坏人发出的声音，她就可以继续睡觉了。

其实，每次在夜里有轻微的声音把自己惊醒时，小兰的心里都怦怦直跳，觉得有坏人要冲进来了。她想象着坏人应该是头蒙黑布，只露出两只眼睛和一张嘴，眼睛里应该是布满血丝的，看起来既凶狠又恐怖。而自己应该怎么办呢？赶紧跑还是大声呼救？这样的问题从来都没能得到答案。

外边的声音虽然时有时无，但并没有停止，接着小兰听到了有互相说话的声音。虽然故意压低的声音，听不清楚说的是什么，但可以确定是男人的声音。

小兰紧张起来，她觉得头皮发麻，头上出了很多汗。怎么办？是不是坏人要破门而入？她害怕了，伸手从枕头下面拿出剪子，这是自从公公婆婆去世后，就一直放在枕头下面的剪子，是为了防身用的。可是，如果坏人进门后，用剪子能保护得了自己吗？趁着坏人还没进门，自己是不是应该大声呼救呀？

小兰正在犹豫时，听到了敲门的声音，“笃笃笃……”声音很轻，但在寂静的夜里足以使屋里的人听见了。

谁在敲门呢？如果是坏人，不会轻轻地敲门，看来门外的不是坏人。

想到这里，小兰长出了一口气，她摸了一下额头，感觉到许多汗水，她轻轻地下了床，摸黑拿到手巾，边擦汗边猜测着来人的身份。忽然一个念头闪现出来：“会不会是离家多年的晓东回来了？”想到这里，小兰激动得不能自持，她快步打开屋门,来到院子里。

门外的人听到开门声,应该是知道有人来到院子里了,张口轻声说道:“大爷大娘,叔叔婶子,开开门……”

不是晓东!

小兰失望之极,刚才的激动一下子消失了。她紧张地看着大门,能感觉到有人站在门外,她颤抖着声音问:“谁呀?”

门外的声音说道:“我是八路军,我是八路军。”

听到是八路军,小兰有些不敢相信自己的耳朵,一直盼望的八路军真的来了。她紧走几步,要把门打开,可是两手碰到门闩时,小兰忽然觉得奇怪起来。一般来说八路军进村都会找熟悉的村干部,如果是陌生的八路军进村,应该会寻找村边的人家,可自己住在村子的里面,从村外进来到自己家里,要经过许多人家,还要拐到胡同里,正常来说不会找到自己家的,他为什么会来敲自己家的门呢?可是,如果自己不开门,万一真的是八路军来了,进不了门,遇到危险怎么办呀?

小兰犹豫着,她想到了曾经听说有的村子由日本鬼子让警备团的人假冒八路军进村,杀死了为八路军提供食宿的百姓的事。她愈发清醒起来,觉得应该想办法验证一下。

“大婶,快开门吧,我们是走了六十里路才到这里的,你只要给我一碗水喝就行了。”外边的声音仍然在不停地央求着。

看来是八路军,而且是只求喝一碗水的八路军,小兰觉得不会有问题了,她走向前,准备把大门打开。

“你到底开不开门呀?你想死呀?……”一个凶恶的声音传来,但很快被制止了。

小兰听到这句话,觉得外边的人不会是八路军,因为八路军战士是很和气的,赶忙说道:“俺家没水。”

大门被狠狠地踢了一脚,接着外边的人又骂了几句,走了。小兰不知道自己的判断是不是正确,她担心着如果这些人真的是八路军,自己可就是大罪人了。

在心烦意乱的情况下,小兰睡不着觉了,她坐卧不安地等到了公鸡打鸣时,听见外面传来敲锣的声音,有人喊到村公所开会。

“咋了?一早开会肯定有大事儿。”小兰想着夜里的事,觉得敲门的八路军可能被抓住了，她后悔不迭地埋怨着自己，“俺为什么那么犹豫，岂不是害苦了那些八路军？”

小兰随着村民向村公所走去，村民们也狐疑着，小兰看到大妮儿，问大妮儿出了什么事，大妮儿也说不知道。

转过来，到了大槐树下，只见三个人被吊在大槐树上，身体垂下来。旁边还有一群人，走近了，小兰看到人群中竟然有嫂子、小秋、宾宾，吊着的一个人中竟然有哥哥。

小兰紧张起来，不知道发生了什么事。

等村民到齐了，只见一个带枪的人挥了挥手，喊了一声打，几个拿皮鞭的人向被吊着的三个人打去。随着噼噼啪啪的声响，三个人痛苦地号叫着，声音凄厉吓人。

小兰看到哥哥痛苦地叫着，嫂子、小秋和宾宾也不停地大声哭着。

三个人被打得浑身是血，慢慢地叫不出声了，头也耷拉下来了。那个带枪的人挥手，让拿皮鞭的人停止了殴打。带枪的人围着被打的人转了几圈，欣赏着三个人的痛苦的样子，走到村民面前说：“这三家，竟然私自容留八路军，今天给他们一些教训，告诉你们，昨晚用八路军试探你们，怎么样？这三个人就暴露了，对想帮助八路军的人，就是这样的下场。”

看着那个人的得意模样，小兰恨得攥紧了拳头。

日军扶持的伪县政府——清水县公署成立后，开始了对清水的野蛮管理。日军还在清水成立了清水县警备团，配合日军对清水县实行殖民统治。

清水的一些大乡镇也被日军占领了，并修筑了据点。清水西部的卫河也被日军占领了，卫河上不见了百姓们的船只，只有日军的汽艇，架着机枪，在河面上来回穿梭巡逻。

日军在清水县城驻扎后，开始对周边村庄进行奴役统治。日伪军进村了，清水警备队也进村了，先是盘查户口，然后要给村民们办理良民证，以后没有良民证的人视为抗日分子，严厉处罚。

在办理良民证之前，要先给村民们登记户口，小兰对登记户口那天发生的事情记忆犹新。

那一天，一阵猛烈的砸门声传来，还听到了日本鬼子叽里呱啦的叫喊声。小兰赶紧到厨房抹了一把锅底灰，在脸上涂了几下，哆哆嗦嗦地打开门，只见五六个人站在门前。小兰正想说什么，只见一个日本鬼子嘴里叽里呱啦着，举起枪托向小兰砸来，小兰躲避不及，被砸倒在地上。小兰感觉额头被砸得生疼，赶紧捂住痛处，只觉得有股温热的血水顺着手指缝流下来，流到了胳膊上，把衣袖都染红了。

"啊，啊……"小兰疼得浑身颤抖，上下牙不停地碰撞着。

"快起来，你怎么这么不懂规矩？不知道见了皇军要九十度鞠躬吗？"一个汉奸厉声训斥着小兰，"不许包伤口，现在赶紧向皇军鞠躬，赶快……"

小兰强忍着疼痛，费力地站起身来，弯腰向日本鬼子鞠躬。她看到砸她的那个日本鬼子很年轻，个子比自己还矮，只是一脸凶相。小兰边弯腰边心里想着："你们这些爹娘没教养的王八蛋，让俺向这些比俺小十几岁的侵略者鞠躬，真是违背了天理伦常，老天爷会折他的阳寿的，自己的鞠躬就当是提前给这些死人鞠躬吊唁了，不对，日本鬼子真要死了，自己才不去吊唁呢，还要放鞭炮庆贺呢。"

看到小兰鞠了躬，那个汉奸回头看了看日本鬼子，日本鬼子看着小兰血流满面的痛苦样子，很满意，就咕哝了一句。汉奸接着说："今天受县知事的命令，来村里查户口，你家里几口人呀？"

小兰忍痛回答说："两口人。"

"那个人呢？让他出来见皇军。"汉奸接着说。

"他没在家？很多年前被抓走当兵了。"小兰回答。

听到"当兵"，日本鬼子好像有些听懂了，端起枪向前，撞开小兰，到屋子里翻箱倒柜找什么，看到屋里没人。就出来拿枪对着小兰，如临大敌一般。

小兰被日本鬼子的行为吓坏了，她不知道这些残暴的日本鬼子要做什么。那个汉奸看着从屋里走出来的日本鬼子，叽里呱啦说了几句，就问："那个人是你的什么人？他是参加了八路军还是国民党军？"

听了汉奸的话，小兰才明白他们以为家里有当兵的，就沉着脸说道："他是俺男人，民国十三年的时候被直系军阀抓走当兵，到现在已经十七年了，一点音信都没有。"

汉奸又与日本鬼子说了几句，问道："你的男人叫什么名字？"

"王晓东。"小兰低声回答。

汉奸登记后，厉声说道："如果你男人回来了，要马上到村维持会汇报。"

小兰点点头。汉奸和日本鬼子觉得登记完了，转头要走。这时，另一个日本鬼子又举起了枪托，小兰好像突然明白了什么，又向这些人鞠躬。日本鬼子看着小兰，鼻腔里哼了一声，收起长枪，转身走了。

小兰关上门，想着刚才受到了屈辱，狠狠地骂了几句，难过地哭起来。殷红的血水仍然不停地从手指中渗出来，顺着手臂，流进衣袖中，又从衣袖中渗出来，滴滴答答浇到小兰的鞋上，流到地上，在地面上形成了一个小血洼。

县城照相馆的人被日军拉来给村民们拍良民证上的照片。对于村民们来说，照相可是只是听说却舍不得的奢侈东西，可是今天，为了办理良民证，家家都要拿出钱来照相。想到自己一生中的第一张照片竟然是为了办理良民证，办好的良民证将证明自己是日军眼里的良民，都心怀不甘，心情郁闷，坐到照相的凳子上，一个个脸上都满是悲伤忧郁的神色。警备队的人一再强调要微笑着照相，没有人微笑，许多人还大哭起来。

十二岁以上的村民都要办理良民证。村民们遇到日军，必须出示良民证，向日军行九十度鞠躬礼，口称太君，否则以抗日嫌疑的罪名逮捕。

伪县公署禁止村民们使用法币和冀南币，要求全部使用联银券。伪政府为了将抗日势头打压下去，开始在全县实行“保甲连坐制度”，十户为一甲，设甲长，十甲为一保，设保长，还将几个村子的若干保组成联保，设联保主任。旺财村的刘老抠被指定为旺财村保长。

汉奸们来到村里要成立旺财村新民会，要求村里年轻人都要参加，没人愿意参加。汉奸们就采取罚款殴打的办法，逼迫许多村民们都参加了新民会。

在旺财村新民会的成立大会上，汉奸们逼迫新民会会员们喊口号：“发扬新民精神，显示王道”“实行反共，复兴文化，确立和平”“振兴产业，改善人民生活”“睦邻结盟，建设东亚新秩序”。

村民们被逼无奈，只好有气无力地跟着哼哼，好像都害了牙疼一样。

对于旺财村百姓来说，面对当前的现实无疑是痛苦的。每一个有良知的百姓都是经过了多年的抗战生活的，虽然他们没有直接上战场与日本鬼子作战，可是他们在村里一直做着与抗战有关的事，不论他们是男女老幼，参加的是自卫队员、青抗先，还是妇救会、儿童团，都在为抗战出力。即使上了年纪，不能做活的老人，也为自家人为抗战出力而自豪，他们中的许多人是经常唱着抗战歌曲，想着怎么把日本鬼子赶出中国的人。现在，局势变了，他们经常见到的就是侵略中国的日本鬼子,还有民族败类的伪军和汉奸,他们多么盼望能够把日本鬼子赶出去呀。可是,现实是残酷的,原来成片的冀鲁豫边区的抗日根据地被日军分割成了许多小块,抗日局面变得艰难起来。即使如此,旺财村的百姓们仍然知道,只有依靠八路军,依靠抗日政府,才能把日本鬼子打跑,才能过正常日子。

日军扶植的汉奸清水公署利用日伪军和警备团对能够控制的县城周边的村庄下达一项任务——维修公路。

旺财村口的北平—大名—归德公路是清水县的重点维修公路。汉奸们强行将公路两旁许多村庄的村民集中到公路上填平公路上的道沟,夯实路面,以方便日军军车行驶。村民们明白如果修好了公路,日军军车可以更快地机动部署兵力,打击八路军,为此都尽量拖延。他们采取白天填埋道沟时磨洋工,晚上等到日伪军回到县城后又把填埋土挖出的办法拖延工期,伪军们追责时就说是八路军干的。

监工的伪军们不敢晚上留在工地,担心被八路军或者县武装大队的人打死,就只能白天从县城赶来,然后费不少时间到村子里将劳力赶到公路上干活,等到太阳刚刚偏西,伪军们就要赶紧往县城返,以便在天黑前回到县城。村民们只要看到伪军离开,也马上回村。夜晚,不少百姓又偷偷从家里跑出来,把白天填埋到道沟里的土挖出来,以减缓修路的进度。

伪军们觉得奇怪,为什么看着村民们干活还挺卖劲,怎么这公路就是长时间修不好呢?昨天好像有的道沟快填平了,可是第二天发现还差不少。伪军问村民们,村民们说昨天伪军离开时他们仍旧在填土,昨天填土就是到这个位置。没有对证,伪军们也无可奈何,公路的填埋一直进展缓慢。

抗日干部在夜里开始进村了,向村民通报八路军打击日军的消息,让百姓们不要失望。百姓们也出主意,怎样在抗日困难的情况下一方面应付日伪军和汉奸,一方面帮助八路军。

情况刚刚有所好转,就在要入冬时,清水市面上传来了让人恐惧的消息:有大量日军印制的假冀南币进入冀鲁豫边区根据地,其中以五元面值的假币最多。吓得百姓们都不敢收五元冀南币,一时间,冀鲁豫边区的物价迅速上涨,经济又乱套了。

自从日军驻扎清水后,百姓们的生活是两种面孔,两种方式。当日伪军和汉奸白天来到村子里时,村民们要到村外修路,花费时使用联银券,还要向汉奸政府交粮交钱,以换得生命、财产的暂时保有。天黑了,日伪军和汉奸离开了,村民们又继续使用冀南币,还要节省一点粮食,希望能送到八路军手里。越是艰难,百姓们就越知道八路军的重要,有了八路军,有了八路军与日伪军作战的消息,百姓们觉得生活才有了希望。

一天晚上,小秋来到小兰家,眉开眼笑地告诉小兰大好消息:“八路军伏击了从清水县城出动的几百名日伪军,打了一天仗,打死了日伪军一百多人。”还说,“日军在韩村集的据点被八路军端了,将据点里的一百多名日伪军全部打死了,炮楼也炸塌了,成了一堆乱石头。”小秋边说边比画,笑得要岔了气,小兰也高兴得连连说好,高兴极了。

半年多来,被日军“扫荡”的压抑心情一扫而光。

“姑姑,俺爹娘很长时间都是愁眉苦脸的,他们听说这些事后,都高兴得不得了,俺爹还唱了几句呢。”小秋笑着说。

“是不是?”小兰听了这样的话,更加高兴了,“我还一直膈应着,担心你娘心情不好呢。”

“膈应”在清水方言是想着某件事,牵挂某件事而放心不下的意思。嫂子菊花自从听到日军进村“扫荡”时那两个刚烈的姑娘的惨死,就一直为小秋担心着。她经常说:“幸亏俺小秋藏起来了,她要是有个好歹,俺也活不下去了。”

小秋听到小兰说到“膈应”这个词,就笑着说:“姑姑,你知道日本鬼子说的大东亚共荣圈,有人咋说不?”

“咋说呀?”小兰笑着问。

“把大东亚说成大肚牙,共荣圈说成膈应圈,‘大东亚共荣圈’就成了‘大肚牙膈应圈’了。”小秋边笑边说道。

小兰差点笑喷了:“‘大肚牙膈应圈’,哈哈……谁编的? 真有意思。”

小秋笑着说:“三红呗,她可聪明了。”

小兰笑得直喊肚子痛。

小秋的话说了没几天,“大东亚共荣圈”真就成了“大肚牙膈应圈”。那天,外面忽然想起了呼喊声,很快,一队日伪军来到了村里,将村民们都赶到了村公所前面的空地上。

小兰也在人群中,她看到哥嫂一家,宾宾用惊恐的眼光四下看着,看到小兰,就慢慢地挤过来。小兰拉着宾宾的手,又拉住小秋的手,她担心着将要面对的局面。

一些日伪军站在村民面前，日本鬼子的狼狗可能被芥末呛着了，用奇怪的声音吠叫着。伪军挨个查看村民们的良民证，没查出问题。一个像是日军头目的矮个子向前走了两步，先是用凶恶的眼睛盯着大家，来回走了几趟，然后开始绷着脸，叽里呱啦地说起了话。一个挎着枪的中国人在旁边翻译着："大日本皇军说了，你们要顺从华北政府，做顺民。"

日军头目又说些什么，翻译又说话了："凡是与日本作对的人，一律杀掉，房子烧掉，土地没收，家里的财产没收……

"窝藏共产党、八路军、抗日干部一律处死，……蒋介石对百姓不关心，为了打仗，竟然把黄河决堤，淹死无数的老百姓，……八路军人少，枪少，不是皇军的对手，……你们这里不是抗日根据地吗？日军不是也占领了吗？……告诉你们一个消息，华北的八路军已经被我们全部消灭了，华北已经全部是大日本皇军管辖了，你们就别指望八路军了……"

村民们开始交头接耳起来，日军的狼狗又叫起来，村民们慢慢安静下来。

"你们要做顺民，现在，跟我喊口号，……消灭共产党，消灭八路军，建设大东亚共荣圈，……快喊，喊不喊？不喊皇军可要杀人的，……"

村民们没人喊。

一个日本鬼子走近人群，看到了宾宾，宾宾吓得不敢与他对视，直往菊花身后躲。日本鬼子推开人群，抓住宾宾的胳膊就往外拉，小甫和菊花想拦住也被日本鬼子推开了。小兰将宾宾推到身后，日本鬼子嘴里骂着什么，也将小兰推倒，将宾宾拉了出去。

"爹，娘，姑姑，姐姐，俺怕。"宾宾边回头边哭着喊着，菊花吓得不敢看，她捂着脸，泪水顺着手指缝流出来，滴到地上。

日军头目看着宾宾害怕的样子，很满意，他弯下腰，狞笑着对宾宾说了几句，翻译说："小孩子，皇军说你喊口号就放你回到爹娘身边，你要不喊就放狼狗咬你，喊不喊？"

宾宾看看日军头目，又看看翻译，再转头看着爹娘，不住地哭，泪水把小脸冲得红红的，非常可怜。

看着宾宾被日本鬼子拉出人群，菊花和小甫痛哭起来，小兰紧张得满头是汗，她不知宾宾要遭遇什么命运。刚刚十岁的孩子，脸上满是惶恐，眼中满是无助，他会不会被殴打被狼狗咬呢？或者被杀害呢？日本鬼子制造这样的惨剧已经听说得太多了,今天难道要在宾宾身上发生吗?她为宾宾担心着,感觉到心怦怦直跳,不对,好像心脏不是在跳,而是在胸腔中冲撞着,好像马上要跳出来了。她想到以前曾想过为了小秋和宾宾的安全,自己豁出命也值,现在,自己是不是到了要豁出命的时候了?自己敢不敢豁出命呢?她不知道接下来自己会冲出去搭救宾宾,还是懦弱地看着宾宾被日本鬼子虐待,只是攥紧了拳头,看着事态的发展。

翻译有些不耐烦地大声说:"快喊,快喊,再不喊就放狼狗咬你。"

宾宾是参加过几年儿童团的,几年来他只喊过抗日口号。让他喊反共口号,他是一万个不情愿的,可是看着身边欲扑过来的狼狗那硕大的狗头,长长的舌头,他害怕极了,情急之中哭着说:"你们放俺回家吧,呜呜呜……俺回家就喊。"

翻译对日军头目说了几句,日军头目笑着说了什么,翻译对宾宾说:"小孩子,皇军说了,你喊完就让你回家,快喊,消灭共产党,消灭八路军,建设大东亚共荣圈……"

宾宾依旧哭着,不知所措着,这时,听到人群中有人大声喊:"建设大肚牙膈应圈,建设大肚牙膈应圈……"

这是乐金的声音。村民们有些吃惊了,他们没想到村里一向积极抗日的乐金竟然带头喊日本鬼子的口号。当年村里的几个孩子参加四支队都是跟着乐金去的,为此,乐金在村里百姓中颇有威望,虽然日军进村,百姓面临着危险,可村民们还是难以接受这种呼喊反共口号。不过,当村民们听出呼喊的不是"建设大东亚共荣圈",而是"建设大肚牙膈应圈",觉得好像有办法了。

日军当然无法分辨清水口音喊出的"建设大肚牙膈应圈"与"建设大东亚共荣圈"的区别。日军头目听到有村民们喊口号,很高兴,他想看看是谁喊的,只见村民们陆陆续续开始喊"建设大肚牙膈应圈",喊口号的村民越来越多,声音也越来越大。

"建设大肚牙膈应圈……"

"建设大肚牙膈应圈……"

日军头目满意地大笑着,以至于宾宾跑回了人群,他都没有阻拦。他听着村民们的呼喊口号的声音,觉得很顺耳。

"建设大肚牙膈应圈……"

"建设大肚牙膈应圈……"

呼喊声此起彼伏着……

有个伪军头目听出村民们喊出的口号声有些不对，走上前举起双手下压，示意村民停止。一旁的几个日军士兵以为伪军头目要制止村民呼喊“建设大东亚共荣圈”，就气愤地冲过去，连打了他十几个耳光。委屈的伪军头目捂着红肿的脸，气愤地流着泪大声呼喊着“建设大肚牙膈应圈”，伪军们看到这一幕，就心领神会地一起大声呼喊“建设大肚牙膈应圈”。

日军们也被这一幕感染，也学着村民们的声音，用别扭的中国话呼喊着：“建设大肚牙膈应圈，建设大肚牙膈应圈，……”

第四十三章

月亮挂在天空，安详地将月光洒向大地，无数的星星在月亮周围，或远或近，乖巧地享受着月光的抚摸。小水滴仰望着天空，望着，望着……这或许是一个普通的夜晚，普通的月亮和星星都挂在天空，俯瞰大地。

虽然天空中偶尔会没有星星，没有月亮，但小水滴知道，那只是暂时的。等到乌云散去，月亮和星星仍然会挂在天空。那时，眨着眼的繁星洒满了天空，围在又大又亮的月亮周围，把天空映衬得更加美丽。

小水滴茫然地望着天空，非常难过。她曾经相信，月亮和星星就像是大河和自己，围在月亮周围的星星能够永远看到月亮，可是，离大河不远的自己却很久没能看到大河了，她不知道大河去哪儿了，这使得她痛苦万分。

自己曾经想到过，天上的星星与自己的命运是一样的，自己离开了大河的怀抱，星星也离开了月亮的怀抱。也因为这样的原因，小水滴觉得自己就是星星，是大地上的星星，而星星就是自己，是天空中的自己。

现在，天上的星星还能看到月亮，自己却不能看到大河了，这时的自己还能算是大地上的星星吗？

第四十四章

夜幕像一张无边无际的大网，无声无息地罩在华北的大地上。这张网向上遮住了天空，抬头看不见月亮，看不见星星；这张网向下覆盖了大地，低头看不见街道，看不见小巷。华北在夜幕中，河北在夜幕中，清水在夜幕中。

清水县城是日伪军驻扎的地方，众多日伪军进入了梦乡。日军士兵或许还在梦中回味残虐中国百姓的情景，伪军士兵或许在梦中为帮助侵略者残害自己的同胞而忍受良心的谴责；众多百姓们或许也进入了梦乡，他们内心的无以名状的痛苦与恐惧摧残着他们的神经。

县城是清水的中心，县城的城墙向外就是广大的乡村了，这些乡村距离县城或远或近，居住着祖祖辈辈以种地为主要收益的农民。为了生存，他们辛辛苦苦地劳作着，他们诚恳朴实，以勤劳努力为荣，以孝顺谦让为礼，希望他们也能进入梦乡。

一个女人曾经进入了梦乡，可是，在半夜中，她醒了，她看看黑漆漆的周围，什么也看不见，她听听周围的声音，什么声音也没有，她看着什么也看不到的上方，有些茫然，也有些迷惑。她的思绪问道："我是谁？我在哪儿，我从哪儿来，要到哪儿去？"

过了一会儿，她好像有些清醒了，伸手摸摸两边，那是她熟悉的自己的床，她有些踏实了，这里是自己的家呀。

她的思绪开始转动起来，断断续续想到近几个月来经历的事情，日军在清水"扫荡"，村子里死了几个人，那些人都是小兰熟悉的人，其中还有自己的亲戚，他们多么可怜呀，他们的家人多么可怜呀。

她又想到，自己的侄子宾宾躲过了危险。那天，村民们呼喊了"建设大肚牙膈应圈”后，算是没受到日伪军的残害。大家听出了第一个呼喊“建设大肚牙膈应圈”的是乐金，都夸他脑筋活泛，救了大家。哥嫂还专门上门向乐金道谢，感谢他的机智救了宾宾。乐金也为自己的机智很满意，笑着对哥嫂说一点小事，不用感谢。为此，她也很感激乐金。

随着日军进驻清水，家里的房屋和土地成了日军逼迫百姓的筹码，百姓们被奴役着。辛辛苦苦收获的粮食大部分被日伪军抢走了，向八路军输送粮食的通道也被日伪军截断了。她知道兵马未动粮草先行的道理，如果没有粮食，八路军吃不饱饭，怎么能有力气与日伪军作战呢？何况，八路军的游击战需要大范围机动，是非常消耗体力的，如果因为吃不饱饭，八路军无法进行游击战，将会遇到怎样的危险呀？想想都可怕。

日军“扫荡”和驻扎期间，百姓们的生活难以为继。许多青壮劳力都被抓去，或到县城修筑城墙和工事，或到集镇修碉堡，使得村里的耕种受到很大影响。再加上许多用于劳作的骡马、耕牛被日伪军抢走，导致百姓们不仅钱财上受到很大损失，生产能力也下降了许多，粮食产量也下降了许多。以后的生活会怎么样，真是不敢想象。

目前的生活就是人们说的亡国奴的生活。不是吗？一切都听日本鬼子的，日军经常进村，要求村民见到日军要鞠躬，轻则被打骂，重则被杀死，这不是亡国奴的生活还能是什么呢？

还有，现在已经没有了安全感，村里的妇女们在家里也要每天用锅底灰抹到脸上，脖子和手也要抹黑，防止日本鬼子起坏心，大家的安全已经没有了保障。

除了这些，日伪军还要求百姓们把村口的北平—大名—归德公路上的道沟填平，因为村里的青壮劳力已经很少，日伪军为了赶进度，逼迫全村百姓不管男女老幼，都要出动。百姓们知道，如果将道沟填平，日本鬼子的军车又可以在公路上行驶，对八路军更加不利，所以百姓们都挖空心思磨洋工，可即使这样，能长久吗？

进村的日伪军经常向百姓训话时说已经全部消灭了八路军，现在八路军的情况怎么样了？难道真的像那个日本鬼子头目说的，被消灭了吗？她觉得不可能。因为她知道八路军进行的是游击战，是神出鬼没的，日本鬼子是不可能消灭八路军的。只是日本鬼子调动了大部队来打击八路军，八路军的日子肯定是难过的。

村里的几个自卫队员在日伪军“扫荡”时参加了县武装大队，现在也没有消息，不知他们怎样了。

除了以上的担心，还有让她放不下的就是自己的侄女和侄子，如果日本鬼子长期在清水驻扎下去，她真不知道自己的侄女和侄子会遇到怎样的生活。她为他们担心呀！

不知怎的，她想起了自己在天津卖布时的情景。那时，阎锡山说过日本将在二十年内征服全中国，现在离阎锡山说这些话时已经过了五年多，难道小小的日本真的能征服巨大的中国吗？

她越想越怕，已经没有了困意。

她是小兰，她在漆黑的夜里恐惧着，在寒冷的屋里绝望着。

这个世界或许是奇怪的，在旺财村村民们对生活的前景充满惶恐和不安，心中满是忧虑甚至绝望的时候，竟然听到了好消息。那是刚刚过了民国三十年(1941年)元旦，八路军冀鲁豫军区第一军分区的部队攻克了清水的阳邵集和西马上两个据点，歼灭了据点内的日伪军多人，缴获了不少武器。还听说了冀鲁豫边区成立了冀鲁豫行政公署，看来抗日的势头依然强劲。

临近春节了，旺财村没有丝毫过年的气氛，村民们在寒风中仍然被逼迫填埋村口公路的道沟，虽然村民们都在想尽办法磨洋工，可是道沟还是快填满了。道沟是抗日的一部分，将道沟填埋后，估计很快就要夯实，以后或许日本的军车就要在公路上横行了。到那时，八路军的抗战将更加艰难，村民们都唉声叹气，为将来发愁。

小兰见到了大妮儿，随口问了一句年初二的时候二妮儿回不回来，其实，小兰知道，现在这样的情况下，二妮儿不可能回来。虽然小兰已经很多年没见到二妮儿，自己也挺想二妮儿的，但她估计二妮儿不会回来了，可大妮儿的回答，着着实实让小兰不安起来。

“小兰，二妮儿捎信说年初二不回来了。她现在正烦心呢。”大妮儿皱着眉头说。

“噢。”小兰答应一声，然后问，“为啥事烦心呀？”

大妮儿叹了一口气，怏怏地说：“谢品轩染毒了。”

小兰知道谢品轩是二妮儿的丈夫，既英俊又会经营，自己见过几面，是个很不错的人,没几个男人能比他强。

“染啥毒了? 是中了日本的毒气了?”小兰吃惊地问。她听说过,日军“扫荡”时,扔过毒气弹,那是非常可怕的武器。谢品轩如果中了日本的毒气,那可危险了。

“没中毒气,但也差不了多少,他染上吸毒的瘾了。”大妮儿忧郁地说。

小兰问道:“大妮儿姐,你是说谢品轩沾上鸦片烟了?”

大妮儿红着眼圈点点头。

清水有俗话形容败家的男人是:“吃喝嫖赌抽,坑蒙拐骗偷。”沾上哪一样对家庭来说都是可怕的,其中的“抽”就是指的抽鸦片吸毒。吸毒能上瘾,沾上就很难戒掉,而毒品很贵,吸毒的开销很大,清水经常能听到一人吸毒将全家家产败光的事,实在可怕。

小兰接着问:“大妮儿姐,谢品轩一直都是正正经经持家过日子的人,咋会抽大烟呀?”

大妮儿边说边流泪:“去年麦收,日本派部队‘扫荡’,攻占清水的时候,也把濮阳占领了。日本人在濮阳县城霸占了不少门面,二妮儿家的几处门面也被霸占了,他们将这些门面开了很多大烟馆,把有些钱又不愿意替日本卖命的人集中起来,强逼着他们高价买海洛因、吗啡等毒品,逼着他们当面吸毒,这样几次就都染上毒瘾了。谢品轩就是这么染上的,现在每天都要吸毒,每天都要找到大烟馆买毒品,家里这么多年攒下的家业踢腾了不少了。”

小兰替二妮儿担心起来,她见过吸毒的人,个个面黄肌瘦,有气无力,她不敢想象谢品轩会成为这样的人。如果二妮儿真的要面对这样的局面,也太、太残酷了,她着急地说:“那一定要让谢品轩把毒戒掉才行呀。”

大妮儿也叹气说:“是要戒呀,现在二妮儿正犯难呢,还有,文喜和武喜都不能上学了,以后不识字可咋办呀!”

看着大妮儿那凝重的神色,小兰心里难过得不得了,她不知道二妮儿将怎样面对这可怕的局面。在经营产业方面,谢品轩是个好手,可是如果沾上毒,那可是没一点好呀,文喜和武喜都不能上学,也是糟糕的事,二妮儿以后的日子将会遇到不知多少可怕的噩梦呀。

忽然,听到外边枪声大作,接着喊声不断,很快,日本鬼子进村了。

日本鬼子叽里呱啦地大声叫喊着,伪军们把村民赶到村公所前,把人们分成三部分,分别是男人、女人和孩子。这是要干什么?村民们不知道日本鬼子葫芦里卖的什么药。

一个说中国话的翻译叫喊着,几个汉奸让孩子把自己的爹娘哥哥姐姐从人群中领出来。孩子们哆哆嗦嗦地先到男人中领出爹爹,再到女人中领出娘,然后一起站到日本鬼子指定的地方。如果领错了,可能会被就地打死。

孩子们陆陆续续到人群中领人,小兰看到宾宾将小甫、菊花和小秋领了出去,宾宾也想把小兰拉走,一个日本鬼子拦住了,翻译问宾宾,宾宾说三个女人分别是他的娘、姑姑、姐姐,翻译把小兰拦住了,让她回到女人人群中。小兰看到在男人中有两个人很面生,她想到这个人不是村里的,估计是个八路军或者是个抗日政府的干部,就想到一会儿自己就说一个人是自己的男人,把他领到人群中。

不过,有人动作快,那两个面生的男人被两个孩子领走了。小兰松了一口气,也用敬佩的眼神看了看那两个孩子。

孩子领完了人,日本鬼子又挨个盘问女人,为何没有孩子认领。小兰说了原因,翻译让她走到人群中。

经过一番折腾,日本头目觉得村里没有外人,笑着夸奖几句,然后说了一大通话,翻译说:"皇军说的是在哪儿杀了多少八路军等。"村民们都鄙视地看着那个日军头目,可是,最后那个人说出的话震惊了所有的人:"……刚才说了很多外地的事儿,咱清水也有很多的成果。前几天皇军在清水县城西边打死了几个八路军,你们猜,从他们身上搜出了什么?说了你们也不相信,……他们每人身上吃的只有几个糠窝窝,也就是说,在抗日根据地,八路军连粮食都吃不上了,只能吃糠窝窝了,哈哈哈……"

听到这里,小兰觉得脑袋嗡的一下,她想不到,八路军在这么艰苦的条件下与日军作战,竟然连最差的粮食都吃不上,吃着糠窝窝打仗。

"吃糠窝窝哪能打仗呀?糠窝窝根本不禁饿,哪有力气打运动战呀?你们知道皇军都吃什么吗?天天吃肉,吃白花花的米饭,吃白面馒头,这样才能打仗呀,你们就等着看皇军消灭八路军吧。"汉奸得意地说。

村民们面面相觑,善良的村民们不知这个消息是真是假。不过,自从日军驻扎县城之后,旺财村的村民们的粮食被大量抢夺,应该很少能到八路军那里了,他们以为或许其他村庄能有粮食供应八路军,现在看来情况很糟糕。

"都听着,现在宣布,"翻译声嘶力竭地喊着,"从现在开始,在华北地区开始进行治安强化运动。”

小兰心情沉重地回到家，她一直想着汉奸说的被打死的八路军只能吃糠窝窝。想到这里，她伤心起来，她知道糠窝窝是老百姓在灾荒年才吃的东西，日伪军如果没看见，是编不出来这样的事的，也就是说这件事十有八九是真的。八路军吃糠窝窝，说明他们的处境确实挺不好的，不过这也说明八路军即使只能吃糠窝窝，也要与日本鬼子打仗，这样的好军队可不能被日本鬼子消灭呀。

想到这里，小兰流泪了，她想到，如果能见到八路军，她愿意把家里的粮食都拿出来，让八路军吃上粮食，自己吃糠窝窝。如果能这样，该有多好呀。

人心换人心，八两换半斤呀。有了这样的军队，老百姓的生活才有指望呀。

就在小兰悲伤痛苦的时候，一个弱不禁风的身影在夜幕中走出了旺财村。虽然月光微弱，看不清地面，可这是她走了多年，再熟悉不过的地方，她要去哪儿？她不知道，因为她的大脑一片空白，可是她的脚步却一步步迈向她的目的地，越来越近。

她不是别人，是已经精神几近崩溃的爱枝。

这大半年来，她经历了亲人先后离去的悲伤，漂亮可爱的三儿走了，老成持重的丈夫走了。她的眼泪已经流干了，她的嗓子已经哭哑了，可是，她的大脑却常常清醒着，清醒地体会着难以承受的痛苦。她不知道这大半年的日子是怎么挺过来的，可是她知道自己为什么要挺过来，因为女儿走了，丈夫走了，可是她还有牵挂，那就是自己的两个儿子。

如果没有儿子，她也会早早地离开人世，追上走在前边的丈夫和女儿。可是她不能，她还有两个儿子，她想他们，她也知道，儿子一定也在某个她不知道的地方想自己，儿子给了她希望，让她活了下来。

可是，今天听到那几个被日本鬼子打死的揣着糠窝窝的八路军的消息后，不知为什么，她总觉得自己当八路军的儿子大小儿也揣着糠窝窝，在寒冷的夜里，在某个地方，和几个战士一起，正走在一条黑暗的路上。路的前方有经过公路上飞驰的军车运送来的已经埋伏好的日本鬼子，就等着大小儿走进埋伏的地方，而大小儿和他的战友竟然不知前方的危险，仍然向前走着，走着……临近危险的大小儿还不知道，那条运送日本鬼子的公路，是在日本鬼子的枪口逼迫下的百姓修的，修路者中，还有他的娘……

现在，她已经没有力量来承受大小儿的噩耗了，只想来到自家的祖坟处，给自己一个了断，去另一个世界。

祖坟里有两座新的土包，里面有她的亲人，她仿佛看到了还会有一个土包，里面会有自己。她走近土包，跪在那个新的大土包前面，呜咽着……

小兰正在胡思乱想的时候，门口传来了脚步声，转头望去，只见小花急急忙忙走进来，后面还跟着茴香娘。

“兰姑，爱枝大娘来这儿串门儿没？”借着月光，小花很快扫了院子里一眼，问道。

小兰家是爱枝爱串门的几家之一，小兰听出了小花问话中的焦急，就问道：“没有呀，小花，你为啥急着找爱枝嫂子？出啥事儿了？”

小花着急地说：“今天日本鬼子说打死的八路军只能吃糠窝窝，俺担心村里的八路军家属，就挨家看看，先到爱枝大娘家，可她没在家。又去茴香姑姑家看奶奶，奶奶说爱枝大娘今天神情不对，俺就想，一定要找到爱枝大娘。”

茴香娘也急着说：“日本鬼子说到打死的八路军身上只有糠窝窝，爱枝马上就急哭了，而且哭得都不是声儿了，小花来家里看俺，俺就想到了爱枝，赶紧找找她吧。”

小兰听了，也着急起来，是呀，村里每一个八路军战士的爹娘听了这样的话，都会着急的。爱枝家里连续失去亲人，她要有个好歹，可咋办呀。

三个人赶紧出门寻找，在村里找了两圈，没找到，小兰想到应该到成柳和三儿的坟地去找。三人在坟头处，听到了女人的哭声，走近了，看到一个瘫坐在地上的黑影，正是大家要找的爱枝。

“爱枝大娘，可找着你了。”小花扑过去，抱着爱枝哭起来。小兰和茴香娘也快步走过去，拉住爱枝的手，流下了眼泪。

“你们是谁呀？”爱枝哭得有些蒙了，她失神地看着她们，竟然没认出是谁。

“爱枝，俺是茴香娘呀，你一个人在这儿，多让人担心呀。”茴香娘叹着气说。

“婶子，”爱枝认出了茴香娘，又认出了小兰和小花，她哭着说，“婶子，那些鬼子白天的话让俺难受呀，现在，要是小来和俺大小儿只能吃着糠窝窝打鬼子，他们、他们……可咋办呀？”

爱枝后面的话虽然没说，但是大家都明白是什么。茴香娘拉着爱枝的手，劝说着：“爱枝，你可要想开点，孩子参加了八路军，已经是成人了，他们有部队，有枪，他们一定能活下来的。”

"俺不全是因为八路军只有糠窝窝的事,咱每天被日本鬼子逼着修路,为啥?不就是修好路以后,日本鬼子可以用汽车运兵打八路军呀,你说说,哪有娘给日本鬼子修路,修好了路后,运送更多的日本鬼子打八路,打儿子的?俺一想到这事儿就难过得想死呀。俺家死了不少人了,俺也不活了……"爱枝哭着说。

小兰急着说:"爱枝嫂子,你可不能想不开呀。"

茴香娘在旁边劝说着:"爱枝,你可得好好活着,你活着,大小儿还有希望,你要是有个三长两短,大小儿可咋办呀?"

小花说:"爱枝大娘,除了大小儿,还有二小儿呢,你两个儿子现在可能都在想你呢。"

"二小儿?"爱枝愣了一下,好像想到什么,"是呀,俺总想着大小儿,差点忘了二小儿,要是二小儿的部队也能来打日本,该有多好呀。"

四个人在寒冷的夜里,说了很长时间的话。爱枝慢慢地打消了死的念头,夜幕里她们互相安慰着,坚持着。

民国三十年的春天,是一个可怕的春天,日军的"扫荡"进入了新的阶段。

原来,日军对华北地区的八路军的游击战经过几年的研究,取得了重大成果,大致弄明白了游击战的核心内容,并利用日军的优势条件,有针对性地设计了多种战术,在华北大地实施起来。悲惨的华北又要面临前所未有的血腥和损失。

八路军游击战的一个重要环节就是有着快速准确的情报系统。每次日军"扫荡"时,八路军都已经掌握了日军的"扫荡"路线、"扫荡"规模,并预先做好了准备,使得日军每次的"扫荡"效果都大打折扣。为此,日军的应对办法是对于"扫荡"计划不像之前一样开大会予以通报,而是只有少数高层日军军官掌握"扫荡"计划。日军"扫荡"部队出动后,许多日军中下级军官都不知道"扫荡"目标,而是随着"扫荡"部队的行军情况接受行军指令。为了防止电台传送命令时被破译,下一步行动方案也不是由电台传送,而是由日军派专人口头向相关军官传送命令,从而保证了军事情报的保密。还有,为了迷惑八路军,日军派出大量人员向外散发虚假的"扫荡"计划,使得八路军指挥官得到大量的错误的甚至是自相矛盾的情报,难以及时应对。

对八路军的情报搜集一直是日军的薄弱环节,为此,日军驻扎地点更多下沉到县城和乡镇后,搜集到了比较多的情报,比较准确地知道了抗日根据地的八路军党政军机关所在地,可以确定“扫荡”的最终目标。每次日军“扫荡”时,还派出一些情报人员化装成难民,混迹于难民中,因为难民会受到八路军保护,随着八路军转移,从而可以及时侦探到八路军的行踪,进行有目标的攻击。日军驻扎地点下沉到县城和乡镇后,还有一个有利方面,就是可以在县城和乡镇预备好从乡村百姓那里搜刮的粮食,使得“扫荡”日军不用背负沉重的粮食,轻装前进,提高作战效率。

以前,日军“扫荡”主要是白天出动,天亮时返回据点,因为来去和“扫荡”都要在一个白天进行,时间紧张,“扫荡”效果当然不好。现在,日军已经提高了训练水平,可以在夜间行军,在拂晓时分到达“扫荡”区域,这样不仅可以延长“扫荡”时间,还可以起到出其不意、攻其不备的效果,给八路军以重大杀伤。

日军还发明了一种新的战术——分进合击,就是几路“扫荡”部队出发后,八路军即使可以掌握到任何时间的日军部队的位置,因为不知道下一步“扫荡”目标,仍然无法防备。而日军利用军车的快速机动优势,在某一时刻突然快速启动,向“扫荡”目标地进发。这时,即使八路军情报人员知道了日军的作战目标,也因为没有军车迅速,无法将情报送到,增加了反“扫荡”的困难。

日军的诸多战术可以概括为“夜行晓袭”“分进合击”“捕捉袭击”“纵横扫荡”“反转电击”“辗转抉剔”“铁壁合围”“梳篦清剿”等可怕的作战方式。在“扫荡”中,对于八路军的重点地区实行杀光、烧光、抢光的三光政策。

为了能有效地达到“扫荡”效果,日军的新战术需要大量的兵力。为此,日军陆陆续续将黄河以南与国军作战的大量部队调到华北地区,最多时,竟然占到侵华日军总数的60%。

日军之所以将大量部队调集到华北,其中一个原因就是上层考虑与南京国民政府谈判,逼迫南京国民政府投降。这种投降的方式不是没有先例的,因为一年前,德国在欧洲大陆已经成功地逼迫法国投降了,可以借鉴这种方式逼迫南京国民政府投降。原南京国民政府高官汪精卫等大批官员已经投降,蒋介石的力量受到削弱,使其投降是一个好办法,何况从南京国民政府那边的态度这还是很有希望的。

为了使“扫荡”达到最满意的效果,日军将华北区域分为三类地区,即治安地区、准治安地区和未治安地区。治安地区指日军已经控制的地区,比如铁路交通线所在城市，已经成立了新民会等，约占总地域的10%；准治安地区指必须有日军驻扎，才能维持伪政权运作，但时常被八路军袭击，交通线、通信线经常被破坏的地区，新民会不能普及等，是与八路军犬牙交错的地区，约占总地域的60%；未治安地区指日军“扫荡”时可以占领但日军离开后又被八路军收复的地区，属于抗日根据地，约占总地域的30%。日军希望经过军事打击，两年后，能够达到治安地区占70%，准治安地区占20%，未治安地区达10%的目标。

为了能够压缩八路军运动战时的迂回空间，日军下决心在华北修建密密麻麻的公路网。修建公路网不仅为了保证公路可以迅速运送日军士兵，以快速打击八路军，还要将公路变成八路军无法逾越的隔离线，使得八路军的运动战在公路间的越来越小的范围内无法有效运动。为此，每一段公路两侧都要挖壕沟，每隔一段距离都要建据点，建碉堡，使得八路军可以运动兵力的空间越来越小，使得八路军可以运动的兵力从几个团减为几个营、几个连、几个排，甚至几个班，从而减少八路军的进攻威力。

当然，修建公路、封锁沟、碉堡等是需要不计其数的人力物力的，这些费用日军当然不会支出了，而是由占领区的中国百姓承担。至于因此导致中国百姓贫寒、饥饿甚至死亡，则不是残暴的日本侵略军会考虑的了。

日军的计划是歹毒的，也是有效的，华北大地将迎来怎样的腥风血雨，将面临怎样的民不聊生呀？

在日军筹划的众多的作战计划中，冀鲁豫边区也是重要的进攻目标。在冀鲁豫边区中的目标是位于清水、濮阳、内黄、滑县之间的区域，因为那个区域沉积着大量黄河故道的黄沙，称为沙区。近些年来那里生活着不少百姓，那里还是中共冀鲁豫边区党委、冀鲁豫行政公署和冀鲁豫军区所在地，是冀鲁豫边区反抗日军侵略者的指挥中心。

这次日军的大规模“扫荡”，被称为“四一二大扫荡”，侵略者运用了多种新的战术，造成了八路军的重大牺牲。毫无人性的日本鬼子在沙区的“扫荡”中，对沙区百姓实行了野蛮的三光政策。

“日军众多部队进攻沙区，遮天蔽日呀……”

“沙区突围时，牺牲了二百多八路军呀……”

“日军在沙区天天烧杀，一直持续了三天，把一百多个村庄能看到的老百姓都杀了，有四千多人哪……”

“日军简直就是野兽,杀人凶残,罪恶滔天呀……”

“日军在沙区到一村就烧一村,在一百多个村庄都放了火,五万多间房都烧毁了……”

“日军把沙区八十多个村庄都烧成了焦土……”

“有五十多户人家被日军杀绝户了,从此断了香火……”

“沙区一百多个村庄的农具、车辆、牲口、粮食都被抢光了……”

日军的暴行震惊了清水,震惊了冀鲁豫,震惊了华北,震惊了全中国。

旺财村有太多的人被日军的暴行惊呆了,也吓坏了,他们内心中最惊惧的大屠杀就发生在离自己村庄算不上很远的地方,甚至一些人的亲戚就生活在沙区。他们痛恨日军的兽行,他们更加认清了不把日本鬼子赶出中国,自己会活不下去,连孩子们也会活不下去。

村民们把对日本鬼子的仇恨都记住了,他们发誓一定要为死难者报仇。

“四一二大扫荡”持续了九天,冀鲁豫军区八路军调集兵力,对沙区周围县城的日军进行了打击,使日军部队逐步分散,直至大“扫荡”结束。

因清水县城受到冀鲁豫军区八路军的攻击,日军在县城增加了不少人,防卫也加强了很多。

在百姓们为日伪军的恶行痛恨不已的时候,汉奸们更加频繁地加强对村庄的攻心战和对百姓的奴役。汉奸们将旺财村的百姓们集中起来,说是要传达最新通知,一个凶悍的汉奸宣布:“治安强化运动取得了巨大胜利,在沙区取得了空前的成就,消灭了八路军。”然后让村民们鼓掌。村民们没人鼓掌,汉奸只好尴尬着说:“为了加大对共产党八路军的打击,根据北平的新民会总部通知,每个月的公历11号是灭共日,灭共就是消灭共产党的意思,每周星期一是防共日,要防止共产党对村庄的渗透,要注意搜集共产党的消息,如果上报有用的情报,就要奖励,如果没有上报内容,就视为这个村子与共产党有联系,要严厉处罚。”

麦收的时间到了,这是收获的季节。看着即将成熟的麦浪,村民们虽然没有往年收割时的那份高兴,但是农民对收获的感情还是无法割舍的,期盼着收割的日子。

可是,小麦成熟的时候,汉奸们仍然逼迫村民们修路,还说修路比收获重要得多,村民们抗议时多人被殴打。等到汉奸们允许村民回村收割时,已经错过了最好的收割时机,许多麦穗已经掉粒了,影响了不少收成。而且,麦收之后,汉奸又逼迫村民们修路,影响了秋粮的种植,估计也会影响秋天的收成。还有,许多农家秋粮往往种植玉米或者高粱,这可是农民们收成高的主要作物。可是汉奸政府宣布全县不得在离公路600米的范围内种植高秆作物,无奈的百姓只好改种其他作物,许多人的生活受到了很大影响。

在烈日炎炎的夏季,传来的消息让人喜忧参半。半夜传到村里的好消息就是日伪军的野蛮"扫荡"并没有消灭抗日力量,山东西部的鲁西边区与冀鲁豫边区合并为新的冀鲁豫边区,清水县在扩大后的新的冀鲁豫边区中隶属于第五专区。还有消息就是八路军端掉了清水的一个日伪军的娄集据点,消灭了炮楼里的日伪军,炮楼也被烧成了灰烬。白天汉奸们宣布的坏消息就是华北地区开始实行第二次治安强化运动,为期两个月,清水县城设立了灭共委员会,灭共委员会下设强化治安委员会,加强对共产党八路军的打击。

日伪军开始使用越来越毒辣的手段逼迫旺财村及周边村民们出劳力修整村口的公路,虽然村民们利用一切机会磨洋工,减慢工程进度,但是村口公路的道沟还是被填平夯实了,路面已经可以快速行驶军车了。看着日军军车拉着日伪军日夜调动,村民们唉声叹气着,担心着将来的情况会越来越糟。

日伪军开始逼迫村里的年轻人组织队伍护路,要按时向日伪军报告八路军的消息。一开始村民们都报告没有八路军的消息,引得日伪军多次到村里训斥殴打村民。后来,村民们学聪明了,每天都编造一些有鼻子有眼却无法证实的八路军神出鬼没的消息,日伪军们对这些消息如获至宝,多次表扬这些村民们都是良民。

第二次治安强化运动结束的时候,半夜传到村里的好消息是晋冀鲁豫边区政府成立了,抗日力量的规模在不断扩大。

这是一个普通的上午,清水县城的吊桥刚刚放下,六辆摩托车就驶出清水县城的北门,沿着公路向北驶去。

自从去年日军开始驻扎清水县城后,对县城的格局进行了军事重建。首先为了防止八路军进攻县城,加高了城墙,并将城墙的多处豁口用厚砖修补好,因为这些看似散乱随意的豁口都可能是八路军有意预留的用于攻城的地方。还有,将城外的护城河挖得更深更宽,使得护城河成为更难以逾越的障碍。把城墙的东西南北四个城门加固后,还在城门外建设了大型吊桥,白天才放下,天黑前收起,以保障安全。在县城内,选出一大片地方,把百姓赶出去,修建了汉奸清水县公署，公署修建成一个大型围寨，仿佛一个小型城墙，墙高六米，非常坚固。在四个拐角均筑有碉堡，而且围寨外还修建了许多地堡，当围寨受到进攻时，可以构成碉堡和地堡的双层火力网，非常厉害。汉奸政府觉得县城安全了，还要维持对乡村的治安，于是，县城内的日军要每天出外巡逻。

这支巡逻的日军队伍共计12人，均是参加过多次作战的日军精英，在几个月前的大“扫荡”时，这些精英士兵杀了中国很多百姓，烧了很多中国房屋，抢了很多中国财物。这些士兵的姓名不得而知，为了叙述方便，在这里给他们一一起个名字吧。

日军头目就叫野兽一狼，那个机枪手叫野兽又一狼，后面的十个士兵就叫野兽甲、野兽乙、野兽丙、野兽丁、野兽戊、野兽己、野兽庚、野兽辛、野兽壬、野兽癸。虽然名字相近，却不是同一窝出生的野兽。

日军巡逻的目的是维持地区的所谓安全，搜捕散布在村庄里的八路军伤员、抗日干部和百姓中的抗日积极分子，保持治安区状态。如果路上遇到可疑人员，就抓过来进行审问，如果这个人不向皇军九十度鞠躬或一副顺从模样，不管有没有良民证都殴打一顿，以显示皇军的军威。

前面离公路不远有一个村子，野兽一狼举起望远镜，看了看，觉得没有异常，就晃晃脑袋，示意队伍继续前行。当走了几个村庄后，野兽一狼觉得有些闷了，应该做些什么。当看到公路旁边不远处有一个村庄，他又举起了望远镜，可以看到两个可爱的孩子在村里街道上跳跃着玩耍，有一个女孩子头发梳成的小发鬏很好看，让他想起了自己在日本的女儿纯子，一个虎头虎脑的男孩子与那个女孩子追逐着、笑着，让他想起了自己在日本的妹妹的儿子三郎。他怔了一下，转头冲其他士兵笑了笑，士兵们会意地举起枪，随着野兽一狼的叫声开了枪。

从望远镜中可以看到孩子中枪了，虎头虎脑的男孩子和头发梳成小发鬏的女孩子都中了枪，殷红的鲜血喷溅着，染红了街道，染红了衣衫。听到枪声的几个女人出来，看到满身是血的孩子，恐惧地叫喊着，撕心裂肺地哭起来，一时间，越来越多的人哭起来。

日军士兵们是非常优秀的，他们能够从这些痛彻心扉的哭声中做出判断，这是一个没有八路军的普通村庄，是一个治安良好的村庄，估计对日军是顺从的。平安无事，野兽一狼看看野兽又一狼，笑着点点头，野兽又一狼也点点头，笑起来。

看到头目笑了,野兽甲对野兽乙笑嘿,野兽丙对野兽丁笑嘿嘿,野兽戊对野兽己笑嘿嘿嘿,野兽庚对野兽辛笑嘿嘿嘿嘿,野兽壬对野兽癸笑嘿嘿嘿嘿嘿。

野兽一狼带着巡逻部队继续前行了,路上的百姓们远远地看到这些野兽,都吓得躲藏起来。

按照巡逻计划,这一支队伍将顺着公路,向北后再拐向西,绕一个大圈,从西门返回县城,巡逻很顺利,野兽们心情很不错。

又经过了一些村庄,开了几通乱枪,巡逻队伍已经行进了一大半路程了。野兽一狼从望远镜里看到一个小村庄,两头牛正在街道上吃草,一副优哉游哉的样子,就转头冲其他士兵笑了笑,士兵们会意地举起枪,随着野兽一狼的叫声开了枪。

从望远镜中可以看到有一头牛中枪了,负痛的牛嚎叫着狂奔起来,可是,没有听到百姓惊慌失措的叫喊声,甚至那头没有中枪的牛跑了两步又停下了。

日军士兵们是非常优秀的,他们能够做出判断,这是有些不正常的。野兽一狼看看野兽又一狼狐疑地摇摇头,野兽又一狼摇摇头,满脸困惑。

看到头目疑惑的样子,野兽乙对野兽甲说咦?野兽丁对野兽丙说咦咦?野兽己对野兽戊说咦咦咦?野兽辛对野兽庚说咦咦咦咦?野兽癸对野兽壬说咦咦咦咦咦?

野兽一狼抽出战刀,刀尖指向那个村子,嚎叫一声,摩托车队向村子冲过去。

……

一炷香工夫,随着一阵吱吱呀呀的声音,从村子里拉出六辆木制两轮车,十二名优秀的日军士兵两人一辆优雅地躺在车上,两手交叉,双目闭合。野兽一狼不再对野兽又一狼点头,野兽又一狼也不再向野兽一狼摇头,野兽甲不再对野兽乙笑嘿,野兽丁不再对野兽丙说咦咦?野兽戊不再对野兽己笑嘿嘿嘿,野兽辛不再对野兽庚说咦咦咦咦?野兽壬不再对野兽癸笑嘿嘿嘿嘿嘿。

六辆两轮车出现在公路上,从公路上经过的百姓都看到了,有几个大胆的村民将车拉到清水县城西门,清水日军收到了永远不再说话的十二名士兵,还有一封信。驻扎清水的日本守军头目回了信,感谢八路军文明地向日军交还尸体,体现了战场上的君子风度。

当野兽一狼一行经过旺财村北行并拐向西之后,公路上的人群开始三三两两地试探着走动起来。稀疏的行人中闪出一对母子的身影,那位惊慌失措的母亲一边紧紧地拉着孩子的小手,一边四下张望着,她知道公路上充满了危险,希望借助自己几年来的逃避危险的经验,能在危险来临前提早判断出危险所在。虽然有这种愿望,但能否真的预判危险,她的心里也没底。即使这样,她也要不停地观察,万一危险来临时,自己要拉着孩子躲藏起来。孩子倒是一副对可能到来的危险没放在心上的模样,看着公路上的行人,向娘问这问那。

"娘,刚才你为啥把俺推到土堆后面呀?俺的衣裳都脏了。"孩子问。

母亲转头说:"安安,都啥时候了,还管衣裳脏不脏,要是日本鬼子看见你可咋办呀?"

原来这是小姣和安安。

昨天,娘家村里有人捎信,爹病重了,可能坚持不了几天了。半年前,娘得病去世了,从那时起,她就一直担心生病的爹,不知这次爹能不能挨过这一关。尽管她需要赶紧回村探望,可是丈夫被日本鬼子抓走了,一直没有回来,她一个人带着孩子回家,实在有些害怕。可是,虽然路上有危险,想到病重的爹爹,她还是冒着危险回家了。有一件事让走在路上的小姣心里很难过,她家里已经一无所有了,只好空着手探望爹。

小姣爹也在等着小姣的到来,等到他看到小姣和安安时,浑浊的眼睛亮起来,他在最后的时刻对小姣和小兰说:"孩子,俺要走了。你们别难过,要活下去,日本鬼子在中国长不了,总有被打出去的那一天,俺走了,你们可千万不能想不开呀,安安还要指望你们把他养大呢。"

小姣和小兰流着眼泪答应着,看着老人永远闭上了眼睛。

办完丧事,过了头七,按说小姣该回去了。小兰想去看看小姣和安安,可小姣却带着安安上门了。小姣还在服丧期,踌躇着没有进门,小兰把小姣和安安拉进了门。

"安安,叫妗子。"进了小兰家,见到小兰,小姣对安安说。

"妗子。"安安叫了一声,话音有些怯怯的。

小兰答应一声,抱起安安,笑着说:"安安,你还记得妗子不?"

安安看着小兰,想了一下,摇了摇头。

"姐姐,快进屋吧,外边挺凉的。"小兰说。

俗话说"一场秋雨一场寒",今年秋天没下雨,但是秋天的凉意还是到来了。

小姣随着小兰进了屋,神色中有着无法掩盖的忧郁。

“姐姐，想开一些。”小兰劝说道。

小姣看了一眼小兰，眼泪在眼眶里打着转：“哎，俺没办法了，暂时不能回婆家了。”

小兰看着小姣问：“安安的爹呢？他咋没一起回来？”

小姣的眼泪扑簌簌地掉下来：“被日本鬼子抓走了，一个多月了，没个消息，可能在哪儿做苦工呢。家里有一头耕牛，一头毛驴，都被日本鬼子牵走了，粮食也被抢光了，没办法，只好空着手回娘家了。俺听说日本人抓了民工后，有的人就被运到东北了，不知啥时才能回来呢。”

安安看到娘哭了，就探过身，用小手给小姣擦着眼泪说：“娘，你不是说回来就不哭了？咋又哭了？”

小姣从小兰怀里抱过安安，仍然不停地哭。

小兰问：“你那边的地还在不？”

小姣说：“只有两亩地，可刚种下秋粮，安安的爹就被日本鬼子抓走了。找人打听，也问不出来去哪儿了，今年秋天的干旱传说很多，不少人说要大旱，现在，一直不下雨，卫河的水很少了，俺担心年景不好，就想趁回娘家办丧事的机会处理一些家产。”

小兰听了小姣处理家产，觉得有些奇怪：“姐姐，你要处理啥家产呀？”

小姣说：“俺想把家里的六亩地卖掉，反正家里没人了，现在的光景这么差，安安的爹回来也要吃饭，先留些钱再说吧。”

小兰觉得小姣的想法没什么错，就点了点头，随后问道：“大爷刚去世，现在就卖地？”

小姣说：“爹刚刚过世，现在就卖地不太好，俺想等过了四七后就卖地。”

小姣给她爹过了四七后，就托村里人联系买地的人，一开始先考虑卖给旺财村的人，可村里人都不买，主要原因是没钱的买不起，有钱的考虑着兵荒马乱的年月还是留着钱稳当一些。后来，托村里人联系其他村的人，还是找不到买主，最后联系到清水县城的人。那人表示愿意将六亩地全部买下，可等了一个多月，买主又表示不买了。无奈，小姣又托人继续寻找买主。

天气越发冷了，一天，村里人看到村口公路有人挖沟，禁止村民通过。过了几天，村民们才打听清楚，是日本鬼子要在村口的大名—归德公路两旁挖惠民沟。

啥是惠民沟？村民们都有些不明白，有汉奸来村里说惠民沟是造福百姓的。挖好惠民沟，可以将一部分卫河的水引到惠民沟里来，村民们可以很方便地用惠民沟里的水浇地，这样可以增加粮食产量，好处大大的。

开挖惠民沟的工程是需要耗费大量人力的，日本鬼子逼迫公路两旁的百姓不论男女老幼都要出工。不少日伪军端着枪监视着干活的人们，看到有人动作慢了，不管这个人是男、女还是老、幼，就对这些百姓拳打脚踢。

公路两旁的树木一棵棵被从树根处砍断，不知拉到哪儿去了。惠民沟的宽度和深度不断增加，有一天，惠民沟竟然要拓宽到村民的田地了。

“惠民沟引水已经够宽够深了，为啥要挖俺家的地呀？俺可是有地契的，种了几十年了。”有村民拦住汉奸问。

“你要敢阻拦，皇军可叫你吃不了兜着走。”汉奸一副蛮横的样子。

想到日本鬼子的狠毒，村民有些胆怯了。汉奸逼着村民们不断加宽着惠民沟，上好的田地被不断挖成了深沟。不断有村民们大声哭泣着，夹杂着日伪军的厉声呵斥，还有日伪军殴打村民时的皮鞭声，惠民沟里喊叫声不断。

有糟糕的消息不断传来，日本鬼子要修建的根本不是惠民沟，而是用来防止八路军运动战的封锁沟。日军希望利用又宽又深的封锁沟来阻挡八路军行军，并保护日军频繁调兵的公路。

“这可是上好的土地呀，眼看着没能卖出去，却要被挖成封锁沟了。”小姣焦躁地向小兰抱怨着。看得出来，小姣希望土地早点出手，早点变成现钱的希望落空了。

论起小姣要出卖的土地，小兰清楚地知道，那是清水上好的土地，用庄稼人的话形容，是抓起一把土能渗出油的好地，可却一直没能找到买主。

百姓们的噩运仍然没有停止的迹象，封锁沟越挖越宽，向百姓们的田地延伸，百姓们看着世世代代赖以生存的田地，凝聚着几代人心血的田地不断被挖成大沟，都痛不欲生。曾经祥和温馨的旺财村到处是哭声和哀叹声。

在被奴役的年代，百姓们的财富就像一缕炊烟，一阵风过就被刮得无影无踪，留下的只有百姓们的痛苦和绝望。

就在封锁沟延伸的步伐停止，百姓们觉得虽然已经损失的许多田地，但并没有全部损失，盘算着以后的日子怎么过的时候，日伪军竟然带人进村砍树，拆房了。

百姓们后来才明白,日本鬼子并不是修好了公路,挖了封锁沟就算完,那样仍然不能保证公路的安全。为了保证公路畅通,需要在公路边建设碉堡,需要在封锁沟靠近村庄一侧修建铁丝网。

修建碉堡需要大量的建筑材料,包括砖瓦、房梁、泥灰等,日本鬼子没有,他们就到村里拆房。许多百姓们的房屋因为暂时没有住人都被拆掉了,留给小姣三爷的祖屋也没能幸免。

修建铁丝网需要大量的树木用于支撑,为此,日本鬼子就到村里砍树。日本鬼子不管是什么树种,见树就砍,年年结果的许多枣树、梨树、杏树、桃树都被砍了,百姓们心疼得直哭。村口的枝繁叶茂的大槐树也被从根部连锯带砍的砍掉了,那可是陪伴了村民们一代又一代的树啊,见证了旺财村几百年的树啊。

大槐树被砍掉后,日本鬼子对旺财村发出通知,重申为了保护碉堡的安全,从原来大槐树的位置向东的大片田地一律不准耕种高秆作物,比如玉米和高粱。碉堡建好后,有日伪军入驻碉堡,需要床铺家具等,就挨家挨户搜查,将许多好的床铺家具都被抢到碉堡里去了。不仅如此,这些日伪军的吃喝都摊派给周边村子的百姓们,对于遭受重大劫掠后的村民们来说,真是雪上加霜呀。

看着村外公路,还有两旁的封锁沟、铁丝网以及远处的碉堡,小兰、小姣、大妮儿、爱枝,还有许多旺财村村民们不知未来的希望在哪儿。他们痛苦地哀号着,以后的生活要怎么过呀?

天气寒冷的时候,白天传来了糟糕的消息,华北地区开始实行第三次治安强化运动,为期两个月。

第三次治安强化运动有了更毒辣的统治手段,汉奸们要在清水推行配给制。村民们一开始不知道什么是配给制,可是配给制实施的时候,确实万分可怕。

配给制就是将村民们的生活必需品如粮食、布匹、柴火、食盐等全部收归汉奸政府,然后汉奸们根据百姓的需求量,层层克扣后下发到村民手里。也就是说大量的粮食和财物都被抢走了,每月下发一点,许多村民们的生活马上陷入了困境。

日军在华北对付八路军的办法除了军事打击外,也采用了经济封锁的办法,这两种办法在逐步地显现出效果。首先,日军通过军事“扫荡”占领抗日根据地后,就在根据地纵深地带修建通往各乡甚至各村庄的公路,这样就方便日军利用军车快速到达各区域攻击八路军。还有，在公路两旁开挖宽三丈的封锁沟，有的还建设封锁墙，还每隔几里地就建碉堡，这样就可以把根据地分割成一个个的互不相通的小块。因为八路军的运动战需要在几十里甚至上百里的范围内进行穿插游击作战，这种互不相通的小块形成后使八路军的大部队无法进行运动作战，减少了八路军军事力量的生存空间，降低了八路军攻击日军的能力。为了将这些公路网、封锁沟、碉堡建成，日军抓了大量的壮丁，修建公路、封锁沟和碉堡。日军在根据地除了军事封锁，还实行经济封锁。对百姓实行配给制，使百姓手中的粮食维持自身都不够，就没有余粮提供给八路军了。八路军是爱护老百姓的部队，不会跟百姓争粮，没有粮食的八路军将难以生存。还有，日军将根据地大量的壮劳力抓走后，根据地的妇女人口比例增加，妇女的生产能力不及壮劳力，再加上日军将百姓们大量的耕牛、骡马抢走，导致正常的农业种植无法进行，粮食产量减少，经济严重衰退，农民长期处于饥饿线上。

日本鬼子的狠毒真是灭绝人性啊！

对于旺财村的村民来说，对未来的恐惧，深深地笼罩着每一个人。

小兰这些天一直被痛苦折磨着，难以摆脱。说起痛苦的原因，小兰想了无数次了，就是自己总是想事，越想越清楚，越清楚就越痛苦。

现在过的是什么日子呢？日本鬼子和汉奸维持会控制着村庄，村民们的粮食都被抢了，辛苦劳作的收获成了日本鬼子的军粮，日本鬼子吃饱了，有力气了，去打八路军，去欺负百姓。

中国人的自尊被践踏、被漠视，过着痛苦的日子。

除了被打骂，村民们的财产也损失很大。日本鬼子多次到各家各户搜查，见到值钱的东西就抢，许多人家家传的东西都成了日本鬼子的囊中物，让人痛恨不已。

日军还随意抢夺村民的财产，有一家正在赶牛犁地，那是四家共同喂养的一头耕牛。但日本鬼子想吃牛肉了，就让伪军把耕牛牵走，在路边宰杀，还让村民给他们将牛肉炖好，大口吃着肉，唱着恶心的歌曲，把村里闹得乌烟瘴气。

还有可恨的，日本鬼子让村民们把地洞都填埋，村民们连躲避的地方都没有了。村民们没有了安全感，不知道哪天会遇到什么横祸。

还有烦心的事，日军逼迫村民们使用的汉奸货币——联银券一直贬值，较半年前贬值了一半还多。村民们都不敢使用联银券，可在日本鬼子的逼迫下仍然不得不使用这种害人的汉奸货币。

“这是什么日子,这不就是亡国奴的日子吗?”小兰想。以前在天津卖布时,许多游行的学生就说过,日本要占领中国,让中国人做亡国奴,我们坚决不做亡国奴。那时,小兰只是觉得亡国奴只是一个名词,与自己不会有关系,没想到,几年过去了,广大百姓真的成了亡国奴了。如果这样的日子长期继续下去,不仅自己是亡国奴,连小秋、宾宾、安安这些孩子也要成为亡国奴,那以后的日子将会是多么的可怕呀。

不能,不能!要想不做亡国奴,就要与日本鬼子拼命。对了,就像抗战开始说的那样,全民抗战,只有这样才能把日本鬼子赶出中国去。

可是,自从日本鬼子占领了清水以后,小兰很长时间没有为抗日出力了,粮食也大部分被日本鬼子抢走了。兵马未动,粮草先行,这是谁都知道的。日本鬼子拼命抢粮,就是不让八路军有粮,不知道八路军是怎么生活的,要想把日本鬼子打跑,还是要依靠八路军呀,只有让八路军吃饱饭,才能有力气与日本鬼子打仗。

想到这里,小兰又痛苦起来,眼泪顺着脸颊流下来。

在一个冰冻三尺的早上,在例行的每月灭共日的这一天,县城赶来的汉奸们向村民们发布了一个震惊的消息:“勇敢的日军在珍珠港击沉了大量的美国军舰,日本将与德国、意大利一起统治全世界了!”

汉奸们兴高采烈地宣布完日军胜利的消息后,看到村民们的脸上没有一点喜色,就气愤地将村民们痛骂一顿,然后让村民们为这个胜利的好消息一起鼓掌。

在汉奸们多次呵斥中,掌声稀稀落落地响了几声。有村民问珍珠港是个啥地方,在哪儿,汉奸们说珍珠港在太平洋上。

虽然村民们不知道太平洋在哪儿,虽然不知道为啥日军在珍珠港消灭美军后,就要和啥啥统治全球,但根据汉奸们喜笑颜开的模样就知道不是啥好事儿。大家互相看看,摇摇头,都为未来的生活担心着。

接下来有新的消息传来,美国和英国向日本宣战了,随后南京国民政府也向日本宣战了。

小兰听到这个消息后震惊不已,原来与日本打了这么多年仗了,南京国民政府竟然还没有向日本宣战!小兰以为卢沟桥事变后,蒋委员长被推举为海陆空元帅总司令的时候就等于宣战了呢。

虽然美国和英国向日本宣战了，增加了打击日军的力量，可是美国英国很遥远，打侵略中国的日本鬼子还要靠中国人！

当时间进入民国三十一年（1942年）的时候，侵华日军对于华北的现状，心情非常复杂。

自从去年年底日军偷袭珍珠港得手后，美国、英国、中国相继向日本宣战，使得日本的战场从中国及周边迅速扩大到了太平洋。要应对这样的广阔战场的作战，需要大量的军队、大量的军事武器装备和粮食布匹等军需物资。可是，有一个原以为会成为战争大后方的地区，竟然成了日军陷入泥淖无法脱身的地方，这个地方就是中国的华北。

自从九一八事变抗战开始以来，已经过去了十一年的时间。在日军最初的战略构想中，将华北列入了像东北一样的大后方，如果有了东北和华北两个大后方作为资源补充基地，将日军的主要兵力投放到黄河以南的广大地区，将会很快击败中国政府的抵抗力量，甚至霸占全中国。

事实上，中日开战之初，华北的战事进展也是符合日军的预期的，甚至比日军的预期还要好，不是吗？华北地区的国军很快被日军打败，大多区域已经没有国军了，即使有国军的地方也没有了抵抗能力。那时，可以断定，华北很快将成为第二个东北。

在日军看来，东北是非常好的大后方，有了这个大后方，才使得日军有更多的底气向中国进行全面进攻。作为大后方，首先是资源丰富、物产众多，还有就是使得广大民众无法聚集成为强有力的抗日的力量。从这方面来看，日军做得很好。日军懂得，没有聚集的民众的力量就是一盘散沙，体现不出力量的强大，可是，如果将民众的力量集聚起来，将成为非常可怕的力量。日军在东北处心积虑多年，使得东北的反日力量不能大量聚集，不能对日军造成有力的威胁。

按说，日军也曾经想到过，将华北占领后，借鉴东北的血腥统治经验，只要有两年时间，日军就有能力将华北变成第二个东北，成为日军的大后方。最初的进展很顺利，日军控制了华北，建立了像满洲国那样的傀儡政府，也就是“中国临时政府”，各地也建立了维持会，华北成为大后方的希望是非常大的。可是，中日开战后最初的几个月，日军尚未控制华北时，共产党八路军就来到了华北。如果单单是八路军的几万兵力,远远不是日军的对手,可是共产党竟然做了一件日军想不到的事情,竟然很快地争取到了民心,并开始集聚民众的力量反抗日军了。这是日军控制华北过程中最不愿意看到的事情。

在日军眼里,大多中国人都不富裕,一年到头能温饱就不错了,只要日军稍加打击,就能将华北民众的力量击溃成一盘散沙,使得华北成为日军的大后方。可是共产党八路军来到华北后,硬生生将眼看着将成为散沙一样的民众力量逐步凝聚起来,形成了有力的抗日力量,不仅牵扯了大量日军军力,还使得掠夺效果大打折扣。而且民众看到了抗战的希望,跟着共产党八路军拼命抵抗日军,竟然展现出非常可怕的力量。根据各方面的情报来看,虽然日军对八路军进行了有效打击,消灭了不少八路军的有生力量,还利用三光政策,用血腥手段屠杀了不计其数的中国百姓,应该可以压制住华北的抵抗力量了。可是没想到华北老百姓的抵抗意愿被更多地激发了:许多胆小怕事的农民都敢给八路军送信;许多老实巴交的百姓给日军带路时都故意带错路;许多大字不识的妇女都拼命掩护八路军;连许多小孩子都知道依靠共产党八路军抗日,这是非常可怕的。

当然,日军苦心经营的局面还是有利的。为了打击八路军,日军已经在华北建立了密密麻麻的公路网,有效地削弱了八路军的机动能力,华北的情况越来越向有利于日军的方向发展了。

在日本鬼子为统治华北颇为乐观的时候,被日军劫掠后的华北大部地区将迎来一场可怕的灾荒。日本鬼子在清水县大肆修建公路、挖封锁沟、建设碉堡、建铁丝网的时候,应该下雪的冬天只是下了薄薄的一场雪,雪花都未能将地面铺满。冬天过后,应该下雨的季节竟然很少下雨,很多老农都忧心忡忡地说:“民国三十一年可是不容易过呀,民国十七年那样的旱灾是不是又要来了?”

俗话说:“怕什么就来什么。”春节过后,按说是麦苗出土的时候。往年土地里已经满是绿绿的麦苗了,可今年地里却是稀拉拉的。

“会不会是今年的麦苗普遍出土晚呀?”村民们仍然抱着侥幸心理,着急地等待着,盼望着有一天,麦苗一晚上都出土了。可村民们越是着急,麦苗却越是一点不着急,根本没有大量出土的迹象。

有些农民坐不住了,到了麦田里,用小铲挖开土,直接察看土里的麦苗,只见被挖出的麦苗都是又小又蔫,全然不像正常的麦苗。

“今年恐怕要是灾荒年了。”这样的传闻不胫而走,传遍了清水的各个地方。

“吃不上饭只能算是歉收年，不是灾荒年，灾荒年是要以命换命呀。”小兰想起了那句可怕的话。那是十四年前爹娘家隔壁的六婶说的，虽然时隔多年，她仍然清清楚楚地记着六婶说话时的恐慌神态，那是多么可怕的一幕呀。

“因为是灾荒年，自己的爹娘病死，公公婆婆自杀，连自己最喜爱的侄女小春也被卖掉，至今仍然音信全无。灾荒年，多么可怕呀！现在要面临的灾荒年除了灾荒，还有可怕的日本鬼子的烧杀，这可是比灾荒年还要可怕的呀！如果因为灾荒年，小秋和宾宾有个好歹，对了，还有安安，如果这些可爱的孩子有个好歹，自己可怎么面对呀？”小兰觉得前途真是要绝望了，她将身体缩在一个角落，哭了一个晚上。

进入了春天，一条消息传来，把旺财村的村民们吓得魂飞魄散。

日军一直不停地在华北各地“扫荡”，最近，日军“扫荡”装备又增加了新式武器，就是新式毒气弹和带有鼠疫病菌的老鼠。

新式毒气弹有两种，一种是“窒息性”毒气弹，据说毒气弹爆炸时能使中毒气的人因窒息而无法补充空气，导致死亡。还有一种是“糜烂性”毒气弹，当中了这种毒气弹后，接触到毒气的身体部位就会产生溃烂，难以治愈。

带有鼠疫病菌的老鼠更加难以防范，因为这种老鼠被日军放出后，会漫无目的地四外活动，咬到人后会使人患鼠疫，失去生命。

村民们为了防范这种老鼠，就到处扑打老鼠，还夜里照看孩子，不敢睡觉，唯恐老鼠咬人。即使这样，旺财村有两个老人还是被老鼠咬了，中了鼠疫，很快就死了。

在村民人心惶惶的时候，县里的汉奸又宣布在华北实行第四次治安强化运动，从3月30日到6月15日，历时两个半月，向百姓们宣传要建立“大东亚共荣圈”，并要求村民要反对共产党，支持日军进攻八路军。随后，日军又要求村民们将家里的铁器、铜器上交。村民们家里的所有金属物品都被搜走了，包括最后的铁锅和最后的锄头的铁制部分，只将锄头的木把留给了百姓。

在第四次治安强化运动中，村民们被汉奸逼迫使用的联银券价格暴跌，导致村民损失惨重。如果说这些损失百姓们还能够承受，那么接下来的消息就更可怕了。据说在濮阳一带的三十九集团军副总司令孙良诚竟然带领大批国军投降了日军！

虽然三十九集团军鲜有与日军交战的消息，但是石友三死后，一度传说要投降日军的三十九集团军始终没有向日军投降。虽然这支部队没能像八路军一样与日军作战,还经常欺压百姓,但是毕竟是国军,老百姓还一直对其抱有希望。现在,三十九集团军大量部队投降日军,给百姓们的打击非常巨大,许多百姓们都觉得把日本赶出中国已是遥遥无期了。

接下来的消息是三十九集团军并未完全投降日军,另一位副总司令高树勋带了一部分部队仍然在清水周边,算是好消息。高树勋带领的部分三十九集团军部队没有投降日军,因惧怕蒋介石问罪也不敢与八路军合作,导致之后受到日军打击后,无法在冀鲁豫边区立足,如果不是八路军伸出援手可能会全军覆没。高树勋带领的这部分折损后的三十九集团军部队逃过黄河后,到了河南南部,很多被蒋介石调离了部队。高树勋在痛苦焦虑中度过了几年,在1945年秋季的国共邯郸战役中带领所属部队起义,做了人生中最重要的选择。

一个月黑风高的夜晚,两辆运兵车停在路边,许多日军士兵下了车,经过碉堡的吊桥,蹑手蹑脚包围了旺财村,静静地等待着天亮。

这次行动也是日军在华北进行的第四次治安强化运动的重要内容——抓壮丁。

自从美英中向日本宣战后,日军的主要战场就转移到了太平洋战场,巨大的战争消耗逼迫日本将中国尤其是中国华北作为其战争的后方基地。为了维持战争需要,日本急需大量的人力物力来补充消耗。为此,日本在中国华北开始了疯狂的掠夺,不仅掠夺战争需要的粮食、布匹、钢铁、煤炭等资源,又盯住了中国华北的青壮年。他们到处抓捕村民,或者强行编为伪军,运往太平洋与美军作战;或者打入苦工营,修筑工事;或者从事重体力劳作。总之,被抓丁的人的命运是非常凄惨的。

天亮了,全副武装的日军进了村,许多村民吓得四处逃散。日军挨家挨户将全村人集中到大槐树树根旁,将男性村民集中到一起,经过甄别,将幼小的或身体虚弱的村民手上涂上紫红色药水,赶回人群。日军头目告诉村民,日军为了使村民生活得更好,将组织这些村民加入建设大东亚共荣圈的行列,讲话完毕后,将青壮年村民押出了村。

在村民们泪眼婆娑中,青壮年村民出了村,这次被抓走的共十五人,包括了菊花的丈夫小甫,大妮儿的丈夫慧英,还有其他一些村民。看着远处被抓走的哥哥小甫,看着他那惊魂未定、恋恋不舍的眼神,小兰觉得心就像利刃刺痛一样难过。日本鬼子天一亮就进村，肯定是连夜赶来的，难道这些残暴的日本鬼子那么好心，夜间不睡觉也要让百姓生活得好？谁会相信呢？村民们无助地看着亲人越来越远，都有不祥的感觉，随着亲人的离去，旺财村哭声一片，他们为亲人的命运担心着。

丈夫被抓走了，嫂子菊花整天以泪洗面，倒是小秋和宾宾不断安慰她，小秋说："娘，坚强些，日本鬼子长不了的。"宾宾说："等俺长大了，就出去打听爹的消息，一定把爹找回来。"小兰为了安慰嫂子，住到了哥哥家里，劝说了十几天，菊花的情绪才慢慢地好了一些。

看到嫂子的情绪接近正常了，小兰的心里踏实了一些，她想到自己一直没回家，应该回家收拾一下了。菊花担心小兰离开自己，叮嘱小兰回家收拾好就赶紧回来。小兰答应一声，快步回到了自己家里，把院子清扫得干干净净，想起来正屋很长时间没擦了，就到正屋内忙活着整理物品，准备清扫。

小兰擦拭正屋的桌子时，仿佛又看到了那一块大洋，那是为晓东准备了十多年的一直未派上用场的大洋。自从不到天津卖布后，小兰把原来卖布时留给晓东的那封信和大洋放到了一处隐蔽的地方，与家里的房契放在一起。她已经不再奢望晓东能回来了。

小兰想到那块大洋时，有些心动，想找出大洋来看一看，看到大洋就像看到了亲人。她走到正屋角落处，那是一处专门藏东西的地方，自己将一些值钱的物件都放到了这个秘密处，躲过了日伪军的多次搜查。想到这里，小兰心里很是得意。

来到角落处，小兰歪斜着身子，伸出右手，掀开几块红砖，下面是一个小坑洞，里面有一个小瓦罐。小兰在瓦罐里摸到一个像是手绢包裹的东西，鼓鼓的，不像大洋，又摸索着，摸到包着大洋的手绢，拿了出来，然后又盖上红砖。

手里的东西很重要，小兰赶紧将正屋的大门虚掩上，借着门缝透进来的阳光，打开了手绢，里面是她熟悉的那一块大洋和那封写给晓东的信，她想起了伤心的往事，边看边落泪。后来，觉得时间不短了，怕嫂子担心，小兰就将大洋和信用手绢包好，走到角落处，移开红砖，放入手绢。此时，她的手又触碰到了瓦罐中手绢包裹得鼓鼓的东西，她想不起是什么了，觉得好奇，就拿出这个手绢，盖上红砖。她又走到正屋大门处，借着门缝透进来的阳光，打开了用金线绣着花朵图案的红色手绢，呈现在小兰眼前的是一个金锁和两个细细的金手镯。

“金锁？手镯？”小兰看着已经没有多少黄金光泽的黄金物件，仿佛回到了多年前的那一天，她记起了那天的场景，是公公婆婆交代自己事情时给自己的。公公婆婆曾说过，这金锁和金手镯晓东小时候曾经戴过，以后要给晓东和自己的孩子戴的。

小兰的思绪好像又回到了多年前，回到了那段让自己撕心裂肺的时光，虽然过了许多年，她仍然能够体会到痛苦的感觉。她努力让自己摆脱那痛苦的记忆，握紧了金锁，金锁坚硬的边缘硌疼了她。

展开手掌，可以看到带着纤细金链的金锁呈现出漂亮的造型，做工精致，上面刻着四个漂亮的字。“金锁有字？”这是小兰没想到的，她调整一下金锁位置，以便能够借着阳光看清是什么字。虽然小兰不认字，但通过自己留给晓东的信也认识了不少字，她从右到左认出了有“长”“命”两个字，第三个字不认识，第四个字是“贵”，不用说，这四个字是“长命富贵”。

不知为什么，小兰觉得这四个字应该是真实的，带上这样的金锁，就应该是长命富贵的。她想到，这样的金锁和金手镯是晓东小时候曾经戴过的，这也预示着晓东应该是长命富贵的，要是这样，晓东会不会还活着呢？

小兰有些激动起来。她又想到，如果晓东能活着回来，以后自己还能有孩子，不管是男孩还是女孩，不管是叫喜章还是桂柳，都要给孩子戴上这漂亮的金锁和金手镯，那将是多么美好呀。

这时，听到院子里传来“姑姑”的叫声。

这是再熟悉不过的声音，小兰听出了是小秋来了。她答应一声，准备拉开门，右手刚刚碰到门闩，只听见小秋尖叫一声，小兰赶紧拉开门，只见三个人拖拽着小秋向自己住的西屋里迈去。

“花姑娘，哈哈哈……”

“尤西尤西……”

随着小秋恐惧地瘆人的尖叫声，小兰看到拖拽小秋的三个人竟然是穿着军装的日本鬼子！

小兰一下子紧张得心里怦怦跳了起来，吓得有些不知所措。

“姑姑，姑姑……”被拉进西屋的小秋的声音因极度的恐怖，都不像人声了。

“小秋被日本鬼子关到屋里了。”小兰有些清醒了，她清楚地知道这意味着什么，只觉得自己的肺都气炸了。她快步走到西屋门前，没有犹豫，不知哪儿来的力气,一肩膀把门撞开,撞进屋里的小兰看到三个日本兵都摔倒了,倒在门口的正是小秋。小兰一把拉过小秋,说了声“快跑”,两人快速地跑出屋子,穿过院子,拐过胡同,向街上跑去。

小秋嗷嗷叫着,过于凄厉的声音使人毛骨悚然。小兰也吓得大叫着,不顾一切地向前跑。两人只觉得两耳的风声呜呜叫,大脑一片空白,她们看不到前方有什么,只是下意识地往前跑。

“噢噢……”小秋仍然在奔跑中叫着。

“啊啊……”小兰也在奔跑中叫着。

路上有人看到小兰和小秋在奔跑,被两人凄厉的叫声吓坏了,不知发生了什么事情。但可以确定的是,这两个奔跑的女性一定是遇到了可怕的事情。

路人也跟着四散奔跑起来。

“噢噢……”小秋仍然在奔跑中叫着。

“啊啊……”小兰也仍然在奔跑中叫着。

小兰觉得自己的心脏就堵在嗓子眼上,好像马上要跳出来了,可她不敢停下来,甚至不敢往后看。她觉得只要一回头,就会被日本鬼子掐住脖子,死于非命。

小秋不知道跑了多长时间,她只知道,刚才经历了可怕的一幕。三张狰狞的面孔可能就在身后,如果减慢了脚步,这三张狰狞的面孔就会闪到她的前面,将她拉进恐怖的深渊。

两人忘记了时间,忘记了一切,不要命地向前跑,向前跑,向前跑……

不知过了多长时间,小秋累得一下子瘫倒在地上。小兰吓坏了,担心三个日本鬼子追过来,她想去拉小秋,可身体却不听话地也倒在地上。

天空好像在旋转,大地好像在翻腾,自己的内脏在翻江倒海。

小兰和小秋都咳嗽起来,伴着剧烈的身体抽动,又开始呕吐起来,最后吐出的是苦水。小兰想给小秋拍拍背,可她却动不了。小秋看着小兰,满头是汗,眼泪汪汪的,也是动弹不得。她们吓坏了,也累坏了。

小秋发出叫声,可光看见张嘴,却听不到声音。

世界好像变得很奇怪,好像有阳光,可是感觉不到光亮,好像有风,可是听不到风声,好像是黑夜,好像还能看到什么,这到底是怎么了?

不知过了多长时间,小兰觉得好像意识恢复了,挣扎着坐起来,向小秋伸过手去。小秋泪汪汪地看着小兰,动了一下,接着慢慢地伸出手,放到小兰手里。

小兰拉过小秋，两人紧紧地抱在一起。

小秋说了一句什么，小兰没听见，小兰想说别害怕，但试了几次，都没能出声。

两人坐了很长时间，但一直没能站起来。

小兰给小秋一只脚解开鞋带，脱下小秋的鞋，只见袜子上渗出很多血，小兰爱怜地摸了摸小秋的脚，小秋疼得一颤。小兰又解开小秋的另一只鞋，同样是鲜血渗透了袜子。

“小秋，很疼吧？”小兰几次努力，终于发出了沙哑的声音。

小秋点点头，泪眼婆娑地看着小兰。

小兰鼓励地说：“小秋，你真不简单。”

小秋听到小兰的鼓励，想笑一下，但仍旧哭起来。

这时，小兰忽然想起来说：“小秋，咱别在路上坐着了，不安全，咱去路边的蒿草堆里，那儿别人看不见。”

小秋点点头，想试着站起来，可一直站不起来。小兰也多次尝试着站起来，也失败了。

两人连滚带爬地翻下路，躲到草丛里，虽然很热，但路上的人看不见，很安全。

小兰拉着小秋的手，看着小秋的样子，笑起来。小秋张了几下嘴，仍然没出声。

“小秋，幸亏咱躲开了，要是出点事，俺可咋向你爹娘交代呀？”小兰沙哑着嗓子，后怕地说。

小秋因受到了过度恐吓，仍然是惊魂未定的样子，她抱住小兰，嘤嘤地哭起来。

在草丛里休息了很长时间，两人有了些力气就来到路上。可小兰一走路，就觉得脚很疼，估计自己的脚底也磨破了。她看到路上有一个村民行走，就问这里是哪儿，对方竟然回答是刘各庄村。

刘各庄村离旺财村有三十里呀！

原来自己和小秋竟然一口气跑了三十里！

那个村民听说小兰两人是旺财村的，为逃避日本兵竟然跑了三十里，非常感慨，也非常同情。他回家拿了两个掺着树叶的窝头和一些水，天黑后从村里推了辆独轮车，将小兰和小秋推回了旺财村。

回到村里，全村人已经四处寻找了很长时间了。菊花几次哭得死去活来，见到小秋，终于流着眼泪笑了。懂事的宾宾也抱着小兰和小秋哭了，哭得很伤心。

夜深了，菊花让宾宾单独睡，自己和小兰、小秋睡在一起。菊花不住地没完没了地唠叨着，埋怨自己不该让小秋去找小兰回家，害得女儿和小兰差点送了命。小兰听得烦了，就催促赶紧吹灯睡觉，菊花刚刚吹灭油灯，小秋就大声喊道："娘，三个日本大脑瓜子在俺眼前晃呢，俺害怕，快点灯。"

菊花赶紧点着油灯，小兰抱住小秋，感觉到小秋的身体在不停地颤抖着。灯亮了，小秋看见娘和姑姑，哆嗦着说："娘，那三个日本大脑瓜子在俺眼前晃，俺怕。"

小兰对小秋说："小秋，别怕，有你娘在，有姑姑在，你别怕。"

小秋看着小兰，幽幽地说："姑姑，你真能打过日本鬼子呀。"

在如豆的灯光里，小秋慢慢地睡着了。小兰也躺了下来，这时，她觉得身体很累很疲惫，想睡觉可又睡不着。她开始回想白天发生的事情，想到了三个日本兵拖着小秋的情景，想到了自己将门撞开后三个日本鬼子东倒西歪的情景，又想到了自己与小秋恐惧得飞奔的情景，不知为什么，她开始恐惧了。她想到，如果自己在撞门的时候害怕，不敢撞门，小秋将要面对多么可怕的一幕呀，如果自己撞门时，不是三个日本鬼子都被撞到，有一个还站着，就能冲过来抓住自己，那样自己必死无疑。还有，自己和小秋奔跑时，如果三个日本鬼子跑得快，估计自己和小秋就都没命了。自己今天的拼命一撞，真是既惊险又幸运，她后怕起来，越想越怕，甚至能感觉到身体在哆嗦着。

不知过了多长时间，小兰觉得自己迷迷糊糊地睡在一间很大的房子里，不断有凉风吹进来，非常冷。房子的墙壁很厚，很结实，旁边开着一个小窗户，窗户上糊着纸。她好像睡着了，也好像没睡着，能够听到有窸窸窣窣的声音从旁边的小窗户传来。不一会儿，她觉得自己身边多了什么东西，伸手摸去，摸到一把刀，从刀身的弯曲程度可以感觉到竟然是一把东洋刀！

"东洋刀怎么会在俺身边呢？"迷迷糊糊中小兰想到东洋刀只有日本鬼子才有，这把东洋刀可能是窗外的日本鬼子递进来的，刚才窸窸窣窣的声音就是日本鬼子在向屋内递进来东洋刀时发出的声音。看来墙壁太厚，窗户太小，日本鬼子无法进来杀死自己，可既然日本鬼子进不来，为什么把东洋刀递进屋里来呢？难道日本鬼子知道屋里有人可以用这把东洋刀杀死自己？难道屋里有日本鬼子？想到这里，小兰吓得头发要竖起来了，全身一阵子发冷，她坐起来，下了床，心想“有这把刀，就可以跟日本鬼子拼命。”她拿起东洋刀，看着黑漆漆的屋内，屋内很空，没有藏人的地方，只有两捆布放在屋角，那是自己准备到天津集市卖掉的布。她看了一眼那两捆布，忽然心里一动，想到会不会日本鬼子就躲藏在这两捆布里，趁机出来杀死自己？那就趁着日本鬼子在两捆布里捆着，行动不便，自己先上去把日本鬼子杀死。这时，可能有心理感应，那两捆布开始晃动起来，好像真的有日本鬼子藏在两捆布里，挣扎着要从两捆布里钻出来。小兰横下心来，决定举起东洋刀劈死日本鬼子，这时两捆布晃动得愈加厉害，好像日本鬼子马上要从两捆布中挣脱出来了，必须赶紧砍下去，可无论自己怎样用力，东洋刀却一动不动。眼看日本鬼子的身躯已经从两捆布中探出来了，小兰情急之下，开始呼喊屋外院子里的晓东，可是越着急越发不出声音，急得小兰放开高声呼喊：“晓东，晓东，屋里有日本鬼子，快来救俺，……”

“咋啦？小兰，快醒醒……”小兰听到有人在旁边叫她，她一下子睁开了眼睛，微弱的光线里，一个人在说着什么。

“小兰，你是不是做噩梦了？快醒醒。”菊花焦急地晃动着小兰的肩膀。听到嫂子的声音，小兰醒了，她想起来，自己和嫂子、小秋睡在一个屋里。

“嫂子，俺醒了，刚才俺做了一个噩梦。”小兰喘着气说，噩梦太可怕了，现在的心脏还在蹦蹦直跳呢。她看看身边，问道：“小秋呢？小秋在哪儿？”

菊花说：“小秋在俺旁边睡着呢，很安全，你放心吧。”

小兰放下心来，她让自己的心情慢慢地平复下来，但再也睡不着了，一直睁着眼，直到天亮。

第二天一早，村维持会的会长刘老抠就来找小兰了。他把小兰叫出家门，小声对小兰说昨天的事他都知道了。那三个日本鬼子是来村里检查维持会工作的，一个是日军军官，原来是日军宣抚班的，与刘老抠有点交情，从清水县城来旺财村的，另两个都是村口据点的日军士兵，检查结束后出门见到了小秋，就一路尾随到了小兰家。在痛骂了日本鬼子祖宗八代后，刘老抠说为了平息三个日本鬼子的怒火，他给了每个日本士兵三十块大洋，给了那个宣抚班的日军军官六十块大洋，总共是一百二十块大洋，求得日本兵不对旺财村报复，不烧小兰和菊花的房子，但这一百二十块大洋必须小兰出。他还说小兰如果不相信，可以找人问，当时，村公所有好几个人都在场。

一百二十块大洋，那是什么数字？对于小兰来说，那是一笔巨款呀！那需要自己辛辛苦苦种地、织布，加上到天津卖布多少趟才能挣回一百二十块大洋啊？

“俺、俺哪有大洋呀？都快穷死了。”小兰难过地说。

“小兰，别人或许没有大洋，你一准有。”刘老抠自信地说。

“为啥?”小兰问。

“咱村谁不知道当年你到南乐用法币买布，到县城换成大洋呀？你肯定舍不得花，还在家藏着呢。”刘老抠笑着说。

小兰知道村里人乡里乡亲的，难以有秘密，就说：“俺没那么多大洋。”

“小兰，要么你不用给一百二十块大洋，只给俺六十块大洋就够啦。”刘老抠说。

“为啥?”小兰一脸茫然地问。

“一百二十块大洋可以两家出，你出六十块，俺再找你嫂子要六十块大洋。”刘老抠笑着说。

小兰气愤地说：“俺哥被抓走了，俺嫂子一个人养两个孩子，哪有六十块大洋呀，算了，还是俺出吧。”

小兰步履维艰地回到自己的家，让刘老抠在院子里等着，自己走进正屋，翻箱倒柜找出大洋，数了一百二十块。大洋非常沉重，快把小兰压趴了，这大洋可是自己准备用来救小秋和宾宾的命的，不到紧急时刻是不应该动用的。现在，花钱换得日本鬼子不报复自己和小秋，也算是救命了。自己不舍得给，可自己能不给吗？如果不给，刘老抠给日本鬼子的大洋没有着落，自己也过意不去呀。

小兰抱着大洋走出正屋，要递给刘老抠时，忽然想到什么，说道：“叔，你为啥不跟日本鬼子说说给他们联银券呀?”

刘老抠哭笑不得地说：“小兰，你咋还想好事呀？日本鬼子进中国，只抢文物、黄金和大洋，像联银券那东西贬值那么快，他们才不要呢。”

无奈的小兰只好忍痛将一百二十块大洋给了刘老抠，还向刘老抠道了谢。刘老抠出门时说：“以后白净的姑娘要记得经常往脸上抹些锅底灰，把自己弄得难看一些，否则被日本鬼子见了还不是要吃亏，”还说，“万幸的是日本鬼子骑的马拴在了东边的村公所，如果是拴在西边村口外，小兰和小秋可能就没命了。”最后说，“小兰你的力气怎么那么大，把那个宣抚班日本军官的门牙都撞活动了。”

刘老抠走后,小兰环顾着院子,想着昨天惊险的西屋一幕,仍然心有余悸。她觉得好像有一件事自己放心不下,是什么事呢?怎么想也想不起来了,该不会没事吧,正胡思乱想着,忽然,她记起昨天小秋进门前,自己正在端详着金锁和金手镯。金锁呢?金手镯呢?自己放到哪儿了,怎么一点都想不起来了?

小兰关好大门,快步走到藏物件的那个角落,掀开红砖,拿出瓦罐,将东西全拿出来,摊到桌上,有地契,有那块留给晓东的大洋和信,还有许多花花绿绿的钞票以及字据等,可就是没有金锁和金手镯!

金锁呢?金手镯呢?这些家传的宝贝在哪儿呢?小兰难以面对这样惨痛的现实,她哭了起来。

在随后的日子里,经过小兰无数次回想,她想到了自己未留意的瞬间。那是自己撞开西屋的门,拉着小秋要跑的时候,自己把包着金锁和金手镯的手绢扔到了院子里。这可能是自己下意识求生的动作,希望日本鬼子看到手绢包着的金锁和金手镯后,能捡起来,贪图黄金物件不再追自己。那或许是电光火石的一刻自己想到的,事后自己忘记了。看来自己的办法奏效了,红色手绢在黄色的院子里的土地上应该很醒目,日本鬼子看到了手绢和金锁金手镯,就装进了他们的口袋,没有追自己和小秋,金锁金手镯救了两条命。

为了那救命的金锁和金手镯,小兰难过了很长时间。

日军春天的"扫荡"结束了以后,村民们渐渐得到了一些八路军与日军战斗的消息。传来的消息很可怕,清水周边的八路军在日军"扫荡"中,清水所属的冀鲁豫军区第五军分区损失很大,清水县抗日政府的一位副县长也牺牲了,八路军处境艰难,但仍然在与日军进行游击作战。此外,原三十九集团军副总司令孙良诚率领其所属部队投降了日军后,被日军改编成了伪军第二方面军,孙良诚任伪军第二方面军司令。三十九集团军另一位副总司令高树勋所属的部队也被日军打散了,逃到了陇海线以南。

村民们都觉得坏消息接二连三,他们都近乎崩溃了。

对于小兰和小姣来说,眼前要面对的就是怎样度过干旱的灾荒年。她们曾经经历过灾荒年,对今后生活的严酷是有所预料的。从春天开始,做饭的时候就比较多的是糠窝窝,再后来,在糠窝窝中加进了更多的野菜,再后来,开始加进树叶,加进树皮。这一切的一切都表明,现在的生活与民国十七年的情况非常相似,在一步一步重复着灾荒年的经历。还有,今年的蝗虫特别严重,使得村民们对未来充满了恐惧。

为了应对灾荒年,许多村民们开始节省粮食,到村外挖野菜吃,野菜种类繁多,难以辨认,许多人家吃了有毒的野菜,导致肿脸肿身体的很多。茴香娘和小财也中毒了,身体肿胀得吓人。大妮儿弄了一些白矾,小兰兑成白矾水,端到茴香家,用棉花在白矾水中浸湿后,给茴香娘和小财涂抹了几遍,经过一段时间,才消了肿。茴香娘抱着小兰,哭成了泪人。

除了天灾,日本鬼子在治安强化运动中苛捐杂税繁多,联银券疯狂贬值,使得村民们的财物迅速缩水,再加上实行的配给制使得村民家里的余粮所剩殆尽,有些大胆的村民冒着危险偷偷藏下的粮食也是不多的。大家都对未来充满了恐惧。

按照灾荒年的规律,以后的日子可能避免不了要以命换命、卖儿卖女了。

小兰挖出了一个瓦缸,里面是往年自己埋到地下的粮食,大约是三十多斤玉米面,倒出一些留给茴香娘,还有一些给嫂子,自己也要留一点。她还将给自己的部分拿出一些在半夜间偷偷蒸了六个纯玉米面窝头,准备给正长身体的小秋、宾宾和安安吃。在灶台前,她想象着小秋、宾宾和安安吃着纯玉米面窝头时,应该是怎样的欣喜,仿佛自己看到了那温馨的情景,她笑了。

麦收的时节到了,因为干旱,收获的麦子较往年少了许多,旺财村没有了往年麦熟季节挥汗抢收的繁忙景象,只有村民将土地翻种秋粮的身影。被抓壮丁的亲人仍然没有消息,村里也因此少了许多劳力,女人成了土地上的主力军。

收割时伪军就在田地里现场装粮,不多的粮食被日伪军抢走了许多,给百姓们只留下很少一部分。

因为长时间没有下雨,土地已经干裂了,因难以耕种,劳动量较往年大了许多。干旱的气候使得蝗虫多起来,有些村民想将玉米种撒到裂缝中,可很快就被蝗虫吃掉了,村民无奈,只好在裂缝中盖上土。

有一天,村里一个媳妇上吊死了。有村民说头天晚上看到碉堡内的伪军队长从这个媳妇家慌慌张张地跑出来,一定是这个伪军队长做了坏事,导致这个媳妇自杀了。

村里的女人都紧张起来,村子几个人拉着刘老抠到碉堡里交涉,日军队长说伪军队长整晚都在碉堡里,根本不可能出去。村民们不干,要求严惩伪军队长,日本鬼子瞪着眼睛,把几个村民打了一顿,赶出了碉堡。

过了几天,碉堡的日伪军来到村里,把村民们集中起来,要求村民们上缴粮食,许多救命的粮食都被伪军抢走了,给百姓们只留下了所谓配给的极少的粮食。一个像是日军头目的人叽里咕噜说了很多话,经汉奸翻译用中国话说出来大致意思是第四次治安强化运动已经结束了,皇军取得了重大胜利,八路军已经在日军多次围剿中死伤无数,很快就会全部消灭,这是大日本皇军采用的挖沟修路建碉堡战术的成功,还说德意日协约国将称霸全球,村民们要做顺民等等。最后,日军强调,如果村里有八路军一定要报告,根据报告抓住八路军有奖励,如果窝藏八路军就要按照连坐制度处理同甲或同保的村民。

在看不到希望的日子里,或许就是所说的绝望,对绝望的未来越清醒就越痛苦。小兰在痛苦中思索着,越思索就越清醒,越清醒就越痛苦,越绝望,她觉得或许死了比活着好,甚至她开始向往死亡了,死了,就没有了恐惧,没有了痛苦。

“可是,虽然说死了一了百了,可自己真的能下决心走这一步吗?死了,自己解脱了,可是这里还有自己牵挂的人呀,有嫂子、小秋、宾宾,有小姣和安安,有姑姑。还有,还有哥哥,虽然他狠心卖掉了小春,自己恨他,不愿意理他,可他毕竟是自己的哥哥呀。他那高高的个子很像爹,长相又很像娘,看到他仿佛看到了自己的爹娘,这可能就是血缘吧。说到了小春,那可是自己牵挂的人呀,虽然不知她是不是还活在世上,在什么地方,可是,如果有一天,小春回来了,那时如果自己活着,就能亲眼看到小春,该有多好呀。当然,小兰还有一个牵挂的人,这是她心底里忘不了的人,他就是晓东,如果晓东有回来的那一天,自己等到了那一天,该有多好呀。”小兰想。

“有这么多牵挂,自己还想死吗?”小兰又想起了多年前那个夜晚的一幕,自己走在路上,走在死亡的路上,被土块绊了一跤,从那时起,自己就打定主意不自杀了,怎么忘了?那一晚,如果没有土块,自己或许就吊死在祖坟旁的树上了。

想到这里,她仿佛又看见了公公婆婆吊死的样子,真是阴森恐怖呀……

“咣咣咣……”外边传来了敲锣的声音,在夜间,声音响亮得像是炸雷一样,令人恐惧。

“八路来了,快抓八路呀……”有人大声喊着,小兰惊讶得出了身冷汗,她听出来这是乐金的声音。平时看着很正派的乐金怎么这么快就倒到日本鬼子那边去了,真是知人知面不知心呀。

“这个该死的乐金，遇到事儿就看出来他是啥人了。”小兰狠狠地骂道，可是外边的锣声继续响着，有更多的抓八路的声音响起来。

小兰打开门，走到街道上，借着蒙蒙的月光看到几个男人在大声喊着，竟然是以前村里的几个民兵。

“王乐金，”小兰大声喊着，“你还知道你是谁不？连八路军你都敢出卖？”

乐金竟然笑呵呵地说：“小兰，你等着看戏吧。”

这时，不知哪儿传来枪响，乐金继续使劲敲锣喊着：“八路来了，快抓八路呀……”

村子里聚集的人越来越多，锣声一直响到了天亮。

天亮了，碉堡里的一队日伪军如临大敌般冲进村来，挨家挨户搜了一遍，没有搜到八路军，却发现了伪军队长的尸体，在尸体旁还发现了两个驳壳枪的弹壳。日军头目面色凝重地将乐金等几个盘问了一遍，乐金们推测说可能是听到村民们敲锣报警八路军来了的时候，这个伪军队长勇敢地进村抓八路军，结果被使用驳壳枪的八路军打死了。日军头目没问出什么，只好垂头丧气地回了碉堡。

从这天起，旺财村经常想起敲锣声和八路来了的喊声，小兰听明白了其中的含义，觉得这样的声音还真中听。

第四十五章

一朵美丽的小花，开在高高的枝头，在许多伸出的枝头中，看不见往年盛开的繁花，仔细望去，只有一朵花，就只这一朵花。花朵较往年小一些，更加显得楚楚可怜，不多的花瓣是粉色的，越是靠近花瓣的尖端，粉色越浓，只是因为缺乏雨水，这样美丽的粉色缺少了些光泽，显得有些发蔫，花蕊的黄色依然夺目，只是缺乏应有的挺拔。即使如此，这朵小花也忘不了自己的使命，依旧向四周散发着微弱的香气。这香气淡淡地飘向天空，飘向大地……

一阵风儿吹来，小花摇摆着，柔弱的花瓣惊慌起来，担心被风儿吹得脱离花朵。花蕊也无助地恐惧着，担心花瓣被吹跑后，将难以面对风儿……

小水滴被风儿吹得翻飞着，在经历了一番折腾后，风儿慢慢散去了，她觉得自己好像在慢慢下落，没错，是在慢慢下落。不经意间，她被接住了，身体停止了下落，小水滴看到自己落在一瓣美丽的花瓣上，花瓣因自己的重量而柔和地颤动着。她感觉非常惬意，花瓣那粉红的色彩鲜艳夺目，美丽极了……

粉色的花瓣刚刚经过风儿的蹂躏，刚要喘息一下，却被一颗水滴压住了，花瓣吃力地驮着这颗沉重无比的水滴，无法摆脱。

第四十六章

就在旺财村村民们都在为前途担心，为抗日担心，为八路军担心，在小兰、小姣、大妮儿、菊花、爱枝忧心忡忡的时候，有一支队伍穿过夜幕，来到旺财村的村外，借着黯淡的月光，找到一处地势稍高的地方，悄无声息地布置停当，即将开始他们的作业。

自从日军进驻清水县城后，许多村庄外的夜间成了危机四伏的地方。村民都担心会被日军的夜袭队盘问、敲诈、殴打甚至被捏造罪名抓走，于是天黑后不再出门，使得夜间的村外鲜有行人，非常安静。这一支队伍在夜间行走也非常小心，以免被日伪军阻拦，影响计划的实行。

这支队伍虽然人数很少，只有几个人，却是肩负着八路军重要使命的众多小股队伍中的一股。这些小股队伍没有番号，统称为八路军武工队。

日军在华北耗费了中国百姓不计其数的人力物力，密布公路网，深挖封锁沟，频繁“扫荡”以及一次次治安强化运动后，许多抗日根据地被分割、蚕食，以往八路军机动打击日军的空间被压缩，难以实施大部队作战。

为了应对新的愈加困难的抗日局势，根据当时的敌我双方的兵力布置，八路军总部做出了将八路军的部分部队化整为零，与当地政府干部、公安人员共同组织武装工作队的方式，进入敌占区，搜集情报、宣传抗日、歼灭敌人、鼓舞民心。

许多地区从抗日根据地变成游击区、敌占区后，民众看不到未来，看不到希望，也不知道八路军的情况，加上敌特汉奸经常宣传歼灭八路军的消息，百姓们的抗日情绪受到了严重挫伤。为此，武工队除了与日军作战，还肩负着打击敌特，保护百姓利益，激发群众抗日热情的任务。

武工队人数少，机动灵活，不需要有特殊番号，使得敌人难以察觉行踪，难以锁定目标,便于悄悄潜入敌占区,宣传抗日。可以说,武工队是在当时的情况下,八路军的创新。

这支武工队已经在冀鲁豫边区的北部活动了一阵子了。曾经进入清水县城打死过对日本死心塌地的汉奸特务;在外围据点处决过罪大恶极的伪军头目;带领民众逃避过日军抓壮丁;伏击过为日军押运粮食的车队;解救过被抓的壮丁,成效不错。

现在,这支武工队在旺财村外的高地上支起了喇叭,开始喊话。喊话的声音在安静的夜间传出很远,村子里的百姓听得非常清晰。

“旺财村口日军碉堡里的人听着,我们是八路军,我们是八路军。”武工队的声音。

“娘,是八路军。”安安听到了喇叭里的话,大声对小姣说。

小姣吓得赶紧说:“安安,可不敢说八路军,让日本鬼子听见还能有个好?”

安安说:“娘,真的是八路军的声音。”

这时,继续传来喇叭里的声音:“你们不要以为你们依靠飞机、坦克、大炮就能打败八路军,那是永远不可能的。”

接着,听到碉堡方向传来了机枪扫射的声音,在夜里,枪声显得格外刺耳。

听到枪声,小兰他们都开始为武工队的安全担心起来。

过了一会儿,又听见了喇叭里传出的声音:“旺财村口日军碉堡里的人听着,我们是八路军,我们是八路军。”

很快,又有机枪扫射的声音,还有手榴弹的爆炸声。

很快,喇叭里传出的声音又响起来:“昨天,你们南边碉堡里的日伪军换防的时候被打了伏击,打死好几个日本鬼子,你们伪军听好了,你们是不是中国人?你们的爹娘是不是中国人?你们为日本鬼子卖命,日本鬼子却在祸害你们的家人,你们只要有一点良心都不能再给日本鬼子卖命了,日本鬼子早晚会被赶跑的。等到日本鬼子被赶出中国了,可不会把你们带走的,到时候要给你们算总账。只要做过好事的伪军,八路军都给你们账上记个红点,凡是做过坏事的伪军,八路军也给你们账上记个黑点,希望你们的账上都是红点,没有黑点。你们碉堡里的伪军的名字我们都知道,现在点几个人的名字,张全保,周三龙,赵有福,你们这个排是半个月前从东关据点调来的,换防的路上拐到万家村抢夺百姓的财物,都给你们记着账呢。”

这下碉堡里面没开枪。

“你们不许欺负老百姓,现在老百姓的生活已经很艰难了,又是大旱又是蝗虫的,很多人家只能吃糠咽菜,有的人家已经很长时间连糠菜都吃不上,如果你们敢去村里欺负老百姓,抢老百姓的粮食,小心八路军打你们的伏击。”喇叭里的声音继续响着。

旺财村的百姓们听到这样的话,知道有八路军在如此艰苦的条件下,仍然与日伪军作战,而且采用这么巧妙的攻心战术,对抗日的信心开始逐步增加了。

以后的日子里,每逢武工队喊话的时候,村民们都专注地听着。他们从喊话的内容里知道了八路军在英勇抗战的消息;也知道了美国与日本在太平洋交战的消息;还知道了国军在南方与日军作战胜利的消息。村民们对抗战又恢复信心了。

武工队喊话在碉堡里伪军的心里也产生效果了,以往经常到村子里抢夺百姓财物的伪军少了,做了坏事的伪军被百姓们责骂后,不仅不再打骂百姓,甚至都不敢还嘴了。村民们都笑着说,武工队怎么这么厉害呀?

进入秋天了,在稀稀落落的秋苗拱出地面,村民们又对未来产生希望的时候,外面传来了持续的嗡嗡的声音。

“这是啥声音呀?”小姣正带着安安在小兰家做针线活,听到奇怪的声音,惊惧地问,一种不祥的预感涌上心头。

小兰也觉得声音奇怪,她首先想到会不会日军又来“扫荡”,嗡嗡的声音是日本军机传出的声音?可仔细听了听,又不像,因为日本军机的声音很刺耳,而且声音有变化,今天听到的声音好像是不变的。是刮大风的声音?可现在没有一丝风呀?这时,小兰觉得太阳有些变暗了,难道要下雨了?可天色并没有阴沉呀?当她正不知道该怎么回答时,只觉得持续的嗡嗡的声音越来越响,越来越近,小兰正在惊惧的时候,只见一片黑压压的影子从房顶掠过,黑影中有些小东西掉到了院子里,砸到院里的墙上,反弹到地上,发出噼噼啪啪的撞击声……

“天哪,是蝗虫!”小姣看清了地上的小东西,惊叫起来。

“咋会有这么多的蝗虫呀?”小兰也恐惧地叫着。虽然今年旱灾严重,经常在田地中看到蝗虫,但大多是零零散散的,没有成片的,如果出现成片的蝗虫,将会是非常可怕的。

安安吓得哭起来。

小姣把安安放到屋里，拿了一个大扫把跑出去。小兰也拿了一个扫把跟了出去。

出了胡同，来到街上，只见村民们都拿着扫把类的工具，向外面跑去，向地里跑去。

“快呀，到地里打蝗虫，别让蝗虫把粮食吃光了。”村民们互相说着。

小兰和小姣也紧张地向村外跑，来到村外，只见田地里已经爬满了蝗虫，两耳听到的都是噼噼啪啪的声音。

小兰和小姣向地里跑去，情急之下，小姣被绊了一跤，她快速站起来后，顾不上拍打身上的尘土，又向地里奔跑过去。

来到地里，小兰和小姣拼命地扑打着地里的蝗虫，地上落满了打死的蝗虫，可蝗虫太多了，打死一批又上来一批，没被打死的蝗虫仍然牢牢地趴在还是绿色的秋苗上，咬噬着还未成熟的作物。

不知过了多长时间，像是一声令下，蝗虫拍打着翅膀，全部飞走了，地里顿时安静下来。可是，当人们定睛看着地里的庄稼时，却看到惨不忍睹的一幕，大多的秋苗都被啃得干干净净，一点不剩。

村民们望着被啃食得精光的庄稼，很快意识到赖以收获的秋粮将颗粒无收时，一个个后背发凉，许多人都痛哭起来。

“本来夏收就很少，现在没有了秋粮，往后可咋活呀？”小姣大声哭起来。

小兰也被惊呆了，她不用看，自家的庄稼也一样。

今年的光景可怕呀。

这时，小姣看到安安大哭着跑过来，她紧跑几步，把安安抱起来。

“安安，你咋啦？”小姣紧张地问安安。

“娘，虫子咬俺，呜呜呜……疼呀……”安安大声地哭着。

“啊？”小姣吃惊地看着安安的身上，只见后背上流了不少血，小姣用手抹一下，只见几个伤口正在向外渗血。

“哇……疼呀。”安安大叫着，哭着。

小兰赶紧从地里抓了一把黄土，洒在安安的伤口上。

“娘，俺怕。”安安着急地说。

小姣没说话，只是一个劲地抹眼泪。

对于农家来说，寄予厚望的秋苗被蝗虫啃噬了，没有秋粮，将怎样熬过冬季呀,那时可不是简单的饿肚子,很可能是要搭上性命的呀。

真是可怕呀。

随后的日子里,遮天蔽日的蝗虫来了一批又一批,将地里的粮食全部啃光了。

旺财村已经有村民出外要饭了。

小姣家里的情况最糟糕,连掺杂着野菜、树皮的糠窝窝都很少了。一天,在经历了多次内心挣扎后,她告诉小兰,自己要带着安安到外县去要饭,只有这样才可能使大人和孩子都活下来。

"要饭?"小兰听了大吃一惊。

虽然在灾荒年,经常可以看到要饭的人,可小兰总觉得那些是不幸的人,自己有土地有房子有钱,即使再困难,也不可能去要饭。民国十七年的灾荒年,虽然很多人吃树皮,但自家也没人出去要饭呀。

"姐姐,出去要饭,那咋对得起列祖列宗呀?以后子孙们知道前辈是要饭的,咋能抬得起头,咋能娶得上媳妇呀?"小兰哭着说。

小姣坚决地说:"咱祖上确实是没有要饭的,因为咱清水处于大平原,土肥水美,收成好,所以祖辈没有要饭的。可是,祖上也没经历过这么长时间的外敌侵略,如果不是咱的粮食都被抢了,咱的积累肯定能过得了灾荒年。可现在赶上了这禽兽一样的日本鬼子,这碉堡就占了俺家的四亩地。要活命只能去要饭了,如果因为要饭孩子娶不上媳妇,咱就找个也是要饭人家的闺女,也能娶媳妇。"

小兰仍然劝说着:"姐姐,你以为要饭的人家就愿意让自己的闺女找要饭的人家?不会的,人家肯定先要找不要饭的人家,实在没办法才找要饭的人家。"

小姣说:"那俺家安安就找那个没办法才找要饭的人家的闺女。"

小姣打定了主意要带安安去要饭,而且第二天就要出门要饭。小兰劝了半天也没能让小姣回心转意。

小兰心里很难过,她没想到,原来觉得很遥远的要饭这样的悲惨的事情竟然在自己的亲戚兼好伙伴小姣的身上出现了。这种事竟然离自己那么近,近得好像一伸手就能碰到。

这真是太可怕了。

小姣的家境一直都是不错的,小的时候小兰就知道小姣爹开着香油坊,置办的土地也不少,可这么快就惨得出门要饭了,世道怎么变得这么快呀。

小姣提出来去要饭，肯定还有一个原因，就是因为这一年多来，小姣的粮食是最少的，经常受到小兰、大妮儿等人的接济，估计她不愿意在生死攸关的时候，占用别人的粮食。

小兰对小姣太熟悉了，她是一个优柔寡断的人，也是一个有些懦弱的人，如果她带着安安出门要饭，万一被别人欺负怎么办？她能应付得了吗？她能保护得了安安吗？如果他们有个三长两短，可怎么办呀。

小兰一直想着这件事，即使到了晚上，躺在床上也翻来覆去睡不着，她觉得自己不能对小姣这样冒险的行为坐视不管。

可自己怎么管呢？不让小姣去？这样的话说了一天了，小姣都没听进去，自己再说只能是徒劳。

小姣怎么这么倔呀？

从小就在一起玩的小伙伴竟然这么倔，这是以前从来没见过的。

等到鸡叫的时候，小兰终于下定了决心，为了小姣和安安的安全，她要陪小姣和安安一起出去要饭，如果有危险就一起面对！

主意已定，小兰开始做出发的准备了，首先最重要的是收拾一下随身的钱，在这样兵荒马乱的年代，即使出门要饭，不带钱也是非常危险的。她翻出了自己的大洋，还有二十多块，她全部拿出来，接着又把自己的纸币集中起来，这些纸币包括法币、冀南币、鲁西币，还有汉奸联银券。小兰听说过，根据冀鲁豫行署两个月前的规定，在抗日根据地中心区只能使用鲁西币，百姓如果手中有大洋、法币、冀南币、联银券都可到冀鲁豫行署工商局开办的“货币兑换所”兑换成鲁西币。清水县城的日本占领区只能使用联银券，旺财村所在则是处于日军和八路军区域的中间地带，大洋、法币、冀南币、鲁西币，还有汉奸联银券都在使用。还有，据说日本鬼子在清水西边的武安和彰德一带有专门印刷假的冀南币、鲁西币的工厂，由汉奸将假币带到冀鲁豫根据地使用，目的就是破坏冀鲁豫根据地的经济秩序，可以确定的是两元面值的冀南币因假币太多，已经没有百姓敢收了。

小兰把钱收拾好后，她先到哥哥家，告诉了嫂子自己的决定，菊花虽然吃惊，但知道这个小姑子打定主意的事，自己是挡不住的，就没再阻拦。当小兰给菊花留下十块大洋时，菊花执意推辞，小兰说是留给小秋和宾宾的，菊花才只好收下。小兰把家门钥匙留给了菊花，又反复叮嘱菊花一定要把孩子留住，无论如何都不能卖孩子，还说如果遇到过不去的时候，就到自己家里去，将物品变卖掉，换成粮食。菊花流着泪听着小兰的话,又是点头又是摇头。与嫂子告别后,小兰又去了大妮儿家,告知了大妮儿,大妮儿劝说了很长时间,小兰仍然坚持着陪小姣去要饭,然后与大妮儿告别,向小姣家走去。

来到小姣家,小姣已经在收拾东西准备动身了。安安在旁边,正在与小姣说话,听到脚步声,安安转头看到小兰,高兴地扑过来。

“妗子,”安安扑到小兰怀里,扬起小脸,对小兰说,“俺娘说要去要饭,俺不想去。”

小兰看着安安可怜的模样,心疼地抱紧了他。

小姣高兴地说:“小兰,你来送俺了? 俺正准备动身呢。”

小兰说:“姐姐,俺不是来送你们的,俺是要和你们一起去要饭的。”

“你也一起去?”小姣有些惊讶地问,她觉得小兰来送自己就已经很高兴了,根本没想到小兰会和自己一起去。

小兰点点头。

“那可不行,”小姣坚决地说,“要饭是丢人的事,俺不能把你拉进来。”

小兰着急地说:“俺也缺粮食,能要点饭至少能节省点,谁知这灾荒要到啥时候呢?”

小姣说:“那以后晓东回来了,知道你曾要过饭,他能接受得了不?”

小兰听了,觉得心被刺痛了,幽幽地说:“现在顾不了那么多了。”

其实小兰的顾虑真的包括晓东,虽然多年来都见不到晓东,但晓东对自己的影响还是无处不在的,可是现在是危急关头,她不能看着小姣和安安陷于危险之中,顾虑只能抛到脑后了。小兰已经打定了主意,假如以后晓东回来了,埋怨自己给家庭丢脸,要对自己怎么样,到时再说吧。

看到小兰态度坚决,小姣心里很感激。有人说过,患难的朋友才是真的朋友,小兰是自己真的朋友。

两人走出家门,小姣和小兰拉着安安。安安看看小姣,又看看小兰,觉得娘和妗子的态度坚决,就不提不愿去的事了。

因为旺财村东边村口已经被日军封锁沟拦住了,要出村只有从村西出去,向北走,走到哪儿算哪儿吧。

小兰、小姣带着安安刚拐到街上,迎面遇上了茴香娘。茴香娘问小兰:“三个人要去哪儿?”小兰如实说要去要饭。茴香娘脸色大变,她拉住小兰和小姣的手,看着安安,流着眼泪说:“孩子,婶子二十年前就是一路要饭,来到旺财村的,要饭可是不容易呀,指不定能不能回家呢,你们能不能别去了。”小姣叹了一口气说:“不去,哪有活路呀。”

看着三个人的背影,茴香娘一直目送着她们消失在村口。

从西边出了村,向北走着,走了一会儿,安安嚷着累了,小姣和小兰只好轮流背着安安,继续向前走。

路上已经能够看到讨饭的人了,这些人衣衫褴褛,令人同情,还看到有老有小像是一家人,由男人用扁担挑着全家的行李,漫无目的地往前走着。孩子们也没有了应有的活泼可爱的童真,只是怯怯地看着周围。

小兰觉得头皮发麻,她不敢想象,自己这次出外要饭,会不会也很快像这些人一样。如果是这样,她宁愿跳河去死。

“跳河?”小兰觉得这个词挺滑稽的,现在河里都没水了,即使跳了河也死不了。

小兰看看小姣,只见小姣一脸凝重地看着前面要饭的人,估计心里想的和自己差不多。

“娘,俺饿了。”在小兰背上的安安说道。

这时,小兰忽然想到自己只带了些大洋和各种纸币,没带干粮,“真是的,最重要的事都想不起来”她不禁暗暗埋怨自己。

可小姣听了安安的话,并没有惊讶,而是将手伸向背着的布袋,竟然神奇地拿出一个掺了树叶树皮的糠菜团,递给了安安。

小兰简直不敢相信自己的眼睛,她没想到小姣竟然安排这么周全,连路上的吃的都准备好了。

“姐姐,你真细心呀,俺咋就想不到准备吃的呢?”小兰对小姣说。

小姣笑着说:“等你有了孩子就能想到了。”

听了小姣的话,勾起了小兰内心的伤痛,她低下头来,默默地向前走。

安安皱着眉头,吃力地咀嚼着,这苦涩牙碜的食物,真的难以下咽。

小兰和小姣商量了一下,决定不在清水县内要饭,等到向北走出了清水,到南乐地界后再要饭。因为她们还是觉得清水就是自己的家门口,不能在家门口要饭。

路上,安安问小姣:“娘,咱家的地能产粮食,咱为啥去要饭呀?”

小姣拉紧了安安的手，有些不安地说："安安，光有地有啥用呀？有地是为了打粮食，有了粮食就不用要饭了，咱没粮食就只能要饭了。"

安安问："咱有地为啥还没粮食呀？"

小兰拉着安安的手说："今年是灾荒年，先是大旱，再赶上蝗虫，地里种的粮食都没收成了，灾荒年可怕呀。"

安安继续问："妗子，灾荒年几年一次呀？"

小兰说："孩子，灾荒年分大小，小灾荒年三五年一次，像今年的灾荒年可是一二十年一次的大灾荒年呀。灾荒年可怕呀，老百姓有的要卖儿卖女，不知道咋挺过去呀。"

安安扬起脸问："娘，啥是卖儿卖女呀？"

小姣眼圈红了，她抚摸着安安的小脸说："安安，你放心，你是娘的命根子，娘无论咋样都不会把你卖掉的。"

"娘，卖儿卖女就是爹娘把自己的孩子卖掉？娘，你可别把俺卖掉呀！"安安听了娘的话，紧张得快要哭了。

小兰看到安安的恐惧神情，很为刚才自己说出卖儿卖女的话后悔，她赶紧蹲下来对安安说："安安，你别怕，你娘和妗子一起保护你，一定能挺过这个灾荒年，你放心吧。"小姣也抱着安安，劝说着，安安知道自己不会被卖掉了，才放下心来。

小兰看到安安平静下来了，转头满脸歉意地看着小姣说："姐姐，你看俺说话多不是地方……"小姣赶忙拍拍小兰的手说："小兰，这不怪你，安安慢慢要长大了，多知道点事儿也好。"

虽然刚才有些受惊，安安毕竟还是个孩子，知道自己不会被卖掉，他高兴起来，拉着小姣和小兰向前走去。

乡间土路曲曲弯弯，蜿蜒着伸向让人忐忑的远方。

到了下午，安安实在饿了，拍着肚皮对小兰说："妗子，俺饿呀，俺饿呀。"

小兰知道安安这孩子很聪明，他如果找小姣，肯定只能吃小姣带的掺了树叶树皮的玉米团，他希望小兰能给他好点的吃的。可安安哪里知道，小兰的布袋中根本就没吃的。

小兰告诉安安，自己没有吃的，饿了只能吃娘带的食物。安安无奈，只好强忍着吃了几口掺了树叶树皮的玉米团。

因为带着安安，小兰和小姣走路的速度很慢，一路上安安又一直喊累，行走速度大打折扣，一直到天黑了，还没走出清水。

夜里，找到一片空地，小姣把随身带着的一张厚布铺到地上，算是当床了。走了一天，三个人都疲惫不堪，很快就睡着了。

不知过了多长时间，小兰被一阵轰隆隆的声音吵醒了，她坐起身，只见前面不是太远的地方有灯光飞驰而过。

原来前面是公路。

小兰看到公路上有不少车辆经过，每辆车都被后边的车灯照亮着，只见每辆车都坐满了日本兵，还竖着日本膏药旗。

“日本鬼子夜间调兵，肯定是天亮时包围八路军的，不知道八路军有没有防备呀。”小兰难过得掉下了眼泪。

这时小姣和安安也都醒了，小姣哭着说：“咋办呀？八路军能躲过鬼子不？”

小兰无法回答，她只能暗暗地祈祷八路军能躲过这一劫。从日军车队向南行驶看来，部队是去往清水、濮阳方向的，希望那里的八路军能有所防备。

天亮了，小兰、小姣带着安安继续向前走，经过询问他们知道，前面就是南乐了。

前面是一个村子，要饭的人陆陆续续向村子里走去。只见村子一片凋零之象，家家都关着门，没见到有人能要饭。

小兰对小姣说：“姐姐，咱不能跟着人群走了，这么多人要饭，别说是灾荒年，就是年景好的时候也架不住要饭的人多呀，咱改路线吧。”

小姣觉得小兰的话有理，就点点头说：“你说的是，咱改线吧。”

小兰、小姣带着安安出了村子后，没有跟着要饭的人群往北走，而是顺着一条小路向西走去。走了一段路，看到前面有一个不大的村子，三人走进了村子，只见街上有人，村里的人们也在注视这三个人。

“你们是串亲戚的？是谁家的亲戚呀？”一个中年妇女带着和善的笑容说话了，显然是她觉得两个衣着还算干净的女人，带着一个白净的男孩子，像是串亲戚的，周围也有几个女人围了过来。

这样的问话让小兰和小姣都窘迫起来，平心来说，她们也觉得平时只有串亲戚才会到外面的村子，她们甚至在想，如果真的是来串亲戚该多好呀。可是，她们是来要饭的，望着这个中年妇女的眼神，她们没有勇气说是来要饭的。

“俺不是来串亲戚的，俺是来要饭的。”没想到，在小兰和小姣无法张口的时候,安安竟然大声把来意说明了。

“要饭的?没有没有,看着像是串门的,竟然来要饭。”那个中年妇女说。

“现在灾荒年谁家有吃的呀?俺还想去要饭呢。”另一个女人也生气地说道。

小兰觉得好像被重重地打了几个耳光,她的脸臊得通红,一把拉起安安,对小姣说了一声走,就向前走去。小姣赶紧跟过去。

安安还不解地问:“妗子,去哪儿呀?咱不要饭了?”

小兰没说话,拽着安安,快速向前走,眼睛的余光看到小姣一步不离地跟在后面。不一会儿,他们就走出了村子。

出了村子,走出很远,小兰才停住脚,她抹了一把额头的汗水,才发现秋后的天气已经很冷了,可自己竟然出了很多汗。她回头看到,安安已经走得踉踉跄跄了。

“妗子,娘,俺累了,要歇一会儿。”安安喘着气说。

小姣低着头,没说话,小兰竟然看到小姣在哭,眼泪滴滴答答掉在地上,溅起点点尘土。

“如果安安的爹在家,俺何苦这么辛苦地带着孩子要饭呀,呜呜呜……”小姣边哭边说。

安安看到小姣哭了,赶紧走过来,偎依在小姣身旁,懂事地说:“娘,你别哭了,别哭了。”

小姣搂过安安,越想越难过,竟然大哭起来。

小兰觉得没能要到饭,又被人奚落了一顿,正心烦意乱呢,听到小姣的哭声,她生气地说:“姐姐,你要坚强一些,安安的爹被抓走才一年多,你就哭成这样,俺的男人被抓走那么多年了,俺该哭成啥样呀?”

小姣听了小兰的话,抬起头,看了看小兰,慢慢地哭声小了。

三个人站着,沉默着。

荒凉的野外,冷风习习,偶尔几只麻雀叽叽喳喳叫着,从一棵树的树梢飞到了远处。

过了一会儿,安安打破宁静说:“妗子,你的男人是谁呀?”

小兰听到了安安的话,低下头,拉着安安冰凉的小手,苦笑着说:“你叫俺妗子,还不知道俺的男人是谁?俺的男人就是你的舅舅。”

“俺的舅舅?”安安一脸茫然,“俺的舅舅是谁呀?俺咋没见过呀。”

小姣说:“安安,你的舅舅叫王晓东,很多年前被抓走了。”

安安问:“也是被日本鬼子抓走的?”

小姣说:“不是,那时还没有日本鬼子呢,是被军阀抓走的。”

安安还在问:“那舅舅被抓走很多年,到底是多少年呀?”

小姣想了一下,看了一眼小兰,小兰算了一下说:“十八年了。”

“十八年了?”小姣也吃惊起来,“时间过得真快呀,感觉好像时间没那么长,但已经十八年了,那时俺记得也是这样的秋天,天气已经转凉了。”

小兰说:“俺永远都忘不了,那天是九月初九。”

小姣想了想说:“昨天就是九月初九呀。”

这时,小兰突然脸色大变说:“俺的天呀,竟然十八年了,竟然过去十八年了！王宝钏守寒窑十八年,俺以为那是世上最悲惨的事了,可俺也等了十八年了！王宝钏守寒窑十八年等来了薛平贵,等来了他的男人衣锦还乡,可俺、俺等了十八年,不仅男人没等着,而俺却在要饭的路上,原来俺才是世界上最悲惨的人呀。”

小兰的精神一下子崩溃了,她瘫软在地上,声嘶力竭地大哭起来。

秋后的太阳冷白冷白的,她不忍心听到小兰的哭诉,想找一片云彩躲起来,可天空湛蓝湛蓝的,没有一丝云彩,她想尽快落山,可看到山还在西边很远的地方。她无奈地摇摇头,开始羡慕那秋风,秋风可以快速地刮到远处,避开这凄惨的人间。

小兰哭得没了力气,声音越来越小了。

小姣拉住小兰的手,跟着哭个不停。

安安看着痛苦的妗子和娘,想不通为什么她们这么痛苦。

当小兰和小姣还沉浸在痛苦中的时候,三个女人从刚才小兰三人要饭的村子走出来,她们小心地走近小兰三人,试探着说:“你们、你们是不是饿了很长时间了?”

小姣转过头,看到面前的是刚才问自己是不是串亲戚的中年女人,后面是挖苦自己的女人,她不知道她们来干什么,难道之前没挖苦够,还要再羞辱一次?

小姣满是敌意地看着她们,没有说话。

前面的中年女人说:“刚才有人说你们在这儿哭,俺觉得你们两个女人带着孩子出来要饭,肯定是遇到了不得已的难事儿。这灾荒年,俺也帮不上忙,几家一起凑了一些吃的,你们拿上吧。”

说着话,她递过来一个布袋。小姣听明白了对方的来意,接过布袋,觉得沉甸甸的,就赶紧向对方鞠躬道谢。小兰也止住了哭声,向对方鞠躬致谢。

“俺这儿也遭灾了,你们在这儿要不到东西的,俺听说东边的濮县、范县、观城那边的抗日根据地,日本鬼子打了几年都没能立住脚,百姓还有一些收成,有些人都去那儿要饭了,你们还是去观城吧。”那个中年女人说。

“你们把孩子带好,等挨过了灾荒年,就赶快回家吧。”女人们说完摆了摆手,摇着头叹息着,转身回村了。

小姣打开布袋,看到是四个煮好的红薯。如果是平常,这确实算不了什么,但在这灾荒年,这样的东西确实珍贵。

小兰感慨地说:“这个世界上真是好人多呀。”

小姣对安安说:“安安,你看到了吧,人家是好人,你长大了也要做个好人呀。”

安安点点头说:“娘,俺长大一定要做个好人。”

小兰将一个红薯掰成两半,给了安安一半,又给小姣一半,小姣又给了小兰。两人推辞了一阵,谁都舍不得吃,又放回布袋。

安安边吃红薯边说:“红薯真香,俺从没吃过这么好吃的红薯。”

三个人的要饭生活开始了,虽然艰苦,但他们还是坚持了下来。他们跟上了要饭的人群,在一个地方向东走,越过了封锁沟,到了观城。

小兰知道,濮县、范县、观城、南乐、清水是冀鲁豫边区根据地中心区。在南乐、清水遇到大灾荒的时候,濮县、范县、观城挤进了众多要饭的人们,濮县、范县、观城将会面临多大的压力呀。

在观城,当地的抗日政府组织了各村村民,将家里空闲的屋子腾出来,为要饭的人安排住处。许多人家在自己的粮食很紧张的情况下,拿出少许粮食,加上糠麸,混进野菜、树皮等,作为来要饭的灾民充饥的食物。小兰她们也曾经遇到过村里施粥的机会,吃过饱饭,也遇到过饥饿难耐的时候,可她们坚持着,他们知道,只有挺过去,才能有活路。在这过程中,小兰也遇到过卖粮食的时候,虽然粮食贵得吓人,小兰仍然用钱买了些粮食,他们体会到了,如果单靠要饭,三个人是很难活下来的。

这天,三人来到观城的一个村庄,在村口看到有两只黑色的大狗,吐着长长的舌头，挺吓人的。安安很怕狗，有些紧张，小兰和小姣一人拉着安安的一只手，躲到路边，向前走去。有一只狗看到了安安胆怯的目光，就迈开腿，不紧不慢地走过来，另一只狗也默契地跟了过来。安安看着狗，紧张得满手是汗，看到那两只大狗越来越近，安安顾不得小姣说别怕，一下子挣脱了小兰和小姣的手，快步向后跑去。那两只大狗看到安安在跑，就开始追，小兰和小姣回身追时，哪能赶上那两只大狗，这时，幸亏有一个要饭的男人，跑到安安后面，用打狗棍把两只大狗赶跑了。

小兰和小姣抱起吓得脸色刷白的安安，不停地向那个好心人道谢。

来到村里，有个五十多岁的男人看到安安，就凑了过来，跟着小姣的脚步边走边不怀好意地对小姣说："大嫂，你是哪儿的人？出门不易吧？你的孩子挺不错。"

小姣转头看了看这个男人，把安安拉到自己的左边，满是戒备地对这个人说："俺是附近的，来串亲戚。"

那个男人放肆地大声笑着说："你骗谁呀？你这样子像是串亲戚的？一眼就能看出是要饭的。"

旁边的小兰把小姣和安安拉到一旁，对那个男人说："你要干啥？告诉你，这是抗日根据地，你要敢动坏心眼政府公安要收拾你的。"

听到小兰话语不俗，那个男人有些收敛，他换了一种语气对小姣说："大嫂，这个孩子不错，你把他卖给俺吧，俺给你五块大洋，还让这个孩子顿顿吃饱饭。"

小姣没理这个人，继续向前走。安安在旁边看到这个男人的窘相，觉得有趣，就笑着说："都吃啥饭呀？"

那个男人听到安安说话了，快步跟上安安，笑着说："俺可以让你顿顿吃玉米饼。"

"玉米饼里掺树皮还是野菜？"安安问。

那个男人怔了一下，笑着说道："纯玉米饼，啥都不掺。"

听了这个男人的话，安安猛地站住了，他用力松开了小姣的手，看着这个男人，眼睛里露出期待的神情。

小姣惊慌地说："安安，你咋不走了？"

安安哀求地说："娘，俺饿，你把俺卖了吧，把俺卖了吧。"

小姣生气地拍了安安一巴掌，大声说："你这孩子，再胡乱说话，娘真把你卖了。”

安安哭着拍着肚皮说：“娘，俺饿，俺真的很饿，你把俺卖了吧，把俺卖了吧，就把俺卖给他吧，他还给你五块大洋呢。”

小兰生气地对那个男人说：“你这个人赶紧走远点，俺不卖孩子。”

小姣紧紧地拉着安安，快速向前走，头也不回地说：“俺的孩子不卖，俺们就是死也要死到一起。”

安安眼泪汪汪地一步三回头地看着那个男人，觉得那期望中的饱饭离自己越来越远。他不明白娘为什么不愿意卖掉自己，如果娘把自己卖掉多好呀。

没有听到公鸡打鸣的声音，天已经微亮了，小兰站起身，活动了一下身体。小姣也醒了，两人收拾了一下，准备继续要饭的行程。

她们已经出来了两个多月了，天气越来越冷，日子越来越艰难。在外敌入侵、民不聊生的时候，又遇到灾荒年，真不知道活路在哪儿。

安安直嚷饿，小姣拿出了一个冰凉的糠菜团，揣到怀里捂着，安安眼巴巴地看着娘，满是期待，小姣看着安安，满是歉疚。是呀，这么小的孩子，因为生活所迫，随着娘和妗子出外要饭，他将要面临怎样的命运，没人知道。可以知道的是，当娘的心被刺痛了，这种疼痛久久不能散去。

小兰也在怀里捂着一个糠菜团，那是她和小姣的食物。现在，三个人一天只能吃两个糠菜团，小兰和小姣分一个，安安吃一个。

小姣将捂得已经不很凉的糠菜团递给安安，安安咬了两口就说不饿了。虽然还是孩子，安安已经懂得体谅娘了。

他们又踏上了要饭的路，一条弯弯曲曲、坑坑洼洼的土路上散乱地走着以要饭的人为主的人群，前方和后面都能看到这些人在寒风中冻得哆嗦着。小兰和小姣拉着安安，忧愁地向前走着，前方有什么，不知道。

安安不知想起什么，问道：“妗子，为啥月亮晚上出来，白天也出来呀？”

小兰看看安安，孩子仰着天真的小脸，一双大大的眼睛好像会说话，看到这样的眼睛，仿佛看到了未来的希望，小兰郁闷的心情好转了，她笑着说：“安安，白天咋会有月亮呀？月亮只有在晚上才出来呢。”

安安指着天空说：“娘，妗子，你们看，月亮就在天上呢。”

小兰和小姣抬头看去，真的看到一轮洁白的月亮，挂在蓝色的空中，显得那么优雅,那么恬静,仿佛人的心灵都被荡涤得干干净净。

“白天真的有月亮呀? 真好看,以前俺咋没留意到呀?”小姣笑着说。

小兰也看着月亮,笑着说:“俺也没留意,白天真的有月亮啊,蓝色的天空白色的月亮,多美呀。”

看到了白天的月亮,小兰和小姣好像忘记了生活中的艰辛,也仿佛忘记了自己是走在要饭的路上。她们的脸色少了一些忧郁多了一些欣喜,她们的神态少了一些惊慌多了一些安详,她们的步履少了一些沉重多了一些轻盈,生活中的希望好像又回来了。

一个年轻女人拉着孩子从旁边经过,在前边走着,小兰想起什么,紧走几步,来到年轻女人面前。小姣不知小兰为什么有这种奇怪的举动,也赶忙拉着安安追过去。

小兰上下打量着年轻女人,年轻女人有些疑惑地问:“婶子,咋了? 有啥事呀?”

“你是哪儿人呀? 你是不是叫小春呀?”小兰有些激动地问。

“俺不叫小春,你是谁呀? 俺不认识你呀?”年轻女人有些戒备地问。

小兰仍然满是期待地说:“闺女,俺是清水人,俺的侄女很多年前被卖了,哦,是十四年前,那时她七岁,属鸡的……”

年轻女人有些同情地说:“婶子,俺从小就和爹娘在一起,没被卖过,你肯定认错人了。”

小兰失望地看着年轻女人,嘴里喃喃说着:“脸盘这么像俺家人,可惜不是。”

年轻女人带着孩子走远了,小兰还呆呆地站在原地,像是着了魔一样。小姣拉了拉小兰的胳膊,安慰地说:“小兰,她不是小春,咱再留意找吧。”

小兰眼里满是泪,她有些抽泣地说:“以前俺给小春算过八字,算命先生说她长大后嫁到河北省,算起来现在已经二十一岁了,可能也该有孩子了,现在这灾荒年不知道她是不是也在外面要饭,俺要能遇到她该多好。”

小姣叹着气说:“俺也清楚地记得小春小时候的模样,又好看又乖巧,俺也想,或许哪天她就回来了。”

小兰点点头,默默地向前走了。小姣拉着安安跟在后面,小兰、小姣和年幼的安安游走在濮范观一带的村路上,他们以为会走向希望的前方,没想到,他们竟然走进了日军“扫荡”濮范观根据地的大合围的包围圈里。

大合围“扫荡”是日军在中国华北地区与八路军作战时发明的效果上佳的战术之一，也称为“铁壁合围”。首先，日军高层会圈定一个方圆几十里甚至上百里的范围为大合围的包围圈，包围圈中心往往是共产党和八路军的管理机关驻扎地，也就是日军“扫荡”的目标。日军高层会制定作战部队的调集规模、进攻时间和地点，更重要的是对多路日军制定作战路线和合围进度，以确保大合围战术的成功。作战日军会根据作战计划，一步步到达作战地点，实施作战，希望将八路军和百姓包围在大包围圈后，逐步缩小包围圈，以便达到将抗日力量的党政军机关围在包围圈中消灭的目的。大合围开始时，日军高层会调集多路日伪军，从相距很远的包围圈边缘开始拉网式包围。如果未能探知大合围的作战计划，即使知道包围地点，也难以得知日军使用的是何种战术。在大合围过程中，日军对想冲出包围圈的任何人都会枪杀，等到包围圈越来越小、越来越密时，包围圈中的人将越来越难以逃脱，当包围圈很小的时候，日军的包围部队会对被包围人群大肆烧杀抢掠，手段残暴无比。

三人出了一个村口不久，刚刚踏上一条土路，突然远处传来轰隆隆的炮声，接着是噼噼啪啪的机枪步枪的声响，周围的人群骚动起来：“快跑呀，日本鬼子来扫荡了……”只见身边不断有人跑过去，呼喊声，哭叫声，乱成一片。

“姐姐，安安，快跑吧。”小兰大声对小姣和安安说。

“快跑。”小姣拉起安安，随着人群向前跑去。

小姣跑了几步，忽然觉得有些头晕，眼前发黑，她觉得不好，这些天根本吃不饱，哪有体力跑呀，她停住脚。小兰也停下来问道：“姐姐，你咋啦？脸色这么白，白得可怕！”

小姣摆摆手，躲到路边，弯下腰，大口喘着气，面色痛苦说：“俺觉得头晕，跑不动。”

小兰着急地说：“姐姐，俺也跑不动，可是不能停呀？万一日本鬼子追上来哪有好呀？”

安安也拉着小姣的手说：“娘，还是跑吧，俺害怕日本鬼子。”

轰隆隆，轰隆隆……

哒哒哒，哒哒哒……

枪炮声仍然在远处响着。

这时，听到天空中传来刺耳的声音，这是飞机的声音。

“快走吧,不能在这儿站着了。跑不动,咱就走。”小兰催促道。

小姣看了看前方,开始迈起腿来,小兰和安安分别在两边拉着小姣向前走。

不断有人群超过他们,向前跑去。

不知走了多长时间,小姣实在走不动了,她看到路边有一片枣树林,就喘着气说:“小、小兰,咱到枣树林那里歇歇吧。”

小兰点点头,扶着小姣向枣树林走去。到了枣树林,小姣瘫坐下来,接着弯着腰,大声咳嗽着。小兰赶紧轻轻地给小姣捶背,安安也懂事地学着小兰的动作给小姣捶背。

小姣慢慢地停止了咳嗽,她看着小兰,眼泪汪汪地说:“小兰,不知、不知道咋回事,俺觉得可能这个坎过不去了,俺死了不怕,可安安成了孤儿可咋办呀?”

小兰轻轻地拍着小姣的手说:“姐姐,这才到哪儿呀你就说这些不吉利的话?咱还没死呢,能躲过这场祸就能活下来,再说,有安安,你可不能总想不好的事。”

小姣哭着说:“俺也不想有不好的事,可是俺真的看不到希望了,俺真的不行了。”

安安听着娘和妗子的对话,不知她们在说些什么,他看到娘哭了,就抱着娘说:“娘,你别哭了,你别哭了。”

小姣抱着安安,继续大哭起来。

这时,听到远处路上有人在喊:“……乡亲们,快往前跑呀,这儿不安全呀……日本鬼子想包围咱,快跟着人群跑呀……”

远处的枪炮声仍然不停地响着。

小兰和小姣带着安安在人群中跑着,紧张、恐惧、饥饿、疲惫伴随着他们。不知跑了多长时间,只听得身后传来一声接一声长长地怪叫,接着有爆炸声不断响起,轰隆隆的声音震耳欲聋。

“日本鬼子的炮打来了,快躲避呀。”有人大声喊着。

随着怪叫声,小兰看到安安吓得躲到一棵碗口粗细的杨树后面,她觉得不安全,就跑过去,拉住安安向地上扑去。说时迟那时快,一声爆炸声过后,那棵安安躲避过的杨树竟然被飞过的炮弹弹片拦腰削断。如果安安不离开那棵树,估计性命难保。

小姣看到了这一幕,她跑过来,抱住安安哭着说:“安安,多亏你妗子,捡了一条命……”

小兰站起身，拉住小姣和安安，喊了一声快跑，继续向前跑去。

有炮弹在人群中爆炸了，只见到带着血水的胳膊腿随着爆炸的土块飞向了空中，然后向四周喷溅下来，地上一片血红。许多人吓得嗷嗷叫着，四散开来。

“啊——啊——”小姣看到一个血葫芦一样的人头跌落到离她不远的地方，弹了几下，滚到远处，地上清晰地甩下许多血迹，恐怖极了。她惊惧地大叫着，漫无目的地向前跑去，跑了一会儿，她忽然想起了安安，赶忙回头看去，哪儿还有安安的影子呀，到处都是乱跑的人。

“安安，安安，小兰，你们在哪儿呀？安安，安安……”小姣声嘶力竭地大喊着，可是远处继续响着的枪炮声，还有人们奔逃时的喊叫声，完全淹没了她的声音。她四下张望着，到处都是乱乱哄哄的人影，就是看不见安安，也看不见小兰。小姣恨恨地骂着自己，她为自己的胆怯而羞愧，更为那一时的胆怯要付出丢失孩子的代价而痛苦。

“快跑呀，老乡们，往前跑甩掉日本鬼子。”有人在喊。

小姣拦住一个人，语无伦次地问道：“大叔，你看到俺的儿子没？”

“快跑吧，闺女，别管儿子了，让日本鬼子追上可就活不了了，能活一个算一个。”那个人说着继续向前跑去。

小姣不管那么多，急急忙忙向回跑，可逃跑的人流使得小姣无法前进一步。正在此时，一个人抓住了她说：“姐姐，你咋跑那么快？咋追都追不上你。”

小姣转过头，竟然看到了小兰，旁边是跑得满脸通红的安安。安安看到娘，哭着说：“娘，你去哪儿了，俺和妗子一直追你。”

小姣抱着安安，哭着说：“安安，都是娘不好，娘再也不和你分开了。”

无奈，小兰、小姣拉着安安继续随着人群向前跑。跑了很长时间，忽然前面的人群又回头向回跑，小兰赶紧拉着安安，招呼着小姣往回跑。

“小兰，为啥往回跑呀？”小姣边跑边不解地问。

“不知道，……咱跟着人群跑吧，可能是有日本鬼子过来了……”小兰边跑边喘着粗气说。

“娘，肯定有日本鬼子在后边追咱。”安安边跑边说。

听到有日本鬼子追，小姣害怕了，赶紧加快脚步跑。

正在跑着，前面的人又调头向回跑，吓得小姣大声叫着安安、小兰，又返回身向回跑,安安大声说:“娘,前边后边都有日本鬼子,可咋办呀?”

小姣喘着气大声说:“小孩子别胡说,……哪儿有日本鬼子,娘一个都没看见……”

安安说:“要是前后没有日本鬼子,咱为啥来回跑呀。”

小姣吓得脸色惨白地说:“小兰,前边后边有没有日本鬼子呀?”

小兰喘着气说:“别管有没有,跟着大家跑吧。”

不知跑了多远,经过一个干涸的河岸时,不知怎么回事,安安一步没有踏稳,身子一歪,顺着河坡向下滚去。小姣没抓着,正在吃惊,小兰已经滚下了河坡,小姣也着急地滚下了河坡。

三个人翻滚着到了河底,可能因为饥饿,又跑了很长的距离,只觉得天旋地转,晕了过去。

或许是求生的本能,安安最先醒过来,他大声叫着娘和妗子。小姣和小兰也醒过来,她们意识到河堤能被岸边一览无遗,非常危险,就尝试着向上爬。岸上,有人扔下一根绳子,三个人先后抓住绳子,爬上了河岸。

小兰小姣向递绳子的人道谢,那人让她们赶紧跑,她们又拉着安安开始奔跑了。

不知跑了多长时间,三个人实在跑不动了,他们躲到一处低洼处,在一片枯草丛旁喘息着。忽然,只觉得大地颤动起来,小兰偷偷望过去,只见到一片巨大的灰尘扬起来,在灰尘中隐隐约约看到有日本鬼子的骑兵挥舞着军刀,嗷嗷叫着,冲过来。

小兰看到这一幕,竟然呆住了,这样的情景不就是在抗战开始时自己梦境里的情景吗?扬起的高高的黄色灰尘,隐隐约约的日本骑兵,挥着战刀嗷嗷叫着,那是自己从未忘记的噩梦情景,那梦中的情景竟然就展现在自己的眼前了,一时间,她觉得自己好像又回到了梦中。

可眼前的情景不可能是梦,因为她能感觉到马蹄踏上地面时大地的震动,这是梦中没有的,可自己实实在在地感觉到了。她觉得这马蹄好像踏在自己的心上,实在是恐怖。

日军骑兵从前面不远处飞驰而过,黑色的旗帜就像索命的无常的头发,被风儿吹得飘起来。

枪炮声不停地响着,分不清前后左右,还有不知从哪儿传来的喊杀声。过了一会儿，只见右边许多百姓开始向前跑，小兰回头冲小姣和安安喊了一声跑，三个人又开始随着人群奔跑，一直从下午跑到了天黑。

小兰、小姣和安安是幸运的，他们从八路军打开的日本鬼子大合围的突破口逃了出来。在鬼门关走了一遭之后，小姣对小兰说："小兰，咱不要饭了，回家吧，在家里饿死也比在外边被打死要好。"

惊魂未定的小兰点点头，面色忧郁地说："回家吧，俺觉得哪儿都不如家好。"

安安拉着小姣和小兰的手说："娘，妗子，俺也想回家。"

小姣抱住安安，眼泪顺着脸颊流下来。

等到三个人历经艰难，回到旺财村时，已经是民国三十二年(1943年)了。因为到旺财村时已经是深夜，小兰没有惊动别人，让小姣和安安回家，自己也回到了家。

小兰醒来的时候，太阳已经升起很高了。

快要过年了，能回来真好。

想起多日来的奔波，小兰觉得像是死了一回，她非常后怕，如果小姣一个人带着安安出去要饭，即使没有饿死，也要把身体折腾坏了。一路上，小兰亲眼看到了太多的生离死别的场面，太多次的震撼让自己觉得生命真的如草芥一般。

多么可怕的年代，多么可怜的生命。

每当看到这样的场面，小兰就更加痛恨日本侵略者，盼望着早日把日本鬼子赶出中国。

经历了险恶，小兰就更加体会到亲情的美好，她渴望与亲人在一起。在要饭的路上，她想宾宾、想小秋、想嫂子菊花，甚至还想念她痛恨多年的可怜的哥哥，她体会到与亲人在一起的生活是多么的美好，多么值得留恋和珍惜。

她想着赶紧到哥哥家，看看宾宾、小秋和嫂子，不知他们怎样了，她非常急切地想见到他们。正在想着心事，门口响起了脚步声，她转头看去，竟然是小秋！

"姑姑，你回来了？"小秋看到小兰，激动地跑过来，紧紧地抱住了小兰。

小兰也激动地抱着小秋，两人都呜呜地哭起来。

"姑姑，你可回来了，俺天天都来，看你回来没有，俺想你，俺终于见到你了，呜呜呜……"小秋哭着说。

小兰也抱着小秋哭着，她一时感觉恍惚，好像自己在梦里，她更紧地抱着小秋,让自己的感觉真实一些。

“小秋,宾宾还好吧? 你娘还好吧?”小兰有些紧张地问,她害怕听到什么不好的消息。

“她们都好,家里都好。”小秋说。

小兰欣喜地说:“那咱们快去家里吧。”

小秋笑着点点头,泪珠被甩到了地上。

两人说着话,动身向家里走去,小秋告诉小兰,自从小兰三人走后,家里即使吃掺了树皮的饭,也尽可能的少吃,一天只吃一点。村里因饥荒饿死了六七个人,有四五个孩子被卖掉了,小秋的伙伴三红都十七了,也被爹娘卖掉了,说到三红,小秋又哭起来。

来到了哥哥家,见到了菊花和宾宾,一家人又哭了很长时间。等到止住了哭声,宾宾摸着肚子对小兰说:“姑姑,俺饿呀,你劝劝娘,把俺卖了吧。”

小兰抱着宾宾,又哭起来。

小兰要饭回来后,村里许多妇女到家里找小兰拉家常,除了熟识的,还有许多平时交往不多的。最初,小兰以为她们是关心自己,来安慰自己的,为此,她觉得心里热乎乎的。可是,等到说了很多话后,妇女们在支支吾吾的言语中询问要饭的内容越来越详细。比如应该走什么样的路线,晚上住在什么地方,一天能要到多少,遇到日本鬼子怎么办,遇到强盗怎么办,如果要不到饭怎么办,最长时间几天要不到饭,人如果吃不上东西能坚持几天等等问题,说得小兰有些不明所以。后来她明白了,这些人问这些问题是因为她们也在考虑出去要饭,或许她们打听了情况后,考虑安排自己的要饭路线呢。

小兰心里难过极了,她不忍心看到这些平时待人诚恳、辛苦劳作的善良的人经历要饭的艰辛,那是难以述说的痛苦的经历,也是危机四伏的行程。可是,没有粮食,没有吃的,出去要饭虽然危险艰难,但或许能活下来,不出去要饭就可能死亡,在生与死的抉择中,有多少人会选择死亡呢?

最让小兰难过的是爱枝嫂子也上门询问要饭的事了。在小兰心目中,爱枝嫂子是自己最敬佩的人,以前是敬佩她的为人,后来是敬佩她的两个孩子都在国军部队打日本鬼子,现在敬佩她在男人和女儿死后,家里孤单单一个女人面对生活的勇气。或许是爱枝嫂子在失去亲人的痛苦中挣扎着,在思念孩子的焦虑中煎熬着，曾经美丽大方、和气可亲的爱枝嫂子已经苍老得太多了，看着爱枝嫂子满是皱纹的脸，小兰不停地流着泪。她劝说爱枝嫂子千万不能出去要饭，说得爱枝也大哭起来。

等到爱枝打消了要饭的念头，满脸忧愁地离开后，嫂子菊花竟然也上门找小兰了。她告诉小兰，她想好了，要出门要饭，因为小秋是个女孩子，出去要饭不安全，她想让小秋跟着小兰住，自己带着宾宾出去要饭。嫂子的话使得小兰又开始落泪，她说自己要饭回来时，曾想到即使饿死也要在家饿死，可是，回到家里，面对的是更加痛苦的情况，这或许比死还痛苦。小兰拉着嫂子的手，只能继续痛哭。

在整日以泪洗面的日子里，一个寒冷的晚上，一条消息在旺财村村民中悄悄传递着："有人要给村里送粮食了，每家都能多多少少有一些，村民们可以以灾荒前的价格花钱购买，用大洋、法币、鲁西币都行，如果没有这些货币，使用联银券也可以，对于穷得没有钱的，也可以先给一些粮食，以后再还上。"

在这样的灾荒年，竟然有这样的好心人送粮食，百姓们非常激动。是呀，在这最困难的时候，百姓们已经快饿死了，甚至有一些人已经饿死了，这时的粮食就是救命的呀！

村民们纷纷猜测着这好心人是谁，有的说可能是某个家财万贯、良田千顷的大善人好心来村里救命的；也有的说会不会是抗日政府弄来的粮食；也有的说可能是八路军从日本鬼子那儿抢回的粮食；也有的说是蒋委员长派国军带着粮食杀到河北来了……

一直等到了后半夜，西边真的有两辆手推车进村了，为了不惊动公路上碉堡里的日伪军，村民们都静悄悄地蹑手蹑脚地拿着钱买粮食。每家可买的粮食只有一小袋小米，可这是救命粮呀，村民们将这一小袋粮食抱在怀里，激动不已。

这些粮食，不是大善人施舍的，也不是蒋委员长安排国军送来的，而是八路军冀鲁豫军区和冀鲁豫行署统筹安排下，由各地抗日政府人员送来的。

在这样的灾荒年里，在日本鬼子各种战术"扫荡"的艰苦条件下，八路军总部利用八路军覆盖着华北地区的条件，从那些没有受到灾荒年影响的太行山西部地区高价收粮，运到受到灾荒年严重影响的平汉路以东地区低价售出，帮助受灾群众度过危机。冀鲁豫军区和冀鲁豫行署也利用濮县、范县、观城地区受灾荒年影响略轻、未被日军占领掠夺的条件，一边组织部队与"扫荡"的日本鬼子打仗，一边组织抗日政府联系百姓,向周边的受灾地区运粮,赈济在灾荒年中处在饥饿中的百姓。

许多百姓有了粮食,躲过了死神,他们知道了谁对他们好,谁救了他们的命。

正月过后的一天夜里,小兰被一阵轻微的声音惊醒了。多年来,小兰或许因为恐惧或许因为盼望,养成了睡觉时保持警觉的习惯,只要有一点声响,她都能感觉到,都能惊醒。她坐起身,侧耳倾听着,确实有声音,这声音像是有人蹑手蹑脚走路时发出的,一直没有停顿,听起来人数还不少。

会不会又是日本鬼子进村抓壮丁呀?小兰担心起来,她想出门看看,可是没敢动,她想到万一真是日本鬼子,自己出门,岂不是很危险?

因为害怕,小兰浑身哆嗦起来,她听到自己的上牙与下牙的撞击声,这样的声音越来越大,她只好用手指按住自己的脸颊,阻止牙齿打架。

天亮了,没有日本鬼子大声喊叫、挨家砸门的声音,小兰判断可能不是日本鬼子进村。她走到院子里,没觉出异常,看来应该没事儿,她打开门,一下子愣住了,只见一群拿枪的人正在寒风中坐在地上打盹。

听到开门声,一个士兵转过头来,看到小兰,笑了一下。小兰看出这个士兵没有敌意,猜测可能是八路军,她也笑了一下。

"大嫂,打扰了,俺是八路军。"士兵悄声说,是清水一带的口音,听起来非常亲切。

"八路军?"小兰高兴起来,"快进屋暖和暖和吧。"

"不用了,他们走路累了,让他们歇歇吧。"这个士兵仍然悄声说。

"那俺给你们烧点热水。"小兰说。

"大嫂,不用了,不能让碉堡的敌人看到炊烟。"士兵笑着说,因为小兰打开门后,胡同里开始起风,士兵笑着帮小兰关上了大门。

小兰站在院子里,觉得有些发蒙。来了不少八路军,不知道他们是路过的还是来办事的,或许是来打日本鬼子的,想到这里,小兰开始高兴起来了。

"多打死几个日本鬼子,替百姓报仇吧。"小兰恨恨地说。

八路军冀鲁豫军区第五军分区的八路军和县大队,加上各村的民兵,在几十里的公路上,向七八个碉堡同时发起了进攻。碉堡里的日伪军无法相互增援,抵抗了不到半天,就都先后被攻下了。

旺财村村口的碉堡已经矗立了一年半了,对旺财村村民的生活带来很大影响。现在碉堡被端掉了,村民们终于可以到村口公路上跺跺脚、蹦蹦高了。

战斗结束后,一支骑着清一色红色战马的八路军骑兵来到村里休息。据说全部骑着红色战马的骑兵部队是八路军红马团,全部骑着黑色战马的骑兵部队是八路军黑马团。村民们看着威风凛凛的骑兵,都为这支闻名冀鲁豫边区的部队叫起好来。

打了胜仗,骑兵们很兴奋,一个战士笑着对身旁的战士说:“哎哟,我的娘呀,可把我累坏了,砍死了五个鬼子,我的胳膊都木了。”

另一个战士说:“俺说给俺留几头,你可好,咔嚓咔嚓,啥都忘了。”

说着,他们都笑了。

旺财村村口的碉堡里除了四十多个伪军外,还有五个日军。据被俘伪军事后交代,日军头目看到无法逃脱的时候,让四个日军士兵面向墙壁排成一排,举起手枪要挨个将日军士兵打死,有一个刚刚参军不到二十岁的名叫木头的日军士兵向日军头目跪下来,哀求着给他留一条命,被日军头目打了一顿耳光后,一枪打死。随后,他打死了其余三个日军士兵,自己也吞枪自杀了。伪军看到日本鬼子死了,都纷纷投降。

被俘的伪军都被集中到了村公所门口的空地上,一个班的八路军看管着这些垂头丧气的民族败类。作为一个中国人,在民族危亡的关键时刻,在需要每一个中国人挺身而出,反击侵略者的时候,这些人不仅不为国家和民族出力,反而投靠了日本鬼子来打中国人。他们的人生注定是有过这一段黑暗的经历的,但愿他们能够在以后的人生中多为国家和民族出力,弥补对国家和民族的亏欠。

按照八路军的通知,没有枪杀过百姓的被俘伪军可以发路费回家,但前提是需要家属来领人。对于家属无法联系或者路途遥远的俘虏,需要百姓认可其认罪态度,向八路军说明,才能发放路费释放。没有一个家属来领人,这些伪军只好向旺财村的百姓作揖求得原谅,没有一个男性村民搭理这些伪军。这些伪军只好冲着妇女们不停地叫着婶子大娘,哀求这些妇女能原谅他们,以求得八路军放人。许多妇女虽然痛恨这些伪军,但架不住这些伪军一个个哭天抹泪,动了恻隐之心,在痛骂了一顿伪军后,陆陆续续向前向八路军说明她们觉得伪军认罪态度不错,可以原谅了。八路军得到村民们的求情后,通知政府人员填写路条,整理放人表格,准备路费。

伪军们想到很快可以回家，都高兴起来。他们排着队，一个个领了路费，收了路条，向八路军和政府人员道了谢，又向为他们求情的妇女们鞠躬道谢，然后一个个低着头离开了。有一个伪军在动身时，忽然听到有一个八路军战士称呼牛班长，报告事情，他想起什么，就走过去，笑着对八路军班长说："班长八路，呃，不对，是八路班长……"

牛班长不知道这个伪军要干什么，不解地问："你有啥事？没领路费还是没有路条？"

这个伪军讪笑着说："不是，那个那个……"

"有啥事快说。"牛班长催促道。

"八路班长，你是不是姓牛？"这个伪军问道。

"是。"牛班长更加不解地答了一声。

"砸锅不砸锅？"伪军问。

这句问话，使得牛班长瞪大了眼睛。如果是一个普通人，可能不知道"砸锅不砸锅？"这句话的含义，可是对于一部分姓牛的人来说，这可不是一句普通的问话，而是隐含着一个重大的历史背景。据说在很久很久以前，社会发生了很大的战乱，如果留在家乡，很可能将家破人亡，为了能够活命，有一户姓牛的大家族也商量首要逃到外地躲避灾祸。在兵荒马乱的时候，如果大家族一起逃难，遇到危险，很可能会导致全家族死亡，为了能够留住牛家血脉，决定以牛家年轻男性的小家庭为团体，分头逃命。因为不知分别后此生还能否相见，也为了将来家族的后代子孙相见时能够有凭据，家族最年长的人决定将家族的一口做饭的铁锅砸成几个小块，分给几个孩子，并约定以后后代子孙凭砸开后的铁锅残块作为相认凭据。从那以后，牛家的孩子带着自己的小家四外逃命，很久很久以后，因为这个牛氏家族繁衍了许多代，铁锅残块已经找不到了，但是该家族的后代都从长辈的代代相传中记住了自己是那个砸锅的牛氏家族的后人，称为砸锅牛。

既然这个伪军问自己是不是砸锅牛，说明这个伪军很可能是砸锅牛的后人。这个八路军牛班长恰巧是砸锅牛，他心情复杂地看着眼前的有可能是同家族后人的人，问了一句："你，……你也是砸锅牛？"

这个伪军竟然真的点了点头。

看着伪军既自信又盼望地看着自己，牛班长觉得有这样的族人真丢人，他气愤地转头要走。刚迈出几步，又转过身来揪住这个伪军挥拳就打，边打边骂："我打死你这个孬种，打死你这个孬种。”

那个伪军本来是想借着砸锅牛与牛班长套近乎的，没想到看起来对村民们非常和气的牛班长竟然动起了拳头，吓得大呼小叫起来。旁边的八路军战士不知道发生了什么事，赶紧抱住牛班长，不停地说：“班长，班长，咱有政策，你可不能犯错误呀。”

牛班长涨红着脸，不停地说：“砸锅牛不能有这样的孬种，我非揍死他不可。”

八路军把碉堡移交给了旺财村，村长乐金发动了全村的劳力花了几天时间，把碉堡拆了，被日本鬼子占据的土地又回到了村民手中。只是封锁沟已经不能种地了，许多失地百姓都在痛骂着可恨的日本鬼子。

村口的碉堡端掉后的日子里，不断有村民到村口的公路上，看着曾经伫立了两年碉堡现在已经空旷的地方，不时地唏嘘着、感慨着。因为有了碉堡，日本鬼子不时到旺财村烧杀掠夺，村里多少人家担惊受怕，夜不能寐；多少人家的粮食被抢，只能吃糠咽菜，甚至逃荒要饭，饥饿致死；多少人家受尽欺凌，眼泪哭干；多少人家妻离子散，家破人亡。虽然碉堡已经没有了，可他们的悲惨经历是永远不能忘记的，正是因为经历了磨难，他们更加能够体会到正常的生活来之不易，倍加珍惜。

在抗日政府的安排下，旺财村成立了农民合作社，每一个村民都能参加。简单说来，合作社的形式主要是根据村民的劳动技能，进行适合村民的劳动，并支付劳动报酬。为了能够为百姓们提供粮食，所有的劳动都采用预借的方式从抗日政府预先获得一些粮食，虽然粮食不多，而且村民们还要掺入许多糠菜，但总体来说不至于饿死了。

因为干旱和贫穷，许多农民的土地在去年秋天没能种上麦子，夏天就不可能有收获。政府提供种子，种植一些豆类等成熟得快的作物，尽快弥补粮食的缺口。

合作社充分利用村民们的劳动技能，发展经济。为了抵御干旱，会打井的几家村民在地里打井，打出水来浇地，有几家村民会烧砖，就在村西烧砖烧瓦，生产的砖瓦又由村里老实巴交、缺乏技能的村民负责运输到外村。所有这些劳动项目都可以得到政府调剂来的粮食，使得村里的经济水平快速发展起来。

除了男人做体力活之外，加入合作社的女人们可以通过织布的方式获取粮食。小兰作为妇救会骨干,组织了妇女纺棉花织布,根据合作社的劳动标准,用纺花织布的劳动换粮食。

"咱抓紧干活吧,纺一两线二两小米,织一斤布十四两小米。"小兰高兴地向妇女们说。

说到织布的事还有这样的笑话呢。妇女们收到运输队从乡里运来领出的棉线之后,织成了统一的一尺三宽的布,可是与妇女们核算粮食时按照每平方尺0.7两小米付工钱,可是每平方尺是多少,0.7两小米是多少大家可犯了难。后来抗日政府出了新的通知,不按每平方尺核算了,而是按照大家都明白的每斤布十四两小米算。

不用自己买棉线,领来棉线就织布,交了布就领粮食,有了粮食就不用挨饿,不用卖儿卖女,大家别提多高兴了,妇女们的脸上总是挂着笑。

生活有了希望,爱枝、大妮儿高兴了,菊花高兴了,小姣高兴了,小兰也高兴了。

旺财村的村民们都有了生活的盼头。

在灾荒年,合作社的粮食从哪儿来呢?主要的办法是:政府和合作社出面,用以物换物的方法从外地换粮;通过各个击破的方法向敌人的粮仓夺回粮食;向太行山西面的产量区买粮;向囤积粮食的地主借粮。通过多种方法筹集粮食,帮助百姓们度过饥荒。

在悲惨的年份,有一件事给旺财村村民们带来了希望,那就是老天开始下雨了,虽然雨水不大,但对于久旱不雨的大地来说,能得到一些可怜的滋润已经很难得了。绿绿的麦苗艰难地拱出了土地,露出了醉人的身影。

"终于看见麦苗了,那就是希望呀。"村民们欣喜地奔走相告着。

随着天气转暖,田地里开始有蝗蝻了,蝗蝻是蝗虫的幼虫,地下的蝗卵长成蝗蝻后,就会钻出地面,在田地里爬动,这时的蝗蝻是容易消灭的。如果等到蝗蝻长成成虫,扇动翅膀飞起来,到田地里吃粮食的时候,扑打蝗虫就费劲多了。蝗蝻夜间往往都会藏在石头下面,等到太阳出来后满地乱爬,就难以扑打了。所以扑打蝗蝻可是一个细活,需要在天亮前来到地里,趁着天色微亮,太阳未出来时,搬动石头,大量蝗蝻就藏在石头下,可以扑打或捉到袋子里。等到太阳出来后,没有被打死的蝗蝻满地乱爬,就将蝗蝻赶到事先挖好的沟里,再用石块将蝗蝻砸死,许多蝗蝻就都被打死了。

村民们的心情刚刚好一些,又听到了糟糕的消息。那就是在临近清水的河南省北部地区的河北省府主席兼国军第二十四集团军总司令庞炳勋率领大部队伍向日军投降了,国军新编第五军军长孙殿英也率部队向日军投降了。南京的汉奸汪精卫政府任命庞炳勋为晋冀鲁豫“剿匪”总司令兼伪军第二十四集团军总司令,孙殿英为副总司令。

“河北省府主席都投降日本了,这抗日还有希望不?”

“去年孙良诚,今年庞炳勋和孙殿英,这么多国军投降,都成了伪军,八路军的困难越来越大了。”

“咱的活路在哪儿呀?”

“日本鬼子的碉堡被端了,他们能眼睁睁地看着咱热火朝天的忙活?该不会又来‘扫荡’咱吧?”

旺财村村民们又开始忧心忡忡起来。

清水县的许多日军碉堡被八路军带领县区大队和各村民兵端掉后,对清水县驻扎的日军来说这可不是好消息。他们虽然急于尽快恢复那些他们依仗的公路作为阻挡八路军行动的屏障,可心有余而力不足。因为太平洋战场的节节失利,因为日军几年战争导致减员不少,军队战斗力不断下滑,其对中国占领区的控制能力也减弱不少,加上中国军队的作战能力的提升,使日军的压力不断增加。

对于刚刚摆脱了日本鬼子野蛮压迫的百姓们来说,最重要的就是保护胜利的果实。除了八路军按照作战计划与日本鬼子交战外,各村的民兵组织也壮大起来。为了能够形成强大的作战能力,许多村庄的民兵联合起来,共同抵御侵略者。

旺财村的民兵队伍迅速壮大了,许多十七八岁的年轻人也纷纷参加了民兵队伍。在新民兵的身影中,不仅有小财这样的小伙子,竟然还有几个姑娘,这几个女民兵中就有小兰的侄女小秋。

小秋继承了李家人的优点,俊俏的脸庞,高高的个子,就是几年来没吃过几顿饱饭,身材太瘦,背着一杆长枪有些吃力。想到女儿可能要与日本鬼子作战,菊花愁容满面,她阻拦了几次都没有成效。

“娘,姐姐就应该去打日本鬼子,俺长大了也要去打鬼子。”宾宾支持姐姐当民兵。

菊花听了生气地说:“你一个小屁孩懂个啥?”

“娘,俺长大了,俺就要拿枪跟日本鬼子拼命,他打不死俺,俺就打死他们。”小秋倔强地大声说。

女儿说完就走了,可是当娘的可接受不了。菊花每次听到“拼命”两字,仿佛就看到女儿与日本鬼子扭打在一起的情景,瘦弱的女儿怎么能打得过壮实的日本鬼子呀?她甚至觉得女儿可能在以后的某一天会被日本鬼子打死,无奈之下找小兰哭诉起来:“小兰,小秋可是最听你的话,你劝劝她,别让她当民兵了,让她回家吧,在家织布吧。”

小兰有些没听懂嫂子的话,她问道:“嫂子,小秋回到家就一直织布呀。”

菊花着急地说:“小兰,小秋不织布的时候就是村里的民兵,她还是个女孩子,咋能上前线打仗呀?”

小兰对小秋当民兵也不赞成,说来说去也是担心女孩子上前线危险。可是她也知道侄女的性格,认准的事没人能拦得住,怎么办呢?小兰说:“嫂子,小秋刚刚参加了民兵,心气儿正高呢,现在你拦住她很难,等过几天,等她的高兴劲过去了再劝,可能就有机会了。”

“那如果这几天就打仗呢?”菊花着急地说。

“那,那……”小兰也没了主意。

几天后一个早晨,村里的民兵们出去了,天快黑了才回来,原来是一队日伪军从县城出来“扫荡”,几个村的民兵配合区基干大队与敌人打了一仗,把敌人打回去了。菊花见到喜气洋洋的小秋,担心地问:“小秋,你没伤着吧?”

小秋正为自己第一次参战激动呢,娘的一句话把她的好心情赶走了一大半,她气呼呼地说:“连个敌人的人影都没看见就回来了,咋能伤着?”

菊花笑着说:“那就好,那就好。”

为了有效地打击敌人,旺财村的民兵开始制作地雷。教大家的师傅是李贵卿,他参加了八路军冀鲁豫军区第五军分区开办的学习班,学会了怎样制作地雷,回到村里后,就召集民兵们动手制作地雷。制作地雷的第一步先要做地雷外层的石头雷身,民兵们找来了制作地雷的原料之一——石头,按照李贵卿交代的办法,开始砸石头,叮叮当当的声音在村里四散开来。

在村民们的围观下,民兵们或蹲或坐,一边干活一边回答着村民们的各种好奇问题。村里的一位老石匠大声抱怨着民兵们干活的家伙什不讲究,干出的活没法入眼，随后从自己家里拿出了石匠用的专门工具，试用起来，果然方便。太阳落山之前，四十多个奇形怪状的石头砸好了，李贵卿在民兵们的注视下，将火药和药捻塞入石头中，做好了七八个，说这就是地雷。民兵们半信半疑地看着他，他大声说道："都看啥？这就是地雷，你们还不相信？"

在摆脱了日军统治的百姓们热火朝天地搞活经济，更多的年轻人拿起枪来保村保民的时候，清水县城内的日军是知情的。日军曾非常得意的通过修建公路，公路两侧挖封锁沟，拉铁丝网，将公路成为八路军无法逾越的屏障的计划虽然在一段时间内有了成效，可是没能长久。现在，公路上的许多碉堡被端掉后，日军只能在县城和县城外的几个大据点存身，情况非常糟糕。

日军多次计划再次在清水建立公路网，依旧像两年前一样，在公路两侧挖封锁沟，拉铁丝网，将公路成为八路军无法逾越的屏障，那样的日子多惬意呀。可是，现在不同于两年前了，日军自从珍珠港事件后，与美国在广阔的太平洋战场交战，战事焦灼。战争对于包括粮食、棉花、钢铁、煤炭等的军需消耗是巨大的，为了支持太平洋战场的军需，日军不是从日本国内提供军需物资，事实上日本作为一个资源贫乏的国家，没有多少可以提供的军需物资，而其侵略占领了多年的中国却是个资源丰富的国家，粮食、棉花、钢铁、煤炭、黄金应有尽有。日军利用其军事优势和残暴统治手段，将不计其数的军需物资抢到手，运出中国。至于中国百姓生活困苦，民不聊生，这些没有人性的日军是不管不顾的。除了军需物资，日军还需要大量劳力从事开采、挖掘、搬运、运输等，就抓捕大量中国壮丁从事相关劳作，导致中国劳力因过度透支体力而大量伤病死亡。

中国对日本侵略的抵抗一直就没有停止过，日军虽然对中国进行了残暴统治，甚至为了摧毁中国的抗日力量实行惨无人道的三光政策，但是中国人没有被吓倒，中国的抵抗力量越来越强。中日间经过了十二年战争，日军最初的军事素质高的青壮年士兵大量死伤，迫使日军从国内招募的士兵中增加了不少十几岁的和四十几岁的士兵，作战能力大打折扣。而中国百姓经过了几年的反抗侵略战争，积累了丰富的对付日军的作战经验，战斗效率越来越高。在最艰难的灾荒年，八路军为了应对困难局面，自己一边与日伪军作战，一边开荒种地，以应付军需短缺，度过了最艰难的阶段。种种迹象表明，日军在中国的日子越来越难过了。

对于清水的日军来说，虽然利用县城和大据点的易守难攻算是暂时安全，但他们是要吃粮食的，县城内没有多少粮食，而县城外面的粮食不是轻而易举就能得到的，需要去抢夺。不过，日军知道从百姓那里抢夺粮食可不像前些年那么容易了，外面不少拿枪的人在等着对付他们呢，这些人有八路军、县基干大队、区基干大队，还有村里的民兵。抢夺的路上也不安宁，平整的公路上经常埋有地雷，这些地雷有的威力小，有的威力大，有的真，有的假，如果要每一个地雷都让工兵用探雷器探测，确认真假，后面的那一队士兵就无法快速前进，很可能成为远处未知地方的民兵的活靶子，或死或伤。如果加快行军速度，难免士兵们被炸得缺胳膊少腿，一片哀号。

要应付目前的困难局面就只能调动大规模部队进行"扫荡"，可是日军的部队人手紧张，无法频繁调动，即使调动了部队，也无法取得满意的效果。

不过，日军的武器中有一种具有独特的优势，那就是毒气弹。为了弥补抢粮中的被动局面，日军开始频繁地使用毒气弹了。使用毒气弹对付的目标不仅是八路军、基干大队和民兵，还有众多的老百姓。

对于旺财村百姓来说，民国三十二年的麦收意义重大，那是在经历了去年的罕见的灾荒年之后的收成。虽然较普通年份的收成下降了七八成，但已经有粮食了，那是多么不易的事情呀。

在去年，经历了日军多年抢夺后，百姓们的粮食已经很少了，又赶上了灾荒年，不仅干旱，还有蝗虫肆虐，大多百姓在一年的时间里颗粒无收，难以生存。许多家庭有饿死的人，有忍痛卖掉的孩子，有出门要饭的惨痛记忆。多亏了八路军和抗日政府运粮相救，再加上端掉村口碉堡后，村里建立了合作社，百姓们才能够活下来，多么不易的一年呀！

现在，虽然粮食的收成较普通年份少了很多，但毕竟有粮食了。还有，日军已经远离村庄了，百姓们不用担心粮食的大部分被日军抢走了，这是多么惬意呀！

在战争年代，惬意的心情并不能带来惬意的生活，百姓们高兴了没几天，县城的日伪军开始出动部队外出抢粮了。虽然日伪军不敢到远离县城或远离据点的村庄抢粮，但可以将目标放到离县城或据点近的地方。为了防止在抢粮的路上遭遇到民兵布置的地雷，为了提高行军速度，日军想到了一个好办法，这个办法让民兵们犯了难。

依照以往的经验，抢粮的日伪军从北门出城后，就有假扮成村民的放哨民兵迅速将敌人的部队规模,携带武器等情况告诉后面的接应民兵,接应民兵将消息依次通知他们的接应民兵,很快,附近的民兵就能迅速组织几个村的民兵,分别埋地雷、打冷枪、骚扰敌人,并将敌人引到适合于作战的区域,与敌人交战。这样的时候,民兵的作战并不落下风。

这次的日军也是做好了准备后出发抢粮的。他们就近抓了一些百姓,出城一段距离后,逼着百姓在队伍的前方行进,这样一旦遇到真的地雷,被炸死的就是那些无辜的百姓。日军的这个办法很有效,一时没有想到应对办法的民兵不敢在路上埋地雷了,日军的行军速度加快了,百姓们就要遭殃了。

旺财村离县城只有几里路,当然也成了日伪军抢粮的目标。当旺财村民兵与其他村民兵正在商量怎么应对敌人时,已经有炮弹向旺财村飞来了。

百姓们听到枪炮声,知道日本鬼子打来了,有的赶紧出门奔逃,有的赶紧钻进家里的地道,留守的民兵们也利用房屋等做掩护,向敌人开枪。日伪军感觉到村子里射出的枪声并不密集,也没有遇到激烈的抵抗,判断民兵的人数应该不多,经过几次试探后,逼迫百姓走在前面,冲进了村子。

村子里已经看不到村民了,村里不少地方撒了辣椒芥末一类的刺激性东西,日本鬼子的狼狗的嗅觉不灵了。日伪军开始挨家挨户搜索粮食,藏在村民家里的不少粮食被敌人搜出后,赶紧由伪军背的背,扛的扛,匆匆忙忙押着百姓跑了。

等到民兵追击敌人,确信敌人返回县城后,回到了村里,在安抚惊魂未定的村民时,发现有不少村民没回来,担心有意外,连忙四处寻找。一天后才确定,竟然有几个村民中了日本鬼子的毒气弹,受伤了。

小兰也是中了日本鬼子毒气弹的村民之一。在日军打进旺财村时的枪炮声中,不少百姓们都狂奔逃命,小兰和几个妇女孩子跑了很远,后来,大家跑散了,只有小兰和爱枝了。小兰逃到安全地带,刚刚歇了一会儿,就觉得右小腿开始发痒,而且越来越痒,她伸出右手想挠一下,忽然,她意识到什么,吓得赶紧坐到地上。

同行的爱枝觉得奇怪,看着小兰,不解地问:“小兰,你累了?”

小兰带着哭声说:“俺担心可能是中了毒气弹了。”

小兰的话虽然声音不大,却吓坏了爱枝,她紧张地问:“小兰,你咋知道中了毒气弹?”

小兰流着泪说道:“咱村子里多次说过毒气弹的事儿,俺觉得腿好好的,突然痒得厉害,爱枝嫂子,你帮俺把右脚裹脚带解开,俺看一下。”

爱枝知道毒气弹的厉害,就轻手轻脚地帮助小兰解开右脚裹脚带,抻开裤管,小心翼翼地将裤管向上推去。

只见小兰右小腿外侧,接近膝盖的地方赫然现出一片红肿,在红肿部位的边缘,布满了无数个小水泡,黏稠的胶样的东西粘在伤处,散发出一股蒜臭味。虽然小兰和爱枝没见过中了毒气弹的症状,但她们都相信,这确实是毒气弹的伤。

“小兰,你的腿可能真的中了毒气弹了,这可咋办呀?”爱枝紧张得哭起来。

“爱枝嫂子,你别哭,看来俺的运气真不好,现在俺如果走路,把伤处擦破就麻烦了,你赶紧看看附近的村子有没有先生,让先生帮俺治。”小兰笑着说。

爱枝点点头,嘱咐了小兰几句,就去找医生了。四外静下来,这时小兰发现周围除了自己竟然没有一个人,她有些紧张。太阳从西边落下去,天色慢慢黑下来,不知从何时,小兰觉得黑夜里充满了可怕的东西,充满了恐惧,她已经被黑夜吓坏了。

“不知嫂子和宾宾跑到哪儿了,也不知小姣和安安安全了没有。”小兰虽然中了毒气弹,可她担心着亲人的安全。

过了很长时间,仍然听不到爱枝嫂子的声音,小兰又开始为爱枝嫂子担心起来。在兵荒马乱的时候,让爱枝嫂子一个人在夜间找医生,无疑是很危险的事,她有些后悔起来。

等到小兰着急得心急火燎时,终于听到远处传来爱枝嫂子呼喊自己的声音,她也急切地叫着爱枝嫂子,终于,爱枝嫂子带着医生来到了小兰的身边。

医生是一位白发苍苍的老人,他点着了一盏油灯,观察一番后说小兰确实中了毒气弹,这种毒气弹叫芥子气毒气弹,属于糜烂性毒气弹。估计是毒气弹爆炸时,液体毒质溅到了小兰的裤子上,渗透进裤子后沾到了腿部皮肤,他连说幸运的是爱枝推裤管时没有形成新的伤,借着油灯的光亮可以看到多个小水泡已经合并形成了大的水泡,特别吓人。医生边说边用沾了漂白水的棉花球将腿上的毒液吸附到棉花球中,然后又用肥皂水清洗多次后,拿出一把剪刀,在火苗上烧了几下后,小心翼翼地剪开大水泡,让水泡中的毒液流到地上。

看着小兰的伤处,医生直说小兰幸运,如果再晚点可能就要截肢了。小兰不停地向这位好心的医生道谢。

与医生一起来的是几个农民,他们还很细心地拿来了担架和被子,把小兰抬到了离此处有一段距离的村子里。第二天，旺财村的民兵问得消息，来人接小兰，小秋和宾宾也来了，看到小兰的惨状，小秋流了不少眼泪。

躲过了日伪军的“扫荡”后，传来了一个好消息：旺财村被抓去的十五个壮丁中，有三人在八路军的一次反“扫荡”中被解救了。这三个村民中，有大妮儿的男人慧英。

菊花和小姣一起去看望慧英，小兰腿上的伤还没好，也拄着拐杖过来探望。她们都有一个共同的想法，想打听亲人的下落。

在去往大妮儿家的路上，小兰忽然觉得这时的情景似曾相识，这时的感觉仿佛在不久前就有过，也是满怀着对在外的亲人的担心和对前途的担忧。

小兰想起来了，这与那年去看望与晓东一起被抓走的留震叔时的情景，真是一模一样呀。小兰觉得好像是时光又回到了那年，十八年前，那时的自己也是这样的心情。

慧英一直是很壮实的人，两年不见，竟然老了很多，他看着来探望他的三个人，哭着说：“日本鬼子太狠毒了，俺都没想到能活着回来。”

原来，当初被日本鬼子抓走的旺财村的十五个村民，并没有在清水做苦工，而是被拉到了大名的北边，在那里与很多民工一起修公路、挖封锁沟、建碉堡。据伪军说民工都不在当地干活，是为了防止民工逃回家，将民工拉到外地，人生地不熟的，民工就不敢离开工地。而且日本鬼子告诉民工，四外有许多日本军队，如果谁敢逃跑，肯定会被抓回，不仅抓回后要用刺刀捅死，还要到逃跑的民工家里杀一名家人。民工们每天天不亮就被逼迫起床，去从事重体力劳作，一直干到天黑得实在看不见时才收工，每天只吃两顿饭，都是很差的饭菜，即使这样也经常不能管饱。这两年，民工里有一些跑了，被抓回的都被日本鬼子用刺刀捅死了。旺财村的民工后来被分开了，小甫就在分开的人群中，去哪儿了，不知道。

最近，日本鬼子被八路军偷袭了很多次，每次都有民工被八路军解救出来，这次慧英幸运地赶上了。八路军给想回家的民工两斤小米，十五块联银券，两块冀南币，让民工顺着安全路线回家。慧英和两个村里人连夜不停地走路，终于回到了家。

虽然八路军的攻势不断加强，根据地的规模不断增加，但战争的残酷仍然继续着。

刚刚过了中秋不久，日伪军大规模的“扫荡”又开始了，清水所属的冀鲁豫军区第五军分区的司令及其下级某团的团长、政委在反“扫荡”中牺牲了。听到这个噩耗，许多村民们都流下了眼泪。

在反“扫荡”过程中，为了做好八路军的粮食供给，抗日政府与百姓们还共同建立了为八路军和抗日干部供应粮食的新渠道。

原来，以前都是八路军自己带粮食行军打仗，不仅增加战士的负重，导致八路军长距离行军额外耗费体力，还因负重影响了行军速度。并且战士们的粮食吃完后，不一定能及时补充，导致战士们饿着肚子打仗。为了解决这个问题，就想出了在根据地实行藏粮于民、粮票取粮的办法。

具体实施起来，就是抗日政府在根据地的村子里由一个抗日积极分子作为村粮秣委员，由村粮秣委员找十几家村民，作为藏粮的家庭。村粮秣委员先从抗日政府领取一些粮食，存放到这十几家村民家中。八路军来到村子后如果需要粮食，就找到村粮秣委员，拿出抗日政府发给八路军的粮票，到村民家用粮票换粮食，村民事后可以再凭粮票到抗日政府换粮食，以准备下次八路军换粮。这样，村民的家成了一个粮食小仓库，分散在根据地各个地方的众多的粮食小仓库，为八路军的行军打仗解决了后顾之忧。

旺财村的村粮秣委员是刘老抠，据说他当村里的维持会长时一直给区抗日政府传递情报。他对村里存粮食的家庭一家家都叮嘱着，告诉大家粮票的识别办法等。很快，旺财村的藏粮于民、粮票取粮的工作就落实好了。

在反“扫荡”的同时，百姓们还有一件重要的事情要做——扑打蝗虫。

虽然春天的时候，百姓们扑杀了许多蝗蝻，但是在蝗虫肆虐的年份里，仍然有不少蝗虫在地里祸害粮食。村民们抽出许多时间，打死了不少蝗虫，减少了因蝗虫造成的庄稼的损失。

日本鬼子的“扫荡”刚刚结束，清水百姓们收拾被破坏的家园的时候，公路上、乡村小路上竟然出现了不少衣衫褴褛的身影。有人打听之后得知，这些人是要饭的，他们来自卫河西边的冀南地区。

冀南地区像清水县一样，属于土地肥沃的平原，是富裕的产粮区。日本鬼子入侵冀南后，占据了大量的良田用于修碉堡、修公路、挖封锁沟，使得富裕的产粮区的经济受到严重破坏。冀南百姓经历了去年的大旱灾后，今年刚刚盼到下雨，就是可怕的大暴雨。借着水势，日本鬼子又掘开了漳河、滏阳河等河堤，导致大片土地被决堤的河水淹没，颗粒无收。许多百姓已经断绝了粮食多日，无奈之下，只能越过卫河到东部逃荒，因为他们听说卫河东边的南乐、清水、濮阳等地有一些收成。

刚刚度过最困难时期的清水县内，来了许多逃荒的人群，看到他们衣衫褴褛的身影，小兰就想起了去年自己要饭时的情景，充满了同情。

政府号召百姓们腾出空屋，安排灾民居住，号召百姓们准备一些食物，如果食物紧张至少准备一些掺了野菜的糠窝窝，提供给灾民食用，以挨过灾荒。小兰也把家里的正屋腾出来，住进了几个逃难的妇女和孩子。

冀鲁豫边区的抗日政府为了救济冀南灾民，在粮食仍然困难的情况下，还组织了几百万斤粮食，运到冀南地区，帮助冀南百姓度过灾荒年。

冬天，旺财村民得到了一个好消息：清水县抗日政府开始组织人员，要将去年灾荒年中百姓们无奈卖掉的孩子、土地，按原价赎回。

卖掉的孩子也能赎回？卖掉的土地也能赎回？

最初得到这个消息的小兰简直不相信自己的耳朵！

这可是想都不敢想的好消息呀。

这是抗日政府体谅百姓们在灾荒年，出于无奈而卖儿卖女的情况下做出的决定。

旺财村赎回土地的工作由村长乐金负责，赎回孩子的工作由村里妇救会负责。

区妇救会专门有一个赎回孩子工作组，工作组组织全区各村妇救会办理赎回孩子的工作。旺财村妇救会主任小花去参加了，学习到一些工作方法。

旺财村被卖掉的孩子有五个，三个男孩两个女孩。有两个女孩是15斤玉米面卖掉的，一个是6岁的桂柳，一个是5岁的蔓玲；有一个3岁男孩是十块大洋卖掉的，叫刚刚，有一个4岁男孩是三十块联银券卖掉的，叫林林，还有一个8岁男孩是30斤的红薯卖掉的，叫贵银。除了这些孩子，还有一个被卖掉的就是三红了。

除了卖孩子的，旺财村还有一家买孩子的，村西头刘金祥家买了一个五岁男孩，花了15块大洋。

旺财村妇救会将情况向抗日政府做了汇报，然后由抗日政府安排相关人员进行寻找等事宜。

对于卖孩子的家庭,如果无力支付赎金,抗日政府可以让这些家庭先在政府贷款,在以后的时间里再慢慢还。

没几天,抗日政府带着几个人来到村里,竟然是刘金祥买的男孩的爹娘在政府人员带领下来赎回孩子的。小花带人到刘金祥家,小男孩的爹娘看到孩子都激动得哭起来,全村人见证了这感人的一幕。

小兰看着这一幕,她也被感动了,她想到了小春,如果小春被卖掉的灾荒年,有抗日政府的帮助,或许小春也能回来。

接下来,旺财村被卖掉的孩子也有了下落,先是蔓玲被赎回了,然后是刚刚和林林。

等到了民国三十三年(1944年)春天,查找三红、桂柳和贵银,成了旺财村的重点大事,可费了九牛二虎之力,仍然没有消息。三红、桂柳和贵银没找到,小兰心里很难过,她又想起了自己的侄女小春,她能体会三红、桂柳和贵银家人的痛苦,她知道这几家人将经历长年的感情折磨。

对于桂柳,小兰觉得非常伤心。以前,小兰曾经多次想到,如果自己有了女儿,就给女儿起名叫桂柳。后来,当小兰听到村里有个女孩叫桂柳时,曾经多次留意看着这个女孩,觉得桂柳的爹娘能够有这样一个可爱的女儿,还给女儿起名叫桂柳,该有多幸福呀? 现在,桂柳的爹娘会多痛苦呀。

根据政府安排,在乍暖还寒的时候,土地开冻了,村里组织村民们挖蝗卵,这比去年捕杀蝗蝻又提早了一步,因为挖蝗卵比捕杀蝗蝻能够更加有效地消除虫害。而且,为了奖励村民,交一升蝗卵,奖励一升小米,许多村民都出去刨蝗卵,田地里不时传来村民们的笑声。

有人算过一笔账,一升蝗卵变成的蝗虫一天要吃掉三亩田禾,一个秋季要吃掉的粮食不计其数,刨掉蝗卵就能避免许多粮食被蝗虫吃掉。

在村民们对未来充满希望的时候,有好消息传来:哥哥小甫回来了。

这个消息是宾宾跑到小兰家,告诉小兰的。

“姑姑,俺爹回来了,正在家呜呜哭呢。”宾宾高兴地说。

“真的?”小兰简直不敢相信自己的耳朵。

“真的回来了。”宾宾接着说。

小兰顾不上听宾宾再说什么,摇晃着走出了家门。

“回来就好,一家人又团圆了。”小兰不住地念叨着。

小兰走进家,只见家里围着很多人。走进人群,看见哥哥小甫坐在矮凳上,原来很壮实的身体竟然骨瘦如柴,显得非常单薄,他不停地抹眼泪,两眼红肿,看来是哭了很长时间了。

“爹,姑姑来了。”宾宾对小甫说。

小甫抬起头,小兰吃惊不已。小甫被抓走也不过两年多,竟然脸上爬满了皱纹,像是年迈的老人,他的眼睛有着大大的眼袋,抹眼泪的右手竟然只剩下三根手指,小指和无名指都没了。

“小兰……”小甫看到小兰,想说什么,可又哭起来。

小兰抓住小甫的手,哭着说:“哥,你可回来了,家里人天天都在想你呀。”

小甫也哭着,说不出话来。

按说小甫回家,一家人团圆,应该是非常幸福的事。可是,菊花却时常感到害怕,怕的竟然是丈夫小甫。她时常感到痛苦,想找人倾诉,可觉得不好说出口,无奈之下,她只好来找小兰。

小兰正在扫院子,看到进门来的嫂子竟然是疲惫不堪、满脸憔悴,几天不见像是老了很多,满头的白发被风吹得乱七八糟,这可不是平时的嫂子。

“嫂子,出啥事了?”小兰紧张起来,她担心又有什么坏消息。

菊花看着小兰,想说什么,可要张嘴时,却支支吾吾地说不出来。她叹了一口气,看到一个凳子,就坐下来,双手捂着脸,呜呜地哭起来。

小兰的心揪了起来,她觉得嫂子肯定有事了,不知是哥哥的事,还是孩子的事。她蹲下来,抓住嫂子的胳膊,摇晃着问:“嫂子,你别吓俺了,到底出了啥事呀?说给俺听听,或许俺还能帮你出出主意呢。”

菊花抬起头,紧张地说:“小兰,你哥可能得了神经病了。”

小兰觉得脑袋轰的一下,她定了定身,看着菊花说:“嫂子,俺哥回来时好好的呀?除了瘦弱,说话办事都正常呀。”

菊花看看门外,转过头,小声说道:“你哥每天睡到半夜,你猜咋着?”

“咋着?”小兰问。

“每天后半夜,睡得好好的,他就坐起来了,然后把俺推醒,眼睛直勾勾地看着俺,吓得俺的魂儿都飞了……”菊花恐惧地说。

小兰也觉得头皮发麻,脊背发凉。

“你猜他对俺说啥?……他说、他说,‘大高,你听见没?太君让咱们去干活呢,起晚了要用皮鞭抽咱们呢……'你说吓人不吓人?"

"嫂子,看来俺哥在外边受了不少罪,他这是不是发癔症呢?你把他摇醒,告诉他已经回家了呀?"小兰着急地说。

"俺是这么做的,把他摇醒了,告诉他已经回家了,可是他不信,说是做梦,他说在外边天天都梦见回家,这也是梦。他还让俺使劲拧他,把他拧疼了,他相信真的回家了,就嗷嗷地哭,就像鬼魂儿的哭声一样,大半夜的可瘆人了。"菊花惊恐得脸上满是皱纹。

小兰难过地说:"嫂子,你多和俺哥说说话,他会慢慢好起来的。"

菊花说道:"俺天天和他说话,可他每天晚上照样,还是先把俺推醒,眼睛直勾勾地看着俺,……然后就说,大高,你听见没?太君让咱们去干活呢,起晚了要用皮鞭抽咱们呢……然后又让俺拧他,又哭,你说吓人不吓人?反正俺快被他吓死了,也快被他烦死了。"

小兰看着痛苦中的嫂子,不知该说什么好。

"还有呢,他大半夜还要去看小秋和宾宾,说不知道这两个孩子是不是活着,要看了才放心,你说,这日子还能过下去不?"菊花说着,又哭起来。

小兰抱着嫂子,也一起哭起来。

过了一会儿,小兰想起什么,她对菊花说:"嫂子,咱找个先生给他看病吧。"

春天还没过去,旺财村的村民就听到一个好消息:冀鲁豫军区八路军收复了清水西面的内黄县城。这是日本鬼子在民国二十九年开始在冀鲁豫边区的县城驻扎后,四年来清水县周边第一个被攻下的县城,这是否意味着冀鲁豫边区的抗战进入了一个新阶段?

可以给出的答案是肯定的。

对于冀鲁豫边区甚至华北地区的抗战来说,民国三十三年是一个重要的年份。从这一年开始,华北日军在八路军领导的抗日力量打击下,处处现出被动局面,而从日军侵略全局来说,把大多数兵力困在华北,对其在中国甚至东南亚的作战都非常不利。为了从战略上扭转被动局面,日军需要打通中国的粤汉、湘桂两条铁路交通线。在日本本土兵力吃紧的情况下,只好将日军驻中国华北方面军所辖的十一个师团、七个独立混成旅团、一个骑兵旅团中作战能力强的士兵调往华南。陆陆续续调出部队达九个师团的兵力,而留守部队又多是新编成的步兵旅团,这意味着日军在华北的驻守能力大幅下降。

反观华北地区由共产党和八路军领导的抗日力量,经过多年来的抗战磨炼,作战能力大为提高。尤其是经过了灾荒年后,军事攻势越来越猛,摧毁了众多的日军据点和碉堡,使得日军的防卫区域越来越小,而抗日根据地的范围越来越大,并将大量的抗日根据地连成一片,形成了军事优势。

对于驻扎在清水县城的日军来说,未来无疑是悲观的。首先是清水县的据点和碉堡被八路军、县大队、区大队及各村民兵大量攻下,许多日伪军被消灭或俘虏在应该是很坚固的据点和碉堡中,留下来的只有县城和几个据点了,而县城与据点之间因为距离远,已经不能互相支援,被攻下是迟早的事。清水县城的粮食都是几个月前抢来的,随着不断地消耗,越来越少了。因为城墙的城门外有不少行踪不定的民兵,想出城抢粮的日伪军往往刚出城门,就可能被远处射来的子弹打死,吓得都不敢出城了。目前的情况越来越糟糕,不仅抢不到粮食,县城周边还不时有民兵向县城打冷枪,从子弹射到城墙的弹痕可以判断,大多冷枪都是通过日军熟悉的三八大盖发出的,这意味着什么,不言自明,这象征着什么,耐人寻味。

驻扎清水的日军收集到的情报还是不少的。春天过后,八路军有了新动作,其冀鲁豫军区与冀南军区合并,组成了新的冀鲁豫军区,军区下属有十一个军分区,每个军分区所属的范围都不小,清水县属于第八军分区所辖十九个县中的一个。想想吧,日伪军还在县城,可地盘已经被八路军划分到第八军分区,这是不是意味着第八军分区的八路军一直在琢磨怎么收拾自己呢?还有,八路军第八军分区的部队中,有一个团是非常有名的,那就是七团。这支部队历史悠久,最早是跟随毛泽东参加秋收起义的红军,参加过两万五千里长征,被改编为八路军后,长期在冀鲁豫根据地与日军作战,战功彪炳,可千万不能去招惹七团呀。

虽然前景不妙,虽然孤立无援,虽然粮食减少,可是有一点还是踏实的,就是清水县城城墙还算高算厚,护城河还算深算宽。如果八路军攻城,至少可以抵御三五个月。

还有吸引清水日军的,就是今年麦收的时节快到了,因为少有的风调雨顺,因为清水百姓消灭蝗虫有了成效,因为百姓们种地下足了功夫,麦子的长势格外的好。从城墙上偷偷向外望去,一片即将泛黄的麦浪,美丽而壮观,风儿吹来,将麦香也一并送来,格外清香。再等等吧,等到麦收的时候,等到清水百姓们挥洒着汗水，高高兴兴地将麦子收回家的时候，就集中精锐兵力，带上重武器，带上毒气弹，冲到村子里，将金黄的泛着油光的麦子都抢过来，运到县城，那该多好呀。到时，一定要甩开腮帮子，咧开后槽牙，使劲吃一顿。

虽然想得很好，可是等待麦收的日子却不好过，每一天都显得那么漫长，那么难熬，等待过程中，不断有糟糕的消息传来。有“保险箱”之称的双庙据点被打下了，接着卫城集、柳下屯据点也被打下了。尤其可气的是，八路军可能知道清水县城的日伪军部队不敢去据点增援，攻打据点时竟然故意不剪断据点与县城的电话线，听着据点里的日伪军头目在电话里鬼哭狼嚎地请求增援的呼叫，真是让等着抢麦收的日军头目的好心情大受影响。

离麦收的日子越来越近了，有一天，驻扎清水的日军忽然有些清醒了，他们意识到过去的一段时间有些高估自己的能力了。在八路军日益壮大的时候，在各个据点被端掉的时候，八路军会眼睁睁看着收获的麦子被日伪军抢去吗？日伪军即使带着重武器，带着毒气弹，就能把麦子抢回来吗？带着种种疑问和不安，他们又清点了县城的粮食，妈呀，或许连一个月的存粮都不够了，妈呀，别说坚守三五个月，就是八路军不攻打县城，也支持不了一个月了。这一下，吓坏了的清水日军意识到，八路军一直没有攻打县城，除了城高沟深的因素，或许八路军已经知道了清水城内存粮不多，只要将日伪军困在清水县城内，粮食消耗完了，估计就不攻自破了。因为八路军的情报工作一直都挺厉害，要想了解到日军存粮的多少，应该不是难事。

在离麦收越来越近的时候，清水日军经过周密考虑后，一天夜里，清水县城的日军头目集中了县城全部的日伪军2000多人，打着日军第一混成旅团的旗帜，静悄悄地打开城墙北门，放下吊桥，顺着公路，向大名逃去。一路上，不少村庄放哨的民兵借着月光看着公路上黑压压乱糟糟的浩浩荡荡的日伪军队伍，惊愕得说不出话来，因为很长时间都没见过这么浩大的“扫荡”队伍了。许多百姓听说日伪军在路上行军，都吓得跑到远处躲避了。

等到百姓们得到确切的消息，驻扎清水近四年的日伪军连夜逃跑了，清水安全了的时候，多少百姓都激动地号啕大哭呀！四年了，清水百姓经受了太多的磨难，付出了太大的代价，现在终于能够过原本属于自己的耕种生活了。他们希望的生活竟然回来了，这是两年前想都不敢想的，现在变成了现实。

日伪军竟然悄悄逃跑了，虽然是意料之外，却也是情理之中。清水县抗日政府为了防止日伪军再返回清水县城，再次形成易守难攻的局面，赶紧动员清水县的百姓们到县城拆除城墙。可是没几天时间，日伪军竟然真的返回清水了，并重新占据了清水县城。

原来，清水日军头目带领日伪军放弃清水，逃到大名后，遭到大名日军头目的严厉责骂，并要求这些部队马上返回清水，不仅要长期驻扎，还一定要抢夺即将麦收的麦子。为了给这些已经吓破了胆的部队助威，还从邯郸调集了日军部队护送这些日伪军从大名返回清水。

日伪军留守清水县城是非常危险的，清水的日军头目虽然军阶低、胆子小，但对局势的判断是正确的，大名的日军头目虽然军阶高、胆子大，但对局势的判断是错误的。就在清水县城被日伪军重新占领后的当天，一封紧急的信件送到了范县颜村铺，交到了八路军冀鲁豫军区第八军分区司令员曾思玉的手里，第八军分区马上调集所属的第七团和分区特务连、炮兵连，并指挥清水附近的鄄城县、尚和县的基干大队与清水县基干大队包围清水县城，一场攻城大战即将打响。

这天夜里，清水县城方向突然枪声大作，旺财村的村民们判断，日伪军不可能在夜间主动发起攻击，该不会是八路军在攻打清水县城吧？

县城墙高沟深，哪是那么容易打下来的？村民们半信半疑着。许多旺财村村民们来到村口的公路上，听到枪声震天，向南方的县城方向看去，夜空中不断有火星冲上天空，划出长长地火龙一样的尾巴。

小兰也来到路上，在人群中，她看到了小姣和安安，看到了哥哥嫂子，也看到了宾宾，大家都在关心着战况。

“以前都是日本鬼子进攻八路军，现在八路军经常打得日本鬼子东躲西藏，看来日本鬼子被打跑的日子不远了。”菊花笑着对小兰说。

小兰也感慨地说：“这一天真的到来了，多好。”

小姣笑着说：“赶紧把日本鬼子赶回去吧，俺要过好日子了。”

大妮儿笑着说：“咱村里的民兵没影了，是不是也去打仗了？”

爱枝笑着说：“可不是，早上还看见了，下午一晃儿就没影了。”

大家正在说着话，只听到“轰隆隆，轰隆隆……”几声巨大的炮声传来，震得许多人捂起了耳朵。

“日本鬼子用大炮了，这下可麻烦了，这炮声这么响，估计是迫击炮吧。”有村民开始着急起来,大声喊着。

这下子村民的心都揪了起来,不知道八路军将要遇到怎样的伤亡,不知道村里的民兵们会不会遇到危险。

“迫击炮哪有这么大的动静呀?”有个村民插话了,“估计是比迫击炮厉害得多的九二式步兵炮,听说那才是威力巨大的大炮呢。跟九二式步兵炮比起来,迫击炮根本就不算啥。”

这下子村民们更是担心了,大家向说话的男人投去愤怒的目光,可在黑夜里谁也看不到。那个村民的媳妇听见了,气愤地大声骂道:“你这个糊涂笨蛋,在地里干活不行,疯话倒挺会说,一听见日本鬼子的大炮响,就越发说得厉害,你是不是嫌日本鬼子祸害咱中国人还不够哇?你这个挨千刀的。”

村民们觉得女人骂得挺痛快的,都哈哈大笑起来。那个村民有些羞愧地说:“俺是在瞎说,你们就当俺放了一个屁。”

这时,枪炮声愈发紧急了,倒是大炮的声音一直不再响了。

激烈的枪炮声响了一夜。

小兰担心县城的战事,一夜没睡好,觉得应该做些什么。天不亮,她就去找小花:“小花,县城打仗,咱该做点啥吧?”

小花笑着说:“咱村里的民兵都去参战了,也组织了担架队,咱妇女就不用去了,毕竟打仗是很危险的事,在村里做自己的事儿吧。”

小兰说:“小花,咱组织妇女做点吃的,到县城去慰问八路军吧,他们打了一晚上的仗,肯定没吃好。”

小花说:“嗯,这行,那咱就找人吧。”

小花和小兰赶紧找妇女,不少人家都觉得应该为八路军做点啥,拿出舍不得吃的面粉和花生油,开始烙饼。时间不长,就烙了一大堆饼。

小甫和慧英听说是给八路军送烙饼,赶紧推了车,将烙饼装了车。小甫和慧英每人推一辆推车,小花和小兰在旁边跟着。路上,竟然有不少其他村子的人也推着车向县城方向行进,一问都是推着吃的慰问八路军的。边走边听到枪声有些稀疏了,不知道战事怎么样,小兰心里七上八下的。

“县城能不能打下来呀?昨天日本鬼子的重炮伤着八路军没有呀?”小兰着急地对小花说。

小花也着急地向前张望着,路上有不少清水各村的民兵在放哨,小花向他们询问战事的进展情况,他们都回答说他们对战事的情况也不清楚。

再往前走,离县城越近,看到民兵越多。许多人看到烙饼,都不停地咽口水,但都说将烙饼送给前线打仗的战士。

这时,只听见远处有人在欢呼,接着有人向外边传递消息:“好消息,八路军七团和各县大队解放了清水县城,歼灭了日伪军,咱们胜利了。”

听到消息的人们都欢呼起来,小甫对慧英说:“咱快点,让八路军趁热吃上烙饼。”

小花和小兰也笑着快步跟着小甫、慧英向县城走去。

刚到北门外,只见一个八路军正在向几个战士安排任务,像是个军官。小花走向前,笑着说:“八路军同志,你们辛苦了,俺几个是旺财村的,村里烙了饼,慰劳八路军的。”

那个八路军军官听了,笑着说:“太感谢了,战士们刚好一直没顾得上吃饭,谢谢你们了。”

军官叫来两个士兵帮助小甫和慧英将车推过去。

小兰笑着问那个军官:“终于把清水县城打下来了,你们辛苦了,昨天夜里听到日本鬼子的重炮声,俺还担心牺牲太多八路军呢。”

那个军官笑着说:“重炮？噢,那是咱的重炮,是七团用缴获的鬼子的九二式步兵炮轰击城墙呢？只几炮,就把城墙炸了一个缺口。”

“不是日本鬼子轰炸咱呀？太好了,原来日本鬼子也有今天……”因为好消息来得太突然,小兰激动得要哭了。

因为很忙,那个军官表示感谢后就进城去了。小兰和小花想到这场战事的胜利,心里美滋滋的。小甫和慧英送完烙饼,出城与小花小兰会合后,坐在路边,抽起了旱烟。

忽然,一个熟悉的身影来到跟前,她笑着说:“爹,慧英叔,姑姑,小花姐,你们咋来了?”

原来是小秋,她背着一杆长枪,显得非常英武。

“小秋,俺来给八路军送烙饼了。”看着长大的女儿,小甫高兴得合不拢嘴。

小兰看着小秋,在她眼里一直是个孩子的样子,现在竟然背着枪,参加战斗了,不禁让小兰一阵激动。她拉过小秋的手,上上下下打量着,好像多年没见一样。

小秋笑着对小兰说："姑姑，你们知道这次攻打县城为啥这么快就拿下了不？这次主攻部队是咱冀鲁豫军区八分区的七团，那可是有名的红军团，很多战士都是参加过秋收起义，参加过两万五千里长征的红军，为了攻打清水县城，七团是特地从一百多里外的地方赶来参加战斗的。"

小兰笑着说："小秋，你可真是长大了，姑姑这下可放心了，咱到县城里帮着干点事吧。"

几个人说着话进城了。

这天傍晚，旺财村在村公所前的空地上召集村民们开会，李贵卿高兴地向大家宣布："昨天夜里到今天白天的战斗是八路军冀鲁豫军区八分区和周边几个县的基干大队一起攻打清水县城，经过十几个小时的战斗，攻占了清水县城，八路军歼灭了日军几十人，伪军1000多人，清水县城和城外到处都是敌人的尸体。"

村民们高兴得跳了起来。

李贵卿等大家笑够了，接着说："这次战斗不仅歼灭了大量的日伪军，还俘虏了来清水县城开会的日本任命的冀南道的汉奸道尹，而且冀南道下属的十三个县的汉奸县长也全部被俘虏了，一个不少。"

村民们高兴得又跳了起来。

清水的天终于亮堂起来。

正在高兴之际，有个男孩跑了过来，他大声喘着粗气说："爷爷奶奶们，……大爷大娘，叔叔婶婶……"因为喘着气，说不下去了，有村民认出是大妮儿的儿子虎子，就笑着说："虎子，别着急，等气儿喘匀了再说。"虎子着急地说："快去看，村口公路上老牛拉汽车。"村民们被虎子说得有些云里雾里，正在疑惑时，只见又一个男孩跑过来，笑着说："有两辆鬼子军车，还有八头老黄牛，到村口了。"这句话可炸了窝，村民们着急地说："宾宾，是不是鬼子打来了？"旁边的虎子赶紧拦住大家说："是八路军缴获的两辆日本军车，四头老黄牛拉一辆，正从咱村口的公路经过呢，快去看稀罕吧。"

"真的？快去看看吧。"村民们蜂拥着绕过大槐树，向村口跑去。

李贵卿看到村民们还没开完会，就快速跑光了，他看着虎子和宾宾，绷着脸想训斥几句，可虎子和宾宾也随着人流向村口公路跑。他无奈地摇摇头，也向村口跑去。

村口的公路上，只见前面四头老黄牛，不紧不慢地牵着一辆日本军车，由南向北，从容地走着，对路边的村民们发出的欢呼声全然不顾。村民们先看了汽车，感慨地说："以前日本鬼子开着军车追得咱们到处跑，现在终于老实了。"也有村民看到老黄牛笑着说："看来这老黄牛见过世面，不慌不忙的，真带劲。"

清水县城被八路军攻下之后，抗日政府动员百姓到县城拆除城墙。因为清水县城城墙高，使得县城在城墙的庇护下，成为一个易守难攻的堡垒，如果日本鬼子出动大部队再次占据县城，仍旧凭借城墙驻扎盘踞，将对清水百姓继续造成伤害。为了不给敌人驻扎机会，只好忍痛割爱，拆除县城的城墙了。

对于清水百姓来说，自从记事起，就有了城墙的记忆。"县城"这个名词或许就是从"县里的城墙"简化来的。城墙见证了清水的历史，成了一代又一代清水百姓心中的共同记忆，从这时起，城墙真的只能保留在记忆中了。

城墙具体建于何时，许多人难以说清楚，或许城墙已经建了好几百年了，或许时间更长。许多人都觉得城墙是自己生活的一部分，壮观的城墙应该是以前有现在有以后也会有的。可是，为了反抗日本鬼子的侵略，为了减少百姓们的伤亡，只能忍痛割爱，拆除城墙了。

拆除城墙是一项巨大的工程，为了加快拆除进度，许多村庄都有许多百姓加入到拆墙的队伍中。许多百姓心疼城墙，边拆边向城墙磕头，还有百姓边拆城墙边哭。百姓身影中也有着旺财村百姓的身影，慧英带着虎子来了，小甫带着宾宾来了。小甫看着被拆得越来越低的城墙，想到许多年以前，祖辈们挥汗如雨，建造城墙的壮观场面，那些祖辈们想不到，他们辛辛苦苦、耗费大量人力物力建造的城墙，竟然被拆除了。

"宾宾，你可千万不能忘了，咱清水县城可是有过高大的城墙的，民国三十三年，为了打日本鬼子，把城墙拆了。"小甫眼含热泪，对宾宾说。

宾宾抬起身，看着正在被拆掉的城墙，对小甫说："爹，俺不会忘的。"

"你也要告诉你的孩子，你的孙子，咱世世代代都不能忘呀。"小甫激动地说。

宾宾看着爹爹，郑重地点点头。

麦收是在没有日伪军骚扰的情况下进行的。村民们尽情地享受着收获的喜悦，人人脸上都洋溢着幸福的欢笑。

接下来的好消息一件接着一件，美国飞机已经开始轰炸日本了，把日本赶出中国已经不是遥不可及的事了。苏联对德国的战争也进入了战略反攻了，德意日的协约同盟可能会被全部摧毁。

日本的碉堡不见了，公路上不再频繁看到日军的坦克、军车、大炮了，天上也看不到日军的飞机了。老百姓们都开始憧憬未来的生活了。

还有一个好消息，被卖掉近两年的桂柳被抗日政府找到了，旺财村全村轰动了。在桂柳被送来的那一天，全村人都到街上看望这个可怜的女孩子，当水莲抱住桂柳的时候，全村人都流下了眼泪。

贵银的爹娘看着这一幕，哭得像泪人一样，他们多么希望有一天能看到自己的儿子也能回来呀。

桂柳被卖掉时才五岁多，回到娘的怀抱时，看着娘痛哭的样子，她惊恐地推着娘的脸。看到这一幕，小兰也哭得像泪人一样。没人知道她对桂柳的特殊感觉，也没有人留意到她的感情流露，村民们都在为桂柳的回来激动着。

当旺财村百姓收获了麦子，种下了秋苗后不久，在清水的西边，在西边的天空中，一张巨大的黑布，扯地连天地在天空中上下翻动着。当黑布翻上天空时，遮天蔽日，阳光为之失色，白云不见踪影，只有黑幕高高地飘在空中；当黑布翻下时，大地不见了黄土地和绿树鲜花，像是覆盖了一片黑雾。

在中国古代巨著《西游记》中，曾经描绘过齐天大圣孙悟空与妖怪斗法时，使用过一块硕大的黑布遮住了天空的故事。难道现在天空中的巨大的黑布就是孙悟空遮天时的黑布？或者这块黑布正由孙悟空在天地间挥舞吗？

如果你是天空中的一缕云彩，或者是天空中的一阵风，能够越来越接近黑布的时候，就能看到这巨大的黑布不是由黑色棉线或丝线连成的，甚至这块黑布不是由密密麻麻的泾渭分明的线连成的，而是由无数个黑点组成的。

这无数的黑点又是什么呢？如果离得更近了，近到几尺的时候就能够看到，这些黑点竟然是黄褐色的飞虫。这种飞虫有着浅黄色丝状触角，一对复眼，三个单眼，前翅发达，具有淡色条纹，后翅无色透明，除了前后翅，还有前后足。飞虫在干旱年份大量群居飞行，可在空中连续飞行数天，遇到地面上的庄稼，可以全天取食，这就是在干旱年代老百姓谈之色变的蝗虫。

这些遮天蔽日的蝗虫，在太行山一带吃掉了大量粮食，不顾百姓们痛不欲生的哀号，又转向其他有粮食或田禾的地方。我们不知蝗虫是怎么选择飞行路线的，可我们知道这些蝗虫从太行山一直向东，飞到了平汉线，飞到了卫河流域，飞到了冀鲁豫边区一带，也不可避免地飞到了清水县的大地上。

经过了两年来扑杀蝗虫，清水的蝗虫不多了，打走了侵略者，百姓们盼望着过上幸福生活的时候，仿佛变戏法一样，遮天蔽日的蝗虫飞来了，扑到田地里，贪婪地啃咬着田里的秋苗。

黑压压的蝗虫飞走了，田地上的秋苗所剩无几，所有的人都投入到扑灭蝗虫的行动中，拼命地扑打蝗虫。

清水县抗日政府将全县以每十个八个相近的村子作为一个中心村，每一个中心村的村民统一行动，联手选择中心村中最严重的自然村扑打蝗虫。大量的蝗虫被捕杀，眼看着田地里的蝗虫减少了许多。

大量的蝗虫被打死了，田地里逐渐恢复了宁静。可是，刚刚长起来的秋苗被蝗虫啃噬殆尽，村民们看着秋粮将颗粒无收，又难过起来。

好在大地是慷慨的，村民们虽然损失了秋苗，但是土地还在，土地的生长能力还在。村民们补种了豆子，也有的补种了荞麦，算是弥补了一些损失。

蝗虫的灾害消除后，土地的庄稼补种了，旺财村迎来了一件大事儿，村里要重新开办小学了。

自从民国二十九年，日本鬼子占据清水县城后，清水县的学校都被迫关掉，孩子们都无法念书。如果这种情况长期延续下去，中国的年轻一代将普遍不识字，那将是非常可怕的。好在日本鬼子被打跑了，社会秩序逐渐恢复，可以因陋就简地让孩子们识字了，清水县恢复和增加了小学教育，旺财村也有了小学了。

按照民国教育章程规定，小学学制六年，其中前面四年是初级小学，俗称为初小，后面两年是高级小学，俗称为高小。可是，村里的孩子因为有四年的时间没能念书，孩子们的文化知识缺乏，即使有些曾经识字的孩子也忘得差不多了，所以学校只有一个班，教学内容为初小知识。

学校就在村公所前面的空地上，没有围墙，没有教室，没有笔，没有纸，但有着百姓对下一代的期望。学校规模虽然小，但程序上一点不马虎，上学第一天要举行开学典礼，在旺财村百姓的心目中这是一件大事儿。于是全村百姓和上学的孩子天不亮都走出家门，涌向村公所，人群中也有小兰、小姣、菊花、大妮儿、爱枝的身影，她们互相说着话，比过年还高兴。

学生们也非常兴奋，终于可以念书识字了。学生宾宾背着同学安安，边跑边笑着。小姣笑着在他们身后说：“安安，快下来，别累着宾宾哥。”因为颠簸，安安的声音有些发颤：“娘……你放心吧……宾宾哥、哥不累。”菊花笑着说：“小姣，让孩子们跑吧，看他们多高兴呀。”同学虎子在跳着步走路，大妮儿也高兴地说：“虎子，你快跳到天上去了。”虎子笑着说：“娘，俺想跳到月亮上去。”引得小兰哈哈大笑。

人群中，一个孩子大声背着《百家姓》的内容：“赵钱孙李，周吴郑王……”看来是已经提前下功夫了，惹得许多百姓们啧啧称赞。

开学典礼由村长乐金主持，他对百姓们大声说：“老少爷们，这些年来，咱的孩子可是受苦了……”说到这里，他哽咽着说不下去了。

百姓们知道乐金在说日本鬼子在清水驻扎后的四年多来无恶不作的罪恶行径，大家都有切身感受，一个个都难过起来，有些妇女开始抹眼泪。

“终于把日本鬼子打跑了，等到把他们打出中国就更好了，”乐金笑着说道，可是眼泪还是哗哗啦啦往下流，胡子被泪水冲得一撮一撮的，“为了打日本，咱村子死了不少人，损失了无数的钱财，县里的城墙也扒了，村口的大槐树也没了，不少被抓壮丁的还没消息，灾荒年有人饿死了，还有被卖的孩子没找回来，咱不容易呀。”

村民们听到这些话，勾起了悲惨的往事，许多人都哭起来。乐金看到大家在哭，觉得还是应该让大家高兴起来，就拍拍脑袋，停顿了一下，想想该说哪些话，然后开口说：“咱不哭了，哭了那么多年了，也该哭够了，咱说点高兴的事，八路军缴获了日本鬼子的大炮，现在打县城能用炮轰了，这样县城就好打了，打清水城墙的时候，一炮就把城墙轰了一个大口子，这事儿该不该高兴？”

善良的百姓们听到乐金的话，又开始笑了。说到高兴事儿，乐金的情绪也好起来，他看到了坐在地上的孩子，意识到应该说些学校的事，就笑着说：“对了，今天是学校开学典礼，是个紧要的日子，日本鬼子不让咱的孩子念书识字，咱把他们打跑了，咱的孩子从今天开始能认字儿了。孩子们，你们高兴不？”

“高兴——”孩子们齐声回答，不乏稚嫩的嗓音，有人还故意调皮地拖着长音。

乐金也被孩子们的可爱回答感染了，他想了想说：“你们要用功念书，等到长大了，到外边更好的学校上学，去大名，去保定，去天津，愿意不愿意？”

“愿意——”孩子们又一起拖着长音回答，村民们都笑了。

“以前，咱旺财村最好的孩子考上的是保定的第二师范，以后，你们要考得比第二师范还要好，好不好？”

“好——”孩子们依旧一起拖着长音回答，村民们仍然笑着。可是，言者无心，听者有意，乐金的话让人群中的爱枝想到了自己曾经上过第二师范的孩子二小儿，她脸色大变，转身走出了人群。

经历战乱之后的人们，对和平倍加期盼，大家都希望早日将日本鬼子赶出中国。

时间进入了民国三十四年(1945年)，胜利的消息不断传来。

春节过后，传来美国重型轰炸机不断轰炸日本的消息。接着就是清水南边的濮阳县城被冀鲁豫军区的八路军收复了。不久，清水北边的南乐县城也被八路军收复，接着，大名也被收复了。

村民们可以大方地生活了，大家脸上挂满了欢笑。

端午节，大妮儿提议大妮儿家、菊花家、小姣家，还有小兰一起包粽子，当然少不了给茴香娘和爱枝送一些。吃粽子的时候，大家笑声不断。大妮儿让大家猜测北平和天津何时能够收回，小兰说一年，大妮儿、菊花说一年半，小姣说两年，虎子和宾宾说半年，等到大家让安安说的时候，安安想了想说："北平和天津在哪儿？"引得大家笑起来。

大家还说起了二妮儿，大妮儿说二妮儿的家被吸毒的丈夫谢品轩败光了，现在谢品轩正在戒毒，虽然没能戒断，但还是有效果的。大家又说起了茴香，心情有些低落，菊花提议在茴香忌日去坟前看望茴香，大家都同意了。

炎热的夏季，小兰和大妮儿、菊花、小姣来到周家村外的墓地，这里埋葬着许多在民国二十八年夏季日本鬼子掘开卫河时死亡的周家村的村民。四人找到茴香的坟头，给茴香烧了纸钱，告诉茴香，现在日本鬼子在中国待不下去了，迟早要被赶出中国，让茴香在地下大声地笑吧。

回到旺财村已经是半夜了，大家各回各家。

小兰又累又困，很快就睡了。半夜里，忽然听到有敲门声，被惊醒的小兰快步走出屋门，听到小秋叫着姑姑，原来是小秋敲门。

"什么事呀？"小兰满腹疑惑，开了门。小秋一把抱住小兰说："姑姑，日本投降了！日本投降了！"

"真的？真的是日本投降了？"小兰高兴地说。

"是呀，俺是在南乐县城听说的，就连夜赶回来了，俺是第一个告诉你的。"小秋说。

小兰说:“咱赶紧分头告诉村里人吧。”

小秋说:“俺先去告诉爹娘。”

小兰说:“好,俺也去告诉你小姣姑姑。”

小兰按捺不住心中的喜悦,她快步来到小姣家,小姣家的大门破旧,一推就开了。小兰来到小姣屋前,大声说:“姐姐,安安,快起来吧,日本投降了,日本投降了。”

屋子里一顿忙乱的声响,听到安安说:“娘,日本投降了。”接着是小姣的声音:“傻孩子,你懂啥?”

很快,屋门打开了,小姣拉着安安,紧张地说:“小兰,快跑吧。”

小姣的举动把小兰吓了一跳,她不解地问:“咋啦?为啥要跑呀?”

小姣惊慌地说:“你不是说日本来偷袭了?还不赶紧跑?”

借着月光,小兰看着小姣那认真的表情,禁不住扑哧一声笑了。

“小兰,你笑啥?你不怕日本鬼子?”小姣问。

小兰笑着说:“傻子,不是日本偷袭了,是日本投降了,日本鬼子投降了,咱要过好日子了。”

小姣怔怔地呆立在院子里。

安安高兴地跳起来:“日本投降了,日本投降了。”

很快,整个旺财村沸腾了,村民们都跑出了家门,大声哭着笑着叫着,不知谁家点燃了鞭炮,噼噼啪啪的响声传到了天空。

尽情欢呼吧,受尽苦难的人们……

为自己骄傲吧,自尊自强的人们……

……

第四十七章

一道道闪电照亮了夜空，一声声惊雷震彻着大地，在闪电和惊雷之中，大雨不停地倾泻下来，将大地变成了一片泽国。

雨水过后，狂风肆虐着这片大地，狂风呼啸着，将小水滴急速地吹向高空。小水滴向下望去，大地处于一片混乱之中。

忽而这边，忽而那边把小水滴转晕了，她只知道自己被风儿吹得越来越高，飞向更高处的小水滴辨不清东南西北，也不知道自己最终会去哪儿……

不知过了多长时间，风儿减弱了，她向四周望去，能看到呈现在前方的有一条河。她觉得奇怪，因为那个她熟悉的方向已经没有河了，怎么突然出现一条河呢？这条冒出来的河怎么觉得那么亲切呢？

她突然意识到，这就是她看了不知多少年的那条大河，一条没有了水的河。现在，因为下雨，河里有水了，虽然河面窄了许多，可自己从未离这条大河这么近……

我会不会被风儿吹到这条大河里？如果能被吹到这条大河里，是不是意味着我能够回到大河？

回到大河？

小水滴为自己突然想到的可能激动起来，真的，自己随着风儿继续接近着大河，这是自己从未接近的距离，而且距离还在继续缩短着……

真的，她竟然看到了河面的涟漪，仿佛能够听到河水流动的声音……

我要回家了，要回家了……

小水滴激动地叫起来,为了这一刻,她等了太长太长的时间。她想,到了河水里,自己一定要向这魂牵梦绕的大河尽情地倾诉多年的向往和等待的寂寞,自己太委屈了……

大河越来越近了,近了……

哇,河面真宽呀,只有离近了才能感觉到……

第四十八章

小兰走在黑夜中，没有月亮，没有星光，伸手不见五指，她不知道自己要去哪儿，也不知道要做什么，甚至她都不记得是何时出发的。她有些恐惧，转身看看四周，还是什么也看不见。

这时，她听到远处传来嘈杂的声响，好像是马蹄狂奔的声音，但声音很杂乱，好像还听到人的叫喊声，隐隐约约觉得这不是自己乡亲的声音。

声音越来越大，小兰听出来了，好像是军车急驶的声音，还有摩托车的声音……

“不好，日本鬼子来了。”小兰大叫一声，她转身向远离声响的方向跑去，可身子轻飘飘的，根本就没有挪动位置。

“姑姑，姑姑……”

有个女孩子的声音叫自己，是小秋吗？听起来不像，那还有谁会叫自己姑姑呢？

该不会是小春吧？她怎么还没长大？

小兰赶忙顺着女孩子的声音看去，仍然是黑漆漆的，什么都看不清。

这时，远方又传来声音：“快跑呀，日本鬼子扔毒气弹了。”

小兰紧张起来，她听到几声轰轰的声音，然后就觉得好像喘不过气来，她想大叫，可发不出声音，她急得跺着脚，浑身也颤动起来……

小兰猛地坐了起来，她感觉两手按住的是床，潜意识中觉得自己应该是在家中，可心脏仍然紧张得快速跳动着，像是要窒息一样。

在大汗淋漓中，小兰回到了现实世界，原来刚才是做了一个梦。

她看看四周，黑咕隆咚的，摸摸身边，可以确定是在床上。

“这个梦可吓死俺了。”小兰大口喘着气,她还能感觉到梦中的恐怖。现在,她有些清醒了,她记起来,日本已经投降,自己安全了。

从日本打进清水开始,小兰曾经做过无数的噩梦,都是日本鬼子来“扫荡”的梦。现在日本鬼子投降了,却还梦见鬼子来“扫荡”,自己仍然处于危险中。

“看来日本鬼子把俺吓坏了。”小兰苦笑着,摇了摇头。

日本投降后,旺财村的老百姓都欣喜异常,大家见面都互相倾吐着摆脱痛苦和恐惧的感受,对未来的生活都充满了向往。村民们还听说了蒋委员长在日本投降当天发布的庆祝抗日战争胜利的讲话内容,其中有一句“正义必然战胜强权”更是让村民们理解了抗战必胜的道理。积贫羸弱的中国经过十四年抗战,终于将日本从中国赶出去了,从此,中国再也不会受到日本欺负了,再也不用担心日本一步步蚕食中国了。

小兰不想睡了,她起了床,走到院子里,虽然有些微风,但没有月光,也看不到星星,好像什么也看不见。不过这并没有难住小兰,她对这院子太熟悉了,不用看也知道院子里哪个地方放了什么,出门右面是水缸,向前走三步放着纺车,院子里还有一个小碾子,是用来碾小米和杂粮的。她走到碾子边,拿起扫帚,开始扫地,虽然看不清楚,但她熟悉自己家里的一切,摸着黑也能麻利地干活。

不知不觉中,村里开始响起公鸡的叫声,看来天就要亮了。

小兰收拾完院子,吃完了饭,拿起锄头,准备下地干活了。

地里的玉米长势不错,想起来都美滋滋的。

如果要说有不愉快的事,就是南京国民政府对伪军的处理。这抗战十四年来,伪军在各地协助日军残害中国人,日本投降后,村民们都以为要对这些伪军进行处罚,可是,南京国民政府不仅没有惩罚伪军,还让伪军仍然拿着枪,代替国军维持地方治安。

中国人一向认为善有善报,恶有恶报,凭什么伪军作恶却没有恶报呢?对这件事,小兰一直难以接受,旺财村的村民们也难以接受。

“姑姑,姑姑。”外边传来了叫声,小兰听出来了,是宾宾的声音。

“妗子,妗子。”还有一个声音,这是安安。

小兰高兴地答应着,看着两个孩子进了院子。

宾宾在抗战中从一个儿童长大为少年了,现在已经加入了青抗先,为村里出力了。安安是卢沟桥事变后出生的,现在已经是旺财村的儿童团员了。

“姑姑,你知道美国向日本扔的特别厉害的炸弹叫啥名不?”宾宾笑着,一脸神秘地问小兰,或许他早就猜出小兰不知道,还得意地向安安挤挤眼。

小兰看着宾宾和安安,笑着说:“不知道,你们是不是又听到啥消息了?”

说句心里话,看着宾宾和安安健康地长大,小兰心里高兴得不得了。经历了十四年抗战,小秋、宾宾和安安都安全地躲过了战祸,这是比什么都好的事情。从此,自己可以不用担惊受怕地过日子了。这种踏实,除了因为抗战取得了胜利,还有一个原因,就是有一个为老百姓做事的政府,有一大群为老百姓做事的人,从而使得小兰对未来有了安全感。如果要说遗憾,就是小春还没有消息,如果小春能回来,孩子们都齐了,那该有多好呀?

宾宾和安安并不知道小兰在想心事,他们听到小兰没有顺着他们的话猜炸弹是什么,有点失望。他们俩互相看了一眼,安安抢着说:“妗子,俺知道,炸弹的名字是胖墩儿[①]。”

小兰将安安搂过来,笑着打断安安说:“安安,你宾宾哥哥在问炸弹的事儿呢,你咋说起胖墩儿了?”

自从日本被打跑后,村民们能吃上饱饭了,村里有几个男孩胖了很多,有村里人不叫他们的名字,而是给他们起了外号叫“胖墩儿”。

宾宾和安安听了小兰的话,估计是和他们的预想一样,两个人都笑了,笑得前仰后合的。安安笑得站不住,干脆坐到了地上。小兰看着这两个自己疼爱的男孩儿的活泼可爱的样子,也跟着笑起来。

宾宾拼命止住了笑,对小兰说:“姑姑,安安就是在说炸弹的事儿呢。”

安安赶紧抢着说:“妗子,炸日本的两个大炸弹就是叫‘胖墩儿’。”

小兰有些不解地说:“一般给威力大的炸弹起名字都叫轰天雷啥的,哪有给炸弹起名叫‘胖墩儿’的?肯定是你们把名字弄错了。”

宾宾说:“姑姑,没错,就是叫‘胖墩儿’”。

看着宾宾和安安说话认真的样子,小兰觉得或许自己猜错了,她想了想说:“噢,俺明白了。”

宾宾问:“姑姑,你明白啥了?”

小兰看着宾宾和安安,笑着说:“你们两个知道不?北平原来叫北京,也叫三

---

①1945年8月,美国投到日本的两颗原子弹的名字为“胖子”和“小男孩”,此处“胖墩儿”是对原子弹名称的误传。

头六臂哪吒城，那哪吒就是个胖墩儿。日本占领了北京哪吒城，哪吒哪能愿意呀？哪吒不愿意，就踩着风火轮找日本鬼子算账去了，哪吒刚好有两个风火轮，他将风火轮扔到日本，肯定就是两个威力无比的大炸弹了。”

宾宾和安安听了小兰的话，觉得小兰的说法可能不对，但也说不出来哪儿不对，就你看我，我看你，不知说什么好。

小兰看着两个孩子不说话了，就笑着问道：“你们来有啥事儿呀？”

宾宾想起什么，就急忙说：“姑姑，俺娘让俺告诉你，晌午饭来家里吃吧。”

安安说：“妗子，你去吧，俺娘也要去呢。”

自从日本投降后，村民们都倍加珍惜亲情的珍贵，亲人之间的聚会频繁了许多。虽然饭菜仍然是很简单很普通的，但大家都觉得很幸福。

经历了抗战，小兰与哥哥一家的亲情恢复了。经历了抗战时期的磨难，哥哥家、大妮儿家、小姣家与自己一起，俨然成了一家人一样，经常相聚在一起，其乐融融。

“好，俺晌午过去。”小兰痛快地说。

宾宾笑着说：“姑姑，那俺先回去了。”

安安也赶忙说：“妗子，俺也回去了。”

看着两个孩子快乐的样子，小兰高兴得合不拢嘴。

晌午饭是在小兰的哥哥家吃的，当大家七手八脚将饭菜摆上桌的时候，小姣带着安安来了，菊花笑着安排小姣和安安坐下，小姣笑嘻嘻地说着有福不用忙的话坐下了。等到大家都坐好，嫂子菊花笑盈盈地进来，手中拿着一个物件，竟然是小兰家多年前使用的那把铜壶！

“嫂子，这铜壶还在？”小兰惊喜地问道，因为三年前，日伪军将村里的铜铁类金属抢走的时候，她以为这把凝聚着家庭美好记忆的铜壶再也见不到了呢，没想到竟然还有见到的一天。小兰端起圆肚尖嘴的铜壶，前前后后打量着，抚摸着，眼中泛起了泪花。

“在呀！”菊花看到小兰对铜壶爱怜的样子，觉得自己做了一件了不起的事，笑呵呵地说，“那天，日本鬼子到家里抢铜器、铁器的时候，俺赶紧把铜壶塞到炉膛里，算是躲过去了，后来就找了油布裹好，埋到地下。今天一早想起来，让你哥给挖出来，你看，完完整整的，一点没坏。”

小兰拉住菊花的手，笑着说：“嫂子，你真好。”

小姣看到这一幕，笑着说："嫂子真好，俺要有这样的嫂子多好呀。"

菊花转头看着小姣说："小姣，俺就是你的嫂子呀。"

大家都笑起来。

开始吃饭了，菊花用铜壶给大家倒好了水。小甫和小兰竟然同时说："铜壶倒出来的水就是好喝。"大家又笑起来。

吃完饭，小姣给安安使了一个眼色，安安神秘地笑笑，从口袋中拿出一个物件，竟然是一封信。

"你们猜猜这信是谁寄来的？"小姣笑着问大家。

"不知道。"大家都摇着头回答。

"是阿娣姑姑的来信。"小姣笑着说。

阿娣？大家觉得很陌生。

小兰对"阿娣"这个名字可忘不了，不仅忘不了，还时时刻刻想着这个名字，因为这个名字对于自己来说太重要了。

阿娣是小兰的公公王端虎的叔叔的女儿，比小兰小一岁，论起辈分自己和小姣都要叫她姑姑呢。民国九年她随爹来过旺财村，与小兰、小姣、二妮儿和茴香成了要好的朋友。不仅如此，旺财村有两亩分别由自己和小姣耕种的土地就是属于阿娣的爹的。自己以前曾经与小姣多次商量过，等阿娣的爹或阿娣回旺财村时，就把两亩地还给他们，再与他们算算账，看这么多年耕种应该给他们多少钱，作为土地的租金。

大妮儿对阿娣也有模模糊糊的印象，她记得小兰、小姣、二妮儿和茴香与阿娣玩得很高兴，那段时间二妮儿回家后还多次提到阿娣。

小姣把信交给小兰，小兰看了看，信纸上写了很多字，大多自己都不认识，她就让安安念信。

安安接过信，看了一下，念起来：

小姣：很久未通信了，不知家里的情况如何，你的父母还好吗？你的叔叔婶婶还好吗？

经历了十四年抗战，很多问候的话其实都是战战兢兢的，很担心听到让人伤心的消息。我先说说我家里的情况吧。我的舅舅在民国二十一年的淞沪抗战中被日军的飞机投掷的炸弹炸死了，外婆因伤心过度不久也去世了。我妈妈从那时起,身体就越来越差,由父亲照顾。民国二十六年八一三上海开战后,过了两个多月日本鬼子打到昆山,百姓们吓得四散逃跑,听说父亲背着因病卧床的母亲也跑了,可是从此再也没有了消息,生死不明。为此,我哭了很多年。我在上海一家医院做护士,丈夫是和我在同一个医院的医生,抗战期间逢战乱时我们一家就逃到租界的朋友家,侥幸活命。

对了,我们有一个儿子,今年十八岁了,在一家工厂做工。儿子很懂事,现在抗战胜利后,我们对他的安全放心了,觉得一家人生活在一起很幸福。

民国九年我在清水遇到你和小兰、茴香、二妮儿后,一直都很珍惜那份美好的回忆,希望你能给我回信,把家里的情况以及小兰、茴香、二妮儿的情况告诉我。

抗战胜利了,觉得有很多话要说,如果咱们能见面,估计三天三夜也说不完,在信里就先说这些吧,希望你们能尽快给我回信,我特别希望能听到你们安全的消息。

祝身体健康,平安幸福!

阿娣

民国三十四年八月十六日

安安念完了信,大家为阿娣家中的不幸唏嘘不已,小姣早已经是满脸是泪。大家都同意给阿娣回信,安安说信上写上清水的日本鬼子被打跑了,因为阿娣姑奶奶有可能不知道,说得大家都笑了。小姣说写上小兰嫁给了晓东,可晓东被抓丁了,说得小兰哭了。大妮儿说写上二妮儿一家都好,大家都叹起了气。菊花说写上安安聪明伶俐,说得小姣笑了。小姣说写上留给阿娣的祖屋被日本鬼子拆了,大家都沉默了。小兰说写上茴香没了,大家都哭了。

饭后,小姣口述,大家补充,由安安写了回信,写好后念给大家听:

阿娣姑姑,你好:

收到你的来信,特别激动。从信中得知三爷、三奶奶的事俺特别难过,希望你保重身体。

清水这边也有很多不好的消息,家里留给三爷和你的祖屋没能保住。在民国三十年日本鬼子建碉堡的时候,祖屋被拆掉了,祖屋里的大梁和砖瓦都用到碉堡里了,俺想起来这事儿就难过。现在日本投降了,俺想让日本鬼子赔咱,可是日本鬼子拆屋的时候,没给咱留下凭据,他们要是不承认拆屋这事儿该咋办呀?还有,民国十三年,俺的叔叔婶婶的儿子晓东娶了媳妇,那个媳妇就是你见过的小兰,本来是好事,可赶上直奉战争,晓东结婚三天就被抓丁了,到现在也没回来。他们没有孩子,大伯大娘因过度思念儿子,想不开在民国十七年也走了。俺爹娘在民国三十年先后去世了,俺的丈夫被日本鬼子抓走,可能是当劳工,已经四年多了,一直没回来。俺有一个儿子叫安安,今年九岁了(咱清水都按虚岁算),聪明伶俐的,可懂事了,俺现在在旺财村生活了快四年了。

日本投降后,生活恢复正常了,看见村里的一草一木都觉得特别亲,特别好。

你在民国九年见到的旺财村的伙伴中,小兰现在一人生活,她盼望着有一天晓东能回来。茴香先是在民国十二年被爹强行逼迫嫁到了清水西面很远的顺德,后来丈夫死后于民国十八年带着儿子小财回到旺财村,过了几年后又嫁到了清水周家村,民国二十八年日本掘开卫河大堤将几个低洼的村庄淹没,茴香和丈夫还有小儿子都被淹死了,小财就回到了旺财村与姥娘一起生活。现在小财和小兰的侄女小秋是区里的民兵,参加了反攻营,在外边呢。二妮儿在民国十二年嫁到清水南边的濮阳,情况还算好,有两个儿子,就是她的丈夫在日本占领濮阳后被逼迫吸毒,日本被打跑后,抗日政府组织戒毒,现在正在戒毒呢。

阿娣姑姑,如果有机会,你们一家再来旺财村住几天吧,俺很想你,想和你好好说说话。

还有一件事,早年俺的爷爷们分家时,给三爷分了两亩地,这是咱祖辈传下来的地,地契仍在。你们没回来的时候就由俺和小兰各耕种一亩,多亏了这两亩地在抗日期间救了命,俺和小兰还希望给你交用地的钱。

祝你一家平安愉快!

小姣

民国三十四年八月二十九日

小秋念完了信,大家觉得没什么问题,就托小甫到县城寄走。

随后,小兰和小姣开始商量应该给阿娣多少钱作为耕种田地的租金。根据清水的行情,租用土地的钱为每亩每年五块大洋,按照租用十五年来算,应该每亩是七十五块大洋。

七十五块大洋对于小兰和小姣来说,都是一笔巨款。小兰和小姣考虑要么卖地,要么借钱,不管怎样还是应该还钱。

最后,小兰又想起来说:“对了,姐姐,上海那边不知能不能用大洋呢?不过,咱冀鲁豫边区流通的鲁西币和冀南币肯定在上海不能用。”

小姣思考着说:“要么就把大洋、鲁西币和冀南币都拿出来,到冀鲁豫银行换成关金券,关金券是全国通用的,上海肯定能用。”

小兰听后,直夸小姣的主意好。

抗战胜利了,中国百姓之间的通信大增,信件内容大多是亲朋好友的思念和守候。一封薄薄的书信,一段短短的文字,不知寄托了多少内心的感伤和难忘的情怀。信件中的内容,或许是传递亲人健在的好消息,也或许传达亲人离世的悲伤消息,所有的人对收到的信件既爱又怕,盼望得到好消息,害怕得到坏消息。

一时间,骑着自行车走街串巷的邮差成了最受村民们欢迎的人,不论走到哪个村子,村民们都会热情地围过来。村民们先笑呵呵地递上最新鲜最香甜的瓜果,询问今天送来的是哪家的信,当得知哪家有信后,孩子们都会一窝蜂地挨家通知。听到有信送来的村民们也都忐忑不安地跑过来,战战兢兢地接过信件,端详许久,不敢打开。有着急的孩子会急切地帮助收信人撕开信封,有识字的孩子不管三七二十一就开始念信,听着信件的内容,收信人的脸色或是铁青,或是欢喜,真真地瞬间演出人间的大喜大悲。

在众多的来信中,有一封信寄到了旺财村,轰动了全村,使得全村人都来到收信的人家,一遍又一遍地听人念信。此情此景,像极了七年前二小儿托人从江苏捎信来的情景。

寄信的人是八年前国军七十七军一七九师从旺财村口公路南下时,怀抱着参军杀敌志愿参加七十七军一七九师的旺财村的孩子,叫二顺。

许多村里人都记得,八年前,一个深秋的早晨,一七九师落寞地从村口公路南下。他们是在卢沟桥事变中,率先与日军作战的英雄,坚毅的面庞记录着他们的顽强,背后的大刀见证了他们的勇敢,旺财村有五个青年加入了他们的行列,成了一七九师的一员。

二顺在信中说旺财村的五个青年在加入一七九师后,陆陆续续参加过徐州会战、武汉会战、宜枣会战、豫南会战、长沙会战,目前从远安调动至徐州。徐州离清水虽然很远,但是比起长沙和武汉,还是近了许多,希望有机会能够回家看看。二顺信中还说,一起参加七十七军的伙伴中锁柱和春来在徐州会战中战死了,另外两个伙伴满仓和秋素在长沙会战中受伤,送到医院后就再也没见过,也打听不到消息,如果村里有消息,希望能告诉他,他很想他们。最后,二顺说希望他的爹娘和弟弟妹妹还能活着,希望家里尽快给他回信。信中还留了在徐州的地址。

二顺的爹娘听完了信,喜极而泣,因为自从孩子随着七十七军南下后,抗战期间,就再也没有了消息。他们一直想二顺,为二顺担心,没想到二顺还活着,做爹娘的听到这个消息能不高兴吗?可是二顺的弟弟在三年前被日本鬼子抓壮丁后,就一直没有回来,让爹娘非常揪心。

锁柱和春来的家人痛苦异常,没想到昼思夜想的孩子竟然战死了。满仓和秋素的家人也非常难受,因为从二顺的信中得知孩子受伤了,他们担心孩子的伤。

还有一个担心孩子的就是爱枝,她打听不到五十二军的消息,也没收到二小儿的来信。她觉得既然二小儿在七年前那么危急的时候都能想到给家里捎信,在抗战结束后,更应该写信来的。二小儿的来信会不会已经在路上了?会不会过两天就能收到二小儿的来信?爱枝心里暗暗盼望着,希望能够早日得到二小儿的来信,而且是告平安的信。

村民们一遍又一遍听着信,为孩子们的命运担忧着。其实说是孩子,那是指八年前,现在已经是成人了,是勇敢的国军战士了。

村民们感慨着,抗战期间,村里有十几个孩子参加了八路军,五个参加了七十七军,一个参加了五十二军,还有五个被三十九集团军抓丁。八路军一直在清水周边作战,消息还是挺多,偶尔也能见到,其他的孩子就很少能见面了,这么多年来,清水周边只有八路军勇敢地与日军作战,坚持到了抗战胜利。如果有更多的国军一起与八路军共同抗日,情况会更好一些。可是,清水周边的其他国军确实不争气,三十九集团军先是与日军勾结,后来孙良诚的三十九集团军投降日军,高树勋的三十九集团军被日军打跑,国军庞炳勋的部队与孙殿英的部队也投降了日军。如果没有八路军的英勇抗战,前景不堪设想呀。

现在,村民们盼望着英勇抗战的国军赶紧回来,与八路军一起保卫家乡,保卫中国。

在村民们都盼着来信的时候,小兰与小姣也商量过打听观城的姑姑的消息。菊花让小甫跑了一趟,小甫顶着星星出了家门,披着月亮进了家门,流着眼泪,喘着粗气说:“姑姑三年前灾荒年时为了给外孙留吃的,自己饿死了。姑姑的大女儿桂竹的丈夫被日本鬼子打死了,桂竹一个人带着儿子生活。姑姑的小女儿桂菊和丈夫一次躲避日本鬼子‘扫荡’时,被日本鬼子的毒气弹熏过,虽然躲过了死亡,但脑子受到影响,说话慢,有一个女儿七岁了,还挺好。桂竹和桂菊一家对俺很热情,还说欢迎小兰和小姣去观城住几天。”小兰和小姣听说后,第二天就赶到观城,见到桂竹和桂菊一家人,大家见面的大多数时间都在哭,反倒没说上多少话。

进入秋天了,蒋介石邀请毛泽东到重庆进行国共谈判已经有一些日子了。大家都希望谈判顺利进行,和平的生活能长久下去。

接下来,有许多好消息传来:先是在美国“密苏里号”军舰上,日本签署了投降书;接着,在南京,日军代表冈村宁次签署了中国战区的日军投降书。

日本的投降让老百姓欣喜不已。

因清水及周边的南乐、大名、濮阳、内黄等地的日军在投降前已经被打跑了,在这些地方没有了日军,也就不存在投降一事。但北平和天津的日军将向中国军队投降。

虽然有许多的好消息,但也有让人窝心的消息,投降日军的原河北省府主席庞炳勋的伪军竟然成了国军!伪军部队竟然被南京国民政府编为第一路军。

各种消息交织在一起,小兰的心情也是十五个吊桶打水——七上八下的。

经过了十四年抗战,旺财村损失很大,有八位老人因躲避日军而死亡;有十六人被日军打死;还有七位壮丁被日军抓走后杳无音信,至今未归;被迫卖掉的三红和贵银也至今没有消息。现在,旺财村已经没有了全可人。

村民们都希望能够长期和平,过上正常的生活。

小姣又收到了阿娣的来信,她对小姣和小兰、茴香、二妮儿的生活感叹不已。她还说她不知道旺财村还有祖辈留下的土地,她和丈夫商量后决定把这些土地无偿转给小姣,还写了按有手印的土地转让意向书,让小姣到政府办理。阿娣信中还说如果办不了,她甚至可以考虑来一趟旺财村。她还说小姣和小兰不用支付租种这两亩地的钱,至于祖屋被拆掉,她觉得很难过,她从上海打听到中国的损失是可以向日本索赔的,等政府的消息吧。

大家对阿娣的举动很感激,又写了回信。

即使这样,小姣说这两亩地还是给阿娣留着,等到有一天回来时再交给她。

虽然蒋介石和毛泽东在重庆进行和平谈判,但国共两党的部队却开始交战了,就在清水西边的山西上党地区,战斗非常激烈。

会不会打内战呀?小兰担心起来。现在的国共两党的部队如果打仗,肯定是在华北地带,估计清水也躲不开。如果要打起仗来会是怎么浩大的规模,真是不敢想象。据说,有明白人断定,如果国共开战,在当下的威力强大的枪炮作战能力下,中华民族就要灭亡了。

平心而论,小兰知道,抗战十四年,在华北地区是八路军和老百姓共同抵抗了日军,老百姓知道八路军和抗日政府是可以依靠的,可以说是自己的亲人,她不想看到八路军受损失。

对于国民党方面,虽然他们做事太不顾及老百姓的感受,甚至出现为了阻止日军而掘开黄河大堤,淹死众多百姓的事,让人痛恨不已,但自古的官府哪有对百姓的生死上心的呢?

还有,抗战胜利后,国民党军接收北平、天津时,竟然为了自己的私利大肆贪污,让老百姓痛苦不堪。百姓们都怨声载道。

当然,八路军和抗日政府对老百姓确实好。可是对老百姓好的八路军却实力弱小,扩大到全中国范围内还是比国民党实力小很多。

如果蒋介石能够用共产党的方法治国就好了,那样不用打仗,百姓就能过安稳的日子了。

小兰盼望着能有这一天。

过了中秋节不久,上党战役结束了。接着蒋介石和毛泽东在重庆进行和平谈判结束了,签署了协议,和平真的要到来了。

小兰心里七上八下地高兴着,因为和平的日子要开始了,可为什么心里却高兴不起来呢?小兰费心地想了半天,一直没想出头绪来。

虽然如此,仍然有好消息传来,新上任的河北省主席孙连仲以国军第十一战区司令长官的身份,在北平接受了日本华北方面军司令官的投降。在百姓们的谈话中,已经许多年都想不起谈论河北省府主席了,因为不知道去了哪儿。后来听说河北省府主席的消息,就是河北省府主席庞炳勋投降日本的事,害得许多百姓一度对抗日的前景产生了绝望。现在开始听到河北省府主席的消息,说明生活好像又回归到抗战以前了。

接下来的时间,小兰慢慢地理清着自己难以高兴的原因,就是对国共两党的交战的担心越来越重了。越来越多的消息表明,大家期待的和平可能越来越远,内战的可能越来越大了。

“最可怕的祸事要发生了。”

“国共内战将要爆发了。”

“国共内战将会是中国历史上最大规模的内战。”

“共产党的部队只有国民党部队的两成,很难是国民党的对手。”

“不知这场战争要持续多少年呀。”

在旺财村,村民们也都对战争担心不已。是呀,经历了太长时间的战乱,大家都希望过和平的日子。

没人愿意看到打仗。

可战争仍然在进行着,上党地区的战事结束不久,国共两党的部队在清水西北的邯郸又爆发了战事。八路军冀鲁豫军区的野战部队在清水县刚刚被编成了晋冀鲁豫军区第一纵队,就匆匆出发了,在旺财村休整的八路军也出发了,大小儿、小来听说都到邯郸参战了。因为离清水很近,战事的消息也更多一些,经过半个多月的激烈战斗,国民党军被打败,第十一战区副司令兼第四十军军长马法五被俘,第十一战区副司令兼新八军军长高树勋起义。

邯郸战役后,接着又是平绥战役和津浦战役,一直打到了民国三十五年(1946年)年初。好在,刚刚进入民国三十五年,腊八过后第四天,国共两党的部队停战了,原来是在美国人的调停下,国共两党签署了停战协定,停战开始的时间就是腊月十二。

停战了!

小兰长出了一口气,心里很高兴。

虽然高兴,但仍然有消息让人心情沉重,有消息说在十四年抗战中,华北的八路军抗日根据地的百姓被日伪军屠杀了197万人,被捕壮丁71万人,被烧毁房屋570万间,家畜损失494万头,粮食损失27892万石。虽然抗战胜利了,中国遭受了巨大的损失,胜利来之不易呀。

小兰在家里准备着过年的物品,她买了一些面粉,准备过年包饺子。

已经很多年,小兰都没碰过面粉了,最好的食物应该算是红薯面饺子。今年是抗战胜利后的第一个春节,她要做面粉擀皮的猪肉馅饺子,好好与家人们享受享受好吃的,过一个快乐的春节。

小兰心情愉快,干起活来很轻松,手里忙活着,嘴里哼唱着《穆桂英挂帅》的唱段。经历了抗战的岁月,她对杨门女将的英勇抗敌有了更真切的感受,从内心里体会到了杀敌的勇气可不是随口唱儿句那么简单,而是需要具备过人的胆识和高强的本领的。

说句心里话,小兰也见过不少敢于与日军交战的女八路,这些人大多看起来也是普普通通的女孩,可是他们的勇气不就像杨门女将吗?还有,自己家里就有杨门女将那样的人,那就是自己的侄女小秋,这一点让自己很自豪。前些天,因为国共签署了停战协定,小秋回家了。看着已经半年未见,高高个子的小秋,自己别提多高兴了。

在这种心态下,《穆桂英挂帅》的唱段使小兰感受到了更多的勇气和无畏。

小兰正在想着心事,忽然听到外面传来了一个女童清脆的声音:"二十三儿,祭灶官儿;二十四儿,年下气儿;二十五儿,磨豆腐儿;二十六儿,蒸馒头儿;二十七儿,杀小鸡儿;二十八儿,贴花花儿;二十九儿,喝蒸酒儿;三十儿,包扁食儿。"

听着这喜庆的声音,小兰忽然觉得仿佛回到了自己的童年时代,自己不是也在过年时唱过这样的童谣吗?那时,自己是个小女孩儿,真是无忧无虑,可长大后的生活真是痛苦不堪,她真想回到过去,回到那无忧无虑的岁月。

想到这里,小兰突然想出门看看是个什么样的小女孩儿在唱童谣,她觉得这个小女孩儿就好像是童年时的自己。小兰走出家门,看到门外没有人影,她又走出胡同,看到一个穿着红色的新衣裳,干净漂亮的女孩儿,这个女孩儿是桂柳,她正领着几个小女孩蹦蹦跳跳地唱童谣呢。

"桂柳,刚才唱过年话儿的是你不?"小兰弯腰笑着问。

桂柳认识小兰,她仰起头,笑着说:"大娘,是俺唱的,是俺娘教俺的。"

看着桂柳天真烂漫的模样,小兰庆幸这个曾经经历了磨难的女孩儿能够回到家,回到爹娘身边。她摸摸桂柳的头,笑着说:"桂柳,你唱的过年话儿真好听,大娘可爱听了。"

桂柳听到小兰夸奖自己，脸上笑开了花，她高兴地蹦蹦跳跳向前走去，边走边唱着："二十三儿，祭灶官儿……"

看着桂柳的背影，小兰觉得她太可爱了。

回到家里，小兰仍然在想着桂柳，她想到，如果晓东不被抓丁，自己也会有自己的孩子，如果生了女孩，给她也起名叫桂柳。相信自己的桂柳也会像这个唱童谣的桂柳那么可爱的，或许自己的桂柳也会用清脆的声音唱过年话儿。

小兰想着想着，心里开始难过起来。

这是抗战胜利后的第一个春节，家家都喜气洋洋的，很多人家都买了鞭炮，在三十的夜里噼噼啪啪地响起来了。在抗战的十四年里，村民们听到了太多的枪炮声，现在鞭炮声更加顺耳，更加美妙，让人想起了往昔美好的回忆。

这年春节，家家都包了饺子。在清水，早年称饺子为扁食，美味使春节成了美好的回忆。

初二这天，多年没回娘家的二妮儿带着两个儿子回来了。听说二妮儿在村口看不到大槐树，还哭了很长时间呢。

小兰、小姣见到二妮儿亲得不得了，好像有永远都说不完的话。晚饭是在大妮儿家吃的。小兰来了，手里端着饺子；小姣带着安安来了，安安手里拿着蒸好的枣花糕；菊花带着小秋来了，小秋手里拿着炸好的绿豆丸子。大家围在一起吃饭，二妮儿看见大家，嘻嘻哈哈地说笑着。

慧英知道这样的场合自己很多余，就拉着虎子到小甫家去了。

二妮儿拉过大儿子，笑嘻嘻地说："这是大儿子文喜，十九了。"

文喜长得个子高高的，非常英俊，眉宇间能看出谢品轩的影子。

二妮儿拉过二儿子，笑着说："这是二儿子武喜，十七了。"

武喜长得个子有些矮，但显得非常机灵。

大家嘻嘻哈哈地夸奖着二妮儿的两个孩子，二妮儿觉得非常受用。

二妮儿瘦了许多，也苍老了许多，看来她也很艰辛。不过，四家人围成一个大桌，快乐地吃喝着，笑着，很快忘记了忧愁。

"二妮儿，孩子的爹咋没来呀？"菊花笑着问。

二妮儿脸上闪过忧愁，她叹了口气，停顿了一下说："他那一副病快快的样子，哪能走远路呀？为了他，这几年可是累死俺了，真没想到，俺还能活着回娘家，还能活着见到你们。"

说着话，二妮儿的眼圈红了，她低下头，用手揉着眼睛。菊花意识到自己的问话破坏了气氛，后悔不已。

大家都知道二妮儿的男人谢品轩被日本逼迫吸毒的事，只是大家觉得抗日胜利了，好像一切都变好了，忘记了二妮儿还有没结束的事儿。

看到大家冷场了，大妮儿赶紧说："咱接着吃吧，这大冬天的，不赶紧吃，过一会儿饭菜就凉了。"

二妮儿也不想扫大家的兴，自顾自低头吃起来。

到了初三，本来是二妮儿回濮阳的日子，小兰想出去送二妮儿的时候，二妮儿却找上门来了。

"小兰姐，俺来了。"二妮儿笑着进了门。

看到二妮儿笑盈盈的样子，小兰很高兴。看来，昨天那悲伤的心情已经过去了，小兰还是佩服二妮儿这拿得起放得下的气魄，她觉得往日熟悉的二妮儿又回来了。

"二妮儿，你今天要回濮阳咋还来俺这儿？"小兰问。

"不回了，再住两天。"二妮儿笑着说。

小兰听了高兴起来："太好了，二妮儿，这么多年不见，俺正有很多话想跟你说呢。"

二妮儿说道："小兰姐，俺今天找你是有事儿呢。"

"有事儿？有啥事儿呀？只要俺能办到，一定帮你办好。"小兰笑着说。

二妮儿说："小兰姐，这事说难也不难，说不难也难，就是要你出面才能办成。"

小兰笑着说："啥又是难，又是不难的，你小时候就爱这么说话，现在还是这样，一点儿没变。"

"小兰姐，你也没变呀，还是那么直爽大气。"二妮儿笑呵呵地说。

"你别夸俺了，你要办的是啥事呀？"小兰问道。

二妮儿笑着说："小兰姐，昨天吃饭的时候，俺看着小秋，觉得这闺女真不错，你看，俺家文喜比小秋小两三岁，这两个孩子能不能……"

小兰恍然大悟地说："你是说给两个孩子说亲事？"

二妮儿高兴地说："对呀对呀，俺就是这个意思。俺家文喜也是一表人才，与小秋很般配呀。"

二妮儿的话点醒了小兰。在小兰意识中,一直想着要保护小秋,让小秋安全度过这日本入侵的年月,但却忽略了小秋已经长大了,已经到了谈婚论嫁的年龄了。她明白了二妮儿的来意,看来二妮儿是想让小秋给她当儿媳妇呢。

二妮儿是自己多年的朋友,与嫂子菊花很亲近,文喜也是高大英俊的小伙子,他们还真是挺般配的一对儿。

"小兰姐,你去跟小甫哥和菊花嫂子说说吧。"二妮儿拉着小兰的手说。

小兰高兴地说:"二妮儿,咱都不是外人,门当户对的,你放心,只要和俺哥嫂说一声,肯定能成,咱一起去说吧。"

二妮儿连忙摆着手说:"那可不行,提亲只能是媒人去,哪有亲家直接见面的,说出去还不让人笑话?"

小兰也笑着说:"倒也是,那俺现在就去提亲。"

二妮儿笑着说:"俺就在家等你的好消息。"

小兰说:"你回家赶紧做点好饭,俺说完你可要好好谢俺。"

二妮儿说:"小兰姐,你辛苦了,俺马上回去给你做好吃的。"

两人一起走出了门,到街上笑着分了手,小兰快步向哥哥家走去。一路上,小兰想着小秋和文喜,觉得这两个孩子真是很般配,看来二妮儿有眼光,以后两家可以亲上加亲,多好呀。

路上碰上了爱枝嫂子,她笑嘻嘻地问小兰:"小兰,看着你一直边走边笑,遇到啥好事儿了?"

小兰意识到自己有些失态,赶紧笑着说:"现在好事儿天天有,咋能不笑呀?"

爱枝嫂子也受了感染,笑着说:"你说得在理,是应该笑。"

和爱枝嫂子分了手,走过街道,拐进了哥哥家的门,只有哥嫂在家,一问小秋和宾宾都出去了。

"哥,嫂子,今天俺找你们有件事要说。"小兰开门见山地说。

"小兰,啥事儿呀?"菊花笑眯眯地问。

小兰说:"俺都没想到,咱小秋今年都快二十一了,早该说亲事了。"

菊花说:"可不是呢,要不是日本鬼子打进来,耽误了孩子,早就该说婆家了。"

小兰笑着说:"俺今天就是受二妮儿的嘱托,来给小秋说亲呢。"

菊花紧张地问:"你受二妮儿的嘱托,来给小秋说亲的?"

小兰笑着说:“是呀,这二妮儿跟一家人一样,要是成了儿女亲家,就更亲了。”

菊花听了小兰的话,转头对小甫说:“你看,俺没说错吧?”

小兰不解地问:“嫂子,你啥没说错呀?”

菊花说:“小兰,你可能没注意,昨天晚上吃饭的时候,俺就看出来了,二妮儿一直拿眼瞟小秋。俺就觉得她的眼神不对,回来俺对你哥说二妮儿是不是看上小秋了,你哥还说根本不可能呢。”

小兰笑着说:“嫂子,还是你厉害,看得真准,这文喜和小秋挺般配的。”

“一点儿都不般配。”菊花脱口而出。

小兰简直不相信自己的耳朵,自己看着挺般配的两个人,怎么嫂子想都不想就一口回绝了？因为菊花回答得太干脆,噎得小兰竟然说不出话来。

沉默了一下,小兰喘了两口气,觉得好些了,问道:“嫂子,你说、你说文喜和小秋一点儿都不般配?”

菊花觉得自己的话有些太生硬了,就将语气放缓和了说:“小兰,不是文喜和小秋不般配,如果单说他们两人还是挺般配的,俺是说俺两家不是门当户对。”

小兰更加不解了,她说:“咋不门当户对呀？俺觉得恰恰是门当户对。”

菊花耐心地说:“小兰,你想过没有,二妮儿的男人可是长年抽大烟的,把家产都败了。日本鬼子被打跑后,抗日政府把日本鬼子占用的二妮儿家的两处门面房还给他们,二妮儿的男人转头就把门面房卖了,把钱都买了大烟。听说他总发誓戒毒,现在都戒了一年多了还没完全戒掉呢,咱咋能找这样的败家家庭呀?”

小兰听了菊花的话,反驳说:“可二妮儿的男人抽大烟不是自己愿意抽的,是日本鬼子逼着买大烟抽的,说起来他是被日本鬼子害的,这倾家荡产的账应该算到日本头上,不能全怪二妮儿的男人呀。”

菊花说:“虽然是日本鬼子害的,可这样的家庭名声不好,小秋可不能嫁到这样的人家。还有,日本鬼子在濮阳城里根本就不让中国孩子上学,现在文喜估计小时候认的字都忘光了,武喜根本就不识字。”

菊花的话震惊了小兰,她竟然对文喜和武喜识字的事一无所知。如果文喜不识字,可确实不行,小秋这孩子虽然是女孩,但一直在抗日学校学习,学问还不小呢。小兰想说什么,可好像又想不起要说些什么了。

菊花对小甫说:“他爹,你咋一声不吭呀？你也说说你的想法呀。”

小甫清了清嗓子说:“小兰,咱家是本分人家,可不能沾这抽大烟的边儿,说出去可丢死人了。”

和哥嫂说了这一通话，小兰意识到自己想得太简单了，虽然二妮儿还是原来的二妮儿，但她的男人确实对他们的家庭带来了很大的影响。左右为难的小兰有些不知所措，这时她帮着二妮儿说话？好像不合适，毕竟小秋是自己的亲侄女。她帮着嫂子说话，拒绝二妮儿？好像对二妮儿来说有些太残酷了。

沉默了一会儿，小兰走出了哥嫂的家，迈着沉重的脚步向大妮儿家走去。这时，她才意识到这些年二妮儿要承担多大的压力，不仅丈夫的身体垮了，家里的家产败光了，甚至还搭上了家庭的名声。可这一切并不是他们愿意的，是日本鬼子强加给他们的。

小兰觉得二妮儿非常可怜，虽然二妮儿的笑容掩盖了痛苦，但这会使得痛苦的感觉更加严重，更加可怕。她不知道该如何面对二妮儿，不知道怎么向二妮儿开口，她知道，自己只要说出哥嫂拒绝了二妮儿，无论语气多么委婉，都不可避免地对二妮儿造成很大的伤害。她不忍心让心高气傲的二妮儿在经历了来自家庭的打击后，再承受一遭来自多年伙伴的伤害，这样的伤害二妮儿怎么受得了呀？

小兰边想心事边走着，当她拐向大妮儿家的胡同时，没想到二妮儿就站在胡同口，两人差点撞个满怀。

“小兰姐，你回来了？”二妮儿的脸冻得通红，她眼睛一下也不眨地紧张地看着小兰，仿佛能从小兰的脸上看出什么。

“二妮儿，这个，那个……”看到二妮儿，小兰一点思想准备也没有，她不知道该说什么，也不知从何说起。

二妮儿好像全明白了，她的眼泪扑簌簌地滴落到地上，神情哀伤不已。

想不到，平时乐观、自信的二妮儿竟然有这么痛苦的时候，小兰想劝说二妮儿，可却无法开口。小兰这时才知道生活不是只对自己残酷，很多人都要面对这残酷的生活，大家的不同只是残酷的方式不同，但残酷的程度却是相同的。

二妮儿没有吃晌午饭，直接带着两个儿子回濮阳了，她内心的痛楚或许只有小兰能够体会。

虽然和平了，但战争的紧张却未能消去，有消息传到旺财村里，说国民党派了八架空军战斗机飞到延安，在延安上空低空盘旋了半个小时。

延安是共产党的总部，八架战斗机在延安上空低空盘旋半小时，这意味着什么呢?

旺财村的村民们都有些紧张起来,许多人一见面就说这个事,心里七上八下的:

“战斗机是要战斗的,空军掌握在国民党手里,这明显是国民党向共产党进行军事挑衅呀。”

“停战协议会不会起不了作用呀?会不会打起来呀?”

“别打了,有话好好说……”

“这国家大事咱老百姓不懂,但打仗要死人可是谁都知道的,这阵势让人不放心呀。”

看来,村民们对停战协议能否坚持下去,心里已经没底了。

除了可能爆发战争的紧张情绪外,还有一个让人心慌的事也随之而来。那就是大量关金券和法币出现在市场上,出现在百姓的交易中,并导致百姓们用惯了的鲁西币迅速贬值,用鲁西币交易的物价竟然在三四个月内上涨了两倍多。

这种物价快速上涨的情况可是从三年前百姓们主要使用鲁西币以来,不曾出现过的。

在冀鲁豫边区,在共产党和八路军控制的区域内,从三年前的民国三十二年开始,规定使用的货币为鲁西币,是冀鲁豫抗日根据地的抗钞。即使在日军占领清水期间,许多百姓摆脱了日伪军的控制后,都响应政府号召,将联银券、法币等兑换成鲁西币使用。几年来,鲁西币还算稳定,百姓们在日常交易中都使用鲁西币,对鲁西币都很信任。现在,大量关金券和法币进入清水,导致物价狂涨,使得百姓们忧心忡忡起来。

对于百姓来说,物价上涨不一定全是损失,如果家里粮食多,就可以随着物价上涨获得更多货币,如果家里货币过多,随着物价上涨就会受到损失。可是,如果物价一直狂涨,手里的粮食卖出后,拿到手里的货币会受到贬值影响从而受损,总体来说,物价狂涨百姓们无疑会受到损失。

虽然政府也在采取措施,可是物价仍然在上涨,有消息说国民党为了准备与共产党开战,集中大量的关金券和法币,用这些国民政府合法的货币到使用抗钞的解放区[①]大量购买粮食、棉花等战略物资,导致解放区经济不稳,物价飞涨。可

①解放区即共产党控制的抗日时期的根据地。

是，这样的消息是不是准确，不得而知。无奈，小兰找到小姣，相约到政府打听一下情况，顺便问一下会不会开战。

小兰和小姣认识区政府的一个管粮食的干部，年龄不大，可大家都叫他老宋。抗战时期老宋曾经在旺财村工作过几天，与小兰和小姣熟悉，小兰觉得应该找这位干部问一下。

小兰和小姣来到区里，很顺利找到了这位老宋，对方正忙得团团转，脸上的汗珠子不停地甩到地上。看到小兰和小姣，老宋笑着打了声招呼，等到处理完事情后，才忙不迭地给小兰和小姣倒水，笑嘻嘻地问两人找他啥事。

小姣先问了近几个月南京国民政府到解放区大量采购粮食和棉花等物资，是不是为了与共产党打仗？老宋笑着拍着胸脯说国共已经签订了停战协定，已经和平了，肯定不会打仗了。至于南京国民政府到解放区大量采购粮食和棉花等物资的事，这是正常的，南京国民政府会根据需要，到全国各地采购物资。还有，南京国民政府手里没有抗钞，只有关金券和法币，当然要用关金券和法币了，以后根据地就应该是抗钞、关金券和法币共同流通，这恰恰是和平的象征。政府会想办法抑制物价的上涨，估计很快就会有办法。

小兰和小姣虽然对老宋的话有些没听懂，但至少听明白了一点——不会打仗。

小兰问有消息说南京国民政府派了八架战斗机在延安上空盘旋半小时，说明可能国共要开战时，老宋笑着说这些消息肯定不准确，因为战斗机飞行是很费油的，南京国民政府的战斗机都是用的美国油，非常紧缺，怎么可能转着圈干飞呢？那多浪费油哇，等于浪费了多少粮食呀？肯定是搞错了。

虽然老宋的回答让小兰和小姣有些摸不着头脑，可是她们觉得老宋是政府干部，肯定掌握着更多的消息，他说国共不会开战，或许真的不会开战。为此，在回村的路上，小兰和小姣非常高兴。

还有一件让小兰高兴的事，小秋订婚了，男方不是外人，就是茴香的儿子小财。

小兰对这桩婚姻还是满意的。小秋和小财作为村里的民兵，曾经一起到外地配合县大队作战，听小秋说一次在大名打仗时，小财还救过小秋的命，或许这样的经历使得两个年轻人增进了了解，萌生了爱意。回到村里的小秋，在村里小学当老师，每当小兰看到小秋给孩子们上课的时候，她觉得仿佛看到当年的晓东在县城小学教书一样，让人感慨。看着长大的小秋终于有了归宿，小兰觉得自己轻松了许多，她知道自己不用再为小秋担惊受怕了，有人可以保护她了。

就在小秋订婚后不久，国共两党的形势越来越紧张，虽然没有准确消息，但大家都觉得这场规模大得无法估量的战争可能真的要打起来了。为此，小来娘与小秋爹娘商量提前办婚事，小秋爹娘也担心内战后，不知会产生什么变故，就马上同意了。在急急忙忙之中，小秋竟然出嫁了。

让小兰难过的是，在小秋出嫁的那天，婚礼总管仍然拒绝小兰到场送小秋，说是小兰丈夫生死不明，不能送新人。这二十年前的理由再一次让小兰受到了伤害。

心里委屈的小兰在家里痛哭了一场。

虽然小秋出嫁时自己不能到场，但小兰心里还是高兴的，不是吗？从小秋很小时，小兰就担心她会遭遇小春的命运，后来，遇到日军入侵，小兰更是对小秋的未来担惊受怕。现在，小秋长大了，小兰担心的事情没有出现，小秋的命运中没有遇到横祸，她出嫁了，成了一个大人了，以后，小秋有了保护她的人，小兰可以松口气了。这是多么值得高兴的事呀。

小秋出嫁那天，小兰与无法帮忙的小姣和爱枝嫂子一起，在家里拉着家常。安安不时地跑来将结婚情况述说着：

“娘，小秋姐穿着大红的衣裳上花轿了，菊花大娘咋一直哭呀？”

“妗子，花轿咋出村了，小秋姐会不会不是嫁给小财哥呀？”

“爱枝大娘，花轿转了一圈又回来了，进了小财哥的家门了。”

虽然安安奔跑着，满头大汗，但一点不觉得累，仍然不时地告诉大家婚礼的消息：

“爱枝大娘，小秋姐跨了一堆火，跨了一个马鞍子。”

“妗子，小秋姐正拜天地呢。”

“娘，小秋姐的盖头掀开了，可好看了。”

小兰拉住安安的手说：“安安，歇会吧，看你跑得满头是汗。”

安安答应一声，又飞快地跑了出去。

小秋的婚礼顺利地进行着，虽然没有到现场，小兰、小姣和爱枝还是很高兴，她们说着小秋小时候的事儿，觉得很愉快。三个人又说到了小财，说到小财的年龄时，爱枝叹了一口气说，如果不是抗日，俺的大小儿、二小儿应该也都娶媳妇了。

一句话说得大家有些伤感起来，小兰知道爱枝嫂子的心事，自从日本投降后，大小儿所在的部队编为了八路军晋冀鲁豫军区第一纵队，回过家一次。可是二小儿一直没有来信，爱枝嫂子心里一直七上八下的。前段时间，爱枝打听到消息说二小儿所在的国军五十二军被调动到东北了，驻扎在东北的沈阳。她一直都说估计二小儿的部队比较忙，可能没有时间写信，只要有空，二小儿肯定会给家里写信的。

结婚三天后，小秋回门了。按照清水习俗，回门第一天是小秋的爹娘招待，第二天就轮到小兰招待了。小兰激动地提前一天就忙活上了，她准备做十二个菜，中午六个，晚上六个，当然少不了自己最拿手小秋也最爱吃的茄夹子。

一早上，小兰就不停地向门口看，希望小秋能尽快上门，直到日上三竿，小秋带着小财才出现在门口。

"姑姑。"身材高挑的小秋穿着一身大红的新衣走进院子，白皙的脸庞洋溢着幸福的笑容，她看着小兰，黑亮的眸子就像清澈的泉水。小秋的旁边就是她的新婚丈夫小财。

看到小秋那幸福的样子，小兰觉得小秋真的是个大人了，她真心地为小秋高兴。

"姑姑。"小财也叫了一声，脸上是幸福自信的笑。从茴香那边算亲戚，小财应叫小兰姨，今天，他要从小秋这边算亲戚，要叫小兰姑姑了。

"哎。"小兰答应着，把他们让到了屋里坐下。

这时，一群小孩子也涌进来，跳着脚喊："看新媳妇了，看新媳妇了。"

小兰看到安安也在孩子们中间，就走过去摸摸安安的头。安安笑着说："妗子，俺几个都是来看新媳妇的。"

小兰笑着对安安和孩子们说："你们别着急，过几年你们也要娶新媳妇呢。"

孩子们都撇着嘴叫起来。

小兰转身拿了一些枣，分给孩子们，孩子们笑着出去了。看着孩子们欢快的身影，小兰很高兴，她笑盈盈地走回院子，高兴地哼起了曲儿。忽然，她想起什么，停住了脚步，脸上的表情也有些凝重起来，她犹豫着又回身，将大门关上，还用门闩将门闩死。

按说，新媳妇带女婿回门，招待女婿的亲戚应该开门迎客，在招待期间也应开着门,意味着可以随时接受邻居的祝福。

可小兰把大门栓死挺让人费解的。

看着姑姑的举动,小秋和小财疑惑起来,他们看着小兰,又互相对视了一眼,不知道发生了什么事情。

小兰回身,看到了小秋和小财疑惑的眼神,觉得自己确实多虑了,又转身走到门口,把大门打开。

小秋和小财又互相对视了一眼,更加疑惑了。

小兰对自己的举动有些后悔,其实刚才自己是突然想到了晓东,一时间竟然担心小财也会遇到被抓丁的危险,所以闩了门。很快,看到小秋和小财的神态,她意识到自己多虑了,又赶紧打开了门。

当然,小兰这样的微妙心理小秋和小财是无法猜到的。

小兰有些尴尬地笑了笑,她觉得如果把今天的举动告诉小秋和小财,肯定会勾起伤心事,可能会影响气氛,就不再解释,而是赶紧给小秋两人倒水。

"姑姑,俺来吧。"小财站起来说。

小兰笑着说:"哪能让你倒水呀?你是新女婿,是家里的贵客,娘家人一定要招待好你的。"

小财笑笑说:"姑姑,俺在家里天天干活的,你这儿有啥活?让俺干吧。"

小兰笑着说:"啥活都不用干,先喝点水就行。"

小秋也笑着说:"姑姑可麻利了,俺娘都经常夸她呢。"

小兰笑着说:"小秋这么会说话,以前俺咋没看出来呀?"

说得三个人都大笑起来,刚才不愉快的气氛消失得一干二净。

第四十九章

小水滴看着夜空中的众多星星，又看看圆圆的月亮。这些眨着眼的星星一直都围在月亮周围，日复一日，年复一年，这些星星是不是也想回到月亮的怀抱？星星们是不是也有着与自己相同的痛苦与焦虑？

那天，小水滴与那条大河的距离越来越近，她觉得自己肯定能回到那条大河了，她激动着，盼望着……可是，吹动自己的风儿却越来越弱，自己与大河的距离到了最近后，却慢慢地随着风儿向上升去。虽然小水滴奋力挣扎着，希望凭自己的力量能回到大河的怀抱，可是，凭自己的力量怎么能与风儿抗衡呢？

那次自己与大河的距离是最近的，近得似乎应该能够实现自己太多年的愿望了，但仿佛有着一种不可知的力量阻止着自己达成愿望。

有了这次经历，她觉得可能自己永远都无法回到那条大河了，她痛苦着。现在，看到夜空的星星和月亮，她觉得自己的判断可能是正确的，星星与月亮就像自己与大河一样，可望而不可即。因为小水滴确信，当自己被大河留在这漫漫黄沙中的时候，这无数次的日夜交替中，没有一颗星星曾经回到过月亮的怀抱。

如果星星能回到月亮的怀抱，自己就能回到大河的怀抱，这样的奇迹能发生吗？小水滴不敢奢望……

第五十章

端午节过后，内战的紧张气氛笼罩在中国上空，百姓们都紧张地关注着，害怕听到第一声内战的炮声。

随着社会的发展，杀人武器也得到了迅猛的发展，甚至有人认为正是人类对杀人武器的追求，才促成了社会科技的发展。不管怎么说，对于民国三十五年的中国百姓来说，都明白国共开战将会是难以预料的可怕！因为这时，国共双方的武器装备是中国历史上最强的，杀人效率变得非常高，生命在武器面前变得异常脆弱。尤其是国民党军队，配备了当时世界上最先进的美式武器装备，一旦战争将会非常可怕。

放眼全国的四万万中国人，绝大多数人都希望国共不再开战，许多百姓们害怕这场内战真的开打，他们寄希望于国共停战协定能永远继续下去。许多人恐惧得夜不能寐，许多人担心家破人亡、妻离子散，许多善良的百姓烧香拜佛、祈求和平。

可是，虽然中国人有四万万之多，却没有能力阻止这场内战，因为只有极少数的人才能决定内战是否开打，只有占全国大约四万万分之一的人真的拥有能力决定是战还是和。具体来说，只有一个人是能决定是战还是和，决定四万万人的命运，他不是神仙，而是一位浙江人，家在南京，他的名字叫蒋介石。

这位能够在民国三十五年决定全国四万万百姓命运的人，从民国十六年开始就认准了他一生的对手，这个对手就是共产党，民国十六年四月十二日开始，他带领国民党和国军部队，举全国之力屠杀共产党。虽然共产党人曾经在东征战场上救过他的性命，在西安事变中曾经保全过他的性命，但是他最想消灭的仍然是共产党。

共产党不希望内战,为此在与国民党的谈判中多次做出让步。中国的军人也不希望内战,不仅是共产党领导下的八路军和新四军,连绝大多数的装备了美式武器的国民党领导下的国军将士也不希望内战。对于中国百姓来说,更是不希望内战。

老天给了蒋介石一个选择的机会,给了他成为伟人的机会。如果他选择了和平,他将真的成为一位伟人,一位可以被传颂千秋万代的伟人。即使他采用不抵抗政策,导致在九一八事变中丢失了东北;即使他对日本一味软弱忍让,与日本签订《塘沽协定》和《何梅协定》,导致中国华北岌岌可危;即使他在十四年抗战期间曾下令掘开黄河,导致近百万中国百姓死亡、几百万百姓流离失所,痛哭哀号;即使他采用焦土政策,导致长沙城被烧得一片废墟,大量百姓被烧死。只要他选择了和平,善良的中国百姓一样会爱戴他的。

年初,中国百姓因为国共双方签署了《停战协定》,觉得和平好像已经到来而欢呼雀跃的时候,他们不知道《停战协定》签订的背景。国民党方面在抢占共产党抗战期间建立的解放区时进行上党战役、邯郸战役失败后,进行战事总结时,觉得抗战结束后,因为国民党主力部队都在远离华北的南方,难以及时调集到华北,导致战事失利,如果主力部队开过来,消灭共产党部队应该不在话下。为此,作为缓兵之计,国民党才签订了《停战协定》。

现在,他的部队调动已经就绪了,他拥有着完全优势的军队数量,完全优势的军队装备,完全优势的作战能力,完全优势的胜算机会。他没有顺应四万万百姓的意愿,在许多百姓以为他在考虑战与和,希望他选择和平的时候,他在调集军队,安排全国战争布局;在许多百姓以为他在考虑战与和,希望他选择和平的时候,他在向国军将领发表消灭共产党的演说;在许多百姓以为他在考虑战与和,希望他选择和平的时候,他在查看作战计划,决定最佳开战时机和开战地点;在许多百姓以为他在考虑战与和,希望他选择和平的时候,他不顾年初国共双方签订的《停战协定》尚在执行期,大笔一挥,随即中国的广袤大地上响起了隆隆的内战炮声。

1946年6月26日,是中国历史上可怕的一天,三十万国民党军队接获上峰命令,向包围了多日的六万共产党中原部队发动了攻击。中国历史上最大规模、最惨烈、最痛心的国内战争开始了。

中国内战爆发了!

这时离停战协定执行只有五个半月的时间，离日本投降只有十个多月的时间。

自古以来，战争与经济都是密不可分的，战争过程的巨大消耗都需要经济来支撑，需要军需物资来补充，对军需物资的争夺，也是战争中的一个重要内容，对此也可称为经济战。内战刚刚爆发，巨量法币和关金券流向共产党控制的解放区，收购粮食、棉花等军需物资，不计其数的刚刚收获的麦子被运出了解放区，流入了国民党的军需环节中。

对于巨量法币和关金券，可以采用增加印刷量的方式获得。只要开动印刷机，花花绿绿的纸片就能换来粮食，随之而来的就是货币贬值，物价上涨。

国民党的计谋成功了，解放区的物价疯狂地上涨了，从内战开始后的一个月时间里，物价猛涨了七八倍，许多百姓看着手中贬值的法币和关金券，痛哭失声。

晋冀鲁豫边区政府出台规定，以冀南币和鲁西币为本位币，不准法币和关金券在边区行使，百姓可将手中的法币和关金券兑换成冀南币和鲁西币使用。冀鲁豫边区行政公署、冀鲁豫军区和由冀鲁豫军区部队编成的晋冀鲁豫军区第七纵队也联合采取措施，平抑物价，使得物价暴涨的势头得到了遏制。

旺财村的村民们也被暴涨的物价吓坏了，内战战场还很遥远，可是百姓们已经领略了内战的可怕。

除了心中的恐惧，百姓们最难以接受的就是解放区将成为国军占领的目标，八路军将成为国军打击的目标。

百姓们心里都七上八下的，原来以为日本投降后，和平的日子就要到来了。可是，没想到和平的日子竟然这么短暂，战争又要开始了。

小兰心里又担心了，她担心未来，还担心宾宾和安安，好像还有许多的担心事。她不明白，共产党八路军对老百姓那么好，士兵们也和蔼可亲，像自家亲人一样，为什么蒋介石非要和他们过不去呢?

内心紧张的不仅是小兰，菊花也害怕了。天刚亮，菊花就来到小兰家，要找小兰说说话。

自从小秋出嫁后，嫂子菊花好像轻松了许多，人也显得年轻了许多，只是满头的白发仍然与她的年龄不协调。可今天小兰看到上门的嫂子满面愁容，满头的白发有些凌乱，脸色憔悴，看样子昨晚没睡好。

小兰想到了国共开战，或许这就是嫂子登门的原因吧。小兰好像看到了多年前的那天，听说蒋介石与阎锡山冯玉祥要进行中原大战，嫂子来找自己的那一幕。

历史竟然不断地重复着，使得人们觉得生活转了多年，又转回来了。可百姓们对战争的恐惧却不是简单重复，而是一次比一次强烈。

“小兰，你觉得咱该咋办呀？”菊花一张口，就来了一句没头没尾的话。

“嫂子，你说的是打仗的事？”小兰问。

“可不是，国共开战了，你觉得共产党能支持多长时间？”菊花继续问道。

“嫂子，你要当诸葛亮呀，要算打仗的事？”小兰笑着说。

菊花叹着气说：“八路军是多好的军队呀？不抓丁、不抢粮、打仗勇敢，说到这儿，俺就想起了民国三十年被打死的那几个八路军，他们没吃的，就揣几个糠窝窝还跟日本鬼子打仗，这么好的部队要是被国民党的部队消灭了，那多让人难过呀？还有，国民党部队回来，遇到战乱岂不是又要卖儿卖女？”

小兰说道：“是呀，如果没有共产党八路军，民国三十一年的灾荒咱咋能挺过去呀？咱清水有句话，人心换人心，八两换半斤呀。八路军就是跟咱老百姓换心的，俺不想看到八路军被消灭。”

两人叹着气，对未来充满了忧虑。

虽然抗战已经结束很长时间了，但日军侵华的暴行调查还需要时间。最近有消息传来，在日本军队攻入首都南京的时候，残暴的日军竟然在南京杀害了三十万中国人。还有，抗日期间阵亡士兵达三百五十万人，全国死亡军民应当在一千万人以上。

真应该与日军清算这累累血账，血债血偿！

好在听说要成立远东军事法庭，旺财村的村民们都在盼望着对日本侵略者的审判，惩罚那些双手沾满中国人鲜血的恶魔。

这天，小兰做军鞋忙活了一天，晚上匆匆吃完饭后，又开始织布了。

在战争期间，粮食、布匹都成了战略物资，有很大需求。村里家家都在做鞋、做衣服、织布，为的就是满足战争需要。

院子里传来脚步声，小兰转头看去，嫂子菊花来了。

“嫂子，你来了？俺去给你倒水。”小兰倒了水，把水碗递给菊花。

“小兰，你听说了没有，国共开战后，国民党军队有400多万人呢，而共产党八路军还不到100万人。国民党军队的飞机大炮很多都是美国制造的，特别厉害，比日本鬼子的武器强了不少，而八路军还是打日本的武器。这国共打仗，俺看共产党可不是国民党的对手。”菊花的眼睛瞪得很大，直直地看着小兰。

小兰觉得“军队、打仗、武器”这些词语从嫂子菊花这个农村妇女的口中说出来，显得很滑稽，她想笑但忍住没笑出来。

“嫂子，你越来越厉害，连国民党共产党的部队有多少、啥武器都知道。”小兰笑着与菊花开玩笑。

菊花看小兰没把自己的话当回事，有些生气地说：“小兰，你别打岔，你知道不？蒋介石可是说过，要在三个月到半年的时间里消灭共产党，那就是说到年底腊月之前就把共产党消灭呢。”

菊花的话可不是随便说的，很多人也这么说。小兰不再笑了，表情有些严肃起来。

菊花说：“小兰，俺想，如果国民党把共产党消灭了，以后清水就是国民党的天下，这有可能就是春节前的事。”

小兰听了菊花的话，有些不爱听，她拉下脸，眼睛看着别处。

这下两人都沉默起来。

过了一会儿，菊花觉得两人的尴尬局面有些过去了，就想了想要说的话，觉得想好了，就说：“小兰，俺今天来咋话说着说着跑偏了，俺今天找你是要说小秋的事呢。”

小兰有些惊讶地问：“小秋咋了？”

菊花看看四周，然后很神秘地凑向小兰说：“小兰，估计你不知道吧，昨天俺到茴香家，小财和小秋都不在，俺和婶子说话的时候，她向俺透露了一个秘密，说小秋想让小财参加八路军呢。”

国共开战后，解放区都在准备应战，清水县组建了战勤指挥部，各区各村也成立了相应组织，许多青年都报名参军了。

小兰看了一眼菊花说：“嫂子，小秋肯上进，又识字，她让小财参军，这说明咱的孩子不简单呀。”

菊花听了，有些着急地说：“小兰，你想想，现在国共开战了，这个时候当兵危险。俺今天到学校找到小秋，让她打消这个念头，俺跟小秋说，打仗可是要死人的，你姑夫自从被抓丁，一直没个信，你一个女人家，还想让小财也回不来？”

“嫂子，你咋净胡说八道呀？”菊花说到了晓东，刺痛了小兰的心。

菊花意识到自己说错了话,赶紧说:“小兰,俺也是劝小秋时着急说的话,说错了,你别放在心上啊。”

“小秋咋说?”小兰问道。

菊花说:“她? 根本没把俺这个当娘的放在眼里,白了俺一眼,哼了一声就走了,你说气不气人。小兰,说句良心话,没有共产党,没有八路军,在民国三十一年的灾荒年,估计小秋和宾宾也留不住了。那时候,很多人粮食不够,就摘树叶吃,八路军也没粮食,有些战士也想摘树叶充饥,可八路军命令战士不准在村庄附近摘树叶吃,因为八路军战士摘了树叶,老百姓能摘的树叶就少了。你想想,连树叶都可能吃不上还要打日本鬼子,这样的军队多好呀! 所以俺知道共产党八路军是为了老百姓的。如果共产党能打败国民党,俺赞成小秋让小财参军,可现在的情况不好呀。所以,小兰,小秋不听俺的话,俺知道她听你的话,你就去劝劝她,让她打消这个念头吧。”

听了菊花的一番话,小兰明白了嫂子的苦心,她拉着菊花的手说:“嫂子,你今天来的目的俺明白了,你确实是为了小秋和小财好。不过经过了这么多年,俺看透了一点,共产党是为老百姓好的,跟着共产党就有活路,即使像你说的腊月前国民党把共产党消灭了,俺觉得也不能劝小秋打消主意。”

菊花看着眼前这个倔强的小姑子,她觉得自己的女儿的性格和她很像,认准了目标后,三头牛也拉不动。她失望地摇摇头,红着眼眶回家了。

在天气最炎热的时候,旺财村的百姓们都在关注着内战的进展。虽然国共部队没有在清水县的周边开战,但老百姓仍然能听到战争的消息:

“国民党集中了三十万军队在河南包围了共产党部队,在那样危险的情况下,共产党部队顺利突围了……”

“江苏、安徽也在进行大规模战争,战事异常激烈……”

“国民党派飞机轰炸了延安……”

“美国把价值二十亿美元的武器弹药以五亿美元的价格卖给了国民党,国民党很多部队都是美式装备了……”

“晋冀鲁豫野战军在河南陇海线两侧与国民党军队正在激战……”

随着战事的进行,清水县动员青年报名参加晋冀鲁豫野战军,旺财村许多青年都报名参军了,在这次参军的年轻人中,也有小财。村里组织了热烈的欢送会，把他们送到了县城。县里还动员壮年农民组织了担架队，旺财村的不少人都参加了支援战争的民工队，旺财村妇救会还组织妇女做军鞋、做衣服、做被子，支援部队。不仅如此，清水县还组织了粮食、柴草、钱款支援部队。

过了几天，爱枝告诉小兰，听说茴香娘干了一件大事儿。原来，茴香娘想小财，她听说小财在濮阳，就一个人带了些钱，到濮阳野战部队看外孙去了。过几天，茴香娘竟然由清水县长派人送回了家。

听说茴香娘回家了，小兰提议和爱枝一起去看看老人，顺便看看怀孕的侄女小秋。爱枝点点头，两人一起去了茴香家。进门后，只见几个妇女正在围着茴香娘说话呢，茴香娘看到小兰和爱枝，高兴地招呼两人坐下，围坐的妇女们也嘻嘻哈哈地与小兰和爱枝说笑着。

“婶子，这次到濮阳见到小财了没？”小兰笑着问。

茴香娘高兴得眼睛眯成了一条线，她边拿花生给小兰和爱枝吃，边笑着说：“见到了，见到了。小兰、爱枝，这次去了濮阳，俺可是见了世面了，咱的部队人多得看不到边，都是像小财一样的年轻孩子，虎实着呢。”

“婶子，听说还是县长派人送你回来的？”爱枝笑着问。

茴香娘眯着眼睛说：“俺也不知道他是县长，看起来胡子拉碴的男人，像个赶车的，他说清水支前的人回去时记得把大娘送回去，俺就回来了。”

小兰笑着说：“婶子，小财参加的是啥部队呀？”

“俺问小财了，一开始小财根本就说不清楚，啰啰嗦嗦地说是啥军区、啥纵队的。俺说，小财，姥娘可知道，打日本的时候咱清水属于第八军分区，你告诉姥娘，现在你们军区是管濮阳、清水、南乐这边八个县还是十个县吧，说了，俺就知道了，结果你猜猜？”茴香娘满脸是笑地说。

“婶子，俺哪猜得着呀？你就说吧，是啥部队？”一个妇女催促道。

“后来俺才知道这可是个大军区呀，不过好记，是河南河北山东山西军区，管几个省呢，后来小财说，他们的部队是第二纵队。”茴香娘说道。

“婶子，听你这么说，俺知道了，小财的部队是晋冀鲁豫军区的野战军的第二纵队，就像是小来和大小儿是晋冀鲁豫野战军第一纵队。”爱枝听明白了，在旁边补充说。民国三十二年，大小儿所在的冀南军区二十一团归属到冀鲁豫军区，与小来在同一个军区，又一起改编为晋冀鲁豫野战军第一纵队。

“对对对，还是爱枝知道。俺就是说不清那个军区名，爱枝，你再说一遍，是啥军区?”茴香娘说。

“婶子,是晋冀鲁豫军区。晋冀,就是山西河北,鲁豫就是河南山东。”旁边一个女人笑着说。

茴香娘尝试了几次,还是说不清楚,惹得大家都笑起来,茴香娘也大笑着说:“你们知道婶子说不清,偏要逗俺说。”

大家笑了一阵子,爱枝说:“婶子,看来小财真是参加了大部队呀,那还有啥稀罕事儿,你说说呗。”

茴香娘说:“这次参军的人多,咱清水县参军的人就有一个团呢,就叫清水团,听说团长是个老红军,打仗可厉害了。”

小兰笑着说:“好哇,这下清水团打仗也差不了,婶子,这一次去濮阳听说啥稀罕事没?”

“有呀,”茴香娘高兴地说,“这次俺可知道了不少事儿,那个清水团团长是个南方人,你猜他喜欢听啥戏?”

“啥戏?”

“喜欢听豫剧呀,他一听咱的豫剧,赶不上吃饭也要听戏呢。”豫剧就是以前的大高调,现在开始称为豫剧了。

“团长喜欢听哪一出呀?”小兰笑着问。

“薛平贵征西。”茴香答道。

听到茴香娘说到了薛平贵,小兰怔了一下,她想起了王宝钏,又想起了自己,有些伤感起来。茴香娘看到小兰的眼光看往别处,就转向爱枝说:“爱枝,你知道濮阳离清水有多远不?”

“好像有六十里吧。”

“部队里可不说六十里。”

“说多少?”

“三十启罗。”

“三十启罗[①]?”大家的注意力又被茴香娘的话吸引了,这是她们从未听说过的词儿。

“这启罗听起来好像是簸箕和筛面的箩,簸箕和箩都没有三尺长,咋一启罗

①启罗:英语kilometre的汉译简称,即公里。

顶二里地呀?”一个妇女不解地问。

“人家野战军哪能和咱一样,簸箕和箩肯定也能派上用场呢。”另一个妇女说道。

茴香娘很满意自己说出“启罗”后大家的反应,她还有一个秘密,说出来估计效果更好。于是,她看看周围的妇女,故意停顿了一下,向前探着身,神秘地说:“这次俺还听说一件大事,你们知道蒋介石家都有啥人不?”

妇女们惊奇地说:“不知道,婶子,你、你去了一趟濮阳,连蒋介石家有啥人都知道了?”

茴香娘认真地说:“婶子不骗你们,俺真的知道,是清水团的团长说的。他说蒋介石他们家是个大家族,人口多,蒋介石有兄弟五个呢。”

大家看着茴香娘,佩服得不得了,茴香娘迎着大家的眼光,很受用,她笑着说:“俺还听说蒋介石的爹娘有本事,给他们兄弟五个都娶了媳妇。”

在旺财村,生养三个以上儿子的家庭,都会为儿子娶媳妇犯愁。能为五个儿子娶上媳妇的家庭,在清水县都会被传得有名,被人羡慕的。

小兰觉得茴香娘真不简单,知道这么多蒋介石的事,笑着说:“婶子,这些事你知道得这么多,确实不简单,俺咋觉得你像佘太君呀?”

茴香娘笑着说:“小兰,你别拿婶子说笑了,俺可比不上佘太君,不过,蒋介石兄弟五个确实已经结婚了,蒋介石的媳妇她们有妯娌五个呢。”

爱枝笑着说:“婶子,你可真厉害。”

秋收后不久,小兰将留给自己的小麦都换成了玉米面。细心的小兰换成的玉米面是去年收成的,这样能多换点。

回到家后,小兰找出了往年用于埋藏地下的缸,清洗干净后,将缸底朝上晾了两天,这样缸的里面就全干了。

这天上午,小兰把玉米面用碗盛着,一碗一碗地放进缸里,等到玉米面快接近缸口的时候,找一个小碗,放进灯芯很短的燃烧的灯油,待火焰慢慢变小时,盖住缸口,将缸口包上油布,就能埋入地下了。

自从民国十七年以后,小兰曾经每年都这么做,这样可以在遇到灾荒年的时候,作为救命的粮食。

除了民国三十一年、三十二年因无粮没有埋粮食外,去年也没有埋粮食。因为去年日本投降了,国家和平了,她觉得生活会好起来,她甚至觉得以后再也不用埋粮食了,因为埋入地下的粮食并不新鲜,不好吃,只是在灾荒年救命的。因为埋了粮食,小兰每年都是将上年埋入地下的陈粮取出,将新粮再埋入地下,所以小兰更多的时候都是吃的陈粮。

今年国共开战,不知前景会怎么样,小兰只好像往年一样,继续埋粮食了。

其实,平心而论,小兰对前景感觉并不乐观,因为国民党的实力太强大了。听说在前不久国共开战后,蒋介石确实说过要在三个月至半年的时间里消灭共产党、消灭共产党部队,即使蒋介石的话有夸大的成分,但至少说明国民党消灭共产党的可能性是很大的。

小兰一碗一碗地往缸里放着玉米面,心里想着这些事,叹起气来。

"妗子,你在干啥呢?"门口传来安安的声音。

小兰转头看见安安正满头是汗地跑进来。

"安安,你咋跑得满头是汗?"小兰说着,疼爱地拿起毛巾,给安安擦着汗,又给安安倒了一碗水喝。

安安接过水碗,咕嘟嘟几口就喝完了。

看着安安可爱的样子,小兰打心里喜欢。

"妗子,你为啥不把玉米面用面袋盛,而是放到缸里呀?"安安好奇地问道。

小兰觉得安安虽然只有十岁,但也该知道一些事儿了,就说:"把玉米面盛到缸里,就能埋到地下了。"

安安觉得奇怪,他微微皱着眉头问:"为啥埋到地下呀? 妗子,这些面你不吃了?"

小兰笑着说:"当然要吃呀。"

安安继续问:"埋到地下的面多难吃呀?"

小兰笑着说:"安安,埋到地下的面不仅不难吃,还是世界上最好吃的。"

"最好吃的? 埋到地下还是世界上最好吃的?"安安摇着头,不相信。

小兰笑着说:"安安,如果和新粮比,埋到地下的面肯定不好吃,但这些面是为了预防灾荒年的。到了灾荒年,把这些面挖出来,肯定是最好吃的。"

经历过灾荒年的安安想了想说:"妗子,啥时候还会遇到灾荒年呀? 俺可害怕过灾荒年。"

小兰拉过安安的手说:"安安,灾荒年不是每年都有的,但万一赶上了灾荒年，就要有预备才能挺过去，这些就是为了防备灾荒年的。”

安安听了小兰的话，沉默起来，看来过去的灾荒年给安安带来了深刻的记忆。

小兰打破沉默说：“安安，你来妗子这儿是要告诉妗子啥事呀？”

安安这才像是想起什么说：“妗子，爱枝大娘夸俺了，说俺写的字很漂亮。”

小兰听了笑着说：“爱枝嫂子啥时候看见你写的字了？”

安安看看四周，神秘地说：“刚才，爱枝大娘把俺叫到她家，让俺写封信，说是寄给大小儿哥的。”

小兰听了有些诧异，问道：“你大小儿哥的一纵部队听说在外边打仗，她写信咋寄出去呀？”

安安说：“不知道。爱枝大娘咋说俺就咋写，她边说边哭，俺挺害怕的。”

“啊？哭啥？”小兰不解地问。

“她说大小儿哥的野战军一纵部队要去东北，二小儿哥的国军五十二军也在东北，如果有一天一纵队与五十二军打仗的时候，让大小儿哥千万要看清楚再开枪，可别伤着二小儿哥，还有，一定想办法在东北找到二小儿哥，让他回家。”安安认真地说。

安安的话使得小兰明白了爱枝的用意。自从抗战胜利后，一直没有收到二小儿的来信，对于家人来说，不知道亲人的生死，无疑是一种痛苦的煎熬。小兰能够体会这种心情，她很同情爱枝嫂子，打算赶紧去安慰安慰她。

进入了秋天，随着战事的进展，战火好像要烧到清水了，因为有消息说国民党部队正派出大量的增援部队，要进攻冀鲁豫解放区了。

全国内战爆发时，国民党军总兵力四百三十万人，其中正规军三百五十六万人，非正规军七十四万人，接受了大量的美式装备和一百万侵华日军的全部装备，在国民党军八十六个整编师(军)中，有二十二个是美械、半美械装备，其中新编第一第六军，整编十一师、七十四师以及新编第五军的装备尤为精良，称为五大主力。解放军总兵力为一百二十七万人，其中野战军六十一万人，地方及后方机关约六十六万人，以步兵为主，少量炮兵，没有海军和空军。总体来说，国民党军队处于优势。

为了尽快赢得胜利，国民党统帅部决定采用全面进攻、速战速决的战略，以一百九十三个旅（师）约一百六十万人的兵力向山东、华中、晋冀鲁豫、晋察冀、晋绥以及中原解放区发起全面进攻，企图在3～6月消灭关内解放军。在进攻冀鲁豫解放区的国民党部队中，就包括了五大主力中的整编十一师以及新编第五军。

随着战事的进行，解放区的大片区域被国民党军队占领，战火将烧到冀鲁豫地区，即将烧到解放区的腹地濮阳、清水和南乐。

随后的日子里，战事的消息不断地传到清水，传到旺财村。

"国民党部队集中了三十二个旅三十万人向冀鲁豫地区进攻了。"

"国民党部队中从徐州开过来的部队还有新编第五军和整编第十一师。"

"新编第五军和整编第十一师是国民党最精锐的部队，全部是美式装备，攻击力非常强悍。"

"国民党部队中从郑州开过来的部队还有整编第三师、四十一师、四十七师。"

"晋冀鲁豫野战军的第二纵队、第三纵队、第六纵队、第七纵队和冀鲁豫军区部队正在与国民党军激战。"

"原来投降日军的伪军孙殿英部队被收编为国军暂编第三军，孙殿英成了国军的军长。"

激烈的战斗消息源源不断地传来：

"清水南边的定陶战斗特别激烈，国民党部队有飞机、坦克……"

"定陶战斗结束了，国民党整编第三师被野战军全歼了，还歼灭了其他敌军的部队。"

清水的百姓们还没高兴几天，又有新消息传来：

"国民党新编第五军和整编第十一师继续往北进攻了，新编第五军占领了菏泽，整编第十一师占领了定陶。"

"新编第五军和整编第十一师进攻钜野了，刘邓大军和敌军在激战。"

"孙殿英暂编第三军部队中秋节那天在河南浚县和滑县向八路军进攻，后来占领了浚县和滑县，八路军退到了濮阳了。"

大家又紧张起来了。

清水县政府组织各村支援作战，出动了民工队、担架队，慧英、小甫都参加了清水的运粮队，支援前线了。

战争的消息继续传来，让人有些喘不过气来。

“国民党部队继续往北进攻，一路进攻钜野、郓城；一路进攻鄄城；还有一路进攻濮阳，三路军队的进攻方向都指向了清水一带……”

“晋冀鲁豫野战军在鄄城南部的黄河故道缴获了不少国民党部队的汽车和美式榴弹炮……”

“国民党一一九旅被全歼了，旅长被俘。”

国民党部队因为装备精良，机动性强，再加上飞机、坦克、大炮的攻击，使这场战事一直向北推进，从定陶向北打到菏泽，又经菏泽打到鄄城。现在国民党部队又跨过了干涸的黄河，向濮阳进犯了。

这次战斗可能要来到清水了，旺财村村民们都紧张起来，他们互相传递着听到的战事的消息，甚至能听到远处传来的枪炮声

旺财村口的公路上可以见到队伍调动行军，旺财村也经常有部队夜晚留宿，第二天一早就急匆匆出发，战士们的神情也非常严肃，让人觉得战事很紧张。

村民们都全力投入到支援战事的行动，民兵们也配合着县里进行行动，男人们有的参加了担架队，有的运粮运物，女人们做军鞋、织布，支持前线。

这天，已经深夜了，有人进了小兰的家门，大声喊着小兰，这人是菊花。

“嫂子，咋了？”小兰听到嫂子的声音，赶忙到院子里迎上去。

菊花关了大门，拉着小兰就进了屋，这些反常的动作使得小兰意识到可能出大事了。

“小兰，俺给你说的话应验了吧？”菊花紧张地说。

“啥话？啥应验了？”小兰疑惑不解地问。

“蒋介石的话呀？”

“啥话？”

“三个月到半年消灭共产党呀？”

小兰看着菊花，不解地说：“共产党没被消灭呀？”

菊花着急地说：“小兰，眼看着国民党军队要打进清水了，这不刚好离国共开战半年呀？蒋介石说六个月消灭共产党的话成真了。”

小兰看着菊花，没好气地说：“嫂子，听了你的话，好像国民党打到清水就是消灭共产党了？咱清水有这么重要？蒋介石知道清水在哪儿不？”

听了小兰的话，菊花意识到自己有些失态了，她想了想说：“是呀？你这么说提醒了俺，好像还没到最后的时候，刚才俺咋觉得好像天要塌下来一样。”

小兰问道:“嫂子,你今天找俺来,就是为这事儿?”

菊花点点头说:“是呀,俺没别的事。”

小兰松了一口气说:“刚才你的样子可把俺吓坏了,以为出了啥大事一样。”

菊花有些尴尬地说:“俺刚才是有些着急了。”

小兰问:“小秋怀孕五个多月了,你没去看她?”

菊花说:“小兰,你说到小秋,俺刚才就是从小秋那儿过来的。”

“小秋的身体还好吧?”小兰关心地问。

“还好,只是俺为小秋担心,她是军属,如果国民党部队打过来,小秋可能就危险了。小秋说蒋介石有五大主力部队,主力部队可不是闹着玩的,很厉害呀,正在攻打濮阳的部队中就有两大主力,主力呀!”菊花说到“主力”有些紧张,听起来像是“妯娌”。

小兰觉得“妯娌”这个词很耳熟,她忽然想到几个月前茴香娘告诉过自己蒋介石的媳妇有五个妯娌,现在她想到茴香娘听到的可能就是五大主力。很少出门的茴香娘听错了,因为那个清水团的团长既然是老红军,很可能是南方人,南方人说的是“主力”,发音在北方人听起来就可能像“妯娌”,所以茴香娘将“主力”听成了“妯娌”,然后就编出了蒋介石兄弟五个的事儿。“主力”竟然成了“妯娌”,想到这里,小兰觉得太可笑了,禁不住笑出声来。

“小兰,你笑啥?”菊花不解地问。

小兰看着菊花,她想到了捉弄一下嫂子,就装作认真地说:“嫂子,你知道你特别害怕的蒋介石家有啥人不?”

菊花没好气地说:“不知道。”

“蒋介石他们家是个大家族,人口多,光蒋介石就有兄弟五个呢。”小兰故意将眼睛睁大好像真有那么回事。

菊花看着小兰,有些不相信地说:“真的?”

小兰强忍住笑说:“蒋介石的爹娘特别有本事,给他们兄弟五个都娶了媳妇。”

菊花被小兰的话吸引住了,她转过头问:“你听谁说的?”

小兰没有回答菊花的话,继续说道:“蒋介石的媳妇她们有妯娌五个呢。”

菊花笑着说:“小兰,你说的是真事儿?”

小兰笑着说:“你刚才不是说蒋介石有五大妯娌部队呀?五个妯娌,肯定就是兄弟五个的媳妇了。”

菊花明白了小兰拿刚才自己着急时的口误捉弄自己，就笑着冲过来，说着：“你这个小姑子没大没小，竟然敢捉弄嫂子，看俺不收拾你。”伸出手拧小兰的耳朵，小兰嘻嘻哈哈地躲避着，屋里的紧张气氛一扫而光。

在一个寒冷的夜里，旺财村的村口闪过两个黑影，他们踩着熟悉的土地，躲过村口放哨的民兵，躲过村里巡逻的民兵，进到了村里。一个黑影压低声音问：“小财哥，回到家，家里问起咱为啥不在部队打仗，咋回家了，咱咋说呀？”

另一个黑影就是小财，他低声说：“咱可不能说是偷跑回来的，那样多丢人呀。咱就说部队让咱回清水办事，顺便回家看看，不管谁问都这样说。”

对方点点头，两人分头走开，蹑手蹑脚向家里走去。

从小财的话语中可以得知，这两人竟然是逃兵，从与国民党部队的作战前线逃回来的。没有上过前线打仗的人无论怎样想象作战的残酷，或许都是不够的。小财曾经作为民兵，参加过反攻营，参与过与伪军的作战，他以为国共开战只不过是再打一场与伪军的战斗。可是，等到真的参加了晋冀鲁豫野战军与国民党部队作战的时候，才发现战争的残酷远远超出了他的想象。对面的敌人是国民党部队中赫赫有名的五大主力之一的新编第五军。作战时，国民党的飞机在天上不断地扔下炸弹，震耳欲聋的爆炸声中，炸弹弹片飞射着，夹杂着高温的火团以及灼人的气浪，非常可怕；敌人的枪声都是一串串响的，枪口竟然吐着火舌；还有敌人火炮的轰击，使得小财觉得战场成了阎王爷的夺命场。他吓坏了，在一次战斗之后，扔下了自己手中的汉阳造，与同村的伙伴偷偷退出了战场，长途跋涉，跑回了家里。

就在小财和伙伴的身影消失在夜幕中的时候，旺财村的媳妇水莲做了一个梦，梦中她看到穿着一身新衣裳的娘来到家里。水莲知道，自己很小时爹就病死了，守寡的娘辛辛苦苦地把自己养大，泪眼婆娑地看着一顶小轿把自己抬出了家。这些年，尤其是日本鬼子打进中国的十四年，娘在恐惧中奔逃，在寒冷中挣扎，在饥饿中忍耐，得了一身病。她一直想好好孝顺娘，可是做得并不如意。在她的印象中，娘总是非常节省，舍不得吃，舍不得穿，经常穿着打满补丁的衣裳。水莲给娘做的一件新衣裳只有在过节时才穿，看着让人心酸，没想到，今天娘竟然穿着新衣裳来看她，真是让她高兴。

在水莲无奈卖掉桂柳的时候,她娘难过得有些疯癫了,直到桂柳被赎回来,她娘的疯癫才稍微减轻了一些。水莲看着娘走进屋来,看到长高的外孙女桂柳,高兴地说着什么,抱着桂柳不舍得撒手。

水莲觉得奇怪,怎么娘说的话自己听不清楚呀,是娘说话声音小还是自己的听力出了问题?正疑惑间,水莲身体颤动了一下,醒了,原来,刚才是做了一个梦。

看着黑漆漆的四周,想着娘,水莲的泪水顺着脸颊流下来,流到枕头上,打湿了枕巾。

天亮了,有人进了旺财村,进了水莲的家,带来一个悲伤的消息,水莲娘去世了,水莲痛哭起来。

水莲的男人带着水莲和桂柳去奔丧,水莲和桂柳坐在推车里,壮实的男人推着独轮车,在村民们的安慰声中,向村口走去。水莲不停地哭喊着"俺的娘呀,俺的娘呀",懂事的桂柳也哭着。快走到村口时,只听见水莲的男人大叫着"俺的娘呀,俺的娘呀",水莲觉得声音不对,抬起红肿的双眼,只见男人眼望着村口的公路,大声地喊叫"俺的娘呀,俺的娘呀"。水莲转脸望过去,只见冬季的村口公路上,弥漫着高高的黄尘,黄尘覆盖着的地面上,赫然地看到一辆辆黑绿色的坦克行驶在公路上。

"国军来了,国军来了……"水莲惊呼着,带着桂柳跳下车,往旺财村跑。水莲的男人也吓得扔下推车,摇摇晃晃地跟在水莲娘俩后面,向村里跑去。

旺财村口公路上的坦克后面,就是配备着全部美式装备的国民党部队中的五大主力部队之一的新编第五军士兵。

在国军的部队中,有许多屡建奇功的部队,其中就有新编第五军。

新编第五军的前身是国民革命军陆军装甲兵团,在抗日期间的民国二十七年初扩编为第二〇〇师,年底又扩编为新编第十一军,是当时中国唯一的机械化部队。民国二十八年初,新编第十一军的番号改为第五军,抗日期间,第五军承担着许多重要战事,在闻名全国的广西昆仑关战役中,重创日军多支王牌部队,又作为远征军先头部队,在远征缅甸期间,保卫滇缅公路,参加同古保卫战,立下了赫赫战功。全国内战爆发后,第五军经过整编,被称为新编第五军,全部配备了美式装备,从徐州出发,向共产党的冀鲁豫解放区发起进攻。

新编第五军在进攻冀鲁豫解放区的三十万国民党部队中,作为最勇猛的部队,与共产党赫赫有名的晋冀鲁豫野战军多次交战,胜多负少。因新编第五军攻势凌厉,一些解放区新参加野战军的新兵竟然吓得丢下武器,跑回家乡了。

在与共产党部队的战争中,新编第五军作为国民革命军的模范部队,也开始丢掉国民革命军的光荣传统,在作战期间,滥杀解放区百姓、强抢粮食、强奸妇女,甚至将一些年轻妇女抓进军中,充作军妓,将国军的声誉败坏了。

当新编第五军的部队进入清水后,许多百姓的心理是非常复杂的。首先,自从抗战开始,作为当时的国军第二十九军改编的第一集团军南撤后,百姓们周边抗日的国军只有八路军了。如果不算三十九集团军,这次新编第五军进入清水,是时隔九年后百姓们见到的第一支国民党领导的国军。百姓们对这支国军的感觉,好像是挺复杂的,细细探究起来,这种感觉很像是多年没有来往、感情有些淡漠的亲戚,亲情虽在,感情很少。在抗战的岁月里,百姓们多么希望能看到更多的国军来到华北,来到河北,来到清水,九年过去了,日思夜想的国军终于来了,他们拥有着国军最强大的军力,最好的美式装备,但不是与日军作战的,而是来与百姓们心目中最好的部队八路军作战的。他们看着新编第五军,心里有几分恐惧,不知这支部队会怎么对待全力支持八路军的百姓;也有几分失落,觉得国军已经不是九年前的百姓心目中的国军了;还有几分希望,希望看到的仍然是百姓心目中像第二十九军那样的国军。

随着新编第五军进入清水,一批跟随国军的地主武装也来到了清水。他们是一批没有人性的队伍,依仗着新编第五军的军力,对新编第五军占领的解放区进行疯狂的杀人、抢粮、抓丁,其残暴程度一点不逊于日本鬼子。

旺财村的几个年轻人被抓丁了,粮食被抢了,有村干部被残酷地杀害了,那都是在抗日战争中为老百姓做了很多事,在老百姓心目中颇有威望的人。旺财村的百姓们最难忘的是当这些残暴的新编第五军和地主武装用凶残的手段处死村长乐金时,极度痛苦的乐金发出的长长的凄厉的号叫声。许多年以后,百姓们提起乐金的那声号叫时,仍然不寒而栗。

新编第五军从清水还向北打到了南乐和大名,在清水肆虐了一个多月,后来在共产党晋冀鲁豫部队的进攻中,离开了清水,离开了河北。百姓们对新编第五军和地主武装的残暴充满了痛恨,也对蒋介石和南京国民政府充满了痛恨。国共开战后短短半年时间,蒋介石和国民党在华北解放区成功失掉了从民国十七年北伐成功后积累了十九年的民心。这还不算完,又经过两年时间,蒋介石和国民党在全中国成功失掉了从辛亥革命以来积累了三十八年的民心，简直是神速。没有了百姓支持的军队，纵然有先进的美式装备，纵然有光荣的历史，纵然有丰富作战经验的将领和士兵，都是无法逃脱失败的命运的。有着先进的美式装备，有着光荣的历史，有着丰富作战经验的将领和士兵的国民革命军新编第五军，在离开清水的不到两年的时间里，就有了命运的结局，在淮海战役中一部分向共产党部队投降，另一部分被共产党部队歼灭。

春天来了，这是民国三十六年（1947年）的春天，传来了一些重要的消息。

清水东南面的流经濮县、范县、濮阳的黄河在未下雨的时候竟然有水流淌了，而且河水不断上涨。原来是黄河花园口在民国二十七年被南京国民政府炸开的决口在进行修复后合龙了。这样原来在花园口决口后黄河流经的河道就没有黄河水流了，黄河水开始沿着花园口决口前的河道流淌了，这一度被称为“老黄河”或者“黄河故道”的干涸多年的河道终于有水了。

有一个好消息，当年制造南京大屠杀的日军第六师团长谷寿夫被南京国民政府国防部法庭判处死刑，随后被执行枪决，算是对三十万南京冤魂的一份告慰。

有一件可怕的事传遍了村里，国民党部队竟然打进了延安。延安失守了，是不是说明共产党与国民党的较量失败了呀？清水的百姓们都为毛泽东等共产党的中央领导捏一把汗，不知他们能不能摆脱危险。

还有一个好消息，小秋生了，生了一个可爱的女孩。这个女孩一来到世上，就尽情地哭着，嘹亮的哭声响彻了旺财村。小秋给孩子起了一个好听的名字——秀秀。

秀秀的爹小财没有陪在小秋的身边。在经历了新编第五军和地主武装的杀人暴行之后，小财意识到了自己应该回到晋冀鲁豫野战军与国民党部队作战，他对自己当逃兵的行为感到羞愧和自责。在新编第五军和地主武装离开清水后，他告别了即将生产的妻子，告别了年迈的姥娘，与那个同是逃兵的伙伴在一个寒冷的夜里，踏上了寻找部队的路。

清水南部的战事仍然进行着，许多消息仍然不断传来：

“国民党为什么要急急忙忙把黄河水引到黄河故道，就是为了将黄河作为屏障，让共产党部队无法很容易地过黄河，将共产党消灭在黄河以北。”

“国民党部队重点要进攻陕北和山东，就是想把陕北和山东占领后，把共产党部队包围，形成一个大包围圈，利用国民党军队数量众多的优势，把共产党消灭在包围圈内。”

“蒋介石神机妙算，共产党情况不好呀。”

“刘邓大军要在河南北边攻打国民党部队，如果打不赢，清水就将是国民党的天下了。”

村民们也紧张地打听着战事的进展，心里都忐忑不安的。他们希望被称为刘邓大军的共产党晋冀鲁豫部队能够获胜。

战争中不断传来好消息：

“国民党部队在河南北边被共产党部队打败了。”

“国民党五大主力部队之一的整编七十四师被华东野战军消灭了，师长被打死了。”

“刘邓大军在安阳、汤阴消灭了大量国民党部队。”

“孙殿英的部队在汤阴被刘邓大军消灭了，孙殿英被活捉了。”

“豫北之战歼灭了国民党部队四万多人……”

在战争的过程中，清水县继续组织担架队为打国民党出力。慧英和小甫在家里住了几天时间后，又随着担架队出发了。

“这担架队咋像军队一样？刘邓大军一直打仗，这担架队也一直跟随着，连家里的农活都顾不上。”菊花向小兰抱怨着。

小兰紧着劝菊花：“嫂子，现在是打仗最关键的时候，部队在前面冲锋，担架队就要在后面支援着。你有什么困难就跟村里说吧，村里会帮你的。”

菊花笑着说：“俺只是说几句，要说困难还没有，因为村里都把家里的重活包了，俺只是希望他们早点回来。”

民国三十六年的春天对于全国百姓来说，不仅没有感觉到春天的暖意，反而是寒气逼人，阴冷中传来一个个苦不堪言的消息，因为国民党发动内战，导致国内经济不断恶化。首先是年初的时候，全国黄金暴涨，然后就是物价飞涨，许多国统区百姓们的生活每况愈下。

蒋介石和国民党政府仍然执意将战争进行下去，为了在战争中取得武器优势，他们将从国统区百姓那里搜刮的钱财换成美元，购买美国积压的用于二战的剩余战略物资。为了引诱蒋介石购买这些和平时期用不上的战略物资，美国人给予蒋介石的折扣也越来越多,从国共开战最初的2.5折,一路下跌,据说最低的时候竟然只有0.1折。火力大、操作简便的美式武器源源不断地运到中国,夺取着无数中国人的生命。

全国到处都在举行反内战、反饥饿的游行,却遭到国民党特务的镇压,使得游行的口号从反内战、反饥饿发展为反内战、反饥饿、反迫害。国民党越来越不得人心。

国共交战的优势逐渐从国民党转向了共产党,许多解放区百姓出于对国民党的痛恨,动员更多的青年人参军加入共产党的队伍。

夏天,刘邓大军四个纵队十二万人,在濮阳东面的隶属于山东的东阿至濮县的横宽三百里的地段强渡黄河,开始了对国民党统治区域的反攻。随后,这四个纵队向南进军,挺进大别山。国民党的大别山一带防区被共产党部队冲击得凌乱不堪,国民党的战局越来越糟了。

共产党部队的规模不断壮大着。当玉米和高粱有尺把高的时候,宾宾和虎子跟着县里组织的支前送粮队去南乐,见到了一只准备南下的队伍,一打听竟然是晋冀鲁豫野战军第十二纵队。晋冀鲁豫野战军从两年前的四个纵队已经发展到了至少十二个纵队,作战能力大为提高。

秋天到了,清水县旺财村的土改完成了,土改工作队将地主富农的多余的土地进行了没收,分给了雇农和贫农。

小兰分到了一亩土地,加上原来自己的一亩土地,小兰拥有了两亩土地。小兰终于完成了年轻时的愿望,她高兴地到公婆的坟上哭了半天,告诉他们,经过自己的努力,加上土改的好政策,家里终于有两亩土地了,达到了公婆离世前家里的土地数量。

对于小兰来说,种地虽然辛苦,但却是最大的享受。她知道,作为一个农民,她相信土地,相信土地能种出粮食,有了粮食就有了希望,有了保障,使得生命能够延续、家族能够振兴,使得亲情被赋予了更多的色彩。因此,小兰在田地里干活时从来不吝啬汗水,她知道汗水浇灌的是丰收的喜悦。

哥哥家也分到了三亩土地,事后小兰从宾宾那里听说,分到土地的那天,嫂子菊花高兴得哭了一夜。

收了秋粮,种了麦子,村民们开始了新的生活。这时传来了消息,共产党部队解放了河北省的工业城市石家庄。

共产党打败国民党已经存在可能性了。

在忙忙碌碌中,民国三十七年(1948年)到了,旺财村的百姓们迎来了春节。

这年的春节可不同往常。

首先,是共产党部队在战场上节节胜利,使得百姓们对未来充满了希望。大家都高兴地谈论着国民党何时被打败的话题,到那时,中国将迎来真正的和平,这可是经历了五六十年的战乱后的和平,多让人期待呀。

还有就是家家都拥有了土地,这可是从来没有过的,是以前想都不敢想的好事。

大家都在憧憬着和平生活的内容:有的说那时候每天下地后都可以在天黑时回家,家里人也都一个不少地围在一起吃饭,不用担心孩子哪天被卖掉,也不用担心哪天土地被卖掉;还有的说以后每年的大年初二都能带着媳妇和孩子去看望老丈人,那该多好呀;还有的说一年一定要吃一次壮馍……

村民们的高兴劲真是难以言表。

大年初二,是小兰回娘家的日子,也是小秋回娘家的日子。小秋领着秀秀回来了,秀秀可爱得不得了,全家人都特别喜爱她。

二妮儿也回来了,她已经知道了小秋生了女儿的消息,还给小秋的女儿做了一件夹袄。菊花看见二妮儿,还因为前年拒绝了二妮儿的儿子与小秋的事有些尴尬。二妮儿倒是大度地拉住菊花的手说:"嫂子,二十多年了,你在俺心里既是嫂子也是姐姐,俺不会生气的。俺还一直为你高兴呢。"

菊花也高兴地拉着二妮儿说:"二妮儿,你不生气就好。"

刚过了二月二龙抬头的日子,就传来了消息,有部队要来濮阳、清水整训,有部队将进驻旺财村。这支部队可不是普通的部队,是消灭了国民党五大主力之一的整编七十四师的部队。

村民们高兴地收拾屋子,腾出房来,安排床铺,等待部队进驻。

村长李贵卿向全村人公布了接待部队的准备和给村民们饭费的安排。村民们都说:"俺要慰劳咱的队伍,俺自己出钱出粮都愿意呀。"

过了几天,部队到达了,旺财村在村口敲锣打鼓地把来村里驻扎的部队迎进了村。小秋等几个小学老师带着学生帮着战士们联系住家,指引路线。秀秀跟在小秋身后,蹒跚着脚步,呀呀地说着什么,快活极了。

看得出来,进村的士兵们很疲惫,脸色憔悴,眼睛里布满了血丝,身上的衣服也因为打仗补了许多补丁,但他们的精神很好,不停地向忙活的人们道着谢。

随着小兰来到家里的是四个战士,一问起来,两个是去年参军的山东人,一个是前年参军的江苏人,还有一个年龄大一些的是安徽人,竟然是今年参军的。

过了几天,部队给他们发了新军装。经过几天休息后,四个战士一个个显得意气风发的,非常有气势。

这些战士是华东野战军第一兵团第一纵队的士兵。

那个年龄大的安徽士兵看起来有四十多岁了,个子不高,脸上有不少皱纹。当他穿着普通衣裳时,看起来和旺财村的普通农民没什么区别,甚至动作和神态都非常像。可是当他穿着军装,裹上绑腿拿起枪时,俨然又变成了神采奕奕的野战军战士,这种变化让小兰一直觉得挺惊讶的。

大家都叫这个士兵老陈。

有一次,小兰和老陈聊天时,小兰问起了他有几个孩子,之前还很开朗的他竟然低下头去,不再说话。等到他抬起头时,眼圈竟然红了。

看到老陈的神色,小兰知道自己问错话了,她有些后悔:"这些战士是来村里整训的,应该让战士们精神饱满的训练、生活,自己的话好像勾起了这个战士的伤心事。"

小兰赶紧转了话题,避免了场面的尴尬。

在战士们整训期间,县里的豫剧团来旺财村唱戏,这可是难得的好事。

今天演的是什么戏呀?

村民们互相询问者,好像也没问出来,有的村民们说,不用问,如果不是《穆桂英挂帅》就是《红娘》,要么就是《王宝钏守寒窑十八年》。还有的村民说,怎么都是女人戏呀,或许不是《古城会》就是《空城计》呢。后来,有人说戏名叫什么女,小兰觉得肯定是《杨门女将》,这可是自己最爱看的戏。

吃过晚饭后,战士们列队出门了,小兰收拾完了家里,也出门看戏了。演戏的地方在村口的空地上,等小兰到时,大戏已经开演了。

村民们和战士们已经把空地挤满了,一个个仰着脖子,全神贯注地望着戏台。

小兰踮着脚尖,从众多脑袋的缝隙中勉强能望到戏台。在汽灯照亮的戏台上,一个矮个子老汉正在给他的穿着破旧衣服的闺女系头绳。

"这是啥戏呀?没有辕门外的三声炮,没有天波府的杨家人,没有佘太君,没有穆桂英,咋看都像是个村里常见的农民家庭呀?”小兰觉得挺奇怪的。

后面有人也姗姗来迟,有人问道:“三哥,这是啥戏呀?咋不是《大刀刘金定》呀?也不是《李天保吊孝》呀?”

旁边有人搭腔说,这是新戏,叫《白毛女》。

小兰也是第一次听说这个戏名,以前确实没听说过。

戏台上,一帮面目狰狞的人来到矮个子老汉家,好像逼着矮个子老汉还钱。矮个子老汉还不了钱,那个穿着破旧衣服的闺女就被这帮面目狰狞的人抓走了。

大家都在骂这些坏人,小兰却为那个穿着破旧衣服的闺女的命运担忧着。

她忽然想起来自己那早年被卖掉的侄女小春,她觉得虽然那个穿着破旧衣服的闺女比小春大,可也还是个孩子,她将会面对怎样的命运呢?

一时间,她竟然觉得那个女孩就是自己的侄女小春,好像觉得自己将会在接下来的时间里看到小春的命运。她有些紧张起来,额头开始出汗了。

旁边,有人说这个闺女叫喜儿,是个可怜的孩子。小兰看到喜儿在地主家被虐待,她觉得那就是小春在受虐待,那个扎在喜儿身上的针就像扎在小春身上,也像扎在自己心上,她为小春的不幸流下了眼泪,也跟着村民们一起骂那个残暴的地主婆,为穷人的命运鸣不平。

看到不堪虐待的喜儿偷偷跑出了地主家,小兰为喜儿逃出了魔窟而高兴。她终于可以不受地主的虐待了,可以跑到安全的地方了。可小兰仍然为喜儿的命运担心着,她能跑到哪儿呢?她身上没有钱,怎么生活呢?她如果跑回家,那些面目狰狞的人能放过她吗?能放过她的爹爹吗?她的活路在哪儿?不管哪种可能,对于喜儿来说都是可怕的,都是不敢想象的,她还是个没长大的孩子呢。

戏台上,喜儿没敢回家,她也没逃往外地,而是躲避到了离家不远的山里。

真是聪明懂事的孩子。

小兰赞叹着还是少女的喜儿。喜儿逃出地主家后,没跑回自己家,说明她知道自己回家后地主还会追来,自己不仅可能被抓回,还有可能给爹爹带来危险。她没跑到外地是因为她身上没钱,无法生活,逃掉山里是非常聪明的选择,一来离家不远,等到有机会可以回家,二来山里容易躲避,还有,喜儿可以在山里摘些野果充饥,这样就可以活下来了。

想到这里,小兰高兴得笑了。她仿佛觉得自己的侄女小春也躲过了危险,能够活下来了,她觉得只要喜儿躲避一段时间就可以与爹爹团聚了。

小兰喜欢看这些好人最后有好报的戏，比如《王宝钏守寒窑》《狸猫换太子》，最终都是好人团圆了，好人得到好报了。她觉得喜儿能与爹爹团聚作为结尾实在是太好了，她期待着这出戏的结果，期待喜儿与爹爹团聚的时刻。

心情刚好起来，小兰忽然又觉得有问题。喜儿从地主家逃离时还是冬天，这喜儿穿着单衣，她该怎么挺过这寒冷的冬天呀？

小兰的心又一次揪了起来，她不知道喜儿在躲过地主的虐待后，还能不能躲过寒冬的侵袭，她又想到，这冰冷的冬天怎么会有野果子呀？不要说野果子了，就是山泉水估计也冻成冰了。

小兰真的开始为喜儿的命运担心了，她觉得这个女孩的不屈服的性格非常像自己，如果自己遇到这种情况下，也会不顾一切地逃跑的。一时间，她觉得这个喜儿既像小春，也像自己，她觉得自己的灵魂完全被喜儿的命运摄去了。

忽然，一个浑身雪白的人来到了戏台上，她一身衣服全是白的，脸色苍白，更让人震惊的是，她的头发竟然也全是白的！

“白毛女，白毛女……”

台下的观众喊了起来。

小兰吓得惊叫了一声，她知道，这个像女鬼一样的人竟然就是她一直担心着命运的喜儿，这个逃出了地主家魔窟的坚强女孩竟然变成了头发全白的像女鬼一样的人！她难以接受这样悲惨的一幕，没想到，她视为侄女小春和自己的逃到山里的喜儿竟然会成为了白毛女，她大哭起来，因为她知道，刚才自己对于喜儿命运的担心有了答案，这个答案就是喜儿成了白毛女。

看着白毛女喜儿仍然在戏台上坚强地面对生活，她为这个不幸的女孩哭泣着。看着白毛女喜儿那飘散的白发，她竟然又想起了嫂子菊花，她第一次看到菊花的满头白发时，嫂子也是很年轻的，那时这白发对自己的震撼的一幕，又展现在自己眼前。

看着戏台上了白毛女，小兰从她身上看到了侄女小春的影子，看到了自己的影子，还看到了嫂子菊花的影子。她坚信，这个白毛女身上有中国妇女的影子，也有着自己亲人的影子。

小兰哭得像个泪人。

看过《白毛女》后的很长时间里，小兰的心里一直很难过，她牵挂着白毛女的命运。嫂子菊花看过《白毛女》后，竟然也有与小兰有同样的感受，将白毛女看成了被卖掉的小春,为此小兰还与嫂子在一起哭了几次。她们觉得与白毛女、白毛女的家庭相比,自己多幸福呀,如果小春没被卖掉,还在家里,全家该多幸福呀。

华野士兵的整训分为军事素质训练和提升思想觉悟两部分。

军事训练的第一阶段是以提高士兵的单兵战斗能力为目的的训练,包括瞄准、射击、投弹、拼刺与肉搏、土工作业、爆破技术等内容。第二阶段是以小建制单位的联合作战为目的的训练,包括分别以班、排、连的整体进攻、防御、战术变化等。

提升思想觉悟的内容是共产党部队独有的内容,是以“诉苦运动”开始的思想教育,让士兵们知道共产党部队与国民党部队打仗不一样,打仗不是为了发饷吃饭,而是为了穷苦大众的解放,是为了穷人的翻身,为了中国的富强。

这样的整训在所有的共产党部队进行着,经过整训,部队士气高昂,作战能力大幅提升。这为在全国范围内打败国民党部队打下了坚实的基础。

整训过程中传来了好消息,被国民党部队侵占了一年零三个月的延安被西北野战军收复了。这样的消息使得旺财村的百姓对未来的生活充满了信心,这样的消息使得整训的华野士兵士气大振,对未来的胜利充满了信心。

幸福的生活当然离不开幸福的内容,旺财村迎来了幸福的日子,已经分到百姓们手中的土地要发放土地证书了。

村民们都来到了村公所,大家非常兴奋。

“以前都是忍饥挨饿,家庭遭难的事儿,现在是好事一桩接着一桩。”

“政府分了地,还发土地证,这下俺可是放了心了。”

“俺家要把土地证供起来……”

“俺睡觉都要抱着土地证,这可是全家的命呀。”

大家都高兴地笑着、蹦着,觉得从未有过的幸福到来了。

当小兰把自己的土地证拿回家时,四个战士都围过来观看,这个看完那个看,都不愿撒手。

“俺参军的时候,俺家也在土改,是不是也能分地,也能有土地证呀?”年轻战士梧桐是山东临沂人,他攥着土地证,满是羡慕地说,“如果俺娘也能有土地证,也能像村里人这么高兴,俺就算死也值了。”

小兰笑着说:“现在解放区都在分地,你们家当然也能分地呀。”

梧桐说:“可山东大部分还在国民党手里,要赶紧把国民党赶走。”

同样也来自山东临沂的战士金贵说:“俺就想赶紧上战场,把国民党打跑,然后回家种地、盖房子、娶媳妇。”

而江苏兵和安徽兵却有些愁眉不展。

吃完晚饭,安徽兵老陈一声不吭地坐在院子里一角抽烟,烟袋锅随着老陈抽烟,也发出一下一下的亮光。亮光照着他那饱经风霜的脸,也照出他满脸的忧伤。

小兰出门时就看到老陈在抽烟,等到她忙了很长时间回来时,看他仍然在那里抽烟,院子里满是呛人的烟味。

“老陈,你、你不会是、是一直在抽烟吧?”小兰咳嗽着问。

老陈知道自己抽烟呛着小兰了,有些歉意地站起身,想说些什么,可一时有些语塞,不知说什么好。

“老陈,你是不是遇到啥难处了?你如果有难处就说出来,俺跟村里干部说说,看村里能不能帮帮你。”小兰说道。

老陈听了小兰的话,低下头,嗫嚅着说:“这个,这个……”

既然没有否认,看来老陈确实有什么难处,小兰示意老陈坐下,自己也借着月光从旁边拿出一个板凳,坐了下来。

“老陈,你们来整训了一个多月了,俺也不知道你家里的情况,要么你说说家里的事吧。”看着老陈欲言又止的神情,小兰先说了话。

老陈想了想说:“我是安徽人,家就在淮河边上,民国十四年,奉军打到安徽江苏,孙传芳为了与张作霖作战,就到处抓丁,我就被抓走了。”

“啊?你也是被抓丁的?”小兰吃了一惊,她没想到,老陈和晓东一样,也是被抓丁的。

老陈这时因为回想往事心情激动,没注意到小兰的语气变化,仍然继续说:“我没有兄弟,只有一个妹妹。被抓走时家里已经穷得很了,那时家里有爹娘,还有驼背的奶奶。”

小兰看着黑暗中的老陈,觉得他的经历一定很坎坷。

“奶奶驼背就是因为长年干农活累的,我原来想等我长大了要好好孝顺奶奶,可是刚刚十七岁就被抓走了,”老陈继续说,“我被抓走后,就在部队里打仗,可很快就打了败仗,被奉军俘虏了。为了活命,我又参加了奉军,与孙传芳的部队打仗,有一次当经过家乡时,我想跑回家,刚离开部队就被抓回去了,还被打了一顿。班长对我说，我已经参加了奉军，是苏浙联军的敌人，如果回家有可能被枪毙，吓得我就不敢回家了。

“在接下来的时间里，我打仗又被西北军俘虏了，我又参加了西北军，在韩复榘的部队，还参加了对奉军的北伐，接着又参加了中原大战，还到湖北与红军作战，被俘虏了两次，又被放了回来。再后来我到了韩复榘的部队，在山东参加了和日本人的作战，可没打就跑。到了抗日胜利后，我想回家，可军官说等三个月消灭了共产党就能回家，没想到和共产党的华东野战军打仗又被一纵俘虏了。我决定加入一纵，因为我知道只有共产党才是真心为穷人的。今天看到你们领到手的土地证，我羡慕得不得了，如果我的家乡也能有共产党政府，也能分地，也能领到土地证，全家人在一起该多高兴呀。”

听了老陈的话，小兰吃了一惊，她没想到，这个中年战士是刚刚才加入华野的，她接着问：“那华野消灭整编七十四师的战斗你参加了没？”

老陈有些难为情地说：“我真没脸说，那时我还在国民党军队呢，我是整编五十七师的，在抗日战争时就与新四军打过仗，多次被打败，去年在整编七十四师被消灭后，整编五十七师和华野在沙土集打了一仗，就在那一仗我被俘虏了，然后就参加了华野。一开始华野军官嫌我年龄大，要给我路费让我回家，我不想回家，说了不少好话，才让我留下的。”

小兰笑着说：“老陈，你的这么多被俘虏的事，别说俺不知道，就是知道，也觉得没啥。虽然你刚参加华野，那也是打国民党的士兵，也是好样的。村民们都一样会对你好的，你不用担心这些。”

老陈听到小兰的话，知道小兰没理解自己的意思，就说：“我有心事，但不是为这事，这些我已经向部队领导坦白了。我要说的是，看到你们拿到土地证，我想家了，我想奶奶，想爹娘，还想妹妹。”

小兰说：“你可以先给他们写封信呀，这样他们就会给你回信了，见信如见面嘛。”

老陈说：“我哪敢给他们写信呀？万一给他们带来麻烦可怎么办呀？”

小兰问：“那你被抓丁后总共没给家里写过几封信吧？”

老陈犹豫着说：“不是没给家里写过几封信，是从来没给家里写过信。”

小兰大吃一惊：“啊？从民国十四年到现在，现在是民国三十七年，已经二十三年了，从来没有给家里写过信？”

老陈瞪着眼睛说:“没写过。”

小兰急切地问:“你离开家二十三年都不给家里写信?那家里还不以为你死了?”

老陈想了想说:“可能会吧,我也不知道。”

小兰说:“那你就赶紧给家里写信,让家里人知道你还活着。”

老陈点点头说:“那我想想。”

老陈的话给小兰的触动很大,不是因为老陈多次做俘虏的经历,而是他二十三年都不给家里写信的事。由此,她联想到晓东,晓东离开家已经二十四年了,也从未给家里来信,他会不会像老陈一样,他还活着,会不会在某个村庄,晓东正被别人称为老王呢?晓东从未给家里写信,虽然在家里人看来是不可能的事,会不会对于军人来说却是习以为常的事?

晓东可能还活着?

随后的几天,小兰都是在心神不宁中度过的,因为她那天听了老陈的话后,从老陈想到了晓东。他们的经历太像了,从抓丁、打仗、被俘、又打仗,离家二十多年来没给家里写过一封信,如果老陈有媳妇,她媳妇每天想的,想不通的,都会是和自己一样的问题。如果自己将他比作晓东,他一定会有许多晓东也会有的想法,那自己为何不找他问问呢?或许他还能告诉一些自己想不到的线索,帮助自己找到晓东呢。

虽然有了这个想法,小兰还是有许多顾虑的。首先是向一个素不相识的男人讲自己的心事,好像有些不太方便,还有,对方会不会笑话自己想男人呀?小兰还想到这几天老陈已经有些心事重重,如果他明白了自己的心事,意识到他的家人可能也会有着与自己相同的想法,会不会引起思想波动,影响以后的打仗呀?老陈毕竟是俘虏过来的人,还没有与国民党部队打过仗,如果自己的话影响了老陈,随后再影响到部队,那多不好呀!

一时间,小兰想打消向老陈询问这个念头,可是,她又担心部队调动后,很难再有机会向老陈问问题了,犹豫间,小兰心里非常焦灼。

这一天,小兰下定决心,找老陈,把心里的问题问清楚,她不能错过机会了。她来到正屋门口,叫了声老陈,老陈从屋里出来了。

“大嫂,你找我?有事吗?”虽然住了很长时间,可老陈还第一次看到小兰的神态这么严肃,这么客气。

“老陈,俺有个事,想让你出出主意。”小兰尽量将语气放缓。

“什么事呀?”老陈问道。

小兰把老陈让到院子里,两人找小凳子坐下,她想直接问问题,可一时不知从何说起。老陈看着欲言又止的小兰,不知道小兰要说什么。

“老陈,俺不瞒你,俺的男人也是早年被抓丁的,”小兰还是开了口,既然开始说话,小兰觉得好像不那么艰难了,“那是民国十三年,直奉大战的时候,一支直系部队从村口经过,在村口抓了三个人,其中有俺的男人。”

听着小兰的话,老陈震惊得张大了嘴。

“他们三个人都参加了榆关石门寨的一仗,其余两个人都回来了,只有俺男人没回来。回来的人说俺男人也可能投降了奉军,可是从民国十四年后就再也没有消息,也没有给家里写过一封信。老陈,你给出出主意,他有没有可能还活着?”

老陈问:“大嫂,你的男人认不认字呀? 在部队里,很多士兵都不识字,想给家里写信也写不了呀,当官的会写字,可谁能求得动呀。”

小兰连忙说:“俺男人可是上了七八年学堂的,被抓走前是县里的第一小学的教员呢。”

老陈看了小兰一眼说:“会不会他给家里写信,家里没收到呀?”

小兰说道:“以前也有人这么说过,说见过因为打仗,邮局的人都跑光了,信扔了一地,没人管。”

老陈说:“有这种可能,他如果写过信,以为家里收到了,可能就不再写了。”

小兰说:“俺不担心他不写信,只是因为他没有消息,俺担心……”

其实小兰心里岂止是担心呀? 她都快要绝望了。

“老陈,你们部队里像你这样岁数的士兵多不多?”小兰继续问道。

“很多。你想,大多数人打了这么多年仗了,人变得只会打仗,只愿意过打仗的日子,过一天算一天,让他们回家种地,可能还不习惯呢。”老陈说。

“老陈,假如你的家人要找你,不知道你在哪儿,咋着才能找到你呀?”这是小兰心中最重要的问题。

老陈挠挠头发,认真地想了想说:“我如果不给家里写信,家里根本找不到我。”

小兰看着老陈,心里满是失望。老陈好像感觉到了小兰的失落,他犹豫着说:“大嫂,我在部队经历过一些事,不知说出来,你能不能承受得了?”

小兰觉得老陈可能要说紧要的话了,有些紧张,但是还是说:“老陈,你说吧,俺已经承受了很多年了,你的话俺能承受。”

老陈说:“大嫂,有些在外边打仗的人,虽然已经结婚了,可是如果有机会见到喜欢的女人,他或许就会另娶,如果是这样,他就可能不敢给家里写信,或者没有等到能给家里写信的机会,这样家里就收不到他的信……”

小兰吃惊地看着老陈,一时不知说什么好。

老陈并未注意到小兰的表情变化,他觉得小兰没有哭,说明真的能承受,就接着说:“还有,在战场上打仗可不是闹着玩的,我有一个兄弟打仗时被炮弹震倒了,虽然看起来身上好好的,没有受伤,可是看到我都不记得我叫什么了,也想不起自己是哪儿的人了,虽然说话打仗都行,可就是有很多事记不住了……”

小兰看着老陈,有些紧张地说:“老陈,俺知道晓东在石门寨就打过仗,部队中过地雷,虽然乐金看他没事,会不会已经被炸得不记得家里了?”

老陈赶紧说道:“大嫂,这都是我经历过的一些事,你可不要觉得晓东也会遇到,一个人一个命,命命不同,或许哪天他就进门了呢。”

小兰低下头,喃喃自语道:“如果拿他另娶和忘记事情相比,俺情愿他在外边另娶了。”

说完,小兰站起身,顾不上与老陈打招呼,一人向屋里走去,她的脑海里浮现出晓东向乐金询问留震时的模样,那应该是可能已经失忆的模样,脸色苍白,神情慌张,不知道自己来自哪儿,却记得要找留震,这是多么可怜的情景呀……

第五十一章

高空中的小水滴赫然发现，那条大河的河面竟然又变宽了，她有些不敢相信，可反反复复看了许多遍后，她不得不相信这样的事实——大河的河面又恢复了原来的宽阔，大河又回来了！

河面仍然与过去一样宽，平静从容，蓝色的天空和洁白的云彩倒映在河面上，美丽而安详。河面的流向虽然是弯弯曲曲的，却是与之前有水时的弯弯曲曲是相同的，每一道弯曲，每一处回转，都是那么的熟悉，那么的亲切，那么的美好，那么的安详。

大河又回复了宽阔，是不是预示着自己能回到那条魂牵梦萦的大河呢？

自己何时才能回到那条大河呢？

第五十二章

在天色还没有黑透的时候，小兰终于将地里的麦子收完了，她拖着疲惫的身子，顶着满天的星斗回到了家的时候，觉得可以松口气了。整训的华东野战军部队已经离开了一段日子了，家里很安静。她简单地吃了饭后，又收拾了家，就上床睡觉了。日本投降了，国民党军队被打跑了，现在睡的是踏实觉，这是多么惬意的事呀，生活多么美好呀。

小兰很快进入了梦乡，甚至还轻轻地打着鼾。

月儿升起老高，这又是一个宁静的夜晚。

忽然，小兰的家门想起了笃笃笃的敲门声，这声音一直不停地响着，还有女人的声音："小兰，快，快开门呀。"

敲门声打断了小兰的美梦，她一骨碌翻下床，揉着眼，打着哈欠向外走去。

"谁呀？"小兰边走边随口问着。

"小兰，是俺，快开门。"是嫂子菊花的声音。

小兰吓了一跳，下午收麦时还见到嫂子，打招呼时都很正常呀，这大半夜的有什么事儿吗？忽然，小兰想到，嫂子半夜来肯定发生了大事，是好事还是坏事？难道哥哥小甫出事了？还是小财？……

想到这里，小兰的睡意早消失得无影无踪了，她赶紧打开门，只见黑暗中嫂子已经推门进来。

嫂子从来没有这么不管不顾，看来确实发生了大事，小兰紧张地问："嫂子，出、出啥事了？谁出事了？"

黑暗中的菊花声音颤抖着说："小兰，小春有消息了，小春有消息了……"

小兰有些不敢相信自己的耳朵，她抓住菊花的手说："嫂子，你说的是小春不？小春回来了？”

菊花激动地说：“小兰，咱村的民兵迷糊在濮阳支前后回村，特意拐到家里，他说在濮阳有个年轻媳妇听他说话是清水的口音，问他是哪个村的，他说是旺财村的，那个媳妇就向他打听旺财村的大槐树，还打听你哥哥的情况，然后就急急忙忙地走开了，俺刚才想了半天，觉得这个媳妇可能是小春。”

“啊？小春？在濮阳？……”小兰激动得浑身发抖，盼了多少年，终于盼来了小春的消息，她没死，她还活着，可能嫁人了，这真是好消息呀。

“小兰，俺想好了，既然你哥哥和宾宾不在家，俺到濮阳去找她，一定要把她找回来。”菊花说着话，又呜呜地哭起来。

小兰也激动地说：“嫂子，俺和你一起去找。”

两人哭了一阵子，菊花提出现在就出发，为了女儿她一刻也不愿意耽误了，她还说自己把家里的钱都带上了，见了小春，一定要给她买些好吃的，弥补一些心中对小春的愧疚。小兰也从家里拿了一些钱，又带了一些水和干粮，和菊花一起出门了。

黯淡的月光似有若无，村庄仍然笼罩在夜幕中，小兰和菊花走在黑暗的街上，并不觉得害怕。脚下的路是走了许多年、无数遍的路，即使闭着眼睛，她们也能一点不错地走出村去。以前，不论是下地还是出村，这样的路走了太多太多，这是家乡的路，不知何时，这样的路已经与自己的生命结合在一起了，这是铺满了世代情感的路，寄托了世代的希望，留下了众多的记忆。

两人要走出旺财村了，看到那个死亡了的大槐树的树根，仍然让人想起那段伤心的岁月。出了村，来到了去往县城的公路上，夜幕中，虽然看不到前方，但她们知道，前方有她们寄托了多年的爱，多年来内心的希望。

“嫂子，迷糊咋知道那个年轻媳妇就是小春呀？”小兰有些不放心地问。

“迷糊只比宾宾大两岁，小春离开家时，他还没出生呢，他咋能确定呀？”菊花不忍心说卖掉小春，而是说“小春离开家时”。

“那你咋知道他见到的就是小春呀？”小兰继续问。

“他说，那个媳妇的长相和你有些相像，咱清水有句话说，侄女像姑姑，她打听你哥哥，又打听大槐树，不是小春还能是谁？”菊花接着说。

小兰听了点点头说：“看来真是小春，这孩子这么多年没消息，没想到竟然在濮阳，离清水这么近，她咋不早点回家呀？”

菊花有些难过地说:“小春那么聪明伶俐,从小她奶奶就教她说叫啥名,家住哪儿,爹娘叫啥,小春被卖掉时已经七岁了,应该记着家在哪儿、俺觉得她现在不是不知道家住哪儿,而是她不愿意回家。”

“她为啥不愿意回家呀?家里人都那么想她。”小兰问道。

菊花说道:“俺觉得她可能还在嫉恨当年俺们把她卖了,七岁的孩子离开爹娘,谁知道她将遇到啥样的命运呀,她如果还有恨,就不愿回来。俺想找到她,就是要告诉她俺们有多想她,让她不要嫉恨家里,让她回家。”

说到这里,菊花呜呜地哭起来,小兰也哭着安慰菊花,姑嫂两人抱着哭起来。两人走一阵,说一阵,哭一阵,向南走去。

等到远处传来公鸡啼叫的声音时,她们已经来到清水县城了。在记忆中的清水县城的城墙和高大的北门已经不见了,这勾起了小兰的回忆。如果没有日本鬼子的侵略,清水的城墙一定仍然巍然挺立着,北门的城楼也会存在,可是,日本鬼子占领了清水,依靠城墙为堡垒占据着县城,而保护了清水多年的城墙影响了解放清水。为了打击日本鬼子而无奈拆掉了城墙,虽然城墙没有了,可清水百姓们是不会忘记城墙的。

穿过清水县城,两人继续向南走,遇到一个拉脚的毛驴车,小兰问清了是去往濮阳的,就和菊花上了车,等到太阳升得很高时,两人来到了濮阳县城。濮阳县城和清水的格局差不多,也是由东西南北四条街组成。

虽然濮阳与清水相邻,可小兰和菊花都没有来过,她们看着陌生的县城,看着熙熙攘攘的人群,一时不知如何是好。后来她们想到,先到濮阳最热闹的地方,那里遇到小春的可能性最大,她们打听到濮阳最热闹的地方是十字街的四牌楼,就一路询问着来到四牌楼下。

四牌楼是由四根石柱支撑阁顶的建筑,上面有四个牌坊。刻着小兰菊花不认识的字,牌楼下人流涌动,真是一处热闹的地方。

“小兰,这么多人,咱咋找小春呀?”菊花看着满眼的人们,这才意识到在众多的人群中寻找小春,无异于大海捞针。

小兰也觉得两人急着来濮阳找小春,没能多问些情况,没有线索,怎么找呀。小兰转头问菊花:“嫂子,濮阳这么大,要在街上找小春哪能找到呀?你想想,迷糊说没说在哪儿见到的小春呀?最好知道哪个街道就好找了。”

一句话提醒了菊花,她皱着眉头,手指挠着白发,低着头说:“好像迷糊说了,是、是……咋越着急越想不起来了?”

小兰赶紧说:“嫂子,你别着急,慢慢想。”

菊花急得恨不得揪下自己的头发,她转着圈说:“好像、好像……对了,好像有水,俺记得他说那个地名时俺想到了咱清水,没错,没错,是有个水字。”

“嫂子,别急,知道有水字就差不多快想起来了,你慢慢想。”小兰仍然不停地劝说着。

可是,菊花根本控制不住自己,越来越着急,可越急越想不起来。后来,她干脆捶打着自己的头,哭了起来。

路边已经有人停下脚步,向菊花这边观望了。小兰觉得在街上让人看着不好,就把菊花拉倒路边的树下,慢慢安慰着菊花。

过了一段时间,菊花止住了抽泣,心情慢慢地平静了一些。小兰看着菊花伤痛的样子,心生怜悯,就站在旁边,不再说话。不过,小兰觉得情况不算特别糟糕,因为能知道小春与迷糊见面的地方有水字,与不知地名相比,不知好了多少倍,只要多找人打听,应该是可以找到的。她看到菊花有些平静了,就说道:“嫂子,你不用担心了,俺想濮阳有水字的地名不一定很多,咱只要打听有水字的地名,多问些人就能找到小春了。”

听到小兰的话,菊花觉得有道理,有了希望,流着眼泪笑了。

小兰和菊花开始向过路人打听有水字的地名,许多人表示不知道,还有人说濮阳境内流经的河流有黄河、卫河、金堤河、马颊河、徒骇河,还有许多小河,而且有些河还有别名,比如马颊河还称濮水,所以在濮阳如果要打听有水字的地方应该很难找。

看着希望慢慢消失了,菊花有些沮丧,她坐在路边,喃喃地说:“俺真后悔,迷糊告诉俺地名时,俺应该让他写下来的。”

小兰看到菊花又失落起来,赶紧劝道:“嫂子,你别太难过了,要么这样,二妮儿嫁到濮阳这么多年了,她男人就是濮阳人,找他们打听一下不就知道了?”

菊花看了一眼小兰,眼睛一亮,随后又低下了头,小声说:“因为小秋的事俺拒绝了二妮儿,她可能还在生俺的气呢,俺咋好意思见二妮儿呀?”

小兰说道:“嫂子,那都已经是过去的事了,以二妮儿的为人,她不会记在心上的。再说,今年大年初二二妮儿回村的时候,还给秀秀做了一件夹袄,你俩不是也有说有笑的?”

菊花犹豫着说:“那俺也担心二妮儿这回见了俺不高兴。”

小兰说:“嫂子,为了找小春,有啥困难也要闯过去呀。”

菊花点点头说:“对,为了小春,应该找二妮儿,她要不给俺好脸色看,俺就忍着,只要能找到小春就行。”

两人说好了,就要动身时,小兰又停住了脚步,菊花看着小兰,满脸疑惑。

“小兰,你咋不走呀?”菊花催促着。

“嫂子,有个麻烦事。”小兰有些紧张地看着菊花。

“咋了?”菊花问。

“俺不记得二妮儿家在哪儿?”小兰满脸通红地说。

菊花有些急了:“小兰,你和二妮儿要好了这么多年,咋不知道二妮儿住哪儿呢?”

小兰说:“嫂子,二妮儿刚刚结婚时,告诉了俺她住哪儿,可是,已经过去了二十多年了,俺不记得了。而且,当初二妮儿告诉俺她住哪儿的时候,俺从没想到会来濮阳找她,所以压根儿就没当回事儿。”

刚刚出现的希望又破灭了,两人沮丧地低下了头。小兰看着菊花,不知说什么好。

两人站了一会儿,菊花看着路上的行人,有一个满脸胡须、黝黑壮实的汉子经过,忽然心有所动,她喃喃地说:“李逵,宋江,对了对了……”

小兰看着语无伦次的菊花,担心嫂子承受不住再次失去小春的打击,导致神志错乱,就着急地问:“嫂子,你咋了?咋扯到水泊梁山的李逵、宋江那儿去了?你可别吓俺啊。”

菊花高兴地说:“是水泊梁山,俺刚才看到走过去的那个壮汉,忽然想到了李逵,……那个地名有水泊,地名是三个字,叫啥水泊……咱小春能找到了……”

菊花拍着手,笑得像个孩子。

三个字的地名,知道了后两个字是水泊,那么三个字的地名就很容易问出来了。

兴奋的两人又向人打听着,终于有一位老人说他知道县城西南有一个地名叫西水泊,菊花听了高兴地说她要找的地方就是西水泊。

西水泊并不是像《水浒传》中所述的大片的湖面,而是一片杂乱的水洼。因为西水泊一带地势很低,一下雨时,雨水就会流到那里,积水形成的水洼被人戏称为水泊,就有了西水泊的名字。

小兰和菊花走到西水泊时,已经是深夜了。如果不是为了能够见到小春,无法想象两个小脚女人除了坐了半天赶脚的驴车外,竟然走了一天一夜。极度疲惫的她们走进了一个村子,有一位好心的大婶儿见到两个女人无处栖身,就热心地邀请她们到家里住下,还给她们做饭吃。两人表示感谢的同时,向这位大婶儿打听有无一个参加支前的叫小春的年轻媳妇,应该是二十七岁了,在二十年前离开家的,可能在这一带生活。大婶儿说自己嫁到这个村子已经三十多年了,这个村子肯定没有叫小春的,水洼附近有几个村子,或远或近,都进行过支前工作,明天可以在附近找找。听了大婶儿的话,两人不免有些失望。

第二天一早,小兰和菊花就起了床,两人想给好心的大婶儿一些钱,作为住宿和吃饭的费用,可大婶儿坚决推辞不要,还让小兰和菊花留下了姓名和家庭地址,说她以后留意着这件事,如果听说了小春的消息,就让人给小兰和菊花捎口信。两人不停地道谢。

临出村时,好心的大婶儿看出两人踌躇的样子,猜出她们想在村子里寻找,就带着她们在村子里转了几个来回,见到村民就讲述两人的事,后来还带她们到村公所,向村长叙述了情况。村长找来了村妇救会主任,甚至还到了年龄相仿的几个年轻媳妇家,经确认都不是小春,小兰和菊花带着满心的遗憾,告别了好心人,向其他村子走去。

那个年轻的妇救会主任很同情小兰和菊花,就在随后的几天陪同她们到相邻的村子打听,可是仍然没有小春的下落。后来,小兰和菊花又在西水泊去县城的主要路口等了三天,仍然没有小春的身影。

“小兰,咱在西水泊这几天,可是查得够细致的,见不到小春,可咋办呀?”菊花叹着气,一脸失望。

小兰也满面愁容地说:“嫂子,咱再等等,或许能见到小春呢。”

其实,两人心里明白,这次可能无法找到小春了,那是不是说明眼看能找到小春又要杳无音信了?她们无法面对,也不敢面对。

从濮阳回到村子里后,菊花和小兰找到了迷糊。迷糊的爹听说因为迷糊的一句话就让菊花和小兰白跑了一趟濮阳,心里老大不忍,拿着鞋底子,满院子追着迷糊,要抽他。迷糊边跑边解释着,说他本来就知道那个媳妇不是小春,因为她问的大槐树不是旺财村的,可是菊花大娘抓住他的袖子,追问会不会是小春的时候,那急切的表情把他吓坏了,他不敢说不是,就随口编了一通瞎话,菊花大娘问得越多,他只好编得越多。他觉得只不过就是一句话,让菊花大娘高兴就行,没想到菊花竟然那么当真,还跑了一趟濮阳,最后不停地叫着大娘,让原谅他这一次。

迷糊边跑边说地把话说完了,累得满头大汗,迷糊爹也追得快累瘫了。菊花和小兰也跟着迷糊转圈有些晕乎了,大家只好坐下来,喘着气,互相看着,菊花失望地哭起来。

端午节过后不久,传来消息:北平、南京、广州、上海的学生举行了大规模游行,抗议美国扶植侵略中国、给中国造成了沉重灾难的日本。还有消息说,北平的许多大学教授为了抗议美国扶植日本,宣布宁愿饿死也不吃美国援助的粮食。

原来,虽然远东国际法庭对侵略中国的日本罪大恶极的战犯进行了审判,但更多的战犯被美国无罪释放,还有很多犯了罪的政客不仅没有问罪,还被重新启用,而且,日本又在建立武装部队了。

许多中国人都被激怒了。

小兰觉得情况挺严重的,她无论如何都想不通,美国为什么对曾经偷袭过珍珠港,曾经凶残地杀死过无数美军士兵的日本这么仁慈。美国怎么会这么糊涂?

美国扶植日本,等日本强大后会不会再侵略中国?自己将如何面对以后的生活?小兰有些担心了。

夏天到了,清水暴雨如注,许多地方都积水成河,旺财村也像是泡在水里一样。

小兰看着落在院子里的大雨,这可是将近十年不遇的大雨了。小兰想起来上次大雨是九年前,也就是民国二十八年,也是这么大的雨,一个小伙子来报信,日本鬼子将卫河河堤掘开,茴香一家大部分都被淹死了。

那可怕的一幕好像就在不久前一样。

时间过得好快呀。

小兰想起了茴香,眼前浮现出茴香笑盈盈的脸庞。这个伙伴的生活虽然艰难坎坷,但她总是那么乐观,那么善良。

如果茴香能活下来该多好呀?自己就能与她一起感受日本投降时的喜悦和快乐,一起诉说生活的艰难,共同体会和平的珍贵。

这时，小兰听到门外有啪啪的踩水声。

“谁在下这么大雨的时候还出门呀？是来找俺的？”想到这里，小兰有些紧张起来，她向门口看去，很快有人站在门口，竟然是安安。

“安安，出啥事啦？”小兰拿起身边的雨伞，边撑开边向门口快步走去。

安安大口喘着气，急得想说些什么，可越着急越说不出来。

小兰边给安安抚着背边说：“别急，把气喘匀了再说。”

安安喘着气说：“妗子，二妮儿姨死了，咳咳……大妮儿大娘在哭呢，你快去吧。”

小兰只觉得头嗡的一声，接着觉得天旋地转，一下子瘫倒在地上。

原来，晌午刚过，从濮阳来了捎信人。冒着大雨来捎信的是一对四十多岁的中年夫妇，他们说他们是二妮儿在濮阳的邻居，有一个不好的消息——二妮儿死了，二妮儿的男人谢品轩也死了。

原来，二妮儿的男人自从在八年前日本鬼子逼着吸毒开始，染上了毒瘾，虽然在日本鬼子被打跑后曾经多次戒毒，但都没有成功，反而每次戒毒失败后，毒瘾越来越大。为了吸毒，曾经风度翩翩、做生意脑筋活泛的谢品轩将家里的财产全部败光了，家里一贫如洗，还将家里的名声败坏了，儿子长大了也说不上媳妇，二妮儿在多次绝望之后，与谢品轩服毒自尽了。

曾经幸福的二妮儿竟然落得这样的结局，是小兰万万没有想到的。她多次回想着二妮儿那开朗漂亮的面容，有儿时的，有少女时的，还有出嫁时的。她想起了自己初次去天津卖布时，二妮儿歪着头问这问那的神态；想起了自己在天津的集市哭泣时，二妮儿骂大妮儿黑心的义气，向自己介绍钞票换大洋时的豪爽和自信；想起了二妮儿找自己，想让小秋做自己的儿媳妇时，脸上的期盼和祈求。不管何时，二妮儿留给自己的印象一直都是幸福和祥和，想不到，二妮儿的生活中竟然有那么多的痛苦，让她最终在绝望中走上了不归路。

小兰的心被刺痛了，她刚刚觉得生活充满了幸福，可是自己的儿时伙伴竟然那么决绝地离开了这个世界。或许这个世界在二妮儿眼中不是幸福的，否则她怎么舍得抛下两个儿子，抛下姐姐一家，抛下她要好的伙伴呢？

给二妮儿办完了丧事，大妮儿将文喜和武喜带回了旺财村。除了大妮儿的关心和疼爱，小兰、小姣、菊花、爱枝等妇女像对自己的孩子一样，对两个孩子无微不至地关心着。两个孩子对大家的热情款待很感激，可是受不了人们眼中怜悯他们的目光，虽然这种目光是没有恶意的，而是饱含爱意的。他们在旺财村住了三天就回濮阳了，今后的路还很长，需要他们自己勇敢面对。

当玉米和高粱长高的时候，清水地区的百姓见到了一种新的货币，与冀南币的比价为10:1。小秋告诉菊花和小兰，这种新的货币叫晋察冀边币，是与鲁西币、冀南币一样的边区货币。只是以前晋察冀边币只能在晋察冀边区流通，自从春天晋察冀边区与晋冀鲁豫边区合并后，就在晋冀鲁豫边区流通了。

当玉米和高粱要收获的时候，清水的百姓听说华北人民政府成立了。华北人民政府管辖的区域就是晋察冀边区与晋冀鲁豫边区合并后的区域，清水属于华北人民政府的冀鲁豫边区。

当玉米和高粱收获到家的时候，个子高高的宾宾背着秀秀登门找小兰了。秀秀那白净的小脸满是动人的笑容，两只肉乎乎的小手抓着一张花花绿绿的纸。

“秀秀，俺的乖乖。”小兰笑着从宾宾背上抱过秀秀，亲着秀秀可爱的小脸。

秀秀看着小兰，笑嘻嘻地用稚嫩的声音叫着姥娘。在秀秀的亲人中，秀秀是最晚学会叫姥娘的，为此，小兰经常笑着向嫂子菊花抱怨着不满。嫂子总是笑着说早晚都一样。

“姑姑，给你看一个稀罕物。”宾宾笑着对小兰说。

“啥稀罕物呀？姑姑可是走南闯北的，啥稀罕物俺没见过呀？”小兰笑着说。

宾宾说：“姑姑，你看看秀秀手里的东西。”

小兰光顾得逗秀秀，没留意秀秀手里的花花绿绿的纸，她将秀秀换到右手臂抱着，看着那张纸，说道：“秀秀，让姥娘看看你手里拿的啥？”

“花纸纸。”秀秀笑着说。

小兰轻轻地拿住那张纸，秀秀松开了手，小兰将纸展开一些，原来是一张钞票。

这些年来，小兰见识了太多的钞票，可是这张钞票她没见过。不是鲁西币、冀南币和晋察冀边币，也不是法币、关金券，更不是早年的货币，货币上有方块字有数字，印着“壹圆”的字样。她不解地问：“宾宾，这是啥钱呀？”

“姑姑，这是大妮儿姨从一个外地做买卖的手里换来的，当稀罕物给俺娘看的，俺娘刚才在路上说让你看看，说你肯定没见过。”宾宾笑着说。

“俺看出来是一块钱呀，这有啥稀罕的？”小兰没有多少兴趣。

宾宾笑着说:“姑姑,你知道这一块钱合多少法币不?”

小兰不以为然地说:“合多少?一块?三块?还是五块?”

小兰已经很长时间没用过法币了,她真的对法币不了解了。

宾宾大笑起来,笑得小兰有些莫名其妙。

“姑姑,这一块钱合300万法币!”宾宾说。

“多少?300万?你说错了吧,是300法币吧?”小兰简直不相信自己的耳朵。

宾宾笑着说:“姑姑,俺不骗你,大妮儿姨说的,这一块钱真的合300万法币。”

小兰看着手里的钞票,反反复复看了几遍,然后说:“你大妮儿姐咋这么有钱呀?她从哪儿弄来的钱,不会是假币吧。”

宾宾说:“姑姑,看来你不相信,这一块钱只能买一块手巾。”

这下小兰更加吃惊了,她瞪着眼睛说:“宾宾,你说这合300万法币的一块钱只能买一块手巾?”

宾宾笑着说:“姑姑,这钱叫金圆券,是南京国民政府前两个月开始使用的,听说在解放区以外的地方使用。”

小兰看着这张金圆券,喃喃自语道:“俺的天呀,俺当年拼死拼活好几年,好不容易攒了二百多法币在你大妮儿姨那儿买了一亩地,如果俺那时有这买一块手巾的钱,估计就能把咱乡的土地全买下来了。”

宾宾笑着说:“姑姑,刚才在路上,俺娘对俺说,你肯定要说这句话,因为俺娘见到这钱时也是这么说的。”

小兰仍然没有从吃惊中缓过来,她心事重重地说:“如果有人十年前把地卖了,把法币留到现在,不知道心里后悔成啥样呢?”

转眼到了民国三十八年,许多人这时已经开始使用公元纪年了,这就是1949年。

清水原来使用的冀南币和鲁西币都被人民币取代了,据说人民币将是全解放区使用的统一的货币。许多人都到县城去用大洋、冀南币和鲁西币兑换人民币,小兰也去兑换了,但她特意将原来要留给晓东的那一块大洋留下了,放在身边。虽然这块大洋已经在家里放了十八年都没用上,但在小兰心里这块大洋寄托着自己的感情,让她割舍不下。

时局变化很快，在东北，共产党部队东北野战军消灭了东北的五十万国民党军队，解放了东北，取得了辽沈战役的胜利。接着，淮海战役结束了，国民党部队惨败，很快，平津战役结束了，天津解放了，北平也和平解放了。

共产党与国民党的较量已经明确地分出了胜负，这时共产党战胜国民党已经不是能不能的问题，而只是何时战胜的问题。

天津的解放使小兰有了太多的感触。想起来，自己第一次去天津卖布时，遥远的天津就与自己的生活有了太多联系，自己成长的过程，攒钱买地时满怀的希望，都与天津分不开。在天津，自己也遇到了很多好人，她想起了大林，他在卢沟桥事变后专门跑到集市，劝自己离开战火中的天津。不知大林的情况怎么样了，但愿他全家能躲避战争的祸患，躲避日军的残暴屠杀，祝愿他全家幸福。

小兰还想起了那个好心的廊坊媳妇三凤，她收了小兰的布，就信守承诺当晚到集市给孩子喂奶。不知她的情况怎么样了，希望她和她的孩子都能平安。

小兰还想起了自己生命中遇到的更多的好人，如晓东家一直感谢的救了晓东爷爷的命的黄河边的人；还有嫂子菊花的爹娘；还有自己和小秋跑了三十里逃命后，用小车把自己和小秋推回旺财村的那个好心人；还有自己与小姣和安安去要饭时，第一次给自己红薯的那几个中年妇女；以及要饭路上赶走追安安的狗的那个人；对了，还有在要饭时，遇到日本鬼子“扫荡”时，自己与小姣、安安掉到干涸的河底时，扔下绳子将自己拉上岸的人。如果没有这些好心人，自己的生活会怎么样真是不敢想象。

春节的时候，小秋收到了一封信，是离开家两年的小财写来的信。信中说曾经在清水野蛮杀人的国民党五大主力部队的新编第五军在淮海战役中被消灭了，他作为中原野战军的战士，也参与了淮海战役，打了不少胜仗。

淮海战役对旺财村的影响还有二顺一家。二顺爹不知从哪儿打听到淮海战役中二顺所在的国军七十七军在战场起义了，他高兴地逢人就说二顺的长官不简单。

春节过后，壮大的共产党部队有了新的编制。西北野战军改称第一野战军，中原野战军改称第二野战军，华东野战军改称第三野战军，东北野战军改称第四野战军。不断的胜利鼓舞着解放区人民。

正月刚过，根据县政府的统一安排，要整修北平—大名—归德公路，旺财村村民全体动员开始上路动工了。

妇救会仍然组织妇女为村民做饭，一副热火朝天的景象。虎子和宾宾已经成了村里的劳力，干起活来又快又好。安安已经是老儿童团员了，他也在一旁帮忙。

菊花在忙碌之余对小兰说："小兰，这情景咋这么眼熟呀？好像在哪儿见过一样。"

小兰也有同感地说："是呀，咋觉得这么熟悉呀？"

大妮儿在一旁插话说："俺想起来了，刚打日本的时候，为了防备日本的军车快速行军，咱村里组织过破路呀。"

小兰点点头说："是呀，还是大妮儿姐记性好。"

菊花也抢着说："没错，就是这个季节，就是这样的情景，咱村很快就完成破路了。"

小兰感慨地说："那时破路，现在修路，咱的生活越来越好了。"

小姣在旁边说："等修好了路，咱坐着汽车去大名转转去。"

小兰笑着说："好，咱去大名。"

春天来了，经过了正月里百姓们的辛苦劳作，村口公路平整作业完成了。没多久，旺财村村口的公路热闹起来，许多部队从村口这条公路南行，一打听，这支浩浩荡荡的部队就是大名鼎鼎的第四野战军。在东北歼灭了近五十万国民党部队后，奉命南下，部队南下的许多路线中就包括经过旺财村口的北平—大名—归德公路。

清水县政府在公路上设立了支援四野南下服务站。旺财村村民也自发地在村口的路边摆了一排崭新的木架子，架子上放满了许多村民们从自家拿来的各种各样的食物，有烙饼、馒头、煮鸡蛋、炸丸子。路边还支起了一个大灶，灶上支着一口大锅，熬着热腾腾的小米汤。那边旺财村妇女做的衣衫、军鞋等，也堆到了村口。

当四野的大军整队经过时，旺财村的男女老少都来到村口，想看看能把五十万国民党军队消灭的部队士兵都长什么样。

经过村口的四野士兵们虽然有些疲惫，但衣着整洁，一个个和蔼可亲的样子，脸上洋溢着朴实的笑容。

村民们都不断鼓着掌，欢迎这些勇敢的战士。

"四野可是勇敢呀，在东北歼灭了五十万国民党军。"

“四野南下,国民党根本就不是对手了。”

“他们很多人都是美式装备,那都是辽沈战役缴获的。”

“看呀,那门炮多大呀,威力可小不了。”

小兰在村口站了半天,高兴地看着战士们经过。忽然,她留意到战士们没有拿路边的食物,也没有拿路边的军鞋,她有些着急,找到小花说:“小花,咱村做的食物,煮的鸡蛋,四野战士们都没拿,照这样下去一天也送不出去,干脆咱就直接塞给他们吧。”

小花笑着说:“光顾得看着部队高兴了,忘了这事了,咱赶紧动手吧。”

小兰招呼一声,一旁的妇女们有的拿吃的,有的拿穿的,往经过的战士手里塞。

菊花拿起一件白色夹袄,看了看大小,拦住一个战士说:“小战士,这是俺村里姑娘们做的夹袄,俺看过了,你穿上合身,……啥?已经有了?有了也拿上吧,……你不拿?你该不会是嫌俺村里姑娘们的针线活做得不好吧?实话告诉你,俺村姑娘们做衣裳可细心了,针脚又细又匀。”

那名战士仍然笑着推辞后,向南走了。

第一次出手就没有成功,这是大家没想到的。

见多识广的大妮儿有办法,她拿出一包绿豆面丸子,拦住一个战士说:“大兄弟,你是哪儿人呀?……噢,锦州的?俺知道,那可是个好地方呀,这是俺村里做的绿豆面丸子,可是过年才吃得上的好东西,你带上吧,……再拿点儿,拿好了,吃得饱饱的,到前线多杀敌人。”

刚刚被战士拒绝的菊花有些气馁,她羡慕地对大妮儿说:“大妮儿,你真不简单,一句话战士就把吃的收下了。你去过锦州?咋没听你说起过呀?”

大妮儿扑哧一声笑了,她有些得意地说:“俺哪去过锦州呀?这个战士要是不说,俺都不知道有锦州这个地方。”

菊花不解地问:“那你为啥骗人家呀?说锦州是个好地方呀?”

大妮儿笑着说:“俺没骗他,俺没说俺去过锦州,只是说锦州是个好地方,俺不这么说他咋能那么听话地收下丸子呀?”

菊花笑得肚子疼,她弯着腰对大妮儿说:“真有你的。”

小兰盛了一碗小米汤,拦住一个经过的嘴唇干裂的战士,让战士赶紧趁热喝,战士说着感谢的话,接过碗,站在一旁开始喝。

小姣拿起用布袋盛着的大枣，对一个经过的战士说："孩子他叔，你们一路行军辛苦了，这红枣可是清水有名的特产，清朝的时候都能卖到江南呢，你们带上吧。"

战士还想推辞，安安在旁边说："叔叔，你吃红枣，给敌人吃黑枣。"

几个战士听了安安的话，围过来摸摸安安的脑袋，夸奖说："这个孩子真聪明。"

看着战士们拿着红枣走了，小姣摸摸安安的小脸，高兴地说："安安，娘发现你挺机灵的。"

安安笑着说："娘，俺一直都很机灵呀。"

小来娘对小兰说："小兰，看到这些战士，俺就觉得他们像小来和小财，俺也要给他们拿些吃的。"

小兰笑着说："婶子，说不定小来和小财在另外的地方行军，那儿也有很多人给他们送吃的。"

"小兰，你说的在理，"小来娘说着话，双手抓起几个鸡蛋，走到路上，对一个战士说，"孩子，你把鸡蛋带上，这可是煮熟的鸡蛋，不用热就能吃的，俺村里人都舍不得吃，专门留给你们的。"

那个战士推辞着，向前走了。

小兰笑着对小来娘说："婶子，你要说你舍不得吃，专门留给战士的，那战士肯定不会收下了。"

小来娘满是皱纹的脸上满是笑意说："小兰，你这闺女说得对，俺这么说人家咋好意思收呀？"

这时，又有战士走过来，老人走过去说："孩子，这些鸡蛋俺煮得太多了，根本都吃不完，你们带到路上吃吧。"

战士们又推辞着走了。

小兰在旁边听完又哈哈大笑起来。

小来娘绷着脸假装生气道："舍不得吃也不行，吃不了也不行，咋着才行呀？"

小兰笑着说："婶子，你就说不收鸡蛋就拽着不让走。"

小来娘笑着说："拽着不让走？那俺不成了山大王了。"

大家都哈哈大笑起来。

在大家都忙碌着给四野战士拿吃的用的的时候，谁都没有注意到一个小身影，她就是秀秀。看到大人们都在争先恐后地给战士们送东西，秀秀也闲不住了，她迈着小小的步子，来到堆着食物的桌子前面，伸出小手。桌子旁边的一个人注意到秀秀，逗了两句，将一个花生塞到秀秀手里。秀秀拿着花生，高兴地走到路边，高高举起拿着花生的手，想把这颗花生送给战士。

秀秀站在路边，两只大眼睛忽闪着，充满了希望，她知道，手里的花生可好吃了，她想到，战士们肯定会走过来，接过花生，剥开皮，高兴地吃起来。果然，她看到几个战士从前面的村民身边走过，一个高高的战士向她走过来，笑着伸出了手，要拿花生。秀秀高兴地想着这个战士肯定会笑着吃花生了，可是，战士的手却摸摸秀秀可爱的小脸，笑着对秀秀摆摆手，竟然往前走了。秀秀不解地望着战士的背影，不明白为什么这个战士只顾逗自己，却忘记了拿花生，他不知道花生好吃吗？

秀秀有些茫然地转过身，继续看着走过来的战士。有个女战士还抱起秀秀，问秀秀叫什么名字，秀秀顾不上回答，递过去花生，女战士没明白秀秀的意思，反而拿出一个花手绢送给秀秀。秀秀失望地看着这个女战士的背影，委屈得想哭。

这时，只见两匹骡子拉着一门炮经过，骡子的蹄子踩到地上时，发出呱嗒呱嗒的声音，还扬起了灰尘。有一粒灰尘飘到了秀秀的眼睛里，秀秀的身子颤动了一下，闭上了眼睛，她的睫毛跳动着，眼泪流下来。秀秀用左手轻轻地揉着眼睛，右手仍然高举着那个花生，她有些难过地想着，怎么还没人来拿花生呀？

过了几天，有个满头是汗、满脸泪水的四野战士背着背包，扛着汤姆式冲锋枪来到旺财村的村口，他看到村长李贵卿更是哭得说不出话，只是一直拉着李贵卿的手摇晃着。有眼尖的村民认出，这个战士竟然是在民国三十一年被日本抓壮丁的十五个村民中的一个，他的名字叫二堂。

“二堂，真的是你呀？呜呜呜……”李贵卿见到二堂，哭得成了泪人，他摸着二堂的军服，好像不相信眼前的一幕，“那年咱村被日本抓走了十五个劳力，回来了八个，还有七个一直没消息，其中就有你呀，七年过去了，村里人都以为你们七个都回不来了，没想到你真的回来了。”

二堂哭着说：“俺被日本鬼子抓走后，先是在河北干了两年活，又被转移到东北挖矿，日本投降后俺就加入了东北民主联军，盼着有一天能打回家，没想到这一天终于到来了。从北平开始行军到大名的时候，俺就猜测可能从村口过，就一直盼着能回家看看，今天终于到家了，俺高兴呀，俺现在就到村里去看看爹娘。”

李贵卿难过地说："二堂呀，你爹娘真没福气呀，他们去年过世了，没能活到今天，如果还活着该多好呀。"

二堂听说爹娘死了，又伤心地哭起来。

"贵卿哥，俺妹妹呢？"二堂接着问。

旁边有妇女说："二堂，你妹妹已经出嫁了，嫁到东边的朝城了，你能住几天呀？托人去把她叫回来。"

二堂说："俺只能在这里说一会儿话，马上要追赶部队呢。"

李贵卿说："二堂，那时间来不及，你和妹妹来不及见面呀。"

二堂问："俺妹妹都好吧。"

有妇女说："都好。"

二堂由村里人领着，找到自家祖坟那里，给祖先和爹娘磕了几个头。他在坟头抓了一把土，装到随身携带的布袋里，又踏上了南下的路程。村民们一直看着他的背影消失在远方。

痛哭流涕的二堂走后没几天，一位眉开眼笑的四野战士来到了旺财村村口，他高高的个子，说着东北口音的话。村民们热情地给他递吃的，他笑着说他是来找朋友的，村民们疑惑这个东北籍战士怎么会在旺财村有朋友时，他说他的朋友叫小甫。

村民们赶紧叫来了菊花，菊花看着这个高个子战士，试探着说："小甫是俺的男人，他是你的朋友？"

这个战士有几分激动，他红着眼圈说："大嫂，我真的是小甫哥的朋友，小甫哥称呼我大高，小甫哥在哪儿？"

"大高？"菊花一下子想起了几年前，小甫从苦工营逃回来的那些个夜晚，瞪着可怕的眼睛，把自己推醒，叫自己大高的情景。原来站在自己面前的竟然是那个与小甫在苦工营的大高，她有些激动地说："你就是和小甫一起在苦工营的大高？"

"大嫂，是我，看来小甫哥说起过我，他在哪儿呢？我可想他了。"大高急切地说。

"他没在家……"菊花开始掉眼泪了。

大高脸色大变，他惊慌地说："小甫哥这些年一直没回家？"

菊花看到大高误会了，赶紧抹了一把眼泪说："小甫那年从苦工营回来了，说起过你，他随着刘邓大军的担架队出去两年了，一直没回来，也没给家里写信……”

大高松了一口气说：“小甫哥回来了就好，这些年我还担心他呢。”

据大高说，他和小甫逃离苦工营后，回到了东北老家，看到了满目疮痍的景象，家人都不知去哪儿了。日本投降后，他听说共产党在东北组织了东北民主联军，就报名参了军，这次南下时，他在路上听说行军路线要经过旺财村，就一定要来看看他的患难朋友小甫。

忙于行军的大高没停留很长时间就要启程了。他告诉菊花，等到战争结束了，他还会来旺财村看望小甫，他说小甫是他一生中最重要的朋友。

旺财村口经过四野部队前后历时两个多月，在麦收季节到来的时候，四野大部队终于南下完毕了。当村口公路上的人影渐渐稀疏下来，望着这条延伸到远方的公路，小兰不禁感慨起来，自从自己记事以来，几十年间，这条公路走过了多少人呀。在这条路上，走过自己的祖辈，走过自己的爹娘，走过自己和自己的伙伴，还走过自己的男人。这条路还走过很多好人，有百姓们依赖的八路军，有为百姓们着想的政府干部，有村里英勇的民兵。当然，这条路也走过不少可恶的坏人，有抓走自己男人的军人，有烧杀抢掠的日本鬼子，有是民族败类的伪军。从这条路仿佛看到了一段历史，一段自己的人生。

四野大军南下期间，中国人民解放军百万雄师渡过了长江，攻克了南京，国民党被赶出了首都南京。

清水西边的城市安阳解放了，这是华北最后一个被解放的城市，从此，华北全境解放了。

夏天到了，这年的麦子长得格外好，收成也很好。村民们都高兴地说，今年可是风调雨顺的好年景呀。

当小兰正在院子里推着碾子磨新麦时，安安来了，他告诉小兰，菊花大娘让小兰去一趟，有重要的事。

小兰赶紧放下手里的活计，和安安快步向哥哥家走去。

到了哥哥家，只见嫂子菊花、大妮儿姐和小姣都在。菊花见到小兰进来就笑着说：“小兰到了，人就到齐了。”

小兰笑着说：“出啥事啦，这么一本正经？”

大妮儿笑着说：“小兰，有好事。”

小兰心中一动,笑着说:“是不是俺哥和慧英哥来信了?”

菊花笑着说:“真是啥事都瞒不了你,真让你猜着了。”

小兰高兴地说:“他们真的来信了? 太好了。信在哪儿,俺看看。”

大妮儿递过来一张信纸,小兰看到信上全是漂亮的小楷,是哥哥的笔迹,只是上面的字大多她都不认识。

“原来这是俺哥来的信。”小兰说道。

菊花扑哧一声笑了,她笑着说:“哪呀? 你听说过没? 这是一封写给四家的信。”

小姣也笑着说:“从来没听说过。”

大妮儿对安安说:“大学问家,快来念信吧。”

安安笑着问:“大妮儿姨,谁是大学问家呀?”

大妮儿都快笑喷了,她笑着对安安说:“在座的谁识字最多呀?”

安安看看大家,又想了想,指着自己的鼻子说:“俺呀。”

大妮儿笑着说:“你识字最多,你就是大学问家呀。”

安安说:“俺才不是大学问家呢,俺还是个高小生呢。”

小姣笑着说:“好了,安安,你来念信吧。”

安安接过信纸,念道:

菊花、大妮儿、小兰、小姣,你们都好吧。

大家一听都笑了,原来大家都有份。

安安接着念:

快两年没见了,俺俩挺想家的。你们猜猜现在俺俩在哪儿? 一准猜不着。

大妮儿笑着说:“安安,你等一会儿再念,嫂子、小兰、小姣,咱们猜猜他们在哪儿呢?”

菊花笑着说:“这没个前后的,俺哪知道他们在哪儿呀?”

大妮儿说:“估计不是河南就是湖北了。”

小兰轻轻捅了安安一下,笑着说:“安安,接着念吧,看他们到哪儿了?”

安安接着念道:

告诉你们吧,俺俩在首都南京呢。

“他们到南京了?”几个人吃惊不已。

安安接着念道:

南京的路可宽了,车多人多,长江也比咱清水的卫河宽多了,俺俩可算是大开眼界了。俺俩挺好的,就是很想家。听说家里分了地,还发了土地证,俺俩恨不能插上翅膀,飞回家去。在自己的地里种出的麦子,别都卖了,留些磨面蒸馒头,肯定特别特别香。不过,俺俩听说刘邓部队也不会在南京停留太长时间,可能还要转移到其他地方,担架队也要跟着部队走,等到全国解放了,俺俩就能回家了。

宾宾和虎子都挺好吧,都长高了吧。两年没见他们,挺想他们的。还有,他们不小了,你们要留意着,该给孩子说媳妇了,可千万别耽搁了。俺俩昨天还说呢,没男人在家,你们不一定能想得到,现在赶紧就找媒人,给孩子说媳妇,要是晚了好闺女就被别人抢跑了。给孩子说好媳妇后,你们确定结婚的日子吧,办婚礼的时候不一定非要等俺俩,俺俩回家的日子还没定呢。

听到这里,大妮儿笑着说:“他们还真说得在理,孩子长大了,该张罗娶媳妇的事了。”

菊花也笑着说:“可不是嘛,这大事儿可差点忘了。”

安安接着念道:

安安认字也很多了吧,是不是个子也长高不少了?安安还小,要好好念书,别想着娶媳妇。

念到这里,安安有些委屈地说:“俺才没想着娶媳妇呢,他们胡说。”

小兰赶紧哄着安安说："安安念书那么用功，哪儿想着娶媳妇了？这信咋乱写呀？"

听着妗子为自己说话，安安情绪好了，他继续念道：

小秋的孩子也该两岁了吧，不知道是男是女，俺俩都觉得该是男孩，长得应该是白白胖胖的，写到这儿，真想抱抱这个孩子。

祝家人安好，等回家见面再说话吧

小甫，慧英

民国三十八年五月初九

小兰听完了以后说："现在刘邓大军已经进军四川了，估计他们也到了四川了吧。"

菊花红着眼圈说："南京已经够远了，他们又走到四川，他们该多累呀？"

大妮儿倒是很大度地说："你放心，路途远就多走些时日，不用担心。"

安安问："娘，俺的个子是不是长高了？"

不等小姣回答，菊花抢着说："乖孩子，你长高了不少呢。"

安安看看小姣，看到小姣正笑着看着他，他也笑起来。

这时，菊花像是想起来什么说："小兰，过些日子就是你的生日了，趁着现在大家都在，一起给你过生日吧。"

大家听了，都拍手叫好。

小兰也笑着说："嫂子，还是你心细，俺早都忘了过生日的事了。"

大家忙活起来，不长的时间，做好的饭菜上了桌，大家围在桌旁坐下了。

大家笑着让寿星小兰吃长寿面。

席间，安安问："妗子，你是哪年出生的？"

小兰笑着说："妗子是光绪三十一年出生的。"

"光绪三十一年？"安安觉得很生疏，他说，"妗子，光绪三十一年是民国多少年呀？俺只要知道你是民国多少年出生的，就知道你今年多少岁。"

小兰笑着说："光绪三十一年时还没有民国呢，光绪三十一年过后七年才是民国元年呢。"

安安歪着头算了一下说："妗子，今年是民国三十八年，如果光绪三十一年过后七年才是民国元年,今年离民国元年过去了三十七年,那就是三十七加上七,是四十四,对了,今年离光绪三十一年过去了四十四年,妗子,你今年四十五岁了。”

听了安安的话,大家都笑了。

小兰轻轻地拍着安安的肩膀说:“安安,你可不能说妗子四十五岁了,那是骂人的话。”

安安不解地问:“啊?妗子,为啥说四十五岁就是骂人的话?”

小兰笑着说:“咱清水有规矩,如果一个人四十五岁了,就要说她四十半了,不能说四十五了。因为古代有个儿皇帝叫石敬瑭,他在四十五岁的时候把幽蓟十六州割让给了契丹国,还对契丹皇帝称为父皇帝,称自己是儿皇帝。大家痛恨他,就羞于说自己四十五岁,所以都将四十五岁改称四十半了。”

安安听了,认真地点点头说:“妗子,俺明白了,你今年过的是四十半的生日。”

小兰笑着说:“对了,安安真是聪明的孩子。”

安安过了一会儿又问:“妗子,俺想到一件事儿,菊花大娘、大妮儿姨和俺娘都有孩子,你咋没有孩子呀?”

安安的一句话勾起了小兰内心中最脆弱的神经,她一时不知如何回答。

小姣气愤地瞪了安安一眼,生气地说:“你一个孩子咋那么多问题呀?”

看到娘生气了,安安吓得有些不知所措。

小兰看着安安惊慌的样子,心疼地拉着安安的手说:“姐姐,你别吓着孩子了,孩子不知就不能怪罪。安安,妗子虽然没有亲生孩子,但是有很多晚辈的亲戚呀,像你小秋姐,你宾宾哥,还有你,都亲得像俺的孩子一样呀。”

菊花和大妮儿听了小兰的话,在一旁偷偷地抹起了眼泪。小姣的眼圈也红了。

“妗子,那俺长大以后,也像对俺娘一样对你。”安安抬着头说。

小兰笑着轻轻地推了安安一下说:“去去,你是指不上的。”

虽然这么说,小兰的心里仍然觉得热乎乎的。

“妗子,为啥俺指不上呀?”安安不解地问。

小兰笑着说:“咱清水有句俗语说‘姥娘家养外甥,满地里打旋风’。安安,你知道这话是啥意思不?”

安安转头看看娘，小姣也笑着看着他，没有说话，安安转转眼珠，笑着说："妗子，俺就是那个外甥，满地里打旋风，就是说俺跑得快，像旋风一样。"

大家听了安安的话，都笑起来。

小兰笑着说："安安，看到你转眼珠，就知道你想招呢，告诉你吧，'姥娘家养外甥，满地里打旋风'就是说姥娘、姨、妗子养外甥，虽然付出很多辛苦，但外甥长大后是指不上的，就像地里的旋风一样，很快就没影了。"

安安说："妗子，你放心吧，俺不是旋风。"

小兰高兴地把安安搂过来，高兴地说："安安真是个好孩子。"

过了夏天，根据华北人民政府重新调整行政区划的决定，冀鲁豫行政公署被取消。重新调整后的华北人民政府行政区划为五省二市，五省为河北省、山西省、察哈尔省、绥远省、平原省，二市为华北人民政府的直辖市北平市和天津市。平原省所属区域指鲁西南、豫北、冀南衔接地区，省会定为新乡市，辖湖西、菏泽、聊城、濮阳、新乡、安阳六个专区，清水县与濮阳、南乐、濮县、范县、观城、朝城、滑县、长垣、内黄成了平原省濮阳专区所辖的县。

刚听到这个消息的时候，菊花很着急，她到村里大妮儿开的小卖部买了信封和信纸，又专门到小姣家，要让安安给小甫写信。

小姣正在编草辫。近几年乡里有了专门收购草辫的辫庄，麦子收割后的麦秸秆就可以用来作为编草辫的原料，编草辫，能成为夏季的一项收入呢。

"菊花姐，出了啥事了，着急写信？"小姣不解地问。

菊花喘着气说："小姣，你听说了吧？政府变更区域，咱清水不属于河北省了，属于平原省了。"

小姣仍然不解地问："那你就为这事儿着急写信？"

菊花说："当然了，你想，小甫和惠英如果不知道，给咱写信的时候仍然写着河北省清水县，哪能让咱收到呀？"

小姣笑着说："菊花姐，这你不用担心，变更区域肯定全国都会知道的，他们不会搞错的，不过还是写一封信告诉他们吧。"

菊花眉开眼笑地说："就是，应该写，所以俺找安安写信来了。"

小姣叫过来安安，菊花口述，安安很快写好了，当填写信封时让菊花犯了难。

"菊花大娘，这信的地址写哪儿呀？"安安抬起头问菊花。

菊花显然没有想到还要在信封上写地址，有些吃惊地说："俺光想着写信了，可俺哪知道他们的地址呀？"

安安皱着眉头，发愁地说："要是不写地址，小甫舅舅是没法收到信的。"

菊花没辙了，她用求救的眼光看着小姣，小姣看着可怜的菊花，想了想说："嫂子，小甫哥的地址知道了也没用，你想呀，他们跟着部队打仗，不会总是在一个地方，可能经常换地方，不如这么写地址……"

菊花听到小姣有办法，就高兴地说："小姣，还是你聪明，你说咋写地址呀？"

小姣说："俺想，县里很多人参加了担架队，随着刘邓大军行动，咱就写上'跟随刘邓大军的清水县担架队'，他们一准能收到。"

安安听了，撅着嘴说道："这是啥地址呀，没有省没有县没有区没有村的，根本不是地址。"

菊花笑着对安安说："安安，好孩子，你娘说的办法好，虽然地址上没有省县的，但大娘知道，他们肯定能收到，你就这么写吧。"

安安有些不情愿地在信封的地址的位置写上了"跟随刘邓大军的清水县担架队"，菊花高兴地夸奖了安安的字写得好，然后笑着离开了。

接下来的时间里，人民政协会议在北平召开。会议确定将建立中华人民共和国，国旗为五星红旗，将国都定在北平，并将北平改为北京。

1949年10月1日，在北京天安门城楼，毛泽东宣布中华人民共和国中央人民政府成立了！

在离北京有一千多里的清水，安安告诉小兰，老师告诉他们，全国人民迎来了新中国！

新中国？这可是个新名词。什么是新中国？经历了太多苦难的小兰想了很多，她想到了晓东，想到了小春，想到了爹娘，想到了公公婆婆，想到了嫂子菊花的白发，想到了哥哥缺失的手指，想到了曾经恐惧的小秋，想到了要饭路上的安安，想到了朴实的茴香，想到了坚强的二妮儿。她觉得，新中国就是没有军阀，孩子可以平安健康长大，家人不会无故被抓走，百姓不会卖儿卖女，还有，失散的亲人能够回到家里，一家人能够团圆。

是呀，新中国成立了，如果失散的亲人能够回来，那该有多好呀？亲人们早点回家吧，家人在盼着你们呢。

忽然，小兰觉得有些异样，她动了动下巴，又咬了几下，觉得非常轻松舒服。这时，她竟然发现了一个重大的事情！她平静时竟然一直都是咬着牙的，而不是处于平静放松的神态。她明白了，许多年自己有时头疼，很有可能就是长期咬牙，使得头部一直处于紧张的情况下造成的。

小兰终于意识到了这一点，她想到了，好像许多年以前，好像是晓东被抓走的时候开始，自己就没有平静的感觉了。这种不安全感使得自己一直在平时的生活中都是咬着牙度过的。真的是这样，真的是这样的！

从晓东被抓丁的民国十三年算起，到现在已经是民国三十八年，一共是二十五年，自己应该是在没有感觉的情况下，咬着牙度过了二十五年，二十五年呐！

小兰感慨起来，与那么多死去的中国人相比，自己等到了新中国，自己多么的幸福呀！

在幸福的时候，小兰觉得要做些什么，纪念这重要的时刻。她想到应该在家里的院子里种两棵枣树，“枣”与“早”谐音，她希望晓东和小春能够早日回来。

小兰买了两棵最好的枣树苗，让安安通知了虎子和宾宾，一起到家里来种树。小兰特意把种树的日子选在了农历九月初九，这是她生命中重要的日子。

九月初九一早，小兰先在院子里扫了地，然后将两棵枣树苗放到院子里，端详了半天，仿佛看到了希望。不知过了多长时间，就听见了安安的叫声：“妗子，宾宾哥和虎子哥来了，他们推着肥料来了。”

小兰答应一声，安安已经来到门口，后面是宾宾和虎子的身影。

即使经历了生活的磨难，宾宾、虎子仍然长成了健壮的青年。看着这两个晚辈，小兰高兴得合不拢嘴。

是呀，小兰的记忆中，宾宾和虎子还是孩子的模样，自己曾经长时间为他们的安全担心。现在，那些让人提心吊胆的日子终于过去了，他们长大了，他们已经成了顶天立地的男子汉，自己可以放心了。

“姑姑，听安安说你要在院子里栽树？是真的？”宾宾笑眯眯地问。

小兰笑着说：“当然是真的，咋会有假？”

虎子也笑着说：“兰姑，你是不是担心枣树种到外边，等结了枣，旁人会和你抢枣吃？”

小兰笑着说：“去去去，别胡说，俺把枣树种到院子里是为了天天看着。”

安安在旁边说：“妗子，咱村子里的枣树到处都有，有啥好看的？”

小兰摸摸安安的头,笑着说:“安安,别的枣树都不好看,妗子院子里要种的两棵枣树最好看。”

安安有些不解地说:“枣树只有结枣多就好,没听说过种枣树是为了好看的。”

宾宾和虎子对视一眼,笑着没说话。

小兰招呼宾宾、虎子和安安吃饭,他们都说吃过了,小兰让他们又吃了一点。然后宾宾返身从门外的车上拿来两把铁锨,递给虎子一把,开始干活了。

种树需要先挖树坑,小兰给宾宾和虎子指定了栽树的位置,两人就开始干活了。

小兰又去厨房忙活了,她今天特意准备了一些面粉和猪肉,准备给辛苦的孩子们包饺子。

安安一边看着宾宾和虎子干活,一边滔滔不绝地与宾宾和虎子说话。一会儿说宾宾干活比虎子慢,一会儿说虎子挖的坑不圆,刚说宾宾的动作不对劲,又说虎子挖出的土应集中成土堆,弄得宾宾和虎子哭笑不得。

“安安,你想不想听故事呀?”被安安说得有些烦了,宾宾开始想办法了。

“听故事,好呀?宾宾哥,你要讲啥故事呀?”安安听到要讲故事,高兴起来。

宾宾想了想说:“安安,俺给你讲一个孙膑和庞涓的故事吧。”

安安高兴地说:“好好好,宾宾哥,你快讲吧。”

虎子也在一旁说:“安安,你宾宾哥可会讲故事了,俺都很爱听呢。”

宾宾边干着活边说:“咱中国古代有个大军事家……”

这时,安安插话问道:“宾宾哥,古代是啥时候呀?离现在多少年呀?”

宾宾皱了一下眉头,很少有听故事的人问这么细致的,他想了想说:“古代就是古代,就是很久以前。”

安安又问:“那很久以前离现在有没有一千年呀?”

宾宾说:“可能有两千年了。”

安安点点头说:“真是很早了。”

宾宾接着讲故事:“咱中国古代有个大军事家叫孙膑,他小的时候跟老师念书……”

安安打断宾宾说:“宾宾哥,孙膑小的时候是多大呀?到没到十岁呀?”

宾宾有些着急,他挖了一锨土,放到一边说:“安安弟,俺给别人讲故事的时候,别人都是一声不吭地听,你咋那么多问题呀?”

安安看着宾宾着急的样子说:“宾宾哥,你继续讲吧,俺保证一声不吭地听。”

在厨房忙活的小兰听着宾宾和安安有趣的对话,非常高兴,觉得这种感觉很幸福。

宾宾继续讲故事:“有一天,先生给学生出了一道题,谁能把先生从屋里骗到屋外就赢了……”

安安说:“先生都知道学生要骗他到屋外,他咋会受骗呀?”

这次宾宾没有反感安安插话,这恰恰是宾宾需要的效果,他很满意地看着安安,笑着说:“安安弟,听说你在学校里念书可不错,如果你的老师让你把他从屋里骗到屋外,你能办到不?”

宾宾讲述的是孙膑的故事,这可是旺财村每个孩子的童年时代都会听到的故事。今天讲故事的是宾宾,听故事的是安安,小兰觉得宾宾好像成了一个大人了,而安安也正在长大,看着他们,小兰觉得自己为他们担惊受怕的时代已经过去了,自己轻松了很多。她饶有兴趣地期待着安安听故事的反应。

安安想了想说:“俺办不到,俺以前骗过老师两次,他马上就看出来了。”

虎子在旁边说:“安安弟,骗老师可不是容易的,学生在想啥老师早就知道了。”

安安说:“就是,老师咋那么神呀?”

宾宾看到虎子和安安要把话头岔开,就赶忙说:“你们听俺讲呀?先生的问题太难了,有的学生说屋外有两个太阳,有的说屋外有人丢钱了,让先生快去捡,还有的说先生的儿子丢了,快去找,结果先生动都不动……”

安安笑着说:“宾宾哥,有人能把先生骗到屋外不?”

宾宾不慌不忙地说:“这时候,孙膑走过来,向先生深施一礼,对先生说,‘先生,你的题目太难了,没人能把先生骗到屋外’,先生听了,笑得很得意,这时孙膑接着说,‘先生,虽然俺不能把你从屋里骗到屋外,但俺能把你从屋外骗到屋里’。”

安安想了想说:“从屋外骗到屋里不是与从屋里骗到屋外一样难呀?”

宾宾笑着说:“先生听了,也是这么想的,就站起身,让其他学生搬着椅子,走到了屋外,然后在椅子上坐好,对孙膑说,‘你快骗吧,俺看你咋能把俺从屋外骗到屋里?’”

安安着急地问："宾宾哥，孙膑是咋把先生从屋外骗到屋里的？他能行不？"

这时虎子在旁边扑哧一声笑出来，他说："安安弟，孙膑已经把先生从屋里骗到屋外了，他已经赢了。"

安安恍然大悟地说："啊？原来孙膑真的把先生从屋里骗到屋外了，真不简单呀。"

宾宾说："安安，这个故事好听不？"

安安点点头说："真好听，宾宾哥，那庞涓呢？"

宾宾有些不解地说："这是孙膑的故事，没有庞涓呀？"

安安说："你刚才说讲孙膑与庞涓的故事，现在只讲了孙膑的故事，还没讲庞涓的故事呢。"

哭笑不得的宾宾只好敷衍着说："庞涓和孙膑是同学，他没能把先生骗到屋外，所以他比不上孙膑，后来就败给了孙膑。"

安安点点头，若有所思地说："可是……宾宾哥，万一先生再给孙膑出题，让他把自己从屋外骗到屋里，孙膑还能行不？"

宾宾无可奈何地说："安安弟，你的问题太多了，俺应付不了了，俺还是赶紧干活吧。"

院子里的对话让小兰笑得直不起腰来。

宾宾和虎子挖了两个坑，在坑底铺上了肥料，将枣树苗的树根放进树坑后，又培上土，安安认真地浇了水。

看着两棵细细的枣树，小兰相信，它们会长大的，她的愿望也会实现的。

枣树栽好了，时间也到晌午了，小兰在院子里摆上了饭桌，很快，热腾腾的饺子上桌了。几个人正在有说有笑地品尝饺子的时候，忽然听到几声清脆的鸣叫声，转头看去，只见几只漂亮的小鸟扑打着翅膀，飞到了还柔弱的枣树苗上。小鸟们叽叽喳喳地叫着，欢快地跳跃着，上下翻飞追逐着。

一时间，小兰看呆了。

多么美妙的一幕呀！

第五十三章

浩瀚的夜空中，圆圆的月亮依旧展现着动人的笑容，月光还是那么圣洁，那么安详。繁星围在月亮周围，洒满了天空。

小水滴看着天空，那是看了无数次却总也看不够的动人景象，她知道，月亮就是那条大河，是自己向往的地方，星星是离开大河的水滴，是无数个自己。星星散布在月亮周围，却总是无法回到月亮，就像自己总是能看到那条大河，却总是无法汇入大河。她静静地想，会不会有一天，有一个时刻，所有的星星都回到月亮，与月亮组成一个更大更亮的月亮？她觉得那一天，那一刻会有的。到那时，所有散布在大河周边的像自己一样的小水滴也会回到大河，与大河汇成一条更大更长的大河。

不知是不是天地间有了感应，小水滴感觉到夜空中有一颗星星忽然动了一下，好像还更加明亮了，她有些不敢相信，仔细看过去，那颗星星真的动了。

星星动了，难道星星真的要回到月亮吗？小水滴不敢相信。

星星真的动了，一颗星星，一颗突然明亮的星星离开了自己的位置，竟然开始向月亮的方向启动了！

星星真的能回到月亮？现在真的有星星要回到月亮了？在小水滴的惊诧中，夜空中那颗明亮的星星飞快地向月亮奔去，星星经过的路线上留下一条长长的直直的亮线。

“星星要回到月亮了，星星要回家了……”小水滴惊呼着，她飞快地想到，如果星星回到月亮，是不是预示着自己也能回到大河呢？自己会不会在某一天，也会突然飞快地飘向大河，飘向那自己最向往的地方？

星星离月亮越来越近了。小水滴紧张地注视着奔向月亮的星星，她为这颗勇敢的星星祝福着,希望这颗星星能尽快回到月亮的怀抱,看到星星已经接近月亮的边缘了,她紧张的心情也到达了顶点。

星星与月亮相遇了!

小水滴突然大哭起来,她为这颗星星投入了月亮的怀抱而激动着。为了这一刻,那颗星星肯定也像自己一样,经历了漫长的等待,忍受了痛苦的煎熬。不过,只要能够等到与月亮团聚的时刻,一切痛苦和磨难都是值得的。

她为那颗幸福的星星而高兴,她想象着月亮拥抱星星时,一定会为星星漫长地离去而难过,为此刻的团聚而高兴。月亮的怀抱肯定很温暖,星星应该很享受,就像自己盼望的回到大河的感受。

就在小水滴激动的时候,不经意间,她看到那颗星星竟然没能停留在月亮的怀抱,而是瞬间竟然从月亮划出去了,一条长长的亮线在夜空中一闪而过。

啊?星星没能回到月亮?小水滴看着从月亮掠过的星星,惊诧不已。

那颗星星不见了,满天繁星,依然挂在夜空中,闪烁着星光。月亮依然被繁星簇拥着,皓洁而明亮。

夜空依然,大地依然,小水滴不解地想着那颗星星,不知道星星去了哪儿……